Elogios

Salí de la lectura de este libro con una mayor conciencia de la urgencia del problema de las sectas que ejercen control mental, y con una admiración aún más profunda por el trabajo de Steven Hassan al comprenderlas y liberar a las personas de ellas. Es una obra clara y valiosa.

> Rabino Harold S. Kushner
> Autor de *Cuando a la gente buena le pasan cosas malas*, *Un corazón sabio* y muchos otros libros

Quiero dejar constancia de mi firme respaldo al enfoque de Steven Hassan para entender las fuentes del poder sectario en el control de la mente y el comportamiento de sus miembros. Su ya clásico texto sobre el control mental en las sectas, *Combatiendo el control mental de las sectas*, integra sus experiencias personales dentro de una secta con un análisis lúcido de los procesos dinámicos subyacentes, y además incorpora investigaciones y teorías actuales.

…Valoro el enfoque de Steven Hassan más que el de cualquier otro investigador o profesional clínico. Hassan es un modelo de exposición clara; sus ideas originales están brillantemente presentadas en un estilo cautivador.

Philip G. Zimbardo, Ph.D.
> Expresidente de la Asociación Americana de Psicología
> Profesor Emérito de Psicología, Universidad de Stanford
> Autor de *El efecto Lucifer* y *Influyendo en actitudes y cambiando comportamientos*
> Presidente y Fundador del *Heroic Imagination Project*

Steven Hassan es uno de nuestros más elocuentes defensores de la libertad mental. Durante décadas ha trabajado incansablemente en favor de la grandeza del espíritu humano. Su labor ha traído alivio psicológico y espiritual a incontables víctimas y familias que, sin saberlo, cayeron en las garras de perpetradores del control mental. Como portavoz del derecho de cada persona a ser dueña de sus propios pensamientos y decisiones, Hassan ha enfrentado los peligros y amenazas creados por manipuladores que han intentado silenciar su valentía.

Alan W. Scheflin
> Profesor Emérito de Derecho, Universidad de Santa Clara
> Coautor de *Los manipuladores de la mente* y *Memoria, tratamiento del trauma y la ley*

En *My Life My Choice* estamos agradecidos por la oportunidad de aprender de Steven Hassan sobre el control mental y su relevancia en el ámbito de la trata de personas. A medida que adquirimos nuevas herramientas para combatir los efectos debilitantes del control ejercido por proxenetas, la sabiduría de Steven —tanto como sobreviviente de una secta como experto en el campo— es invaluable.

Lisa Goldblatt Grace, LICSW, MPH
Cofundadora y Directora de *My Life My Choice*

Como pastor bautista durante 35 años, no me complace tener que testificar que el abuso religioso es uno de los problemas sociales más urgentes en el mundo actual. La verdadera religión siempre debe liberar, nunca esclavizar. El trabajo de Steven Hassan es fundamental para cualquiera que busque comprender el control mental y del pensamiento religioso, y cómo liberarse —o liberar a un ser querido— de él. No solo aporta una autoridad, investigación y experiencia exhaustivas a este campo crucial, sino también compasión, respeto y sensibilidad. Todo pastor, ministro, trabajador social, terapeuta y consejero necesita leer sus libros.

Rev. Charles Foster Johnson
Pastor, Bread Fellowship, Fort Worth

El control mental sigue vivo y vigente, y se manifiesta de muchas formas diversas en todo Estados Unidos. Steven Hassan comprende como nadie la necesidad humana de pertenecer, cómo esta necesidad es explotada, y cómo recuperar a quienes han caído presa del falso encanto de una figura paternal perfecta.

Douglas Rushkoff, Ph.D.
Profesor de Estudios de Medios, Queens College
Autor de *Coercion*

Steven Hassan fue el primero en enfrentarse a los Moonies, y entiende el fenómeno sectario mejor que casi nadie. Afortunadamente, sigue compartiendo su conocimiento, esta vez con una edición actualizada y revisada por el 25 aniversario de su libro clásico, *Combatiendo el control mental de las sectas*. Una lectura fascinante e importante.

Paulette Cooper
Autora de *Scandal of Scientology*
Protagonista del libro de Tony Ortega,
The Unbreakable Miss Lovely: How the Church of Scientology Tried to Destroy Paulette Cooper

Conocemos personalmente a Steve Hassan y su trabajo desde hace más de 25 años. En muchas ocasiones hemos conversado e intercambiado información sobre gurús y sectas específicas, ya que coincidimos en la creencia de que una espiritualidad sana requiere integridad personal y responsabilidad social. En 1989 le pedimos su opinión sobre nuestro folleto acerca de los gurús. Quedó tan impresionado que nos dijo que debíamos ampliarlo y convertirlo en un libro. El resultado fue *The Guru Papers: Masks of Authoritarian Power* (1993), que se ha convertido en un clásico para ayudar a liberar a las personas de maestros y grupos autoritarios. Steve Hassan ha estado a la vanguardia en la investigación de las sectas, su comportamiento, y ha ayudado con éxito a muchas de las personas atrapadas en ellas. Ha demostrado los peligros reales que las sectas representan para las personas y la sociedad. Desde 1976, su dedicación ha sido liberar a la gente del control mental insidioso. Dado que la dinámica sectaria está vinculada con el terrorismo y la trata de personas, la nueva edición de su libro fundamental *Combatiendo el control mental de las sectas* representa una contribución importante para comprender más profundamente estos peligros globales y avanzar hacia un mundo mejor y más seguro.

Joel Kramer y Diana Alstad
Autores de *The Guru Papers* y *Passionate Mind Revisited*

Steven Hassan se ha consolidado como una de las principales autoridades prácticas en la lucha contra los efectos de las organizaciones destructivas de control mental, como las sectas religiosas. Sus libros y su sitio web han sido, durante mucho tiempo, una línea de defensa esencial para proteger a nuestros seres queridos de las tentaciones destructivas de estos grupos seductores. Sus consejos y aliento han ayudado a miles de personas a escapar.

Richard Packham, J.D.
Fundador y primer presidente de la *Exmormon Foundation*

Hassan explica, en términos claros y convincentes, cómo los líderes y grupos coercitivos y manipuladores convierten en rehenes psicológicos y espirituales a personas vulnerables o bienintencionadas —personas que están atravesando transiciones dolorosas en sus vidas o que buscan una verdad superior—. Al principio de mi carrera, este libro fue un recurso invaluable para ayudarme a comprender la naturaleza de este tipo particular de victimización. El trabajo de Hassan me inspiró y me ayudó a crear caminos más efectivos de sanación para personas que emergen de sectas criminales, clandestinas y situaciones de trata. Hassan guía al lector en un recorrido donde revela las vulnerabilidades emocionales y psicológicas universales que nos dejan a todos los seres humanos susceptibles a la influencia indebida y al secuestro grupal de nuestras mentes, corazones y espíritus. En un lenguaje muy accesible y claro, este libro ofrece un excelente análisis y orientación, esperanza para los sobrevivientes de sectas y sus familias, así como para profesionales clínicos y clérigos que puedan formar parte del proceso de sanación e integración del individuo.

Harvey Schwartz, Ph.D.
Autor de *Dialogues With Forgotten Voices* y *The Alchemy of Wolves and Sheep*

Steven Hassan tiene casi 40 años de experiencia y conocimiento que fortalecerán nuestros esfuerzos para desarrollar métodos que rompan los lazos que mantienen los tratantes de personas. Steven es un líder en el campo de la psicología social, y su trabajo individual con sobrevivientes para reemplazar vínculos destructivos por relaciones sanas y duraderas tiene el potencial de mejorar de forma rápida y efectiva la respuesta ante la trata de personas. Su labor va mucho más allá del rescate físico de una víctima: empodera a los sobrevivientes para que desarrollen recuerdos y experiencias saludables que sustituyan pensamientos y conductas dañinas y destructivas.

Carissa Phelps, J.D., MBA
CEO de *Runaway Girl, Inc.*
Autora de *Runaway Girl*

Steve Hassan es un portavoz convincente en el tema del control mental sectario, que abarca cuestiones relacionadas con la identidad humana y nuestra vulnerabilidad psicológica innata a la disociación. Además, educa y nos reta a reflexionar sobre los grupos que utilizan técnicas de control mental en nuestra cultura, y cómo ayudar a quienes han sido afectados a recuperar sus vidas. Su compromiso con esta área tan descuidada de la experiencia humana es ejemplar. Por invitación mía, Steve ha enseñado a residentes de psiquiatría en el *Brigham and Women's Hospital* sobre estos temas durante los últimos 14 años. El conocimiento de estos asuntos es crucial para todos los profesionales de la salud mental.

Mary K. McCarthy, M.D.
Profesora Adjunta de Psiquiatría
Escuela de Medicina de Harvard

Steve Hassan ha logrado reunir en un solo volumen su historia personal de participación en una secta destructiva, estudios de caso de otros exmiembros, y una explicación sofisticada del control mental desde una perspectiva psicológica. Ha hecho un excelente trabajo al recopilar una enorme cantidad de material. En particular, me gustó el uso de literatura relevante en psicología social y psiquiatría. Lo recomiendo a padres, exmiembros de sectas y especialistas en salud mental.

Arthur A. Dole
Profesor Emérito de Psicología, Universidad de Pensilvania

…un libro sin rodeos que va directo al núcleo del problema del control mental destructivo. A partir de su experiencia directa, describe las tácticas de poder que utilizan las sectas para generar una desorientación psicológica prolongada en los "reclutas" desprevenidos… Sin lugar a dudas, este libro te abrirá los ojos ante esta seria y persistente amenaza a nuestras libertades individuales.

R. Reid Wilson, Ph.D.
Autor de *Don't Panic: Taking Control of Anxiety Attacks*

Siempre informativo y, en muchas ocasiones, fascinante, escrito por uno de los mayores expertos del país en control mental, *Combatiendo el control mental de las sectas* debería ser lectura obligatoria para profesionales de la salud mental, clérigos y las muchas familias que sufren las consecuencias de este problema cada vez más extendido y perverso. La participación en sectas es un problema a menudo invisible y típicamente ignorado a nivel mundial. Muy pocas personas comprenden la profundidad y alcance del fenómeno. Hassan es un activista ético, informado y dedicado, que tiene algo importante que decirnos a todos.

Stephen R. Lankton, MSW, DAHB, LCSW
Editor de *American Journal of Clinical Hypnosis*
Autor de *The Answer Within*

Combatiendo el control mental de las sectas combina una investigación excelente con una experiencia personal auténtica. El resultado es un logro notable.

Rabino A. James Rudin
Exdirector de Asuntos Interreligiosos Nacionales, *The American Jewish Committee*
Coautor de *Prison or Paradise: The New Religious Cults*

Steve Hassan ha demostrado su apertura y su capacidad para aplicar un amplio abanico de conocimientos y enfoques académicos a las complejas preguntas sobre los métodos sectarios y las alternativas de intervención. El resultado es una contribución significativa a la comprensión pública de la realidad contemporánea del control mental y la expansión del fenómeno sectario.

Flo Conway y Jim Siegelman
Autores de *Snapping* y *Holy Terror*

Combatiendo el control mental de las sectas es el mejor libro disponible sobre todo el panorama sectario... La explicación que da Hassan sobre el control mental convierte este tema, aterrador y sofisticado, en algo comprensible para el lector común, y su historia personal es cautivadora... una herramienta indispensable para educar a los jóvenes sobre las sectas.

Marcia R. Rudin
Exdirectora del *International Cult Education Program*

No puedo pensar en nadie más calificado que Steve Hassan para escribir un libro que explique, de forma comprensible y convincente, cuán seria y creciente es la amenaza que representan las sectas destructivas para todos nosotros. Solo desearía que mi familia hubiera conocido este problema antes de que fuera demasiado tarde. El libro de Steve debería ser lectura obligatoria para cada familia en Estados Unidos.

Patricia Ryan
Lobista
Hija del congresista Leo J. Ryan (asesinado en Jonestown)

En última instancia, este libro trata sobre el empoderamiento: cómo las personas y las sociedades pueden defenderse de las aplicaciones no éticas de las ciencias del comportamiento. El lector encontrará listas de recursos, definiciones útiles y estrategias simples de comunicación e investigación para cuando un ser querido esté bajo la influencia sectaria...

Frederick Clarkson
Investigador principal, *Political Research Associates*

El valor práctico del libro se ve potenciado por la amplia experiencia del autor como consejero de familias preocupadas, a raíz de su propia participación en una conocida secta. Es accesible en su lectura y está respaldado por una base académica sólida.

Ronald M. Enroth, Ph.D.
Autor de *The Jesus People*, *Why Cults Succeed Where the Church Fails* y *A Guide to Cults and New Religions*

Un libro valioso, bien escrito, sobre un tema de genuina importancia. Steve Hassan explica con precisión cómo operan las sectas para controlar las mentes y, en el proceso, ofrece una visión aguda de cómo funciona el proceso de influencia también en situaciones cotidianas.

Robert B. Cialdini, Ph.D.
Autor de *Influence* y *The Small Big: Small Changes That Spark Big Influence*

Espero que *Combatiendo el control mental de las sectas* llegue a muchos lectores, incluidos padres de hijos en sectas, exmiembros y el público en general. Fruto de la experiencia de Hassan y de una investigación ardua, esta obra representa una contribución crucial para comprender el fenómeno sectario y prevenir su influencia destructiva continua en nuestra sociedad.

Dr. Phillip Abramowitz
Exdirector de la *Coalición Interreligiosa de Preocupación sobre las Sectas*

Su libro merece sin duda ser leído por profesionales de la salud mental, especialmente aquellos que trabajan con estudiantes, ya que el reconocimiento temprano y la intervención adecuada dependen de una mayor conciencia sobre esta amenaza.

Peter Tyrer, M.D.
Review of Books, *The Lancet* (revista médica británica)

Nadie comprende mejor la experiencia sectaria que Steve Hassan, y nadie está más calificado para ayudar a las personas a liberarse de sus efectos devastadores. Ojalá hubiera existido un Steve Hassan en mi vida cuando lo necesité.

Mitchell Kapor
Empresario tecnológico e inversionista
Fundador de *Lotus Development Corporation*

Steven Hassan ha desarrollado una comprensión profunda de cómo una persona puede transformarse hasta el punto de volverse casi, o incluso completamente, irreconocible respecto a la identidad en la que fue criada. La facilidad con la que ocurre esta transformación es clave tanto para el entendimiento científico como para abordar problemas reales que van desde amigos y familiares en sectas hasta movimientos extremistas. En línea con la ciencia de los sistemas complejos, su trabajo amplía significativamente nuestra comprensión sobre el rol del contexto en la psicología, siguiendo la tradición del *Experimento de la Prisión de Stanford* de Philip Zimbardo. Espero que sus ideas se integren cada vez más en el pensamiento científico. Sus presentaciones en la *Conferencia Internacional sobre Sistemas Complejos* han sido ampliamente elogiadas.

Profesor Yaneer Bar-Yam
Presidente Fundador del *New England Complex Systems Institute*
Autor de *Dynamics of Complex Systems* y *Making Things Work*

En mi opinión, este es un libro singularmente importante y valioso. Me impresionó especialmente la franqueza del autor al abordar sus experiencias tanto dentro de la Iglesia de la Unificación como tras su salida de ella. Más allá del valor de este esclarecedor relato personal de un practicante del "asesoramiento de salida", se encuentra una colección de información sumamente útil sobre los temas relacionados con las sectas en la vida contemporánea estadounidense. Recomiendo este libro con entusiasmo a los lectores no especializados que, por una razón u otra, deseen informarse mejor sobre este tema. También será valioso para profesionales del ámbito de la salud, clérigos, abogados y otros cuyo trabajo los pone en contacto con sectas, sus miembros y las familias afectadas.

Louis Jolyon West, M.D. (1924–1999)
Exjefe del Departamento de Psiquiatría, Escuela de Medicina de UCLA

Una contribución de gran relevancia… Por primera vez, un asesor de salida hábil y ético detalla el proceso complejo —pero comprensible— de ayudar a liberar a un ser humano del sometimiento a la manipulación mental… Steve Hassan ha escrito un libro que explica *cómo hacer algo al respecto*.

Margaret Singer, Ph.D. (1921–2003)
Departamento de Psicología, Universidad de California, Berkeley

Recomiendo encarecidamente *Combatiendo el control mental de las sectas*. Las sectas son un problema importante que afecta a muchas más personas de lo que se cree... Steve Hassan es una persona brillante y excepcional que ha escrito un libro de gran importancia. Ve a una librería a comprarlo... en serio, haz el esfuerzo por conseguirlo.

Steve Allen (1921–2000)
Artista, comediante y compositor
Creador del programa original *The Tonight Show*
Padre de un exmiembro de secta
Autor de *Beloved Son: A Story of the Jesus Cults*

...El clínico serio encontrará en el libro de Hassan un verdadero desafío ante la ignorancia y los prejuicios que, lamentablemente, rodean al fenómeno sectario.

Paul Martin, Ph.D. (1946–2009)
Fundador de *Wellspring Retreat and Resource Center*, centro de rehabilitación para exmiembros de sectas

COMBATIENDO EL CONTROL MENTAL DE LAS SECTAS

La guía más vendida #1
para la protección, el rescate y la recuperación
de las sectas destructivas

Steven Hassan, PhD
Principal experto en sectas de Estados Unidos

2025 Revisada y actualizada para las nuevas realidades del presente

FREEDOM
OF MIND
RESOURCE CENTER

Freedom of Mind Press

COMBATIENDO EL CONTROL MENTAL DE LAS SECTAS

La guía más vendida #1 para la protección, el rescate y la recuperación de las sectas destructivas

© Copyright 1988, 1990, 2015, 2016, 2018, 2025 por Steven Hassan
Cuarta edición, revisada y actualizada

Un libro de Freedom of Mind Press
ISBN 978-0-9670688-9-3
Número de Control de la Biblioteca del Congreso: 2025937022

Psicología de las sectas, desprogramación, lavado de cerebro, control mental, reforma del pensamiento, persuasión, religión – sectas, trata de personas, terrorismo, influencia social, autoayuda, recuperación, rehabilitación de exmiembros de sectas, salud mental de exmiembros de sectas.

Incluye referencias bibliográficas

Para solicitar permisos de reproducción, consultas de prensa, e información sobre conferencias, presentaciones y capacitaciones de Steven Hassan, comuníquese con el editor:

Freedom of Mind Resource Center
center@freedomofmind.com
freedomofmind.com

Las ediciones anteriores de este libro (1988, 1990) fueron publicadas por *Park Street Press*, un sello de *Inner Traditions International*, bajo el título *Combatting Cult Mind Control*.

El material incluido en el Apéndice, Los ocho criterios de control mental de Lifton, se reproduce del libro de Robert J. Lifton *The Future of Immortality and Other Essays for a Nuclear Age* (Nueva York, Basic Books, 1987) y tiene derechos de autor © 1987 por Robert J. Lifton. Se reproduce aquí con el permiso de Robert J. Lifton.

Otras obras de Steven Hassan:

• *Releasing the Bonds: Empowering People to Think for Themselves* (2000) *Freedom of Mind Press*

• *Freedom of Mind: Helping Loved Ones Leave Controlling People, Cults and Beliefs* (2012, 2013) *Freedom of Mind Press*

The Cult of Trump: A Leading Cult Expert Explains How the President Uses Mind Control (2019, 2024) Simon and Schuster

Understanding Cults: The Official Workbook (2025) Freedom of Mind Press

Cocreador de Ending The Game©, el primer currículo de su tipo en "resiliencia frente a la coerción", diseñado para reducir el apego emocional a tratantes de personas y/o a un estilo de vida caracterizado por la explotación sexual comercial, disminuyendo así la tasa de reincidencia entre sobrevivientes de trata sexual.

Endingthegame.com

Dedico este libro a todas las personas del mundo que han sufrido la pérdida de su libertad personal, con la esperanza de que esta obra pueda aliviar su sufrimiento y brindar sanación tanto a ellas como a sus seres queridos.

Nota del autor

Como muestra de cortesía hacia los propietarios de los sitios web mencionados en este libro, y con el fin de obstaculizar a los bots y rastreadores que recorren la red recolectando direcciones web con fines maliciosos, se ha implementado el siguiente cambio en el texto:

Para acceder a los sitios web listados, donde veas la dirección precedida por [hw], reemplázala por el encabezado habitual "http://www.".

Donde encuentres [hs], sustitúyelo por "https://" y [h] por "http://".

Contents

Nueva Introducción a Combatiendo el Control Mental de las Sectas, 2025

En tiempos de engaño universal, decir la verdad es un acto revolucionario.
–Atribuida a George Orwell (nombre real, Eric Blair), autor de la novela distópica 1984, publicada en 1949.

¡Noticias Falsas!
–Donald Trump, presidente 45.º y 47.º de los Estados Unidos de América.

Cuando publiqué por primera vez "Combatiendo el Control Mental de las Sectas" en 1988, habían pasado doce años desde mi deprogramación de la secta Mooni. Era el décimo aniversario de la tragedia del la Gente del Templo -masacre iniciada por Jim Jones después de haber ordenado el asesinato del congresista Leo J. Ryan y el reportero de la NBC, Don Harris. En total, más de 900 personas inocentes murieron: hombres, mujeres y niños. En mi opinión profesional, se trató de una masacre, no de un suicidio masivo.

Al publicar la primera edición, deseaba ayudar a las personas a entender cómo individuos inteligentes e idealistas podrían ser reclutados en grupos de alto control y lentamente apoderarse de su voluntad.

En ese entonces las personas creían que las sectas eran grupos religiosos aislados o grupos de marginados que se reunían en recintos remotos. Palabras como "lavado de cerebro" y "desprogramación"eran controvertidas. Casi nadie podía imaginar lo generalizada y destructiva que se convertiría la influencia indebida.

Cómo podrán darse cuenta he mantenido las introducciones de ediciones previas para quienes gustan de revisarlas en su contexto histórico. La más reciente fue escrita en el 2018 en celebración del 30 aniversario de la publicación del libro. Ahora, el tema del control mental de las sectas jamás había sido tan central en la mayoría de los problemas que las personas enfrentan a nivel mundial, como lo es ahora.

El 29 de enero de 2025, Donald Trump tomó nuevamente juramento como presidente de los EEUU, siendo un delincuente convicto por 34 cargos criminales. El dólar norteamericano ha ido a la baja en un 10 por ciento desde entonces. La jefa de gabinete de Trump es Susan Wiles quien le ayudó a ganar la primera elección con la intervención de Rusia. El continuó su alineación con los intereses y propaganda rusa hasta principios de julio cuando rompió públicamente con Elon Musk. Trump usó a Musk para destripar la estructura de servicios civiles de los EEUU. También le permitió a Musk el acceso sin precedentes a la información confidencial de los ciudadanos, incluyendo la de alta sensibilidad como los números de seguridad social.

Trump ha nominado y el partido republicano ratificado a un grupo de aduladores no calificados para eliminar al gobierno federal funcional pre existente, quienes ayudarán a los enemigos de América a desmantelar los controles y equilibrios, el estado de derecho y la separación entre la iglesia y el estado.

Trump empoderó al hombre más rico del mundo, Elon Musk, dándole acceso a toda la data privada de los ciudadanos norteamericanos y permitiéndole quitar los fondos a la USAID (Agencia Norteamericana para el Desarrollo Internacional). Incontables servidores públicos, varios de ellos veteranos que votaron por Trump fueron despedidos.

Un denunciante reveló que Musk y su Departamento de Eficiencia Gubernamental (DOGE) estaban descargando data y al mismo tiempo un usuario con una IP rusa estaba tratando de acceder en tiempo real.

Desde el robo y destrozo de los datos de los americanos, la relación entre Musk y Trump ha tenido un declive público. Musk se ha opuesto a la última propuesta de presupuesto de Trump que los republicanos pasaron. Musk ha dicho que creará un partido político que se llamará Partido de América y afirmó que trabajará contra los republicanos que aprobaron el proyecto de la Abominable ley de Trump que da reducciones de impuestos a los súper ricos, añade trillones en déficit al gobierno federal, quita fondos a varios hospitales y pone en peligro a personas que dependen del Medicaid. Como resultado, Trump amenazó con deportar a Musk y quitarle todos sus contratos con el gobierno federal.

Las agencias federales del gobierno que protegen a los ciudadanos están siendo desmanteladas una a una. La Sociedad Federalista influenciada por el Opus Dei, ha instalado a varios de sus miembros leales en la

Suprema Corte de Justicia dándoles beneficios. Eventualmente, terminarán con uno de los principios centrales de la Constitución: que el Presidente no está por encima de la ley.

Ucrania, miembro de la OTAN (Organización del Tratado del Atlántico Norte) solía tener apoyo de Norteamérica, pero Vladimir Putin ha implementado su agenda autoritaria y continúa atacando a Ucrania sin descanso. En el momento en que Trump comenzó a tener una postura crítica contra Putin, este le ha retirado su apoyo.

Trump ha pasado de afirmar que las criptomonedas son falsas a que quiere que América se convierta en la "capital cripto del mundo" cuando vio la oportunidad, al darse cuenta de los cientos de millones de dólares de deuda y compañías que están quebrando y que podría hacerse de billones de dólares permitiendo que dinero de oscura procedencia pueda fluir hacia el y su familia sin tener que rendir cuentas. Interesantemente, la criptoindustria fue uno de los sectores que contribuyeron más significativamente a su campaña política. He dicho antes que sin la regulación gubernamental, el cripto actúa como un fraude multinivel (FMN) donde solo las personas en la cúspide de la pirámide hacen una fortuna mientras todos los demás sólo pierden dinero.

Para su campaña electoral, Trump pidió un billón de dólares a corporaciones de combustibles fósiles como Koch y a países que desean socavar las energías alternativas. Después de su elección en 2020, EEUU se retiró del Acuerdo de Paris y las agencias que trabajan en la protección del clima y el ambiente han sido desmanteladas. Los EEUU son el mayor contribuyente del calentamiento global y estas políticas solo aseguran que el calentamiento global y las catástrofes climáticas continuarán. Trump se retiró del Acuerdo de Paris nuevamente en 2025.

Hoy, 6 de julio de 2025, se ha afirmado una dictadura fascista. Trump ha otorgado el perdón a quienes fueron arrestados y enjuiciados por sus actos violentos del 6 de enero de 2021. Los Muchachos Orgullosos y los Guardianes del Juramento - grupos paramilitares- han sido liberados. Se ha reportado que algunos han sido contratados por ICE y usan máscaras y equipo militar, creando un régimen del terror con el pretexto de arrestar criminales indocumentados.

Cada semana, las políticas son más extremas. Ahora Trump quiere ir detrás de quienes tienen residencia permanente en los EEUU y planea deshacerse del derecho de ciudadanía por nacimiento que es una garantía constitucional. Esta es la mentalidad donde todos los que son diferentes serán considerados un problema.

El lavado de cerebro y el control mental han evolucionado con el uso de la Inteligencia Artificial que ahora es capaz de influir en millones de personas de manera híper focalizada usando la data personalizada. El ganador del premio Nobel Geoffrey Hinton advierte sobre los peligros de la IA y las crecientes posibilidades de que se vuelva incontrolable hasta el colapso de la humanidad y nuestro planeta. La adicción a los teléfonos celulares ha escalado dramática y peligrosamente. El internet ha generado poderosas plataformas tecnológicas como Google, Meta (Instagram, Facebook), X (antes Twitter), Amazon, IA y otras redes sociales.

Sin una sólida regulación sobre el manejo de los datos privados en los EEUU, las personas están a merced de la manipulación de toda clase de malhechores, incluyendo jefes de estado y líderes corruptos como Rusia, China, Irán, Arabia Saudita, Israel, Corea del Norte entre otros.

Los teléfonos inteligentes, tabletas y computadoras no son solo herramientas para el trabajo cotidiano sino también herramientas de control mental. La compañía de Peter Thiel, Palantir, busca condensar toda la información de los norteamericanos lo que nos convertiría en un "Gran Hermano", país autoritario como la China comunista. La persona promedio actual experimenta un alto nivel diario de ansiedad, miedo, insatisfacción, confusión e incertidumbre, permitiendo que los autoritarios impongan su voluntad más fácilmente.

El capellán humanista de Harvard/ MIT, Greg Epstein quien escribió el Agnóstico Tec para MIT Press, describe La nueva religión mundial: el Big Tech. Critica la ideología de los billonarios de la tecnología: transhumanismo, largoplacismo, aceleracionismo y el cripto como cultos destructivos: la noción de que personas como Peter Thiel, Elon Musk, Mark Zuckerberg, Jeff Bezos y Sam Altman formen una nueva organización de gobierno internacional regida por estos billonarios. Lo que les permitiría influir masivamente controlando los medios de comunicación y adueñarse cada vez más de la información y los datos personales.

En 2019 Simon & Schuster publicó mi libro: "El Culto a Trump: Un Experto en Sectas Explica Cómo el Presidente Usa el Control Mental". Fue editado nuevamente antes de las elecciones de 2024. George Conway escribió el prólogo y yo el epílogo. Sugiero que el lector lea este libro también. Dicho esto, no he parado de investigar y aprender más desde su publicación. Ahí comienzo con el libro de Edward Bernays "Propaganda" de 1928 para mostrar cómo Trump es solo el recipiente de un proyecto de 50 años para destruir a los EEUU.

En el capítulo tres, comparo a Trump con los líderes de sectas Sun Myung Moon, Jim Jones, and Ron Hubbard de la Cienciologia. También nombro a los titiriteros de Trump. Una de las tesis centrales del libro es que el culto a Trump está conformado por otras sectas. Una de las mas grandes es la red de los Cristianos Dominionistas, los Nacionalistas Cristianos y la Nueva Reforma Apostólica (NAR) que declara que tienen apóstoles y profetas a quienes Dios les dijo que Trump ganó la elección de 2020 aún cuando hay evidencia abrumadora que señala lo contrario. Para más detalles de lo que he aprendido desde la publicación de ese libro, pueden visitar mi sitio freedomofmind.com, el blog en Substack , mi canal de YouTube y mis redes sociales.

Otro tema inquietante que se ha desarrollado es el uso masivo de la hipnosis en línea. He estado estudiando la Programación Neurolingüística (PNL) y la hipnosis desde inicios de los 80's y colaboré con dos capítulos del lado oscuro de la hipnosis del profesor emérito en leyes Alan Scheflin para un libro de texto académico sobre hipnosis ética para médicos.

En diciembre de 2020, me gradué de mi segunda maestría y doctorado en Desarrollo Organizacional y Cambio de la Fielding Graduate University. El doctor Michael Commons, entonces director de investigación de la Escuela Médica de Harvard Medical School y su forensic think tank: Programa en Siquiatría y la Ley (PIPATL), fue quien me animó a realizar este trabajo de investigación siendo mi mentor en Fielding.

Me advirtió que el sistema legal prefiere los estudios cuantitativos antes que los cualitativos como los trabajos de los estudiosos Robert Jay Lifton, Margaret Singer, Edgar Schein y Louis West. Con su empuje, trabaje y completé un estudio cuantitativo de mi Modelo BITE sobre Control Autoritario. En mi disertación doctoral, pude crear el marco teórico para que jueces y jurados puedan evaluar las situaciones que implican influencia indebida. Esta disertación la pueden encontrar en inglés y en español en mi sitio web.

Las leyes están espantosamente atrasadas respecto a todo el conocimiento que ya tenemos en la neurociencia, la sicología social, la radicalización y la desradicalización. Desde entonces me he convertido en un investigador para su Instituto de Innovación Social para continuar refinando la investigación basada en el modelo BITE en bitemodel.com, a fin de que un día los juzgados tengan un marco científico válido para evaluar la influencia indebida.

Otro proyecto en el que estoy trabajando es la educación la continua en línea con un curso diseñado para profesionales de la salud: Entendiendo las Sectas, Curso Basuco para Profesionales de la Salud y otro para Médicos (AACME). Este curso proveerá entendimiento claro para trabajar con individuos que nacieron o fueron criados en un grupo autoritario, religioso e incluso una dictadura. También será de ayuda para que fue reclutado en tales grupos así como para su familia o amigos. Actualmente este curso ofrece créditos CEUs para sicólogos, trabajadores sociales y consejeros profesionales. El link para registrarse puede encontrarse en mi sitio web freedomofmind.com. Hay también otros cursos para exmiembros, familiares y cualquiera que esté interesado en aprender más de este tema.!también creamos y publicamos Entendiendo las Sectas: Cuaderno Oficial de Trabajo que contiene links vitales a entrevistas, blogs y material que presentó en el curso.

En 2025, nos encontramos lidiando con una epidemia de sectas de control mental. Muchos en apariencia religiosos pero que también impulsan agendas políticas, comerciales, de dinero o sexo. Las herramientas de la influencia indebida son ahora globales, digitales y están profundamente incorporadas en la política, la tecnología y la vida diaria. Poblaciones enteras han sido sacudidas.

Los conceptos de este libro tales como reconocer la influencia indebida, como las sectas usan el comportamiento, la información, el pensamiento y el control emocional y cómo acercarse a las personas atrapadas en estos sistemas no son reliquias del pasado sino herramientas que se necesitan para el presente y el futuro.

Ya sea que que estés tratando de entender cómo alguien que amas se ha radicalizado o te preocupa la exposición a la propaganda o simplemente estás tratando de permanecer conectado en la verdad en medio de tiempos caóticos, este libro esta aquí para apoyarte.

Este libro es acerca de la liberación, del despertar. De ayudarnos a nosotros mismos y a otros a escapar de sistemas de control y recuperar lo que llamo libertad mental.

Así que, sea que estás leyendo esto por causa de alguien a quien amas o porque has comenzado a cuestionar tus propias creencias o simplemente por ir percibes que hay algo profundamente equivocado en como se esta transformando el mundo, estás en el lugar correcto.

No estás solo.

Y hay manera de seguir adelante.

Bienvenido seas a la pelea por la libertad de la mente del siglo 21.

Comencemos.

Doctor Steven Hassan

Introducción a la Edición de 2018

Primavera de 2018. Estoy esperando mi vuelo de regreso a Boston, exhausto, pero con una profunda sensación de satisfacción. Anoche concluí una intervención de tres días con un maravilloso grupo de familiares y amigos que me contrataron para ayudar a un ser querido a despertar de un profundo involucramiento con un grupo hindú liderado por un gurú. Su matrimonio y el negocio familiar estaban en peligro. El nuevo gurú había instruido a los creyentes a mudarse a la India y a no hablar con exmiembros. Su esposo y sus dos hijos adultos contrataron mis servicios, junto con sus hermanas, para hacer lo posible por desarrollar, guiar e implementar un Enfoque Estratégico Interactivo que culminó en esta intervención voluntaria de tres días. Anoche y nuevamente esta mañana, lágrimas llenaron mis ojos al leer mensajes llenos de gratitud de todos. Su trance de verdadera creyente había desaparecido. Ahora pensaba por sí misma. Antes de empezar, muchos dudaban de que pudiéramos tener éxito porque parecía estar tan programada. Afortunadamente, estaban equivocados.

Ella accedió a escuchar porque sus hermanas, hijos, esposo y amigos cercanos le suplicaron que se quedara y aprendiera. Le pidieron que tuviera una mente abierta y aprendiera sobre sectas y control mental conmigo. Con la ayuda de antiguos miembros de largo plazo, quienes habían sido sus amigos mientras estaban en el grupo, quedó abrumada por historias convincentes y creíbles. Aprendió sobre los terribles abusos de poder que su hija había experimentado y descubrió que también les habían sucedido a otros. Se sentó con antiguos amigos que previamente había ignorado y evitado, y los escuchó. El amor, la paciencia y el respeto guiaron el proceso. ¡Funcionó maravillosamente!

Mientras espero en el aeropuerto, entablo una conversación con algunos viajeros que me reconocen por mi aparición en el programa de Leah Remini exponiendo los abusos de la Cienciología. Tienen muchas preguntas. Me piden que les cuente cómo me interesé en ayudar a las personas a salir de sectas.

Les pregunto si han oído hablar de la secta Moon. No, no la han escuchado. Pero han oído hablar del periódico que ellos poseen, *The Washington Times*. Mientras les explico cómo los grupos de alta demanda han proliferado en los últimos años, alcanzando lo que considero proporciones epidémicas, me interrumpen. No pueden creer que sea cierto. Se sorprenden al escuchar que las sectas aún reclutan con éxito a personas.

Les retrocedo a décadas de historias importantes: "¿Charles Manson?" La mujer había leído que se suponía que iba a casarse. "¿Patty Hearst y el SLA?" Nunca han oído hablar de ella. "¿Conocen Jonestown y a Jim Jones?" Sorprendentemente, no, no lo saben.

Esta edición se publica en el 40.º aniversario de la tragedia de Jonestown, que tuvo lugar el 18 de noviembre de 1978. La edición en tapa dura de *Combatiendo el Control Mental de las Sectas* salió en el 10.º aniversario de la tragedia de Jonestown. Aunque hoy en día la mayoría de los estadounidenses conocen la expresión "beber el Kool-Aid," muchas personas nunca han oído hablar de Jim Jones y su secta, el Templo del Pueblo (*Peoples Temple*). Aún menos conocen la sombría historia de cómo el cianuro fue mezclado con *Flavor Aid* y forzado en las gargantas de más de 300 niños y cientos de adultos. Jones les dijo que era un acto de "suicidio revolucionario." Creían que él era Dios en la tierra. En total, mató a 912 personas.

"¿Y qué hay de Waco, David Koresh y los Branch Davidians? ¿Puerta del Cielo (*Heaven's Gate*)? ¿La secta japonesa Aum Shinrikyo y su ataque con gas sarín en el metro de Tokio?" No, no, tristemente, no. Ellos no están solos en no saber. El mundo ha cambiado. Aunque los nombres de las grandes sectas de las décadas de 1970 y 1980 han desaparecido de los titulares, nombres aún más insidiosos—Al Qaeda, ISIS, Boko Haram, el Ejército de Resistencia del Señor (*Lord's Resistance Army*), liderado por Joseph Kony—han ocupado su lugar. De hecho, mis compañeros de viaje me preguntan sobre ISIS, también conocido como Estado Islámico o Daesh; les parece que podría ser una secta. ¡Sí! Les digo que, en mi opinión, es una secta política que usa la religión para atraer e influir en las personas. Muestra muchos de los signos clásicos: reclutar personas mediante el engaño, llevarlas a lugares aislados, darles nuevos nombres y ropa, controlar su acceso a la comida e información, implantar fobias y hacer promesas falsas.

Hablamos de Corea del Norte, su desarrollo de armas nucleares y los asesinatos de enemigos, ciberataques contra Sony Pictures, cuya película, La Intrevista (*The Interview*), retrata al líder norcoreano, Kim Jong-un, de manera decididamente poco halagadora. Les digo que Corea del Norte es un ejemplo clásico de un régimen de control mental. Son completamente dependientes y obedientes a su "gran líder," y su imagen está en todas partes. El dictador norcoreano Kim y el presidente Trump, ignorando los abusos criminales a los derechos humanos, decidieron reunirse en persona. Este evento me fascina, ya que la medida poco ortodoxa de Estados Unidos sigue algunos de mis principios significativos del Enfoque Interactivo Estratégico (*Strategic Interactive Approach, SIA*), incluido comunicarse directamente en persona en lugar de a través de terceros, teléfono o correo electrónico, construir confianza mediante el respeto. También me gustó el video de 4 minutos mostrado a Kim de un futuro prometedor económicamente.

Luego discutimos el tráfico humano, uno de los delitos más comunes cometidos en los Estados Unidos, solo superado por el robo de identidad. El tráfico sexual y laboral son ahora industrias multibillonarias. Finalmente están recibiendo una atención mediática significativa. Sin embargo, parece que todos están pasando por alto el problema central. El tráfico humano debe entenderse con precisión como un fenómeno de "secta comercial". Los proxenetas son empresarios que operan como líderes de sectas. Utilizan técnicas psicológicas para reclutar, adoctrinar y controlar a sus miembros. Les cuento a mis compañeros de viaje sobre un libro disponible en Amazon, escrito por un proxeneta, que enseña a los hombres cómo usar el control mental sobre las mujeres para convertirlas en esclavas sexuales. Les explico que el tráfico humano se ha convertido en un foco de mis energías en los últimos años.

En el verano de 2013, fui invitado por Carissa Phelps y su organización *Runaway Girl* a hablar en una sesión de capacitación para seiscientos agentes de la ley sobre el tema del tráfico humano. Mi papel fue hablar sobre las tácticas de control mental utilizadas por proxenetas y traficantes de personas, el efecto en las mujeres y cómo las fuerzas del orden pueden responder de manera más efectiva. Más tarde, Rachel Thomas, Carissa Phelps, D'lita Miller y yo desarrollamos el primer programa para sobrevivientes de tráfico sexual para comprender el control mental de los proxenetas. Se llama *Ending the Game*.

Si hubiera profundizado más en la conversación con ellos —si hubiera indagado un poco más en sus vidas personales— lo más probable es que habrían mencionado a alguien que conocen, un amigo o un pariente, que ha experimentado un 'cambio radical de personalidad'. Esto sucede todo el tiempo. Alguien ha estado actuando de manera extraña, posiblemente evitando el contacto con sus padres, amigos o la comunidad. Tal vez se haya casado con una pareja controladora o se haya involucrado con una persona carismática en el campus o con un pequeño grupo de personas.

Uno de los cambios más significativos que he visto en las últimas décadas es el surgimiento de las "mini-sectas," que consisten en cualquier número de dos a doce personas. El líder podría ser un esposo o esposa, un maestro, un terapeuta o incluso un cliente. Uno de los casos más memorables en los que trabajé involucró a un terapeuta que había caído víctima de la influencia indebida de su cliente.

Hoy en día, la cuestión de la influencia social psicológica y no ética impregna el tejido de nuestra sociedad y de las sociedades en todo el mundo. Las sectas destructivas son solo una manifestación de la aplicación de lo que ahora se estudia rutinariamente de manera académica, la ciencia de la influencia social. La necesidad de este libro no ha disminuido. Por el contrario, es, si acaso, aún más urgente.

Esfuerzos de las sectas por evitar la exposición

Desde mi desprogramación en mayo de 1976, he escrito tres libros, dado innumerables charlas, talleres y seminarios en todo el mundo, y realizado una cantidad increíble de entrevistas en los medios. He sido invitado varias veces a hablar en el curso *Historia del Lavado de Cerebro* de la profesora Rebecca Lemov en la Universidad de Harvard. Cuando les pregunto a los estudiantes si tienen curiosidad por saber cómo me interesé en la ciencia del lavado de cerebro y el control mental, y sobre mi participación en la secta Moon, casi nadie en la sala sabe de lo que estoy hablando. La mayoría de la gente ha olvidado al líder de la secta coreana Sun Myung Moon, quien fundó la Iglesia de la Unificación en 1954, se declaró a sí mismo el Mesías y organizó bodas masivas entre miembros, ganando notoriedad durante las décadas de 1970 y 1980.

Algunos estadounidenses recuerdan la secta Moon, pero piensan que la organización desapareció hace años. Ese no es el caso. Sigue estando muy activa, aunque Moon mismo murió en 2012. La organización continúa participando activamente en asuntos mundiales. Posee, entre muchas entidades, *The Washington Times* y *United Press International* (UPI) en Washington, DC. Durante las últimas tres décadas, los medios han brindado poca cobertura sobre las actividades destructivas de este grupo.

Este año, Hyung Jin Moon hizo titulares con su *Rod of Iron Ministry*, que defiende que los rifles de asalto son necesarios para el pueblo de Dios. Su hermano Justin Moon es propietario de Kahr Arms, una compañía de fabricación de armas que produce pistolas, rifles de asalto y subfusiles.

Durante las décadas de 1970 y 1980, la Cienciología también era muy conocida. Desde principios de los años 90, sin embargo, ha recibido mucha menos atención mediática. No por falta de interés público, sino por los bolsillos sin fondo y la naturaleza litigiosa de la Cienciología. De hecho, la Cienciología ostenta el título de una de las organizaciones más litigiosas en la historia del mundo.

La Cienciología demandó a la revista *TIME* por su artículo de portada de 1990, "Cienciología: la secta próspera de la codicia y el poder," y obligó a *TIME* a defender el artículo hasta la Corte Suprema de los EE. UU. La demanda fue finalmente desestimada, pero su escritor, Richard Behar, fue acosado de manera viciosa y continua. El acoso personal y legal envió un fuerte mensaje a otros escritores y productores de noticias: si hacen un reportaje sobre la Cienciología, tendrán que gastar una fortuna defendiéndose mientras viven con miedo de que ellos y sus familias sean acosados.

Durante décadas después de la demanda contra *TIME*, fui invitado a aparecer en programas de televisión o radio, pero los productores me advertían que evitara mencionar a la Cienciología. Por temores similares respecto a la organización Moon, que también era rica y litigiosa, se me decía que no podía mencionar a los Moonies, ni decir que había sido miembro de la Iglesia de la Unificación de Moon. Cuando lo mencionaba de todos modos, mis comentarios rutinariamente eran editados, a menos que fuera una entrevista en vivo.

La Cienciología tomó control de la organización contra-sectas más importante, *Cult Awareness Network* (CAN), una organización establecida para proporcionar información útil y precisa sobre grupos de control mental. Contrario a la propaganda de las sectas, no fue fundada por el desprogramador Ted Patrick. CAN estaba compuesto por voluntarios de todo Estados Unidos: padres, exmiembros de sectas, profesionales de la salud mental, educadores, abogados y otros ciudadanos preocupados. Cuando escribí este libro por primera vez, CAN era el recurso esencial de información sobre sectas. Sin embargo, en 1996, la Cienciología demandó a CAN hasta llevarlo a la bancarrota, y luego compró su nombre, logotipo y número de teléfono. Más tarde, obtuvieron todos los archivos y registros de CAN. La Cienciología administró CAN como un grupo de fachada engañoso durante años. Ahora parece estar fuera de línea.

La Cienciología también utilizó órdenes legales para asaltar bases de datos de todo el mundo, incluido el sitio contra-sectas *factnet.org*. Afortunadamente, este aspecto de sus maniobras legales tuvo el efecto contrario, generando mayor interés público en el grupo y llevando la magistral exposición de Jon Atack, *Let's Sell These People a Piece of Blue Sky*, al top 100 de Amazon.

Los medios han realizado muchas historias sobre Tom Cruise, Katie Holmes, John Travolta y otras celebridades asociadas con la Cienciología. Ex altos ejecutivos del grupo han salido y hablado públicamente, revelando cómo lograron, tras 25 años de luchas y trucos sucios, forzar al IRS a otorgarles el estatus de exención de impuestos como "religión," algo que, en mi opinión, no es.

En los años desde la primera edición de *Combating Cult Mind Con-*

trol, algunos de los grupos de control mental más grandes han gastado millones de dólares para contratar bufetes de abogados de primer nivel, agencias de relaciones públicas e investigadores privados. Algunos de estos profesionales reciben pagos generosos para amenazar a exmiembros del grupo, financiar campañas significativas de desinformación, socavar los derechos humanos fundamentales de los miembros actuales y defender a las organizaciones de control mental contra procesos judiciales por actos abiertamente criminales.

Las sectas destructivas han intentado repetidamente, pero sin éxito, desacreditarme a mí y a otros activistas. La mayoría de estos esfuerzos han tomado la forma de campañas de desinformación, pero algunos han sido mucho más turbios. Por ejemplo, miembros de sectas llamaban a mi oficina haciéndose pasar por exmiembros o padres angustiados, pidiendo ayuda. Su objetivo era engañarme o manipularme para que dijera o hiciera algo que pudiera dañar mi reputación. Agentes de las sectas fueron enviados a sembrar semillas de desconfianza entre los activistas anti-sectas, contando falsedades sobre colegas activistas. Al socavar estas colaboraciones y amistades, los agentes de las sectas ocasionalmente han interrumpido o neutralizado los esfuerzos por ayudar a las víctimas de sectas destructivas.

Exmiembros valientes que se atreven a hablar a menudo sufren daños significativos en sus reputaciones, finanzas o ambas cosas. Sus carreras y, a menudo, sus matrimonios se destruyen; son seguidos, se les pinchan las llantas, se irrumpen en sus hogares y se presentan demandas frívolas contra ellos. Se podría escribir un libro solo para contar las historias de los héroes del movimiento de concienciación sobre el control mental. Parte de la razón por la que estoy reeditando y actualizando este libro es para compartir algunos de esos relatos críticos e inspiradores.

Cambios desde la edición de 1988

Esta edición marca el 30.º aniversario de este libro. Muchas cosas han cambiado desde su publicación original. Todavía recibo mensajes de personas de todo el mundo que me dicen que este libro fue transformador e incluso les salvó la vida.

A lo largo de los años, he escuchado a cientos de personas decir que las historias en *Combating Cult Mind Control* proporcionaron muchos paralelismos con sus propias experiencias y ayudaron a transformar sus vidas. Me complace republicarlo fundamentalmente intacto, pero con muchas actualizaciones y adiciones importantes. Déjame describir algunos de los cambios y factores a considerar mientras lees esta nueva edición.

Cuando fui desprogramado de los Moonies en 1976, no existía Internet. Desde entonces, la vida en el planeta Tierra, especialmente nuestra relación con la información y las personas en todo el mundo, ha cambiado radicalmente. Solía llevar conmigo kilos de libros y fotocopias de información para hacer mi trabajo. No existían Wikipedia, Google, ni Facebook. No había teléfonos celulares, mensajes de texto ni chips GPS de rastreo.

Antes de Internet, nadie sabía dónde buscar ayuda. Tal vez hablaban con amigos, familiares, médicos o clérigos. O usaban el catálogo de tarjetas en su biblioteca local para buscar un libro. Las personas se sentían impotentes, asustadas, solas y confundidas al ver a un ser querido experimentar un cambio radical de personalidad.

Del mismo modo, las personas reclutadas en una secta tenían pocos recursos para poner a prueba la realidad de lo que les decían mientras estaban en el grupo. Cuando las personas salían de las sectas, estaban confundidas, avergonzadas, solas, deprimidas y, a menudo, suicidas, pero había pocos lugares a los que recurrir para obtener información o guía útil.

La llegada de la World Wide Web creó una nueva era, ya que era una forma rápida y efectiva de conectarse y compartir información. En 1992, el genio informático Bob Penny creó *factnet.org*, el primer sitio web dedicado contra las sectas, que luego fue lanzado por sus compañeros exmiembros de la Cienciología Lawrence Wollersheim, Gerry Armstrong y Jon Atack. Yo lancé mi sitio web en 1995.

Internet proporcionó luz sobre los oscuros actos de líderes de sectas megalómanos y sus comportamientos poco éticos, a menudo criminales.

En esos primeros días de Internet, el control de la información por parte de grupos destructivos fue temporalmente quebrantado, y las sectas lucharon por adaptarse a esa realidad.

Desafortunadamente, así como las enfermedades evolucionan para resistir o evitar nuevos tratamientos médicos, muchas organizaciones ahora usan Internet para engañar y desinformar al mundo. Algunos ejemplos:

- Wikipedia está constantemente vigilada por agentes de grupos destructivos. Información crítica es eliminada o se agrega contenido confuso. Estos grupos ricos, con mano de obra gratuita, tienen la ventaja cuando se trata de controlar la información, y actualmente, Wikipedia no ha encontrado una forma de proteger al público y mitigar su poder. ¿Quizás son donantes sustanciales? Miembros de estos grupos intentan continuamente eliminar información precisa sobre sus organizaciones y reemplazarla con falsedades. Algunas de las organizaciones más grandes tienen personal cuyo único trabajo es borrar la verdad de la web y cargar propaganda. Sitios valiosos, como *factnet.org*, son hackeados y sacados de operación. Afortunadamente, existe la *Wayback Machine*, un archivo de Internet. Si conoces la URL crítica de un sitio, existe la posibilidad de que la información útil haya sido guardada y archivada.

- Organizaciones de control mental patrocinan sitios web que aparentan proporcionar ayuda, empatía y orientación a exmiembros, así como a miembros actuales que están pensando en dejar el grupo. Algunos de estos sitios incluyen enlaces a profesionales aparentemente solidarios. Sin embargo, algunos de estos sitios son fraudes. Son administrados por las propias organizaciones de control mental y se utilizan para atraer de vuelta a los exmiembros e identificar y aislar a las personas que están pensando en salir. También hay personas perturbadas, incluidos estafadores que se hacen pasar por desprogramadores y expertos en sectas, buscando negocio. Tienen historias personales cuestionables, carecen de credenciales y atacan a mí o a mis colegas en un intento de dañar nuestras reputaciones. No creas información que no tenga sentido. Pide pruebas verificables. O pregúntame qué está sucediendo. Los expertos legítimos cuentan con otros expertos legítimos para verificar que son responsables y confiables.

- Debido a que grandes cantidades de información personal ahora están disponibles para su compra en línea, los reclutadores de sectas (así como los estafadores comunes) pueden desarrollar perfiles extensos sobre sus futuros objetivos. Luego pretenden leer la mente de las personas, intuir sus esperanzas y temores más profundos, canalizar espíritus o actuar como agentes de inspiración divina. Esta técnica de manipulación mística a menudo juega un papel significativo en el reclutamiento de una persona. Internet ha proporcionado una forma completamente nueva de influir y controlar a las personas. Los países totalitarios bloquean el acceso a sitios que consideran "peligrosos" para su control continuo. La inteligencia artificial, los algoritmos avanzados de minería de datos y las redes sociales representan un peligro mucho mayor para el control mental masivo.

En los últimos años, se han desarrollado varias películas de ficción y series de televisión sobre la idea de sectas destructivas con líderes carismáticos. Desafortunadamente, todas fallan en proporcionar información útil que permita a las personas comprender verdaderamente el control mental de las sectas y protegerse a sí mismas y a sus seres queridos.

¿Qué más ha cambiado?

En esta edición de *Combating Cult Mind Control*, utilizaré con frecuencia los términos *control mental* e *influencia indebida*. En versiones anteriores, empleaba regularmente "control mental", pero rara vez usaba "influencia indebida". Ambos términos se refieren al proceso de controlar a las personas mediante el secuestro mental de sus procesos de pensamiento racional. "Influencia indebida" se ha utilizado principalmente en contextos legales, pero uno de mis objetivos es que el término sea comprendido y adoptado ampliamente por el público general. En muchos sentidos, "influencia indebida" es un término más adecuado que "control mental", ya que la explotación forma parte de su propia definición.

De hecho, la influencia indebida puede infectar a las personas hasta el punto de que desarrollen una identidad programada por la secta. Es como un "virus de influencia indebida" que invade y altera al anfitrión. Me he convertido en miembro del Programa de Psiquiatría y Derecho de Harvard,

31

un grupo de reflexión forense con el que discuto estos conceptos junto a distinguidos colegas. También he impartido conferencias como ponente invitado en la Facultad de Medicina de Harvard, enseñando estos temas a residentes de Psiquiatría. Además, me he inscrito en un programa de doctorado en la Fielding Graduate University para investigar académicamente mi modelo BITE. Espero que este pueda validarse como una herramienta útil para definir la influencia indebida.

Me gustaría hablar y definir tres términos más: intervención, desprogramación y asesoría para salir de una secta (*exit-counseling*). A lo largo de los años, mi trabajo ha evolucionado dramáticamente para abordar las muchas nuevas realidades en el control mental o la influencia indebida. Como resultado, ninguno de estos términos describe con precisión lo que generalmente enseño y hago.

Una intervención es un proceso de diálogo, idealmente de tres días, en el que yo, junto con exmiembros de sectas, expertos y familiares y amigos clave, sorprendemos a alguien que está bajo el control mental. Luego utilizamos una persuasión amistosa para obtener su acuerdo voluntario de sentarse con nosotros, escuchar y aprender.

Antes de la publicación de la primera edición de este libro, era relativamente simple realizar una intervención, y muchas de ellas eran exitosas. Pero después del éxito inicial de este libro, muchos líderes de organizaciones de control mental adaptaron sus estrategias en respuesta. Por ejemplo, especialmente en los grupos más grandes de los que he escrito, se les decía a los miembros que nunca regresaran solos a casa, especialmente por más de uno o dos días.

Además, desde la aparición del teléfono inteligente, las personas bajo influencia indebida son monitoreadas y controladas regularmente a través de mensajes de voz, textos, llamadas telefónicas y correos electrónicos. Como resultado, las técnicas de intervención antiguas ya no son tan efectivas. Hoy en día, solo acepto realizar intervenciones cuando estoy seguro de que no hay una mejor manera de ayudar y estoy razonablemente seguro de que la persona no se levantará y se irá (o llamará a la secta).

También dejé de usar el término 'asesoría para salir de una secta' hace muchos años. Por un lado, el término resultó contraproducente. Cuando se le decía a un miembro de una secta que Steve Hassan, un 'asesor para salir de una secta,' había llegado para hablar con ellos, se negaban a hablar conmigo a menos que ya estuvieran interesados en irse. Además, en algunas partes de Europa, el término 'asesoría para salir' se utiliza para describir el apoyo a alguien en sus últimos días.

Aunque realicé algunas desprogramaciones al inicio de mi carrera, he evitado esta práctica durante más de tres décadas. Como verás, distingo la desprogramación —que se lleva a cabo por la fuerza y, en ocasiones, incluye el secuestro real— de los métodos voluntarios, respetuosos y legales de ayuda.

A lo largo de los años, mis colegas y yo hemos intentado encontrar un término más descriptivo que 'desprogramación'. Para una gran cantidad de personas en los medios, así como para el público en general, la palabra tiene connotaciones positivas. Durante un tiempo solía decir que era un 'asesor para salir de una secta', y todos preguntaban: '¿Qué significa eso?' Cuando añadía, 'desprogramación voluntaria y legal', entendían que estaba ayudando a los miembros de grupos a pensar por sí mismos y tomar sus propias decisiones. Sin embargo, el término 'desprogramación' sigue siendo problemático para que me sienta cómodo usándolo como tal. Las personas no pueden simplemente borrar el disco duro mental de alguien más. En cambio, les proporciono un conjunto de herramientas para que puedan tomar sus propias decisiones y recuperar sus vidas. Les ayudo a detectar y eliminar el virus del control mental por sí mismos. Recuperar el poder personal es algo que, en última instancia, necesitan hacer por sí mismos, para ellos mismos, no algo que yo haga por ellos.

Sin embargo, cuando las personas están operando en un modo de identidad total de secta, a menudo necesitan ayuda para animarlas a dar un paso atrás y poner a prueba la realidad de sus compromisos, incluyendo tanto sus creencias como sus comportamientos. Ayudar a las personas a recuperar su integridad y libre albedrío es un proceso complicado.

En cualquier caso, todos estos términos son solo frases breves. El nombre completo de lo que enseño y practico es el Enfoque Interactivo Estratégico. Un término bastante largo. ¿Qué significa? Es un enfoque personalizado, sofisticado y basado en la teoría de sistemas complejos, mediante el cual creo una campaña de influencia única y ética para ayudar a las personas a adquirir un conjunto de experiencias y realizaciones que les permitan eliminar muchas de las cadenas invisibles del control mental.

Los objetivos de cada esfuerzo del Enfoque Interactivo Estratégico (EIE) son empoderar al individuo para que sea su propia persona: que piense de manera crítica, evalúe, ponga a prueba la realidad y ejerza su propio libre albedrío. La persona aprende a escuchar su voz interior, en lugar de seguir las instrucciones de una figura de autoridad. En este proceso, involucro a familiares y amigos y empleo una amplia variedad de estrategias y recursos útiles.

En esta edición, he renombrado el capítulo 6 como 'Historias de sobrevivientes valientes' y añadido nuevos relatos de personas que fueron miembros de grupos de control mental, incluyendo grupos terroristas y redes de tráfico sexual. También he destacado las valientes acciones de varias personas para ayudar a otros y desestigmatizar su participación previa en estos grupos.

Estas historias arrojan luz sobre toda la gama de este tipo de organizaciones. Algunas son relativamente desconocidas, como la secta apocalíptica Eternal Values, la organización budista zen Shasta Abbey o el grupo terrorista iraní MeK. Otras, como la Cienciología y la Meditación Trascendental (TM), son más reconocibles para el lector promedio.

Otros, como los Testigos de Jehová y los Mormones, han sido muy visibles durante muchas décadas. En las primeras ediciones de *Combatiendo el Control Mental de las Sectas*, no incluí historias sobre esos grupos cristianos aberrantes. Sin embargo, a lo largo de los años, muchas personas que nacieron en esas organizaciones se han puesto en contacto conmigo para contarme cómo el libro les ayudó. Paradójicamente, debido a que las ediciones anteriores no mencionaban a ninguno de estos grupos, el libro no fue prohibido por los líderes de las iglesias y, como resultado, fue leído ampliamente por los miembros de las congregaciones.

Una invitación a la seguridad

Las técnicas de influencia indebida han evolucionado de manera drástica y continúan haciéndolo. Hoy en día, existe una amplia gama de métodos para engañar, manipular e indoctrinar a las personas en sistemas cerrados de obediencia y dependencia.

Lamentablemente, la información esencial de este libro sigue sin ser ampliamente conocida ni comprendida. Las personas en todo el mundo permanecen, en gran medida, sin preparación frente a las nuevas realidades del control mental.

Pero no estamos indefensos. Hay mucho que puedes hacer para mantenerte seguro, equilibrado y completo, y para ayudar a las personas que te importan a hacer lo mismo. Si alguien que amas ya forma parte de un grupo de control mental, también hay mucho que puedes hacer para ayudarle a liberarse y reconstruir su vida. Este libro te proporcionará las herramientas que necesitas.

A medida que leas este libro, aprenderás a desarrollar, usar y confiar en tus habilidades de pensamiento crítico, tu intuición, tu conciencia corporal y emocional, tu capacidad para hacer las preguntas correctas y tus destrezas para realizar investigaciones rápidas y efectivas. También aprenderás a cultivar un equilibrio saludable entre apertura y escepticismo. Como verás, todo el proceso comienza y termina contigo.

¡Bienvenido!

Prólogo a la Edición de 1988

El teléfono sonaba aterradoramente fuerte. El reloj marcaba las 4:30 a.m. Era difícil asimilar lo que un reportero de *The Berkeley Gazette* decía al otro lado de la línea:

"Margaret, lamento molestarte tan temprano, pero acabamos de enterarnos de que Jim Jones ha decidido apretar el gatillo en Guyana. He estado toda la noche en una casa en Berkeley hablando con exmiembros del Templo del Pueblo y con familiares de personas en Jonestown. Hay una madre aquí cuyo esposo y su hijo de 12 años están allá, y está desesperada. No se sabe si todos están muertos o si hay sobrevivientes. Sé que te he dicho que no trabajes con exmiembros del Templo del Pueblo debido al peligroso acoso que los llamados 'Ángeles' de Jones dirigen contra los exmiembros. Pero estas personas necesitan hablar contigo y obtener ayuda sobre lo que ha sucedido."

Cuando estaba amaneciendo, subí los escalones custodiados por policías serios de Berkeley, ya que se temía que Jones hubiera dejado "órdenes de asesinato" para que los miembros que quedaban en la zona eliminaran a los desertores cuando ordenara la última "Noche Blanca," su término para el momento tantas veces ensayado en el que haría que todos sus seguidores bebieran veneno.

El reportero, mi hijo (también reportero) y algunos oficiales de policía me habían advertido que no ofreciera mis habituales servicios de consulta gratuita a los exmiembros del Templo del Pueblo, a pesar de que había ofrecido estos servicios durante mucho tiempo a exmiembros de sectas. Supuestamente, Jones utilizaba a sus "ángeles" para vengarse de los miembros que abandonaban el grupo, así como de sus simpatizantes.

La mujer cuyo esposo e hijo pequeño fueron finalmente identificados como muertos en Jonestown era solo una de muchas. Pasé horas y días reuniéndome y hablando con varios sobrevivientes mientras regresaban de Guyana al Área de la Bahía e intentaban reconstruir sus vidas tras el holocausto de Guyana. Entre ellos estaban el abogado Tim Stoen y su esposa, Grace, cuyo hijo pequeño había sido retenido por Jones y murió en Jonestown. También estaban los miembros del equipo de baloncesto que se salvaron de la masacre. Hubo una niña de nueve años que sobrevivió tras haber sido degollada por una mujer que luego se suicidó en Georgetown, Guyana, como parte de las órdenes de muerte masiva de Jones. También estaba Larry Layton, quien enfrentó juicios en dos países por supuestamente cumplir las órdenes de Jones en el aeropuerto de Guyana, donde murieron el congresista Leo J. Ryan y otros.

Comencé a trabajar con exmiembros de sectas unos seis años antes de Jonestown y continúo haciéndolo hasta el día de hoy.

He brindado asesoramiento psicológico a más de 3000 personas que han estado en sectas. He escrito sobre parte de este trabajo y he hablado con grupos de profesionales y público general en muchos países acerca de programas de reforma del pensamiento, adoctrinamiento intenso, sectas y temas relacionados.

Mi interés en los efectos de los programas de reforma del pensamiento comenzó cuando trabajé en el Instituto de Investigación del Ejército Walter Reed después de la Guerra de Corea. Allí conocí y trabajé con Edgar H. Schein, Ph.D., Robert Jay Lifton, M.D., y Louis J. West, M.D., pioneros en el estudio de los efectos de los programas de adoctrinamiento intenso. Participé en estudios de seguimiento con ex prisioneros de guerra, entrevisté a prisioneros de largo plazo retenidos por los chinos y colaboré durante años en el trabajo de conceptualización de programas de reforma del pensamiento. Al igual que Steve Hassan hace en este volumen, he descrito repetidamente las necesidades específicas de las personas que han sido sometidas a estos programas y he enfatizado la falta de conocimiento que la mayoría de los ciudadanos, así como los profesionales de la salud mental, tienen sobre los procesos, efectos y secuelas de ser sometidos a programas de reforma del pensamiento.

Steve Hassan ha descrito de forma clara y convincente cómo se induce el control mental. Combina su experiencia personal dentro de una secta con las habilidades prácticas que ha desarrollado a lo largo de años de asesoramiento para ayudar a personas a salir de sectas, junto con teorías y conceptos extraídos de la literatura científica. El libro cobra vida gracias a ejemplos reales.

Por primera vez, un asesor experimentado explica, paso a paso, los métodos, la secuencia y el marco de su trabajo con familias y personas bajo control mental. Se apoya en diversos estudios académicos en los campos de la reforma del pensamiento, la persuasión, la psicología social y la hipnosis para ofrecer marcos teóricos que explican cómo se logra el control mental.

El asesoramiento para salir de sectas es una profesión reciente, y Steve Hassan ha presentado aquí un tipo de asesoría ética y educativa que él y otros han desarrollado. Ha dedicado tiempo y esfuerzo, y posee la habilidad literaria y la formación académica necesarias para convertir este volumen en una contribución significativa. El lector es guiado desde los primeros contactos telefónicos de Steve con familias desesperadas hasta los resultados finales de sus intervenciones. Estas técnicas y tácticas de asesoramiento están bien fundamentadas tanto social como psicológicamente. Son éticas y promueven el crecimiento personal.

Este libro debería atraer a un público amplio. Cualquier persona con un familiar o amigo involucrado en un grupo que use procedimientos de control mental encontrará este libro útil. Además, cualquier ciudadano puede beneficiarse de aprender cuán vulnerables somos todos a la influencia y de entender que el control mental existe, y no es un mito.

Debemos considerar el impacto potencialmente destructivo y aterrador que el uso del control mental por parte de grupos con motivaciones egoístas puede tener sobre el tejido mismo de una sociedad. Este libro llena un vacío y merece una amplia audiencia.

Margaret T. Singer, Ph.D.
Profesora Adjunta, Departamento de Psicología
Universidad de California, Berkeley
Ganadora del Premio Conmemorativo Leo J. Ryan

Este prólogo fue escrito para la primera edición de Combatiendo el Control Mental de las Sectas, publicada en 1988. Lamentablemente, la Dra. Singer falleció en 2003. Fue autora de dos libros junto con Janja Lalich, Cults in Our Midst (Jossey–Bass, 1995) y Crazy Therapies (Jossey–Bass, 1996).

Prefacio a la Primera Edición de Bolsillo

Desde la primera publicación de *Combatiendo el Control Mental de las Sectas* en el otoño de 1988, he recibido cientos de mensajes de personas que me han contado el impacto positivo que este libro ha tenido en sus vidas. Abogados, educadores, profesionales de la salud mental y clérigos me han expresado lo valioso que ha sido para su trabajo. Familias me han compartido historias increíbles de cómo leerlo provocó una serie de llamadas telefónicas, reuniones y, finalmente, intervenciones exitosas con sus seres queridos. Sin embargo, nada me gratifica más que escuchar a personas que estuvieron involucradas durante años en una secta destructiva y que sintieron que leer este libro les ayudó a abrir una puerta hacia la libertad.

Para todos ustedes que sean miembros actuales o antiguos de una organización controvertida, así como para quienes son amigos o familiares de alguien involucrado en un grupo de este tipo, tengo algunos consejos especiales:

Si actualmente eres miembro (o exmiembro) de un grupo u organización que ha sido señalado como una secta:

Puede que descubras que se requiere una gran fortaleza, valentía e integridad para hacer el esfuerzo de aprender sobre este fenómeno. Sin embargo, por difícil que sea, ten en cuenta cuánto puedes ganar al leer este libro en su totalidad. El conocimiento es poder. Incluso podrías descubrir que, aunque el público perciba a tu grupo como una secta, en realidad no se está utilizando control mental. Muchas veces he sido agradecido por miembros de organizaciones poco ortodoxas que, tras leer este libro, lograron hablar con sus familias y amigos sobre los criterios que explico aquí. Al leer y analizar el material, pueden demostrar que están ejerciendo su propio libre albedrío y continuar su participación con una conciencia tranquila.

Si estás cuestionando la ética, las políticas o las prácticas de tu grupo, aborda este libro con una mente abierta. Sin embargo, ten cuidado de no permitir que otros miembros del grupo sepan que lo estás leyendo, ya que esto podría atraer atención no deseada o provocar medidas disciplinarias por parte de los líderes. Si es posible, toma un tiempo fuera del grupo y encuentra un lugar donde tengas la menor presión y distracciones posibles.

Te recomiendo leer el libro al menos dos veces. La primera vez, léelo desde la perspectiva de que describe otros grupos (preferiblemente aquellos que consideras destructivos) y date la oportunidad de comprender el proceso de control mental y las características de las sectas destructivas. Toma notas mientras lees, registrando todo aquello con lo que estés de acuerdo o en desacuerdo, así como los aspectos que desees investigar más a fondo. Luego, realiza todas las investigaciones necesarias para responder plenamente a tus preguntas.

Cuando termines el libro, espera al menos unos días antes de leerlo de nuevo. La segunda vez, léelo de manera objetiva, como si pudiera o no aplicarse a tu situación personal. Haz un nuevo conjunto de notas sobre lo que estés de acuerdo, lo que no, y lo que necesitas investigar más. Una vez que termines esta segunda lectura, busca respuestas a las preguntas relacionadas con tu grupo. Tómate un tiempo fuera (si es posible, al menos unas semanas), ve a un lugar tranquilo y recopila más información de otras fuentes. Recuerda, si el grupo es legítimo y válido, resistirá cualquier escrutinio. Es mucho mejor descubrir la verdad ahora que invertir más tiempo, dinero y energía, solo para darte cuenta años después de que el grupo es muy diferente de su imagen idealizada.

La verdad es más fuerte que las mentiras, y el amor es más fuerte que el miedo. Si estás involucrado en una organización religiosa, recuerda que Dios nos creó con libre albedrío, y que ninguna organización verdaderamente espiritual usaría el engaño o el control mental, ni te quitaría tu libertad.

Si eres un familiar, amigo o ser querido de alguien que está involucrado en lo que sospechas que es una secta destructiva:

Es mejor abordar el problema de manera sistemática y metódica. Evita reaccionar de manera exagerada o histérica. No te apresures a decirle a la persona que compraste este libro o que lo estás leyendo. Espera hasta que tú y otras personas claves hayan tenido la oportunidad de leerlo y prepararse antes de planificar un Enfoque Interactivo Estratégico (EIE) en equipo. También asegúrate de leer mi libro *Freedom of Mind: Helping Loved Ones Leave Controlling People, Cults and Beliefs*, que ofrece mucha más información y orientación. Lamentablemente, ha habido casos en los que las personas compraron *Combatiendo el Control Mental de las Sectas* y, de manera impulsiva, se lo dieron a miembros de sectas. Esto puede salir muy mal si alguien del grupo se entera.

La mayoría de los grupos sectarios temen cualquier cosa o persona que pueda hacerles perder miembros, y darle este libro a un miembro les alertará de que te estás educando. ¡Ten cuidado! En lugar de encender las alarmas, adopta una postura curiosa pero preocupada. Intenta evitar confrontaciones y ultimátums.

Lee este libro tantas veces como sea necesario para explicar claramente a otros las características del control mental, los criterios de una secta destructiva y los fundamentos de la psicología de las sectas. El modelo BITE en el capítulo 4 será una herramienta particularmente valiosa.

Involucra a tantos amigos y familiares preocupados como puedas. Un buen primer paso será que ellos también lean este libro. Si todos están preparados, no serán tomados desprevenidos.

Aunque este libro es un recurso, no hay sustituto para el asesoramiento profesional adaptado a tu situación particular. No dudes en buscar ayuda de personas que estén calificadas e informadas. Actualmente estoy desarrollando programas para capacitar a profesionales de la salud mental, exmiembros de sectas y activistas en control mental, influencia indebida y psicología de las sectas. También consulta la gran cantidad de entrevistas, charlas, talleres y otros recursos disponibles gratuitamente en el sitio web freedomofmind.com.

Capítulo 1 – Mi trabajo como experto en sectas

Finalmente, una oportunidad para relajarme, olvidarme del trabajo y disfrutar de un tiempo social con mis amigos. Tal vez conocer gente nueva en esta fiesta.

—Hola. Mi nombre es Steve Hassan. Encantado de conocerte. (Solo espero que nadie me pida hablar de mi trabajo).

La pregunta: "¿Y a qué te dedicas?" (¡Oh, no, otra vez!)

La evasiva: "Soy autónomo."

"¿Haciendo qué?" (Sin escapatoria).

"Soy experto en sectas." (Aquí vienen las 50 preguntas).

"¿De verdad? Qué interesante. ¿Cómo te involucraste en eso? ¿Puedes explicarme por qué…?"

Desde febrero de 1974, he estado involucrado en los problemas causados por las sectas destructivas. Fue entonces cuando me reclutaron en el "One World Crusade", uno de los cientos de grupos fachada de la Iglesia de la Unificación, también conocida como los Moonies. Después de dos años y medio como miembro de esa secta, fui desprogramado tras quedarme dormido mientras conducía una furgoneta de recaudación de fondos y estrellarme contra un camión a 130 kilómetros por hora.

Desde entonces, me he dedicado activamente a luchar contra las sectas destructivas. Me convertí en terapeuta profesionalmente capacitado y viajo a cualquier lugar donde mi ayuda sea realmente necesaria. Mi teléfono suena a todas horas del día. Mis clientes son personas que, por una razón u otra, han sufrido daños emocionales, sociales e incluso físicos debido a su participación en sectas destructivas. Ayudo a estas personas a recuperarse y a empezar de nuevo. Mi enfoque les permite hacer esta transición de una manera que evita el trauma asociado con el método de secuestro, a menudo ilegal, que Ted Patrick llamó desprogramación.

Mi trabajo es intensivo; me involucro por completo con una persona y su familia, a veces durante varios días consecutivos. Mi enfoque es legal y respetuoso. Por lo general, consigo ayudar a las personas a lograr una recuperación significativa, a reconectar con su identidad auténtica o, al menos, a comprender que tienen una vida mejor por delante si deciden abandonar el grupo. Solo un puñado de personas en el mundo trabaja con miembros de sectas destructivas. Este libro revela los aspectos más importantes de mi enfoque en esta profesión tan singular.

Este es un trabajo y un estilo de vida que nunca imaginé. Lo asumí porque creí que podía ayudar a las personas. Al presenciar cómo las sectas destructivas socavan deliberadamente los derechos humanos fundamentales, también me convertí en activista. Me preocupa especialmente el derecho de todos a conocer cómo las sectas destructivas reclutan, controlan y explotan a personas altamente talentosas y productivas.

Mi vida como experto en sectas a menudo me hace sentir como si estuviera en medio de una zona de guerra. Todo tipo de casos increíbles y situaciones mediáticas llegan a mí, y hago lo mejor que puedo para ayudar. Aunque trato de gestionar la cantidad de casos activos y atender solo a un número razonable de clientes cada semana, a veces las emergencias inesperadas reclaman mi atención. Aquí tienes una de esas historias:

Llegué tarde a casa un viernes por la noche después de salir con amigos y revisé los mensajes en mi teléfono. Había cuatro llamadas, todas de la misma familia en Minnesota. "Llámenos a cualquier hora—día o noche—por favor," decía la voz de una mujer. "Nuestro hijo Bruce se ha involucrado con los Moonies. Va a participar en un taller de tres semanas con ellos en Pensilvania el lunes. Es estudiante de doctorado en física en el MIT. Por favor, devuélvanos la llamada."

Llamé de inmediato y hablé con la madre y el padre durante aproximadamente una hora. Habían descubierto que su hijo se había unido a una organización llamada la Asociación Universitaria para la Investigación de Principios (C.A.R.P., por sus siglas en inglés). Investigaron y descubrieron que C.A.R.P. era el brazo internacional de reclutamiento estudiantil de la Iglesia de la Unificación. Yo mismo había fundado una sucursal de C.A.R.P. en el campus del Queens College, así que conocía todo sobre ellos. Estábamos de acuerdo en que no había tiempo que perder.

Tras discutirlo, decidimos un curso de acción. Ellos tomarían un vuelo a las 6:45 a.m. a Boston al día siguiente. Irían al apartamento de su hijo, lo llevarían a un restaurante y evaluarían su situación. El éxito o el fracaso dependería de la relación cercana que Bruce tuviera con ellos y de hasta qué punto los Moonies ya lo hubieran adoctrinado. ¿Habían llegado al punto de convencerlo de que rechazara a su familia como "satánica"? Su madre y su padre me aseguraron que podrían hablar con su hijo. Yo no estaba tan seguro, pero acordamos que valía la pena intentarlo. Por mi experiencia con los Moonies, sentía que si Bruce asistía al taller de tres semanas, muy probablemente abandonaría sus estudios y se convertiría en un miembro a tiempo completo.

El siguiente paso sería persuadir a Bruce de que hablara conmigo. Me preocupaba si sus padres serían capaces de lograrlo. Los Moonies hacen un trabajo muy minucioso para convencer a las personas de que los exmiembros son satánicos y que incluso estar en su presencia podría ser peligroso. Revisé mentalmente las posibilidades. Había muchas formas en que las cosas podían salir mal: Bruce podría negarse a reunirse conmigo, o reunirse y marcharse antes de que tuviéramos suficiente tiempo. Podría contarle a los Moonies que sus padres le pidieron que hablara conmigo, lo que podría llevar a que lo apartaran rápidamente y le implantaran fobias profundas sobre Satanás trabajando a través de su familia. Yo también había llegado a creer lo mismo cuando era Moonie; estaba programado para temer a mi familia y corté todo contacto personal con ellos durante más de un año. Por el momento, todo lo que podía hacer era esperar.

A la mañana siguiente, participé en una entrevista para un programa de televisión sobre sectas, algo que hago con frecuencia en todo el país. Después de la grabación, cancelé todas mis citas del día. Los padres de Bruce llamaron desde el aeropuerto de Boston. Estaban a punto de dirigirse a la casa de su hijo. Revisamos nuestra estrategia una vez más. Crucé los dedos.

Dos horas después, sonó el teléfono. Habían logrado llevar a Bruce a un restaurante chino cerca de mi casa. Bruce había aceptado reunirse conmigo. Tomé todo lo que pensé que podría necesitar para mostrárselo— carpetas, fotocopias de artículos y libros—, los metí en el auto y conduje hasta el restaurante.

Al llegar y encontrarme con la familia, los rostros de los padres reflejaban preocupación y ansiedad. Bruce intentó sonreír al principio y me estrechó la mano. Pero era evidente que pensaba: "¿Puedo confiar en este tipo? ¿Quién es?"

Me senté en el banco con ellos. Le pregunté a Bruce sobre sí mismo y por qué creía que sus padres estaban tan preocupados como para volar desde Minneapolis. En menos de una hora, tras hacerle suficientes preguntas para comprender su estado mental, decidí "lanzarme".

—¿Te hablaron ya del servicio de juramento? —pregunté.

Él negó con la cabeza, sorprendido. —¿Qué es eso?

—Oh, es una ceremonia muy importante que los miembros hacen

cada domingo por la mañana, el primer día de cada mes y en cuatro días sagrados que el grupo celebra —comencé—. Los miembros se inclinan tres veces hasta tocar el suelo con la frente frente a un altar con la foto de Sun Myung Moon y recitan un juramento de seis puntos para ser fieles a Dios, a Moon y a la patria—Corea.

—¿Estás bromeando?

En ese momento supe que Bruce estaría bien. Podía ver que aún no estaba completamente bajo el control mental del grupo. Pensé que respondería bien al escuchar más información sobre el líder del grupo, el multimillonario industrialista coreano Sun Myung Moon. Comencé a contarle hechos sobre los Moonies no relacionados con el control mental: la condena por fraude fiscal de Moon, el informe del Congreso sobre las conexiones de los Moonies con la CIA coreana y sus actividades ilegales sospechadas.

—Sabes, he estado buscando a alguien como tú desde hace meses —me dijo Bruce después de escucharme—. Fui a hablar con el sacerdote del MIT para pedirle información. No sabía nada.

Bruce aún pensaba por sí mismo, pero, en mi opinión, había estado al borde de ser completamente inducido al culto. Los talleres de tres y siete días que había completado lo habían preparado para el programa de 21 días. Cuando yo era miembro, era una práctica común, después de este último programa, pedir a los reclutas que donaran sus cuentas bancarias, se mudaran a la casa de los Moonies y se convirtieran en miembros a tiempo completo.

Bruce y yo pasamos los siguientes días revisando más información, viendo cintas de video y hablando sobre el control mental y las sectas destructivas. Para gran alivio de sus padres, finalmente anunció que no asistiría al taller. Dedicó bastante tiempo a fotocopiar montones de documentos y expresó su deseo de hablar con otros estudiantes que estaban siendo reclutados en el MIT. Luego volvió con el sacerdote y le contó sobre su experiencia cercana. Una semana después, el sacerdote me llamó para preguntar si podía realizar una sesión informativa para los administradores de la universidad.

Ese caso fue uno sencillo, con un final feliz. La familia había sido rápida en detectar los cambios de personalidad de su hijo, descubrir que C.A.R.P. era una fachada de los Moonies y contactarme. Su acción rápida les permitió ayudar a su hijo de forma fácil y efectiva.

Las llamadas que recibo suelen ser variaciones del mismo pedido de ayuda. Un hijo o una hija, un hermano o una hermana, un esposo o una esposa, una madre o un padre, un novio o una novia está en problemas. A veces, la persona apenas está siendo reclutada; otras veces, la llamada se refiere a alguien que ha estado en una secta durante muchos años.

Es relativamente fácil tratar con alguien que aún no está completamente adoctrinado, como Bruce. Sin embargo, la mayoría de las personas que me llaman enfrentan un problema de mayor duración. Algunos casos se pueden resolver rápidamente; otros requieren un enfoque más lento y metódico. Las emergencias como la de Bruce son complicadas porque hay poco o ningún tiempo para prepararse. Aun así, he aprendido que actuar con rapidez a menudo es necesario. Si alguien está siendo sometido a un entorno de control mental, incluso unas pocas horas pueden ser cruciales.

Por alguna razón desconocida, las llamadas de ayuda parecen llegar en oleadas: unas pocas al día durante un tiempo, y de repente diez o quince. Aunque he viajado al extranjero para ayudar a personas atrapadas en sectas, paso la mayor parte de mi tiempo recorriendo Estados Unidos y Canadá. Más de una vez, durante mis viajes, me he encontrado sentado en un tren o avión junto a un miembro insatisfecho de una secta destructiva. En la conversación, descubro que esa persona busca más información sobre cómo cambiar su vida. Les ofrezco esa información libremente. Estas "miniintervenciones" pueden ayudar a plantar una semilla o incluso encender una "luz de conciencia," permitiendo que la persona recupere su autonomía personal.

Mi trabajo consta de dos partes: asesorar a individuos y alertar al público sobre el fenómeno de las sectas. Creo que sensibilizar al público sobre el problema del control mental —o influencia indebida— es la mejor manera de contrarrestar el crecimiento de estos grupos. Es relativamente fácil aconsejar a las personas sobre lo que deben evitar, pero es mucho más difícil y complejo ayudar a alguien a salir de una secta. Por eso, la mejor manera de abordar este problema y el daño causado a las personas en sectas destructivas es "inocular" a las personas a través de la educación sobre el control mental en las sectas, especialmente enseñándoles cómo funciona la influencia indebida. La resistencia de las personas es mayor cuando son conscientes del peligro. Con este fin, doy conferencias y seminarios, y participo en programas de televisión y radio siempre que sea posible. Y escribo libros como este.

Las sectas: una realidad de pesadilla

Si alguien me hubiera dicho en la secundaria que un día me convertiría en un experto en sectas, habría pensado que la idea era absurda. Quería ser poeta y escritor. Soñaba con enseñar escritura creativa y, tal vez, convertirme en profesor de inglés. Si esa persona hubiera añadido que mis clientes serían personas que habían sido sistemáticamente engañadas, físicamente abusadas, separadas de sus familias y amigos, y forzadas a la servidumbre, la habría acusado de tomar imágenes prestadas de la novela de George Orwell, *1984*.

Orwell describió un mundo donde la "policía del pensamiento" mantenía un control completo sobre las vidas mentales y emocionales de las personas, y donde era un crimen actuar o pensar de manera independiente, o incluso enamorarse. Desafortunadamente, tales lugares existen hoy, en todo el mundo. Son las sectas de control mental.

En estos grupos, el respeto básico por el individuo es secundario frente a los caprichos e ideología del líder. Las personas son manipuladas y coaccionadas para pensar, sentir y comportarse de una única "manera correcta." Los individuos se vuelven completamente dependientes del grupo y pierden la capacidad de actuar o pensar por sí mismos. Por lo general, son explotados para servir a los fines económicos o políticos del grupo.

Soy consciente de que este campo está lleno de controversias e invito a los lectores a considerar que algunas personas objetan el término "secta" y otras niegan la realidad del control mental. Tienen derecho a sus opiniones. Pero, independientemente de cómo llamemos a estas cosas, son reales y a menudo desempeñan roles decisivos, y demasiado frecuentemente destructivos, en las vidas de las personas. Yo lo he vivido y lo veo todo el tiempo. A lo largo de este libro, profundizaremos en estas cuestiones y definiremos qué es o no una secta. Sin embargo, para nuestros propósitos inmediatos, defino como secta destructiva a cualquier grupo que utilice control mental poco ético para perseguir sus fines, ya sean religiosos, políticos o comerciales.

La percepción popular de las sectas es que se aprovechan de los marginados y vulnerables: perdedores, solitarios, inadaptados y personas que simplemente no encajan. Pero la verdad es muy diferente. De hecho, la mayoría de los reclutas de sectas son personas normales con antecedentes comunes, y muchas de ellas son altamente inteligentes.

El mundo de *1984* era muy distinto del típico mundo de clase media estadounidense en el que crecí. Provengo de una familia judía conservadora en Flushing, Queens, Nueva York, el menor de tres hijos y el único varón. Recuerdo vívidamente cómo ayudaba a mi padre en su ferretería en Ozone Park. Mi madre, profesora de arte en una escuela secundaria, me crió de manera cálida, amorosa y con un apoyo incondicional. Comparada con muchas familias, la mía era aburridamente normal. Mis padres no fumaban, bebían, apostaban ni tenían aventuras. Vivíamos en una modesta casa adosada cerca de Union Turnpike, frente a la Universidad de St. John, durante toda mi infancia. Mis padres estuvieron casados más de sesenta y cinco años.

Cuando miro hacia atrás en mi infancia, recuerdo que era introvertido, no muy participativo. Aunque siempre tuve algunos amigos cercanos, prefería leer libros a asistir a fiestas. Los únicos grupos a los que realmente pertenecía eran el equipo de baloncesto de mi sinagoga y un coro de sexto grado. Era un estudiante destacado y pude saltarme el octavo grado. Me gradué de la secundaria cuando cumplí diecisiete años y rechacé la oferta de mi padre de hacerme cargo de su ferretería.

Decidí cursar una educación en artes liberales en Queens College, donde conocí a los reclutadores de una secta que me robaron mis sueños —y mi fe judía— y me convirtieron en un discípulo de Sun Myung Moon, uno de los líderes de sectas más notorios de nuestra época. Colectivamente, éramos conocidos como los "Moonies". Nos enorgullecíamos de llamarnos Moonies tanto como el líder de la secta se enorgullecía de que sus seguidores hubieran adoptado ese apodo social.

Antes de adentrarnos más en nuestra historia, permíteme decir que, desde que fui miembro, la organización Moon llevó a cabo una exitosa campaña de relaciones públicas, culminando en 1989, al afirmar que el término "Moonie" es un acto de intolerancia religiosa y racial. Desde entonces, el término ha caído en desuso. Tanto es así que cuando hablo con clases universitarias, pocos han oído hablar de los Moonies. Sin embargo recuerdo que llevábamos camisetas al estilo de "I Love New York", pero con el eslogan: "¡Soy un Moonie y me encanta!".

Aunque otros ya no utilicen el término, yo aún lo hago, y quiero explicar por qué. Reconozco que las personas llenas de odio pueden convertir cualquier término en un insulto. Esto es especialmente cierto para miembros de minorías religiosas, raciales y de otros tipos, como podemos atestiguar quienes nos identificamos como musulmanes o judíos. Experimenté ese tipo de abuso cuando era un Moonie, y no hay excusa para que nadie sea tratado de esa manera. Sin embargo, cuando era un Moonie, Sun Myung Moon y su imperio aceptaban el término—pero solo mucho después decidieron que era inconveniente y utilizaron la campaña de relaciones públicas como una herramienta para atacar a los críticos, en particular a los periodistas.

Para mí, la organización Moon siempre será los Moonies, aunque entiendo que otras personas prefieran usar otros términos, y sin duda con las mejores intenciones. Espero que me extiendan la misma cortesía. De cualquier manera, no seré silenciado.

¿Quiénes son los Moonies?

La Iglesia de la Unificación (cuyo nombre formal es Asociación del Espíritu Santo para la Unificación del Cristianismo Mundial) fue en su momento una de las sectas más ricas, influyentes, visibles y destructivas que operaban en Estados Unidos. La organización estaba completamente dominada por su líder absoluto, Sun Myung Moon, un empresario nacido en Corea. En 1982, Moon fue condenado por fraude fiscal y cumplió 13 meses en la penitenciaría federal de Danbury, Connecticut.

Durante la década de 1970, los Moonies eran una presencia bien conocida en la mayoría de las ciudades estadounidenses, especialmente en las universitarias. Se les podía ver en las esquinas vendiendo flores, dulces, marionetas y otros pequeños artículos. También reclutaban activamente a jóvenes de universidades y colegios. Generalmente bien arreglados, corteses y persistentes, se multiplicaron durante años, atrayendo la atención desfavorable de los medios en casi todas partes.

En lo que concierne a los medios de comunicación, la Iglesia de la Unificación y sus seguidores parecieron desaparecer en la década de 1980. La verdad es que la organización Moon se volvió más sofisticada, expandiendo sus numerosos frentes religiosos, políticos, culturales y empresariales. Como la Iglesia de la Unificación mantiene en secreto sus estadísticas vitales, nunca ha habido cifras fiables sobre su membresía en Estados Unidos. Los oficiales de la iglesia han afirmado tener 30,000 miembros en el país (y unos 3,000,000 en el mundo), pero las cifras son sin duda mucho más bajas. Probablemente haya unos 4,000 estadounidenses y otros 4,000 extranjeros (muchos casados con miembros estadounidenses) trabajando para la secta en Estados Unidos hoy en día.

Otro aspecto de la Iglesia de la Unificación, aún insuficientemente reconocido, es que los miembros justifican el uso de la mentira para reclutar personas. Cuando yo era reclutador Moonie, también utilizábamos presión psicológica para convencer a los miembros de entregar toda su riqueza y posesiones personales a la iglesia.

Los miembros son sometidos a talleres que los adoctrinan completamente en las creencias de la iglesia y, por lo general, pasan por una experiencia de conversión en la que se entregan al grupo. Como resultado, se vuelven totalmente dependientes del grupo tanto financiera como emocionalmente, y pierden la capacidad de actuar de forma independiente. En estas condiciones, se les exige trabajar largas horas, sobrevivir con poco sueño, comer alimentos monótonos de baja calidad, a veces durante semanas, y soportar numerosas dificultades por el bien de su "crecimiento espiritual." Se desaconseja que formen relaciones cercanas con personas del sexo opuesto, y solo pueden casarse bajo los arreglos realizados por el propio Sun Myung Moon o por alguien en quien él delegue. A veces se les pide participar en manifestaciones políticas y otras actividades que apoyen causas, candidatos y funcionarios respaldados por la organización Moon. Si ceden ante la presión y comienzan a cuestionar la autoridad de los líderes o a desviarse de la línea establecida, se les acusa de estar influenciados por Satanás y se les somete a una presión aún mayor mediante un readoctrinamiento.

Sé que estas cosas son ciertas. Yo fui líder en la secta Moon.

¿Qué es el control mental?

Existen muchas formas diferentes de control mental. La mayoría de las personas piensa en el lavado de cerebro casi de inmediato al escuchar el término. Sin embargo, esto es solo una forma específica. El control mental es cualquier sistema de influencia que interrumpe la identidad auténtica de un individuo y la reemplaza por una nueva y falsa.

En la mayoría de los casos, esa nueva identidad es una que la persona rechazaría de forma rotunda si se le hubiera solicitado su consentimiento informado. Por eso también utilizo el término influencia indebida— "indebida" porque estas prácticas violan los límites personales y la integridad humana, además de la ética y, con frecuencia, la ley.

Dicho esto, no todas las técnicas empleadas en el control mental son inherentemente malas o poco éticas. La intención, los métodos utilizados y el resultado final deben formar parte de la evaluación. Estas prácticas abarcan un espectro que va desde lo completamente ético hasta lo profundamente antiético. Por ejemplo, está bien usar la hipnosis para dejar de fumar, pero debe hacerse de manera ética, con el objetivo de empoderar a la persona y no con fines manipulativos o explotadores. El control de la mente y el cuerpo siempre debe permanecer en el individuo adulto, y nunca en una autoridad externa.

Hoy en día, existen técnicas de control mental mucho más sofisticadas que las utilizadas en los campos de reforma del pensamiento chinos y durante la Guerra de Corea. Algunas implican formas sutiles de hipnosis o sugestión; otras son más evidentes y se implementan en entornos sociales altamente rígidos y controlados.

En este libro, hablo de muchos grupos que califico como sectas destructivas que utilizan técnicas de control mental. Cuando identifico a una organización de esta manera, lo hago únicamente después de una investigación exhaustiva y un análisis minucioso. Jamás etiquetaría de forma injusta a grupos impopulares o controvertidos. Cualquier designación que les atribuya está bien fundamentada. Por ejemplo, no tengo reparos en referirme a la Iglesia de la Unificación como una secta destructiva. El historial del grupo habla por sí mismo.

Por supuesto, los miembros de este y de muchos otros grupos probablemente se sientan ofendidos y nieguen que exista un control mental destructivo. Sin embargo, también es cierto que, aunque muchas personas creen sinceramente que tuvieron una elección justa al unirse—y que siempre tienen una opción justa para irse—, esa creencia, tristemente, es con demasiada frecuencia una ilusión creada por la propia secta.

Los Muchos Rostros de la Iglesia de la Unificación

¿Cómo comenzó este grupo?

Uno de los mejores resúmenes se encuentra en el Informe Fraser, publicado el 31 de octubre de 1978 por el Subcomité de Organizaciones Internacionales de la Cámara de Representantes de los Estados Unidos, dentro del Comité de Relaciones Internacionales. Presidido por el representante Donald Fraser, un demócrata de Minnesota, el comité descubrió muchos hechos sorprendentes y anteriormente no documentados sobre lo que llamaron la "organización Moon". Esto se basó en el reconocimiento de que no era solo una entidad, sino muchas partes en movimiento que trabajaban hacia objetivos comunes bajo la dirección de Sun Myung Moon. Entre los hallazgos de la investigación se encontraba la participación íntima de la Iglesia de la Unificación con la Agencia Central de Inteligencia de Corea (KCIA). La investigación reveló que la Iglesia de la Unificación no era simplemente un grupo de creyentes, sino también una organización política con una agenda activa. Aquí está lo que documentó el Informe Fraser:

En la década de 1950, el mensaje de Moon fue bien recibido por cuatro jóvenes oficiales del ejército coreano que hablaban inglés, todos los cuales posteriormente proporcionarían contactos importantes con el gobierno de Corea después del golpe de 1961. Uno de ellos fue Bo Hi Pak, quien se unió al ejército de la República de Corea (ROK) en 1950. Han Sang Keuk se convirtió en asistente personal de Kim Jong Pil, el arquitecto del golpe de 1961 y fundador de la KCIA. Kim Sang In se retiró del ejército en mayo de 1961, se unió a la KCIA y se desempeñó como intérprete de Kim Jong Pil hasta 1966. En ese momento, Kim Sang In regresó a su puesto como oficial de la KCIA y posteriormente se convirtió en jefe de estación de la KCIA en Ciudad de México. Era un amigo cercano de Bo Hi Pak y un partidario de la Iglesia de la Unificación. El cuarto, Han Sang Kil, fue agregado militar en la embajada de Corea del Sur en Washington a finales de la década de 1960. Los informes del Ejecutivo también lo vinculan con la KCIA. Al dejar el servicio del gobierno de Corea, Han se convirtió en secretario personal de Moon y tutor de sus hijos.

Inmediatamente después del golpe, Kim Jong Pil fundó la KCIA y supervisó la construcción de una base política para el nuevo régimen. Un informe no evaluado de la CIA de febrero de 1963 declaró que Kim Jong Pil había "organizado" la Iglesia de la Unificación mientras era director de la KCIA y la había estado utilizando como una "herramienta política".

El periodista Frederick Clarkson, quien ha escrito ampliamente sobre la política de la organización Moon, agrega estos comentarios:

Aunque el Informe Fraser señaló que "organizar" no debe confundirse con "fundar", ya que la Iglesia de la Unificación fue "fundada" en 1954, el informe continúa afirmando que "...hay una gran cantidad de corroboración independiente para la sugerencia en este y en informes de inteligencia posteriores de que Kim Jong Pil y la organización Moon tenían una relación mutuamente beneficiosa, así como para la afirmación de que Kim utilizó a la Iglesia de la Unificación para fines políticos."

Es notable que, en la década de 1970 y posteriormente, tantas personas estuvieran profundamente involucradas con la organización Moon, creyendo ciegamente en las historias que les contaban los líderes y sin saber casi nada sobre su verdadera historia. Ciertamente, si hubiera sabido que la organización Moon, como la llamaron los investigadores del Congreso, estaba conectada con la KCIA, o que en 1967 Moon había establecido un vínculo organizativo con Yoshi Kodama, un líder de la Yakuza (la red de crimen organizado japonesa), nunca habría participado.

Aunque la historia de la teología de la Iglesia de la Unificación es demasiado compleja para detallarla aquí, su característica más importante es la posición de que Sun Myung Moon era el nuevo Mesías y que su misión era establecer un nuevo "reino" en la Tierra (aunque murió en 2012). Sin embargo, muchos exmiembros, como yo, han observado que la visión de Moon sobre ese reino era marcadamente coreana. Durante mi período de dos años y medio en la iglesia, entendí que las posiciones más altas dentro de la membresía (más cercanas a Moon) estaban reservadas exclusivamente para coreanos, con los japoneses en un segundo lugar. Los miembros estadounidenses, incluido yo, ocupábamos el tercer peldaño de la escalera. Los miembros de la Iglesia de la Unificación creen, como yo lo hice, que sus donaciones de tiempo, dinero y esfuerzo están "salvando el mundo". Lo que no se dan cuenta es que son víctimas de control mental.

No es posible obtener una imagen completa de Moon y su influencia en los Estados Unidos solo mirando a la Iglesia de la Unificación, aunque hay mucho que ver ahí. Moon y sus colegas desarrollaron una organización compleja que, incluso hoy, abarca tanto negocios como organizaciones sin fines de lucro en su Corea natal, en los Estados Unidos y en muchos otros países de todos los continentes. La organización Moon incluye empresas que van desde la exportación de ginseng hasta la fabricación de rifles M-16. En los Estados Unidos, tal vez la entidad más visible controlada por Moon sea The Washington Times, un periódico que ha disfrutado de considerable influencia tanto en Washington como a nivel internacional. El expresidente Ronald Reagan afirmó que era su periódico favorito y que lo leía todos los días. Cuando el Times celebró su 25.º aniversario en

2007, el expresidente George H.W. Bush fue el invitado principal. Han Sang Keuk y Bo Hi Pak han sido altos ejecutivos del Times. Se informa que el grupo Moon gastó alrededor de 2 mil millones de dólares en un periódico que nunca ha generado ganancias.

Hasta hace pocos años, un tema recurrente en todas las organizaciones de Moon era el anticomunismo. En términos simples, los Moonies creían que los cristianos y los ciudadanos del mundo no comunista estaban inmersos en una lucha mortal contra las fuerzas satánicas del comunismo materialista. Según su visión, en la medida en que Estados Unidos y otros países no combatieran el comunismo, se debilitarían y caerían. La única salvación del mundo residía en Moon y en el establecimiento de una teocracia divina, para que Dios pudiera gobernar el mundo a través de él y sus seguidores.

Esto puede parecer absurdo para los estadounidenses de hoy, dado que el comunismo está limitado a países como Corea del Norte y Cuba (aunque, comprensiblemente, resulta menos absurdo para los surcoreanos). También es cierto que las organizaciones de Moon se han alejado significativamente de su postura anticomunista en las últimas dos décadas. La caída de la URSS y la adopción del capitalismo por parte de China fueron factores clave detrás de este cambio. Sin embargo, curiosamente, Moon afirmó ante sus seguidores que él fue el responsable del colapso del comunismo. El imperio Moon pasó a invertir millones en empresas en China y Corea del Norte, dos países que antes consideraba profundamente satánicos.

De no haber sido por la investigación del Subcomité del Congreso y el trabajo del representante Donald Fraser, es muy probable que Moon hubiera aumentado aún más su poder. Me complació entregar a los investigadores de Fraser mi colección de Master Speaks, un conjunto de discursos internos y no editados de Moon. Estos documentos, que solo estaban disponibles para los líderes de la Iglesia de la Unificación, se presentaron como evidencia en la investigación. El informe de Fraser citó un discurso de 1973 en el que Moon declaró: "Cuando se trata de nuestra era, debemos tener una teocracia automática para gobernar el mundo. Así que no podemos separar el ámbito político del religioso… La separación entre religión y política es lo que más le gusta a Satanás."

Los verdaderos creyentes aún sostienen que la única salvación del mundo reside en seguir devotamente a la esposa de Moon, Hak Ja Han, y a sus hijos, así como en el establecimiento de una teocracia divina. Creen firmemente en lo que se les ha dicho: que Sun Myung Moon está trabajando en el "mundo espiritual" junto con su esposa y herederos, para que Dios pueda gobernar el mundo a través de él y sus seguidores.

La creencia de Moon en la necesaria fusión de la religión y la política subraya la participación de su organización en una amplia variedad de grupos de extrema derecha. Aunque a lo largo de los años se han producido muchas de estas vinculaciones, su brazo político en la década de 1980 fue una organización conocida como CAUSA, fundada en 1980 tras una gira por América Latina realizada por Bo Hi Pak, el hombre de confianza de Moon. La organización se expandió a todos los continentes en los años siguientes y tuvo una presencia muy activa en los Estados Unidos, ofreciendo seminarios dirigidos a personas en posiciones de liderazgo. "El enfoque general de CAUSA," escribió Frederick Clarkson en ese momento, "es la educación anticomunista desde una perspectiva histórica." El antídoto de CAUSA contra el comunismo es el 'Diosismo', que no es más que la filosofía de la Iglesia de la Unificación despojada de la mitología Moonista.

A lo largo de la década de 1980, el imperio Moon continuó expandiendo su poder e influencia. Moon intentó comprar legitimidad, prestando y donando millones de dólares a causas conservadoras en los Estados Unidos.

Sin embargo, es difícil obtener legitimidad cuando se generan grandes ganancias vendiendo productos de baja calidad mediante "ventas espirituales". Una destacada investigación periodística de 1987 informó que "los vendedores Moonies puerta a puerta (en Japón) utilizaron tácticas ilegales de ventas agresivas para estafar a compradores de artefactos religiosos baratos, amuletos y talismanes, obteniendo al menos 1,000 millones de dólares al defraudar a más de 33,000 víctimas."

Las víctimas eran predominantemente "mujeres que habían tenido una muerte accidental o una enfermedad fatal en la familia, que eran viudas o divorciadas, o que habían sufrido un aborto espontáneo." Según los informes, en algunos casos pagaron más de 100,000 dólares por urnas, pagodas y otros amuletos que, según los vendedores Moonies, "alejarían a los espíritus malignos que las afectaban."

Es probable que gran parte de este dinero se canalizara hacia Estados Unidos para financiar el famosamente deficitario Washington Times. El periódico buscaba ser un referente conservador. Y aunque es discutible si logró ese objetivo, el Washington Times nunca fue solo un periódico. Permitió a las organizaciones de Moon un acceso inusual a los centros de poder de la política estadounidense e influyó en personas y gobiernos de todo el mundo.

Además de la Iglesia y del Washington Times, Moon fundó numerosos centros de pensamiento y organizaciones a lo largo de los años, con el propósito de influir en la cultura en todas sus esferas posibles. Organizó conferencias científicas, académicas, religiosas, mediáticas y legales, además de programas de intercambio cultural, que contribuyeron a la construcción de su red de poder.

El imperio que Moon construyó está actualmente paralizado por demandas legales, tanto entre los miembros de su numerosa y extendida familia como entre la familia y terceros. Pasarán años antes de que se resuelvan estas disputas legales y luchas de poder. Sin embargo, las numerosas entidades del imperio Moon continúan operando. Actualmente, la principal organización del imperio es la Federación para la Paz Universal (Universal Peace Federation, UPF).

A continuación, se presentan algunos de los proyectos e instituciones actuales del imperio Moon, que representan solo la punta del iceberg de su implicación en la vida pública estadounidense. La UPF es propietaria de la Universidad de Bridgeport, una universidad privada en Bridgeport, Connecticut, que se ha utilizado para reclutar a algunas personas ofreciéndoles becas para estudiar en Estados Unidos.

El imperio Moon también tiene importantes participaciones en la industria pesquera de las costas este y oeste, así como en el Golfo de México, especialmente en especies utilizadas para sushi, como los camarones. Además, Kahr Arms, un fabricante de armas de fuego, forma parte de la red Moon. La sede corporativa de Kahr se encuentra en Blauvelt, Nueva York, mientras que las operaciones de producción y ensamblaje están en Worcester, Massachusetts.

Para información actualizada sobre la Iglesia de la Unificación y muchas otras organizaciones de la familia Moon, visita mi sitio web: freedomofmind.com.

La Iglesia de la Unificación es una secta destructiva por excelencia. Sin embargo, muchos otros grupos en este país también promueven doctrinas extrañas y tienen miembros que participan en prácticas que, para muchas personas, podrían parecer francamente bizarras. ¿Son todos estos grupos "sectas destructivas"?

De ninguna manera. Los Estados Unidos de América siempre han sido una tierra donde la libertad de pensamiento y la tolerancia hacia creencias diferentes han florecido bajo la protección de la Primera Enmienda de la Constitución.

Por difícil que sea de creer, en las últimas décadas hemos presenciado el surgimiento de organizaciones en nuestra sociedad que violan sistemáticamente los derechos de sus miembros, los someten a múltiples formas de abuso y disminuyen activamente su capacidad para pensar y actuar como adultos responsables. Las personas que permanecen en estas organizaciones no solo sufren daño a su autoestima, sino también a su sentido completo de identidad y a su conexión con el mundo exterior. En algunos casos, pierden completamente el contacto con su familia y amigos durante largos períodos de tiempo. Por difícil que sea de creer, en las últimas décadas hemos presenciado el surgimiento de organizaciones en nuestra sociedad que violan sistemáticamente los derechos de sus miembros, los someten a múltiples formas de abuso y disminuyen activamente su capacidad para pensar y actuar como adultos responsables. Las personas que permanecen en estas organizaciones no solo sufren daño a su autoestima, sino también a su sentido completo de identidad y a su conexión con el mundo exterior. En algunos casos, pierden completamente el contacto con su familia y amigos durante largos períodos de tiempo.

El daño de vivir en una secta puede no ser evidente de inmediato para los familiares, amigos o incluso—en las etapas iniciales—para alguien que conoce casualmente a una persona por primera vez. Sin embargo, muchas formas de violencia, desde las más evidentes hasta las más sutiles, son el resultado inevitable. Algunos miembros de sectas destructivas sufren abusos físicos durante su participación, en forma de golpizas o violaciones, mientras que otros simplemente soportan el abuso de largas jornadas de trabajo agotador y monótono—de 15 a 18 horas al día, año tras año. En esencia, se convierten en esclavos con pocos o ningún recurso, ya sea personal o financiero. Quedan atrapados en el grupo, que hace todo lo posible por retenerlos mientras sigan siendo productivos. Cuando enferman o dejan de ser considerados un recurso valioso, a menudo son expulsados. Hoy en día, esto resulta especialmente evidente en el contexto de la trata de personas.

Muchos grupos de control mental parecen, en la superficie, ser asociaciones respetables. Sus miembros hablan de manera convincente sobre cómo ejercieron su propia voluntad al decidir involucrarse. Muchos son personas muy inteligentes y parecen ser felices. Esto puede parecer una contradicción.

También es importante reconocer que existen diferentes tipos de sectas, y a menudo operan de maneras bastante distintas. Las diferentes sectas apelan a los diversos impulsos humanos, como el deseo de pertenecer, de mejorar a uno mismo y a los demás, o de comprender el significado y el propósito de la vida. Las sectas religiosas son las más conocidas. A menudo tienen un líder carismático y operan bajo dogmas religiosos.

Las sectas políticas, que suelen aparecer en las noticias, están organizadas en torno a una teoría política simplista, a veces con un velo religioso. Las sectas de psicoterapia o educativas, que han gozado de gran popularidad, afirman proporcionar al participante "perspicacia" e "iluminación." Las sectas comerciales juegan con el deseo de las personas de ganar dinero. Típicamente prometen riquezas, pero en realidad esclavizan a las personas y las obligan a entregar su dinero al grupo.

Ninguna de estas sectas destructivas cumple lo que promete, y los sueños brillantes eventualmente se convierten en caminos hacia la esclavitud psicológica.

Las sectas destructivas causan muchos tipos de daño a sus miembros. Ilustraré esto con varios casos, incluido el mío. No es fácil recuperarse del daño causado por pertenecer a una secta destructiva, pero es posible. Con la ayuda adecuada, casi cualquier persona puede recuperarse. Mi experiencia demuestra que se pueden tomar pasos concretos para aprender a ayudar a alguien a regresar a una vida normal y productiva después de tomar la salida hacia la libertad.

Creo que las personas desean ser libres. Quieren leer lo que quieran leer y formar sus propias opiniones. Quieren honestidad y no les gusta que les mientan o los exploten. Quieren líderes confiables, responsables y transparentes. Quieren personas a las que puedan admirar y que sirvan como buenos modelos a seguir. Quieren amor y respeto.

En mi experiencia, muchas personas eventualmente abandonan las sectas, incluso aquellas que han pasado toda su vida dentro de una. Anhelan la libertad de ser ellas mismas.

Capítulo 2-Mi vida en la Iglesia de la Unificación

De niño, siempre fui muy independiente. Quería ser escritor y poeta, pero durante mis años de universidad luché por encontrar una carrera en la que pudiera ganar suficiente dinero para perseguir mis sueños. Cuando mi novia me dejó en enero de 1974, me pregunté si alguna vez encontraría el amor verdadero.

Siempre fui un lector ávido; durante ese tiempo, comencé a leer mucho sobre psicología y filosofía. Mi vecino de al lado, un matemático, me presentó los escritos de G. I. Gurdjieff y P. D. Ouspensky. Me interesé por lo que se presentaba como un conocimiento antiguo y esotérico. Gran parte de lo que leí describía la condición natural de la humanidad como un estado de "sueño" respecto a la verdad, y la necesidad de que alguien más espiritualmente avanzado nos enseñara sobre niveles superiores de conciencia. La idea de que uno debería unirse a una escuela espiritual estaba implícita en esos libros.

A los 19 años, sabía que nunca sería feliz como empresario, como mi padre, viviendo mi vida para perseguir el dinero. Quería ser escritor creativo. Quería respuestas a preguntas más profundas: ¿Existe Dios? Si es así, ¿por qué hay tanto sufrimiento? ¿Qué papel debía desempeñar en el mundo? ¿Podía hacer algo para marcar la diferencia? Sentía una presión interna extrema por hacer una gran contribución a la humanidad. Toda mi vida me habían dicho lo inteligente que era y cuánto lograría cuando creciera. Pero iba a graduarme en un año más y sentía que el tiempo se estaba acabando.

Ya me había convertido en "padre adoptivo" de una niña pequeña en Chile a la que enviaba dinero cada mes. Había decidido que la escritura probablemente era mi vocación más importante, así que me dedicaba a escribir. Aun así, sentía que no era suficiente. Miraba al mundo y veía tanta injusticia social, corrupción política y destrucción ecológica que parecía que podía hacer muy poco. Sabía que quería ayudar a cambiar las cosas, pero no tenía claro cómo lograrlo.

Un día, mientras leía un libro en la cafetería de la unión estudiantil, se me acercaron tres mujeres japonesas atractivas y un hombre italo-americano. Estaban vestidos como estudiantes y llevaban libros de texto universitarios. Preguntaron si podían compartir la mesa. Asentí, y en pocos minutos, iniciaron una conversación amigable conmigo. Pensé que las mujeres eran bastante lindas. Como tenía un descanso de tres horas entre clases, me quedé y hablé con ellos. Me dijeron que también eran estudiantes y que estaban involucrados en una pequeña comunidad de "jóvenes de todo el mundo". Me invitaron a visitarlos.

El semestre apenas había comenzado y pensé que podría tener suerte con alguna de las mujeres, así que esa misma noche, después de clase, conduje hasta su casa. Al llegar, me encontré con un grupo animado de unas 30 personas de varios países. Les pregunté si eran un grupo religioso. 'Oh, no, para nada', respondieron entre risas. Me explicaron que formaban parte de algo llamado la Cruzada Un Mundo, una iniciativa dedicada a superar las diferencias culturales entre las personas y a enfrentar grandes problemas sociales, como los que a mí me preocupaban.

Un mundo donde las personas se traten con amor y respeto, pensé dentro de mi. *¡Qué idealistas son estas personas!*

Disfruté las conversaciones estimulantes y la atmósfera llena de energía en la reunión. Estas personas se relacionaban entre sí como hermanos y hermanas, y claramente sentían que formaban parte de una gran familia global. Parecían muy felices con sus vidas. Después de un mes sintiéndome deprimido, me revitalizó toda esa energía positiva. Esa noche, me fui a casa sintiéndome afortunado de haber conocido a personas tan agradables.

Al día siguiente, me encontré con Tony, el hombre que se había acercado a mí en la cafetería.

—¿Disfrutaste la velada? —preguntó.

Le respondí que sí.

—Bueno, escucha —dijo Tony—. Esta tarde, Adri, que es de Holanda, va a dar una breve charla sobre algunos principios interesantes de la vida. ¿Por qué no vienes?

Escuché la charla de Adri unas horas después. Me pareció algo vaga y un poco simplista, pero optimista, y estuve de acuerdo con casi todo lo que dijo. Sin embargo, el contenido de su discurso no explicaba por qué todos en este grupo parecían tan felices todo el tiempo. Sentí que debía haber algo malo en mí o algo excepcional en ellos. Mi curiosidad se despertó.

Terminé regresando al día siguiente. Esta vez, otra persona dio una charla sobre el origen de todos los problemas que la humanidad ha enfrentado. Esta conferencia tenía un tono decididamente religioso; trataba sobre Adán y Eva y cómo fueron corrompidos por un mal uso del amor en el Jardín del Edén. En ese momento no me di cuenta de que mis preguntas nunca eran respondidas ni sospeché que me estaban llevando deliberadamente por ese camino. Sin embargo, me sentí un poco confundido y les dije que no creía que volvería.

Cuando dije esto, pareció activarse una especie de alarma silenciosa entre las personas de la casa. Mientras salía y me subía a mi auto, una docena de personas salió corriendo descalza al helado aire de febrero (era costumbre quitarse los zapatos dentro de la casa) y rodearon mi auto. Dijeron que no me dejarían ir hasta que prometiera regresar la noche siguiente. *Estas personas están locas*, pensé, *de pie afuera en el frío helado, sin zapatos ni abrigos, reteniéndome porque les caigo bien*. Después de unos minutos, cedí, principalmente porque no quería sentirme culpable si alguno de ellos se resfriaba. Una vez que di mi palabra, ni siquiera consideré no cumplirla, aunque en realidad no quería regresar.

Cuando regresé el jueves por la noche, me bombardearon con halagos por todos lados durante toda la velada. Esta práctica, como más tarde descubriría, se llamaba "bombardeo de amor". Me dijeron una y otra vez lo buena persona que era, lo amable que era, lo inteligente que era, lo dinámico que era, y así sucesivamente. No menos de treinta veces me invitaron a acompañarlos a un "fin de semana fuera de la ciudad, en un hermoso lugar en el norte del estado".

Una y otra vez les expliqué que tenía que trabajar como mesero los fines de semana y que no podía ir. Antes de que me fuera, me presionaron para que prometiera que, si alguna vez tenía un fin de semana libre, iría. No había tenido un fin de semana libre en un año y medio, así que estaba seguro de que no tendría que cumplir mi promesa.

Al día siguiente, llamé a mi jefe en la oficina de banquetes del Holiday Inn para confirmar mi horario del fin de semana. Me dijo:

—Steve, no lo vas a creer, pero la boda fue cancelada esta tarde. ¡Tómate el fin de semana libre!

Me quedé atónito. ¿Era esto una señal de que debía ir a esa excursión de fin de semana? Me pregunté qué habrían hecho Gurdjieff o Ouspensky en mi situación. Ellos habían pasado años buscando un conocimiento superior.

Llamé a las personas de la casa, y esa misma noche de viernes partí hacia allá.

Mi Adoctrinamiento: Cómo Me Convertí en un Moonie

61

Mientras pasábamos por las altas y negras puertas de hierro forjado de una propiedad multimillonaria en Tarrytown, Nueva York, alguien se inclinó hacia mí y dijo:

—Este fin de semana tendremos un taller conjunto con la Iglesia de la Unificación.

Mi reacción inmediata fue una serie de preguntas:

—¿Taller? ¿Iglesia? ¿Qué está pasando aquí? ¿Por qué nadie me dijo esto antes? —protesté—. ¿Cómo puedo regresar a Queens?

En lugar de responder a mis preguntas, de inmediato lo voltearon en mi contra y lo convirtieron en mi problema.

—¿Qué te pasa, Steve? ¿Tienes algún problema con estar con cristianos? —me preguntó un hombre con actitud.

—No —respondí.

—¿Tienes miedo de que vayamos a lavarte el cerebro o algo así? —preguntó otra persona.

—Para nada —respondí, indignado por la insinuación de que era débil de mente.

Nos sacaron de la furgoneta y nos llevaron a una pequeña estructura de madera escondida entre grandes árboles. Sentí un presentimiento de temor. Me di una pequeña charla interna para motivarme. Me recordé a mí mismo que había cruzado los Estados Unidos en bicicleta cuando tenía 16 años, trabajado en una excavación arqueológica en el desierto del Negev en Israel a los 17, y conducido por Canadá hasta Alaska a los 18.

Reuní valor y dije:

—Escucha, realmente creo que me gustaría regresar a Queens —le comenté a uno de los miembros, un joven agradable de cabello rubio y una sonrisa casi permanente en su rostro.

—Oh, vamos, ¡te la pasarás bien! —respondió, dándome una palmada en la espalda—. De todos modos, no hay nadie que regrese a la ciudad esta noche.

Decidí sacar el mejor provecho de la situación y evitar causar una escena.

Subimos las escaleras y entramos a una habitación que más tarde supe que había sido un estudio de artista. En un extremo de la habitación había una gran pizarra negra. En una esquina, sillas plegables de metal estaban ordenadas cuidadosamente en una pila.

A los pocos minutos, nos dividieron en pequeños grupos. Los líderes nos entregaron hojas de papel y crayones y nos pidieron que dibujáramos una imagen con una casa, un árbol, una montaña, un río, el sol y una serpiente. Nadie preguntó por qué; todos simplemente obedecieron. (Mucho después me dijeron que era una especie de prueba proyectiva de personalidad diseñada para aprender sobre las psiques de las personas).

Todos tomamos turnos para presentarnos mientras estábamos sentados con las piernas cruzadas en el suelo de la elegante estructura de madera, que formaba parte de una gran propiedad con una enorme mansión que más tarde supe había sido comprada a la familia Seagram por millones de dólares. Nos guiaron en la interpretación de canciones populares. Me sentí avergonzado por lo infantil que parecía todo, pero a nadie más pareció importarle. A mí me encantaba cantar y había crecido escuchando a Peter, Paul and Mary, entre otros. La atmósfera del evento, con tantos jóvenes entusiastas juntos, me trajo cálidos recuerdos de los campamentos de verano.

Esa noche nos llevaron a unas literas en un garaje remodelado, y los hombres y las mujeres fueron asignados a habitaciones separadas. Dormir bien resultó casi imposible. No solo estaba todo abarrotado, sino que también había dos roncadores muy ruidosos. Los demás recién llegados y yo apenas logramos dormir.

Cuando llegó la mañana, un joven intenso del grupo de la casa en Queens se sentó a hablar conmigo. Le volví a preguntar cuándo regresaría la furgoneta a Queens. Me dijo:

—Lo sentimos mucho, pero el hermano ya salió mucho más temprano esta mañana.

Luego me contó que, al principio, él también había tenido reparos por algunas de las cosas extrañas que había oído y visto en su primer taller. Me pidió, casi rogándome, que no tuviera una mente cerrada y que les diera a "ellos" la oportunidad de presentar lo que llamó el Principio Divino.

—Por favor, no los juzgues hasta que hayas tenido la oportunidad de escuchar todo —suplicó.

Me aseguró que, si me iba ahora, lo lamentaría por el resto de mi vida.

Su voz estaba tan llena de misterio e intriga que contrarrestó mis sospechas y despertó mi curiosidad. *Ahora*, me dije a mí mismo, *finalmente obtendré respuestas a todas mis preguntas*. O eso pensé.

Por la mañana, nos guiaron en ejercicios de calistenia antes del desayuno. Después, cantamos más canciones. Mientras estábamos sentados en el suelo, un hombre carismático, de ojos azul hielo y voz penetrante, se presentó e introdujo las reglas básicas para el fin de semana. Era el director del taller. Nos dijeron que debíamos pasar todo el tiempo juntos en los pequeños grupos a los que nos habían asignado. No se permitía caminar solos por la propiedad. Las preguntas solo podían hacerse después de que terminara una conferencia, cuando estuviéramos de regreso en nuestro grupo pequeño. Luego presentó al conferenciante, Wayne Miller.

Un estadounidense de unos 20 años, vestido con un traje azul, camisa blanca y corbata roja, el Sr. Miller irradiaba el encanto y la confianza de un médico familiar. Comenzó a hablar, y hablar, y hablar. A medida que daba su conferencia durante horas, comencé a sentirme muy incómodo. El taller era demasiado extraño. Me agradaba casi todo el mundo allí: eran estudiantes universitarios inteligentes y de buen corazón, como yo. Pero no me gustaba el ambiente tan estructurado, la atmósfera religiosamente infantil ni el hecho de que me hubieran engañado sobre la naturaleza de este retiro de fin de semana.

Cada vez que comenzaba a objetar, lo cual hice varias veces, me decían que guardara mis preguntas hasta después de la conferencia. En el pequeño grupo, siempre me decían: "Esa es una muy buena pregunta. Guárdala porque será respondida en la próxima conferencia." Una y otra vez, me repetían que no juzgara lo que estaba escuchando hasta que lo hubiera escuchado todo. Mientras tanto, estaba recibiendo una enorme cantidad de información sobre la humanidad, la historia, el propósito de la creación, el mundo espiritual frente al mundo físico, y mucho más, gran parte de la cual asumía como cierta lo que se había dicho anteriormente.

Todo el fin de semana estuvo estructurado de la mañana a la noche. No había tiempo libre. No había posibilidad de estar a solas. Los miembros superaban en número a los recién llegados tres a uno y nos mantenían rodeados. A los nuevos nunca se nos permitió hablar entre nosotros sin supervisión. El primer día pasó, dejando mi sentido de la realidad más o menos intacto. Antes de acostarnos, nos pidieron llenar unas hojas de "reflexión" para revelar todo lo que pensábamos y sentíamos. Ingenuamente, las llené. Tuve otra noche inquieta, pero estaba tan agotado emocional y físicamente que conseguí dormir unas pocas horas.

El segundo día, domingo, comenzó exactamente de la misma manera. Pero ahora habíamos estado en este ambiente loco e intenso durante 36 horas, que se sentían más como una semana. Empecé a preguntarme: ¿Hay algo mal *en mí? ¿Por qué parezco ser la* única *persona que cuestiona todo esto? ¿Es más profundo de lo que puedo comprender? ¿No soy lo suficientemente espiritual para entender lo que están enseñando?* Empecé a escuchar al Sr. Miller con más seriedad y comencé a tomar notas.

El domingo por la noche, estaba más que listo para regresar a casa. Sin embargo, el tiempo pasaba y nadie daba señales de que nos iríamos. Finalmente, hablé y dije que necesitaba irme de inmediato.

—¡Oh, por favor, no te vayas! —suplicaron varias personas—. ¡Mañana es el día más importante!

—¿Mañana? ¡Es lunes y tengo clases! —expliqué—. Es imposible para mí quedarme un día más.

El director del taller me apartó y me dijo:

—Todos los demás han decidido quedarse para el tercer día. ¿Nadie te dijo que este era un taller de tres días?

—No —respondí—. Nunca habría venido si hubiera sabido que me haría faltar a la escuela.

—Bueno, ya que has escuchado los dos primeros tercios, ¿no te gustaría conocer la conclusión? —preguntó, intrigándome. Me prometió que mañana todo quedaría claro.

Parte de mí realmente tenía curiosidad por escuchar el resto. Pero también dependía de estas personas para regresar. No quería molestar a mis amigos o familiares con una llamada de emergencia para que condujeran hasta allá a recogerme—o, peor aún, empezar a hacer autostop en el norte del estado de Nueva York por la noche en pleno invierno.

Acepté quedarme un día más.

El tercer día nos dieron un subidón emocional sin precedentes. La conferencia más impactante de ese día, impartida por el Sr. Miller, se titulaba "La Historia de la Restauración." Afirmaba ser un mapa preciso y exacto del método de Dios para dirigir a la humanidad de vuelta a Su intención original.

—Está científicamente probado que hay un patrón de ciclos recurrentes en la historia —declaró el Sr. Miller.

Durante horas de conferencia, explicó que estos ciclos apuntaban a una conclusión increíble: Dios había enviado a Su segundo Mesías a la tierra entre 1917 y 1930. Pero, ¿quién era este nuevo Mesías? Nadie en el taller quiso decirlo.

Para cuando estuvimos listos para regresar a la ciudad, yo estaba no solo exhausto, sino también muy confundido. Me sentía eufórico al considerar la mera posibilidad de que Dios hubiera estado trabajando toda mi vida para prepararme para este momento histórico. En otros momentos, me parecía algo absurdo, una mala broma. Sin embargo, nadie se reía. Una atmósfera de solemne seriedad llenaba el abarrotado estudio.

Todavía puedo recordar los momentos finales de la conferencia del Sr. Miller:

—¿Y si...? ¿Y si...? ¿Y si... es verdad? ¿Podrías traicionar al Hijo de Dios? —cuestionó con pasión en su voz, mientras levantaba lentamente la mirada al concluir.

Finalmente, el director del taller subió y dirigió una oración muy emotiva sobre cómo éramos los hijos perdidos de Dios y necesitábamos tener una mente abierta para seguir lo que Dios quería para nuestras vidas. Siguió orando, pidiendo que toda la humanidad dejara de vivir vidas egoístas y materialistas y regresara a Él. Se disculpó una y otra vez por todas las veces en la historia que Dios llamó a las personas a cumplir Su voluntad y fue abandonado. Prometió un compromiso y dedicación a un nivel superior. Su sinceridad era abrumadora. No se podía evitar sentirse conmovido.

Cuando la furgoneta finalmente regresó tarde esa noche al centro de Queens, estaba completamente exhausto y solo quería ir a casa y dormir. Pero aún no se me permitió marcharme. Jaap Van Rossum, el director de la casa, insistió en que me quedara para hablar con él un rato. Yo quería desesperadamente irme, pero él fue enfático. Me sentó frente a una chimenea chisporroteante y me leyó la biografía de un hombre coreano humilde del que nunca había oído hablar antes: Sun Myung Moon.

La historia relataba cómo Moon había soportado tremendas dificultades y tribulaciones para proclamar la verdad de Dios y luchar contra Satanás y el comunismo. Cuando terminó de leer, Jaap me suplicó que orara sobre lo que acababa de escuchar. Me dijo que ahora era responsable de la gran verdad que se me había enseñado. Si le daba la espalda, nunca me perdonaría a mí mismo y Dios estaría desconsolado. Luego intentó persuadirme para que me quedara en la casa esa noche.

Mis entrañas me gritaban: "¡Sal de aquí! ¡Sal! ¡Aléjate de esta gente! Necesitas tiempo para pensar." Para escapar, tuve que enojarme y gritar: "¡No! ¡Déjenme en paz!", y salí corriendo a la noche. Sin embargo, me sentí culpable por haber sido grosero con esas personas sinceras y maravillosas. Conduje a casa, casi al borde de las lágrimas.

Cuando llegué, mis padres (según me contaron más tarde) pensaron que me habían drogado. Dijeron que me veía terrible: mis ojos estaban vidriosos, y obviamente estaba muy confundido. Traté de explicarles lo que acababa de suceder. Estaba agotado y apenas podía expresarme con coherencia. Cuando les dije que el taller estaba relacionado con la Iglesia de la Unificación, mis padres se molestaron y pensaron que estaba rechazando nuestra herencia judía y quería convertirme al cristianismo. Mi mamá dijo: "Hablemos con el rabino mañana." Me alegró estar de acuerdo.

Lamentablemente, mi rabino nunca había oído hablar de la Iglesia de la Unificación ni había tratado con nadie involucrado en una secta. Pensó que estaba interesado en convertirme al cristianismo. No sabía qué decir o hacer. Me fui diciéndome a mí mismo: "La única manera de llegar al fondo de esto es investigarlo por mi cuenta." Aun así, tenía miedo. Deseaba poder hablar con alguien que conociera a este grupo pero que no fuera un miembro devoto. En febrero de 1974, nadie que yo conociera había oído hablar de los Moonies.

Preguntas interminables inundaban mi mente. ¿Me había estado preparando Dios durante toda mi vida para la misión de establecer el Reino de los Cielos en la tierra? ¿Era Sun Myung Moon el Mesías? Oré fervientemente a Dios pidiéndole que me mostrara una señal. ¿Era el Principio Divino la nueva verdad? ¿Qué debía hacer? En mi estado de confusión agitada, no se me ocurrió que había sido sometido a control mental—que, aunque una semana antes no creía en Satanás, ahora temía que estuviera influyendo en mis pensamientos.

Mis padres me dijeron que me mantuviera alejado del grupo. No querían que abandonara el judaísmo. Mis abuelos eran judíos ortodoxos, yo iba al templo, mi mamá seguía las leyes kosher y tuve mi Bar Mitzvá cuando cumplí trece años. Estaba muy educado sobre los nazis y el Holocausto. No quería cambiar de religión; solo quería hacer lo correcto. Si Moon era el Moshiach (el término hebreo para el Ungido), razoné, entonces estaría cumpliendo mi herencia judía al seguirlo. Aunque mis padres se oponían al grupo, creía que, como una persona independiente de 19 años, era capaz de tomar mi propia decisión al respecto. Quería hacer lo correcto. Al hacerlo, me habían dicho los miembros del grupo, podría intervenir más adelante en nombre de mis padres y salvarlos espiritualmente.

Después de varios días de oración sincera, recibí lo que pensé que era la "señal." Incapaz de concentrarme en mis estudios, estaba sentado al borde de mi cama. Agarré un libro de Ouspensky, lo abrí al azar y encontré un párrafo que decía que la historia atraviesa ciertos ciclos para ayudar a los seres humanos a evolucionar a un plano superior. En ese momento, creí haber tenido una experiencia espiritual. ¿Cómo podría haber coincidido abrir el libro justo en ese párrafo? Pensé que seguramente Dios me estaba señalando que prestara atención a las conferencias del Sr. Miller. Sentí que tenía que volver y aprender más sobre este movimiento.

Atando Cabos: Convertirme en un Miembro Interno

Tan pronto como llamé al centro, me llevaron rápidamente a otro taller de tres días. Cuando le pregunté a un miembro por qué no me habían dicho la verdad sobre el hecho de que el grupo era religioso, me respondió: "Si lo supieras de antemano, ¿habrías venido?" Admití que probablemente no lo habría hecho.

Me explicó que Satanás controlaba el mundo después de haber engañado a Adán y Eva para que desobedecieran a Dios. Ahora los hijos de Dios tenían que engañar a los hijos de Satanás para que siguieran la voluntad de Dios. Dijo: "Deja de pensar desde el punto de vista del hombre caído. Piensa desde el punto de vista de Dios. Él quiere ver Su creación restaurada a Su ideal original: el Jardín del Edén. Eso es lo único que importa."

(Más tarde, se hizo evidente que este concepto de "engaño celestial" se usaba en todos los aspectos de la organización, incluyendo reclutamiento, recaudación de fondos y relaciones públicas. Dado que los miembros están tan enfocados en cumplir sus metas asignadas, no hay lugar para la "vieja moralidad." Incluso usan la Biblia para "demostrar" que Dios aprobó el engaño en varias ocasiones a lo largo de la historia para cumplir Su plan.) Al aceptar la manera en que fui engañado, me preparé para empezar a engañar a otros.

Aunque el contenido del taller era casi idéntico al que había tomado la semana anterior, sentí que esta vez necesitaba escuchar con una mente abierta y tomar notas. "El fin de semana pasado fui demasiado cínico," me dije a mí mismo.

Esta vez, Miller añadió una conferencia sobre el comunismo. Explicó que el comunismo era la versión de Satanás del plan ideal de Dios, pero que negaba la existencia de Dios. Por lo tanto, era la propia religión de Satanás en la Tierra y debía ser combatida con vehemencia. Afirmó que la última guerra mundial se libraría en los próximos tres años entre el comunismo y la democracia (en ese momento, para 1977) y que si los miembros del movimiento no trabajaban lo suficiente, habría un sufrimiento increíble como resultado.

Al final de esos tres días, el Steve Hassan que había llegado al primer taller había desaparecido, reemplazado por un nuevo "Steve Hassan." Estaba eufórico al pensar que había sido "elegido" por Dios y que sabía lo que debía hacer con mi vida. Experimenté una amplia gama de emociones: estaba sorprendido y honrado de haber sido seleccionado para el liderazgo, asustado por la gran responsabilidad que recaía sobre mis hombros, y emocionado por la idea de que Dios estaba trabajando activamente para traer de vuelta el Jardín del Edén. Sin más guerras, sin pobreza, sin destrucción ecológica. ¡Había esperanza! También amor, verdad, belleza y bondad.

En ese momento, todavía era consciente de una voz amortiguada en lo profundo de mí que me advertía que tuviera cuidado, que siguiera cuestionándolo todo.

Regreso a Queens

Después de ese taller, regresé a Queens. Me aconsejaron mudarme a la casa local de los Moonies por unos meses para experimentar el estilo de vida y estudiar el Principio Divino antes de tomar un compromiso de por vida. Durante las primeras semanas de mi residencia allí, conocí a un líder poderoso, Takeru Kamiyama, un hombre japonés a cargo de la Iglesia de la Unificación en toda la ciudad de Nueva York. Me sentí instantáneamente atraído por él. Me pareció que tenía un carácter muy espiritual y humilde. Quería aprender todo lo que pudiera de él.

En retrospectiva, me doy cuenta de que el Sr. Kamiyama me atraía porque era muy diferente de mi padre. Kamiyama era un visionario, con una gran cantidad de poder y estatus. Mi padre, un simple hombre de negocios, siempre me había dicho que ninguna persona podía cambiar el mundo. Kamiyama, en cambio, creía profundamente que una sola persona podía marcar una gran diferencia. Era muy religioso y emocionalmente expresivo. Mi padre, aunque sincero e intenso a su manera tranquila, no lo era. Al analizar esta relación en retrospectiva, veo que Kamiyama se convirtió en una figura paterna sustituta. La aprobación verbal y el afecto físico que deseaba de mi padre me los daba este hombre, quien usaba esa conexión emocional para motivarme y controlarme.

Convertirme en discípulo

Resultó que fui la primera persona nueva en unirme al centro de Queens. Apenas un mes antes, el gran centro en Manhattan había sido dividido en ocho centros satélite distribuidos por los diferentes distritos. Como fui el primero, Kamiyama dijo que era una señal de que estaba destinado a convertirme en un gran líder. Me hizo uno de sus doce discípulos estadounidenses y supervisó todo lo que hacía. Nunca asistí a talleres de 7, 21 o 40 días—la secuencia normal. Kamiyama y Moon me entrenaron con mucho cuidado.

Aunque nunca me había gustado estar en grupos, mi estatus de élite dentro de este grupo me hacía sentir especial. Por mi relación con Kamiyama, incluso tendría acceso al propio Mesías—Sun Myung Moon—quien era una proyección de la figura paterna definitiva.

Atando Lazos: Integrarse al Grupo

Tan pronto como llamé al centro, me llevaron rápidamente a otro taller de tres días. Cuando le pregunté a un miembro por qué no me habían dicho la verdad sobre el hecho de que el grupo era religioso, me respondió: 'Si lo hubieras sabido de antemano, ¿habrías venido?' Admití que probablemente no.

Me explicó que Satanás controlaba el mundo después de haber engañado a Adán y Eva para que desobedecieran a Dios. Ahora los hijos de Dios tenían que engañar a los hijos de Satanás para que siguieran la voluntad de Dios. Dijo: "Deja de pensar desde el punto de vista del hombre caído. Piensa desde el punto de vista de Dios. Él quiere ver Su creación restaurada a Su ideal original: el Jardín del Edén. Eso es lo único que importa."

(Más tarde, se hizo evidente que este concepto de "engaño celestial" se usaba en todos los aspectos de la organización, incluyendo reclutamiento, recaudación de fondos y relaciones públicas. Dado que los miembros están tan enfocados en cumplir sus metas asignadas, no hay lugar para la "vieja moralidad." Incluso usan la Biblia para "demostrar" que Dios aprobó el engaño en varias ocasiones a lo largo de la historia para cumplir Su plan.) Al aceptar la manera en que fui engañado, me preparé para empezar a engañar a otros.

Aunque el contenido del taller era casi idéntico al que había tomado la semana anterior, sentí que esta vez necesitaba escuchar con una mente abierta y tomar notas. "El fin de semana pasado fui demasiado cínico," me dije a mí mismo.

Esta vez, Miller añadió una conferencia sobre el comunismo. Explicó que el comunismo era la versión de Satanás del plan ideal de Dios, pero que negaba la existencia de Dios. Por lo tanto, era la propia religión de Satanás en la Tierra y debía ser combatida con vehemencia. Afirmó que la última guerra mundial se libraría en los próximos tres años entre el comunismo y la democracia (en ese momento, para 1977) y que si los miembros del movimiento no trabajaban lo suficiente, habría un sufrimiento increíble como resultado.

Al final de esos tres días, el Steve Hassan que había llegado al primer taller había desaparecido, reemplazado por un nuevo "Steve Hassan." Estaba eufórico al pensar que había sido "elegido" por Dios y que sabía lo que debía hacer con mi vida. Experimenté una amplia gama de emociones: estaba sorprendido y honrado de haber sido seleccionado para el liderazgo, asustado por la gran responsabilidad que recaía sobre mis hombros, y emocionado por la idea de que Dios estaba trabajando activamente para traer de vuelta el Jardín del Edén. Sin más guerras, sin pobreza, sin destrucción ecológica. ¡Había esperanza! También amor, verdad, belleza y bondad.

En ese momento, todavía era consciente de una voz amortiguada en lo profundo de mí que me advertía que tuviera cuidado, que siguiera cuestionándolo todo.

Después de ese taller, regresé a Queens. Me aconsejaron mudarme a la casa local de los Moonies por unos meses para experimentar el estilo de vida y estudiar el Principio Divino antes de tomar un compromiso de por vida. Durante las primeras semanas de mi residencia allí, conocí a un líder poderoso, Takeru Kamiyama, un hombre japonés a cargo de la Iglesia de la Unificación en toda la ciudad de Nueva York. Me sentí instantáneamente atraído por él. Me pareció que tenía un carácter muy espiritual y humilde. Quería aprender todo lo que pudiera de él.

En retrospectiva, me doy cuenta de que el Sr. Kamiyama me atraía porque era muy diferente de mi padre. Kamiyama era un visionario, con una gran cantidad de poder y estatus. Mi padre, un simple hombre de negocios, siempre me había dicho que ninguna persona podía cambiar el mundo. Kamiyama, en cambio, creía profundamente que una sola persona podía marcar una gran diferencia. Era muy religioso y emocionalmente expresivo. Mi padre, aunque sincero e intenso a su manera tranquila, no lo era. Al analizar esta relación en retrospectiva, veo que Kamiyama se convirtió en una figura paterna sustituta. La aprobación verbal y el afecto físico que deseaba de mi padre me los daba este hombre, quien usaba esa conexión emocional para motivarme y controlarme.

Resultó que fui la primera persona nueva en unirme al centro de Queens. Apenas un mes antes, el gran centro en Manhattan había sido dividido en ocho centros satélite distribuidos por los diferentes distritos. Como fui el primero, Kamiyama dijo que era una señal de que estaba destinado a convertirme en un gran líder. Me hizo uno de sus doce discípulos estadounidenses y supervisó todo lo que hacía. Nunca asistí a talleres de 7, 21 o 40 días—la secuencia normal. Kamiyama y Moon me entrenaron con mucho cuidado.

Aunque nunca me había gustado estar en grupos, mi estatus de élite dentro de este grupo me hacía sentir especial. Por mi relación con Kamiyama, incluso tendría acceso al propio Mesías—Sun Myung Moon—quien era una proyección de la figura paterna definitiva.

La Vida con el "Padre": Acercarse a Moon

Sun Myung Moon era un hombre bajo y robusto que tenía un carisma extraordinario. Nació en 1920 en lo que ahora es Corea del Norte. Se desplazaba como un pequeño luchador de sumo, vestido con un costoso traje de negocios. Era un manipulador y comunicador astuto, especialmente con aquellos adoctrinados para creer que él era el hombre más grande que jamás había caminado sobre la faz de la Tierra. Moon solía hablar en coreano o japonés y utilizaba un traductor. Me dijeron que lo hacía por razones "espirituales." Durante mi membresía, estuve presente en más de 100 de sus conferencias y participé en unas 25 reuniones de liderazgo con él.

El Sr. Moon y el Sr. Kamiyama sabían cómo cultivar discípulos leales y bien disciplinados. Los miembros del liderazgo central eran entrenados para seguir órdenes sin cuestionarlas ni dudar. Una vez que estuve completamente adoctrinado, todo lo que deseaba era obedecer las instrucciones de mi figura central. Estaba tan comprometido que mi nueva identidad suprimió por completo a mi verdadero yo. Cuando miro hacia atrás ahora, me asombra cómo fui manipulado y cómo aprendí a manipular a otros "en nombre de Dios." También puedo ver con claridad que cuanto más ascendía en la jerarquía, más corrupto me volvía: Moon nos estaba moldeando a su imagen. Una vez nos dijo a los líderes que, si permanecíamos fieles y cumplíamos nuestras misiones con éxito, algún día seríamos presidentes de nuestro propio país. También tendríamos automóviles Mercedes Benz, secretarias personales y guardaespaldas. En ese momento, se me alentó a decidir qué país me gustaría liderar cuando el Unificacionismo dominara el mundo.

Aprendí a presentar las conferencias introductorias del Principio Divino en los primeros tres meses de mi membresía. Para ese momento, ya había reclutado a dos personas más, que se convirtieron en mis "hijos espirituales," y se me instruyó abandonar la escuela, dejar mi trabajo y mudarme al centro. Me corté el cabello al estilo corto y comencé a usar traje y corbata. Por sugerencia de un miembro superior, realicé una "condición de indemnización" de 40 días: renunciar a mis amigos y mi familia durante cuarenta días, sin verlos ni comunicarme con ellos de ninguna manera. Esta práctica es utilizada por varias sectas, como el período de dos años en el que los misioneros mormones se mantienen alejados de sus familias.

Doné mi cuenta bancaria al centro y habría donado mi auto, de no ser porque el título estaba a nombre de mis padres. Tuve que abandonar a mi niña adoptiva chilena porque ya no tenía manera de ganar dinero para enviarle. Me dijeron que debía sacrificar a mi "Isaac." Los Moonies me recordaron la historia bíblica de Abraham, a quien Dios pidió que ofreciera a su amado hijo como sacrificio. Me dijeron que mi escritura creativa, especialmente mi poesía, era mi "Isaac." Obedientemente, tiré todo lo que había escrito—unas cuatrocientas piezas. Por supuesto, Isaac nunca tuvo que ser sacrificado, pero los Moonies me manipularon. Lograron que mi yo adoctrinado arrojara una enorme pila de papeles en los que mi yo auténtico había trabajado durante años, algo que había cuidado y nutrido como si fuera un hijo. Tiré mis poemas a la basura mientras mis superiores observaban. El efecto psicológico fue poderoso.

Una vez que oficialmente abandoné la universidad, me enviaron de regreso al campus para reclutar nuevos miembros. Los líderes me dijeron que podría volver a terminar mi carrera el próximo año. Una mentira. Cuando más tarde les comenté mi deseo de enseñar, me informaron que la "Familia" —como los miembros se referían al movimiento— planeaba iniciar su propia universidad en unos años, y que yo podría ser profesor allí.

73

También se me ordenó establecer un club estudiantil oficial en Queens College, a pesar de que ya no era estudiante. El club se llamaría Asociación Universitaria para la Investigación de Principios (C.A.R.P., por sus siglas en inglés). En un par de semanas lo había logrado, y me nombraron director de C.A.R.P. Aunque les decía a los estudiantes que C.A.R.P. no tenía afiliación con ningún otro grupo, recibía todas mis instrucciones y financiación del director de la Iglesia de la Unificación en Queens. Organizábamos conferencias gratuitas, lecturas de poesía, mítines políticos anticomunistas y proyecciones de películas gratis, todo mientras buscábamos reclutar posibles conversos. Recluté a varias personas, quienes también fueron instruidas para abandonar la universidad. En ese momento, éramos el capítulo de C.A.R.P. más exitoso del país.

Vivía en un estado constante de agotamiento, fervor y sobrecarga emocional. Generalmente dormía entre tres y cuatro horas por noche. Casi todo mi tiempo ese primer año lo dediqué a reclutar y dar conferencias. De vez en cuando salía con otros a "recaudar fondos" —vendiendo flores u otros artículos en la calle— para apoyar la casa y las operaciones de la iglesia en Nueva York. También se me ordenó ayunar durante tres días, bebiendo solo agua. Más tarde, hice tres ayunos separados de siete días, tras ser convencido de que el ayuno era una "condición de indemnización" (supuestamente, una forma de restitución hacia Dios por transgresiones pasadas).

Durante mi tiempo en el grupo, participé directamente en muchas manifestaciones políticas, aunque generalmente estaban organizadas bajo el nombre de grupos fachada. (A lo largo de los años, la organización de Moon creó y utilizó cientos de estos grupos.) Por ejemplo, en julio de 1974, me enviaron a las escalinatas del Capitolio con varios cientos de Moonies, bajo el nombre de Oración Nacional y Ayuno por la Crisis de Watergate, para ayunar durante tres días y manifestarnos en apoyo del entonces presidente Richard Nixon.

Antes de unirme a los Moonies, había tenido varias discusiones con mi padre sobre Nixon en la mesa. Mi padre, un hombre de negocios, era en ese momento un firme defensor de Nixon. Yo voté por McGovern y siempre había creído que Nixon no era de fiar. De hecho, solía llamarlo un ladrón. Ahora, en medio de mi vigilia de oración inspirada por Moon a favor de Nixon, llamé a mis padres desde Washington para contarles sobre el ayuno. Dado que mi padre siempre había apoyado a Nixon, pensé que estaría complacido.

Cuando le conté la noticia, mi padre me dijo: "Steven, tenías razón. ¡Nixon es un ladrón!"

"Pero papá, no entiendes; ¡Dios quiere que Nixon sea presidente!"

"Ahora sé que te han lavado el cerebro," dijo mi padre. "Ese hombre es un ladrón."

Solo después de dejar el grupo pude reírme de la ironía de ese momento.

Más tarde, en 1974, participé en un ayuno de siete días frente a las Naciones Unidas. Había una votación pendiente para decidir si la ONU retiraría sus tropas de Corea del Sur debido a las denuncias de violaciones de derechos humanos. Sun Myung Moon nos instruyó personalmente que no debíamos decirle a nadie que éramos miembros de la Iglesia de la Unificación ni que teníamos motivaciones políticas. En esa ocasión, utilizamos un grupo fachada llamado Comité Americano por los Derechos Humanos de las Esposas Japonesas de Repatriados de Corea del Norte. Logramos desviar la atención de los delegados de los abusos en Corea del Sur hacia los cometidos por Corea del Norte. La votación para retirar las tropas fue rechazada. Los Moonies proclamaron una victoria y se nos dijo que el gobierno de Corea del Sur estaba complacido.

Estar tan cerca del "Mesías" era emocionante. Me sentía increíblemente afortunado de ser parte de este movimiento. Me tomaba todo muy en serio debido a las supuestas repercusiones espirituales de cada acción que realizaba. Creía que cada uno de mis actos tenía implicaciones monumentales e históricas. Me esforzaba por ser el hijo perfecto de los "Verdaderos Padres" —obediente y leal—, dos virtudes que se valoraban por encima de todo. Siempre hacía lo que se me ordenaba, y más. Quería demostrar mi lealtad y fui puesto a prueba muchas veces por Kamiyama y otros líderes.

Como líder, podía ver y oír cosas que los miembros de base jamás conocían. Una vez, a finales de 1974, Moon llevó a algunos de nosotros a inspeccionar unas nuevas propiedades que había adquirido en Tarrytown. Como de costumbre, dio una charla improvisada. "Cuando tomemos el poder en América," dijo, "tendremos que enmendar la Constitución y hacer que sea un delito capital que alguien tenga relaciones sexuales con alguien que no sea la persona que le fue asignada." Explicó que cualquier sexo que no estuviera centrado en Dios era el mayor pecado que una persona podía cometer. "Si alguien no puede superar la tentación, será mejor quitarle su cuerpo físico," dijo. "Les estaríamos haciendo un favor y sería más fácil restaurarlos a la justicia en el mundo espiritual." Pensé en todas las personas casadas que no estaban en el movimiento y que estaban destruyendo sus cuerpos espirituales al tener sexo. En ese momento, no me detuve a pensar en el genocidio masivo que podría resultar si tomáramos el control de América y del mundo.

El liderazgo tenía otros beneficios. En una ocasión, Moon me regaló una figura de vidrio soplado italiano y $300 en efectivo como obsequios. Incluso jugué softball con su hijo y heredero aparente, Hyo Jin Moon. En dos ocasiones cené con Moon en su lujosa mesa. Llegué a amar la sensación de pararme frente a cientos de personas para dar un servicio dominical o una conferencia sobre el Principio Divino, y ver cómo los miembros me admiraban como una persona maravillosa y espiritual.

Incluso hubo "milagros" en mi vida. En un momento, me enteré de que Moon había ordenado que todos los miembros estadounidenses participaran en un entrenamiento de liderazgo de 120 días. Para mi sorpresa, Kamiyama intercedió ante Moon para evitar que me enviaran. Me llevaron ante Moon—al que los miembros llamaban "Padre"—y, antes de que entendiera lo que estaba ocurriendo, puso su mano sobre mi cabeza y anunció que acababa de graduarme del programa de 120 días. Cuando le pregunté a Kamiyama por qué había solicitado mi exención, me dijo que yo era demasiado importante en Nueva York y que no quería perderme. Había recibido la aprobación de un hombre que, según creía, era el representante de Dios en la Tierra.

Moon tenía una forma de comportarse interesante, bastante típica del narcisismo: primero amable y luego cruel, utilizando una doble atadura para motivar a los líderes. Primero nos trataba bien, comprándonos regalos y llevándonos a cenas o al cine. Luego nos llevaba de regreso a su propiedad y nos gritaba por nuestro supuesto bajo desempeño.

También fomentaba la competencia entre líderes para maximizar la productividad. Señalaba a alguien muy exitoso en reclutamiento o recaudación de fondos (lo hizo conmigo) y lo presentaba como modelo de excelencia, avergonzando a los demás para que fueran más productivos. Es irónico que, mientras el objetivo declarado de Moon era unificar el mundo, muchas de sus estrategias fomentaban la envidia y el resentimiento entre los líderes, prácticamente garantizando una falta de unidad.

Cuando lo conocí, Moon era un fanático del cine. Una de sus películas favoritas era Rocky, que veía repetidamente. En una ocasión memorable, nos dijo que debíamos tener la misma determinación que Rocky Balboa para derrotar a nuestro enemigo. Más tarde, gastó $48 millones en la producción de su propia película, Inchon, sobre el desembarco del General Douglas MacArthur en Corea para detener la invasión comunista. Aunque contrató a actores de alto nivel como Laurence Olivier y Jacqueline Bisset, la película fue un fracaso rotundo. Fue la película más cara hecha hasta ese momento y recibió críticas devastadoras.

Mirando hacia atrás, creo que uno de los mayores problemas de Moon era su increíble narcisismo y su negativa a admitir que no lo sabía todo. Tenía planes grandiosos, pero a menudo era miope, creyendo que estaba por encima de la ley. Siempre parecía más preocupado por los resultados inmediatos que por las posibles consecuencias negativas a futuro. Su desprecio por los consejos legales y contables eventualmente lo llevó a la cárcel. Su uso de engaños para adquirir bienes raíces y negocios generó gran enemistad en muchas comunidades. Y su toma de atajos políticos, como el apoyo a Nixon, lo llevó al ojo público, pero también alertó a las personas sobre su pasado y sus prácticas poco éticas. Esta falta de previsión causó enormes problemas a sus organizaciones con el tiempo.

Me convertí en el principal conferencista de la oficina nacional de la Iglesia de la Unificación, ubicada frente a la biblioteca pública principal en Manhattan. Ese mes, la sede se había trasladado de Washington, D.C., para poner a los líderes estadounidenses bajo un control más estricto. Me nombraron subdirector de la Iglesia de la Unificación en la sede nacional y se me dijo que debía ser un ejemplo para Neil Salonen, entonces presidente de la Iglesia de la Unificación en Estados Unidos. Kamiyama me explicó que Neil debía aprender a someterse completamente al liderazgo coreano y japonés de la iglesia, tal como yo lo había hecho. Mi papel en la sede era enseñarle el "estándar japonés."

En mi nuevo puesto, mi trabajo era reclutar nuevos miembros para los talleres. Había muchos reportes negativos en los medios, y sentíamos que estábamos siendo "perseguidos." Nos decían que nos identificáramos con Jesús y los primeros cristianos: mientras más personas se oponían a nosotros, más comprometidos nos sentíamos a "seguir el camino de la cruz." En ese tiempo, los medios publicaron artículos sensacionalistas y programas de televisión sobre la secta de Moon, lo que reforzaba nuestros temores de que los comunistas estaban tomando control de Estados Unidos. Re-motivados por nuestro creciente nivel de miedo, continuamos nuestras actividades de reclutamiento a un ritmo frenético. Todos sentíamos una enorme presión para reclutar al menos a una nueva persona por miembro cada mes, y todos los miembros debían reportar sus actividades cada noche a su figura central. Sentíamos que éramos el ejército de Dios en medio de una guerra espiritual, los únicos que podían ir al frente y luchar contra Satanás cada día.

Cuando Moon decidió dar una conferencia en el Yankee Stadium en 1976, necesitaba recaudar varios millones de dólares para la campaña publicitaria. En ese punto, me enviaron con otros líderes estadounidenses como parte de un equipo modelo de recaudación de fondos en Manhattan. Trabajábamos recaudando fondos hasta 21 horas al día. Estábamos constantemente en las calles, en los peores lugares imaginables. Una vez, casi fui asaltado en Harlem por alguien con un garrote mientras vendía velas por la noche. Otra vez, un hombre me exigió dinero y me amenazó con un cuchillo cerca de mi estómago. Como Moonie leal y dedicado, jamás dejaría que alguien robara el dinero de Dios y me negué. Ambas veces, escapé por poco.

Quedarse Dormido al Volante

Una de las ironías de mi experiencia con los Moonies es que, cuanto más ascendía en la organización, más me acercaba al agotamiento total que eventualmente me llevó a abandonar el grupo. Debido a mi éxito en la recaudación de fondos, me presionaba una y otra vez hasta el límite. Me habían entrenado para no preocuparme por mi bienestar general durante esos días. Lo más importante era trabajar tan duro como pudiera para "Padre." Afortunadamente, mi familia no se olvidó de mí. Estaban profundamente preocupados y deseaban que recuperara mi yo creativo e independiente.

A los miembros se les contaban repetidamente historias de terror sobre la desprogramación. Había llegado a creer que los miembros del grupo eran brutalmente secuestrados, golpeados y torturados por desprogramadores—los soldados de élite de Satanás comprometidos a quebrantar a las personas y destruir su fe en Dios. Enviaban a un par de miembros a diferentes centros para contarnos sus experiencias de desprogramación.

El miedo al mundo exterior, especialmente a nuestros padres, se inculcaba profundamente en nuestras mentes. Aunque no me daba cuenta en ese momento, cada historia sucesiva de desprogramación era más aterradora—y más exagerada—que la anterior.

Después de mi tiempo en el equipo modelo de recaudación de fondos en Manhattan, me informaron que mi familia estaba tratando de secuestrarme y desprogramarme. Me enviaron "bajo tierra" a Pensilvania. Me instruyeron no decirle a mi familia mi paradero y hacer que todo mi correo fuera redirigido a través de otra ciudad. Años más tarde, después de dejar el grupo, sospeché que me habían enviado fuera de la ciudad como una distracción. Los Moonies querían evitar que persiguiera algunas preguntas inquietantes sobre la validez de los "paralelismos temporales" utilizados en la conferencia sobre la Historia de la Restauración. Había descubierto inconsistencias flagrantes. Para alguien en mi posición dentro de la organización, era peligroso hacer preguntas que no podían ser respondidas. Otros líderes del grupo me llenaron de tanto miedo a los desprogramadores que mis preguntas quedaron en segundo plano. Creía que mi supervivencia espiritual estaba en juego.

Después de un par de meses recaudando fondos en un equipo modelo en Pensilvania, me pusieron a cargo de toda la recaudación de fondos en Baltimore. Mi comandante regional me ordenó que cada miembro debía traer un mínimo de $100 diarios, incluso si eso significaba quedarse despierto toda la noche para alcanzar esa meta. Tenía un equipo de ocho recaudadores sin experiencia. Como buen líder, tenía que dar el ejemplo y quedarme despierto con ellos.

Presioné duro a mi equipo y, juntos, lograban un promedio de más de $1,000 diarios en ganancias totales—dinero en efectivo exento de impuestos. También era mi responsabilidad alimentar, vestir y dar refugio a mi equipo, además de ordenar, comprar y recoger los productos—los artículos que ofrecíamos a la gente—y recolectar el efectivo cada noche para enviarlo por cable a Nueva York dos veces por semana. Vendíamos mentas de chocolate, caramelos de maní, barras de chocolate, rosas, claveles y velas. Los márgenes de ganancia eran enormes. Una caja de mentas que nos costaba 30 centavos se vendía por dos dólares. Una flor de diez centavos se vendía por al menos un dólar, y generalmente por dos.

La gente nos compraba estos artículos porque creía que estaba donando a una causa benéfica. Nuestras conciencias habían sido reprogramadas por el sistema de valores de Moon. Decíamos que estábamos patrocinando programas juveniles cristianos: una mentira. Decíamos que operábamos casas de rehabilitación de drogas: otra mentira. Decíamos que ayudábamos a niños huérfanos: otra mentira. En el momento improvisábamos cualquier cosa que pensáramos que funcionaría. Dado que creíamos que salvar al mundo del mal y establecer el reino de Dios en la Tierra era el esfuerzo más importante del planeta, no lo veíamos como "mentir" de verdad.

Después de todo, pensábamos que todas las personas, excepto nosotros, estaban siendo controladas por Satanás, y era nuestra responsabilidad como "Hijos Celestiales" recuperar dinero de Satanás para el Mesías de Dios, Sun Myung Moon. Creíamos que estábamos salvando al mundo de Satanás y del comunismo vendiendo esos productos, y que estábamos dando a las personas la oportunidad de ayudar al Mesías a crear el Jardín del Edén en la Tierra.

Aproximadamente a las 5:30 a.m. del 23 de abril de 1976, estaba conduciendo la furgoneta para recoger al último miembro de mi grupo, que había estado recaudando fondos toda la noche frente a una tienda de conveniencia abierta las 24 horas. No había dormido nada en los dos días anteriores y estaba conduciendo solo. Por lo general, llevaba a alguien conmigo en el asiento del copiloto para protegerme de ser atacado por fuerzas malignas, incluidos los "espíritus del sueño." Por ridículo que parezca ahora, realmente creía que había entidades espirituales a mi alrededor esperando invadirme y poseerme. Todo esto era parte del adoctrinamiento del control mental. Mantenerme enfocado en los Verdaderos Padres era la única forma de alejar a los espíritus malignos. Si mi atención flaqueaba, podían apoderarse de mí. Fobias como esta nos mantenían a mí y a otros miembros dependientes y obedientes.

Esa vez fui demasiado confiado. Me quedé dormido y desperté abruptamente. Todo lo que pude ver fue la parte trasera roja de un camión de dieciocho ruedas al que estaba a punto de chocar a alta velocidad. Pisé los frenos, pero ya era demasiado tarde. El impacto fue aterrador. La furgoneta quedó destrozada y yo estaba atrapado. El dolor era insoportable, pero no podía hacer nada—estaba inmovilizado. Tuvieron que cortar la puerta. Un equipo de emergencia tardó unos treinta minutos en colocar un cabrestante y mover la columna de dirección hacia adelante para hacer suficiente espacio y liberarme. Todo el tiempo temían que la furgoneta pudiera incendiarse y explotar. Mis rescatistas me dijeron que era un "milagro" que hubiera sobrevivido.

Todo lo que podía pensar era: "Padre, perdóname" y "Aplasta a Satanás." Una y otra vez repetí esas líneas para tratar de enfocar mi mente en Dios y rogar Su perdón. Pensaba que lo que había sucedido era "espiritual": que Satanás me había puesto a prueba en el mundo espiritual y que había sido derrotado, y que eso era lo que había causado el accidente, no el hecho de que no había dormido en días. Como cualquier miembro dedicado de una secta, me culpé por no ser lo suficientemente "puro." No se me ocurrió que estaba programado para sufrir una privación crónica del sueño.

Sentía que había sido elegido por Dios, probado por esta santa misión, pero había fallado.

La Desprogramación: Cómo Encontré Mi Camino de Regreso a Mí Mismo

Después de dos semanas en el hospital y una operación en mi pierna rota, obtuve permiso de mi superior Moonie para visitar a mi hermana Thea. Pude hacerlo por varias razones. Thea nunca había criticado abiertamente mi participación con los Moonies. Cuando hablé con ella, apeló a mi amor y me dijo que quería que su hijo recién nacido conociera a su tío Steve. Hicimos un trato: no le contaría a mis padres ni a Stef, mi hermana mayor, sobre mi visita, ya que temía que intentaran desprogramarme. Además, yo era un líder de confianza—alguien cuya fe en Dios y en el grupo se creía absoluta. Convencí a Kamiyama de que sería una "buena condición" que Satanás (mi hermana) cuidara a uno de los soldados de Dios (yo), evitando distraer a otros miembros de su trabajo para atenderme.

Sin embargo, el accidente comenzó a romper el control de los Moonies sobre mí de varias maneras. Primero, podía dormir, comer y descansar. Segundo, finalmente podía ver a mi amada hermana. Tercero, podía detenerme a pensar al estar lejos del constante refuerzo del grupo. Cuarto, Thea decidió contarles a mis padres, y se puso en marcha un plan para rescatarme. Quinto, tenía un yeso desde los dedos del pie hasta la pelvis, por lo que no podía moverme sin muletas. No podía ni luchar ni escapar.

Estaba sentado en el sofá de la sala en la casa de mi hermana cuando mi padre apareció inesperadamente. Se sentó a mi lado y me preguntó: "¿Cómo estás?" Al responderle que estaba "bien," se levantó y dijo: "¡Eso es genial!" Luego tomó mis muletas y las puso al otro lado de la habitación. De repente, como si fuera una señal, aparecieron siete personas más y anunciaron que habían venido a "hablar conmigo sobre mi afiliación con la Iglesia de la Unificación." Me quedé atónito y me di cuenta de que estaba atrapado. Les dije que llamaran a mi oficina para programar una cita conmigo.

Estaba tan adoctrinado que inmediatamente "supe" que el equipo de desprogramación había sido enviado directamente por Satanás. En mi terror, sus rostros me parecían imágenes de demonios. Fue muy sorprendente, entonces, que resultaran ser cálidos y amigables. Pasaron varias horas hablándome sobre lo que sabían que estaba mal con los Moonies. Como miembro comprometido, recurrí al thought-stopping (una técnica para bloquear pensamientos no deseados), canté 'canciones sagradas,' recé y repetí frases en silencio para impedir que las palabras de los demás llegaran a mí. Después de todo, los líderes del grupo ya me habían contado todo sobre la desprogramación. No iba a permitir que "Satanás" quebrantara mi fe en Dios. Seguía diciéndoles que necesitaban hacer una cita y que no quería hablar con ellos.

A la mañana siguiente, mi padre me dijo que iríamos a dar un paseo para ver a mi madre. Más tarde supe que los Moonies habían llamado para preguntar por qué no me había reportado y que iban camino a "rescatarme." Creyendo que mi madre sería comprensiva y pondría fin a la desprogramación, me subí al auto con entusiasmo, cojeando con mis muletas y con mi pierna rota estirada en el asiento trasero. Mi padre conducía, y dos de los desprogramadores estaban sentados a su lado.

Me enojé cuando mi padre pasó la salida hacia la casa de mis padres en la Long Island Expressway. Aunque parezca increíble, mi primer impulso fue matar a mi padre alcanzándolo para romperle el cuello. Realmente creía que era mejor hacer eso que traicionar al Mesías. Como miembro, me habían dicho muchas veces que era mejor morir o matar que abandonar la iglesia.

Sin embargo, todavía estaba seguro de que nunca podrían quebrarme. Sabía que tendría otras oportunidades para escapar, así que decidí no matar a mi padre, ni a mí mismo, ni a los demás en el auto. Cuando llegamos al apartamento donde continuaría la desprogramación, me negué a salir del auto sin pelear. Amenacé a mi padre con violencia extrema. Le dije que lucharía hasta la muerte y que, si sangraba hasta morir, sería su culpa.

Mi padre se dio la vuelta desde el asiento del conductor y comenzó a llorar. Solo lo había visto llorar una vez antes: un par de lágrimas cuando tenía quince años, tras la muerte de mi abuela. Entonces, como ahora, sentí un nudo en la garganta y un dolor en el corazón.

—Esto es una locura —suplicó—. Dime, ¿qué harías tú? ¿Cómo te sentirías si tu hijo, tu único hijo, se fuera a un taller de fin de semana y, de repente, desapareciera, dejara la universidad, renunciara a su trabajo y se uniera a una organización tan controvertida?

Por primera vez desde que me uní al grupo, me permití pensar, aunque solo fuera por un momento, desde su perspectiva. Sentí su dolor, su angustia y preocupación, además de su amor paternal. A pesar de eso, seguía creyendo que los medios comunistas le habían lavado el cerebro.

—Probablemente lo mismo que estás haciendo ahora —le respondí, y lo decía en serio—. ¿Qué quieres que haga?

—Solo habla con estas personas —respondió—. Escucha lo que tienen que decir. Entonces tu madre y yo podremos dormir tranquilos, sabiendo que has escuchado el otro lado y que hemos hecho lo correcto.

—¿Por cuánto tiempo? —pregunté.

—Por cinco días —respondió.

—¿Y después? ¿Podré volver si quiero?

—Sí, yo mismo te llevaré de regreso. Si decides salir, será tu elección.

Pensé en la propuesta. Estaba convencido de que lo que había estado haciendo era lo correcto. Sabía que Dios quería que permaneciera en el grupo. Conocía al Mesías personalmente, en carne y hueso. Sabía el Principio Divino de memoria. ¿Qué tenía que temer? Además, creía que podría demostrarles a mis padres, de una vez por todas, que no estaba lavado del cerebro. También entendía que, si permanecía con mis padres contra mi voluntad y luego escapaba, podrían obligarme a presentar cargos de secuestro contra ellos. No quería hacer eso.

Acepté quedarme y escuchar, voluntariamente. No contactaría a los Moonies durante cinco días y no intentaría escapar. Hablaría con los exmiembros y escucharía lo que quisieran decirme, tomando descansos cuando lo deseara.

Los exmiembros no eran en absoluto lo que esperaba. Según mi entrenamiento, pensaba que serían fríos, calculadores, poco espirituales, codiciosos y abusivos. En cambio, eran cálidos, cariñosos, idealistas y espiritualmente conscientes, y me trataban con respeto. Además, no parecían ser miserables ni llenos de culpa, como esperaba. Eran felices de estar libres y llevar sus vidas. Esto me desconcertó profundamente.

Fui una persona muy difícil de desprogramar. Luché contra el proceso con oración y cantos, y levanté expertas barreras de negación, racionalizaciones, justificaciones y pensamiento ilusorio. Los exmiembros sacaron el libro del psiquiatra Robert Jay Lifton, *Reforma del Pensamiento y la Psicología del Totalitarismo*, y discutieron las técnicas y procesos que los comunistas chinos (¡el enemigo!) usaron para lavar el cerebro a las personas durante la década de 1950. Se hizo evidente para mí que los procesos que usábamos en los Moonies eran casi idénticos.

Una gran pregunta comenzó a surgir en mi mente: "¿Tiene que usar Dios las mismas tácticas que Satanás para crear un mundo ideal?" Pensar y razonar en ese momento era como avanzar en medio de un lodazal hasta la cintura.

El cuarto día hablaron sobre Hitler y el movimiento nazi, comparando a Moon y su filosofía de teocracia mundial con los objetivos globales del nacionalsocialismo alemán. En un momento, recuerdo haberme enfurecido y decir:

—¡No me importa si Moon es como Hitler! ¡He elegido seguirlo y lo seguiré hasta el final!

Cuando me escuché decir eso, un escalofrío inquietante recorrió mi espalda. Rápidamente lo reprimí.

La mañana del último día de la desprogramación, tuve la indescriptible experiencia de sentir cómo mi mente se abría repentinamente, como si alguien hubiera encendido un interruptor. Los exmiembros me habían pedido que leyera uno de los discursos de Moon ante el Congreso. En él hablaba de cómo, según él, los estadounidenses eran demasiado inteligentes como para permitir que un coreano les lavara el cerebro, y de cuánto respetaba a los estadounidenses. Sin embargo, yo lo había escuchado decir, al menos una docena de veces, lo estúpidos, perezosos y corruptos que eran los estadounidenses, especialmente los políticos. Además, tres estadounidenses, exmiembros, estaban sentados frente a mí, y cada uno tomó su turno para contarme cómo Moon les había lavado el cerebro.

Tuve mi primer pensamiento negativo sobre Moon en más de dos años:

—¡Qué serpiente!

Eso fue todo. Más de dos años de programación comenzaron a desmoronarse como un elaborado castillo de naipes. Todo se había fundamentado en una única creencia: que Moon era el más grande elegido de Dios en la historia, el Mesías. Pero si era un mentiroso, eso significaba que no era digno de confianza y que no venía de Dios.

Yo creía en un Dios de la Verdad.

Comencé a llorar inconsolablemente.

Le pedí a todos que salieran del cuarto.

Lloré durante mucho tiempo. Alguien volvió y me puso un paño frío en la frente. Mi cabeza latía de dolor; sentía como si tuviera una herida abierta, grande y palpitante. Esa noche fue el momento más doloroso de toda mi vida.

Recuperación: Volver a Ser Yo

Después de redescubrirme, una serie de nuevas preguntas llenaron mi mente: ¿Cómo pude haber creído que un industrial multimillonario de Corea era el Mesías? ¿Cómo pude haber traicionado casi todos los principios morales y éticos que alguna vez tuve? ¿Cómo pude haber hecho tantas cosas crueles a tantas personas? La fantasía que había usado para inspirarme día tras día y mes tras mes había desaparecido. Lo que quedaba era una persona asustada, confundida e indignada. Me sentía como si hubiera despertado de un sueño surrealista y no supiera qué era la realidad, o como si hubiera saltado de un rascacielos y siguiera cayendo sin tocar el suelo.

Estaba abrumado por muchas emociones. Sentía tristeza y extrañaba a mis amigos en el grupo, especialmente a mis "hijos espirituales", las personas que había reclutado. Extrañaba la emoción de sentir que lo que hacía tenía una importancia cósmica. Extrañaba la sensación de poder que daba tener un propósito único. Ahora, solo sabía que mi pierna estaba rota. Yo estaba roto.

Sentía una tremenda vergüenza por haber caído en una secta. Mis padres me habían dicho que era una secta. Mis amigos también. ¿Por qué no los escuché? ¿Por qué no confié en ellos? Me tomó semanas poder agradecerle a mi familia por ayudarme. Pasaron meses antes de que pudiera referirme públicamente a los Moonies como una secta.

Leí durante meses. Para mí, la cuestión principal era cómo los Moonies habían logrado convertirme e indoctrinarme tan profundamente que ya no podía pensar por mí mismo. Leí todo lo que pude sobre lavado de cerebro, cambio de actitudes, persuasión, reforma del pensamiento, control mental, influencia indebida y sectas.

Al principio, leer era extremadamente difícil. Durante más de dos años, solo había leído literatura de Moon. Me costaba concentrarme y, a veces, me quedaba en blanco durante largos periodos sin comprender lo que estaba leyendo. Me dijeron que la mente es como un "músculo" y que recuperaría su fuerza con ejercicio. Me obligué a buscar palabras en el diccionario. Me obligué a leer línea por línea hasta que logré volver a concentrarme, leer páginas enteras y ser capaz de explicar lo que había leído.

Vivir en casa fue difícil. Estaba bastante deprimido. Mi pierna necesitaba una segunda operación y aún tenía un yeso completo, por lo que dependía de muletas para moverme, comer e incluso ir al baño. No estaba acostumbrado a ser tan dependiente. Había dirigido una casa y controlado la vida de muchos miembros. Ahora, era un capitán sin nadie a quien liderar.

Me sentía terrible por lo que había hecho pasar a mi familia. Fueron maravillosos conmigo, pero yo cargaba con una tremenda culpa.

Sentía aún más culpa por lo que había hecho como Moonie. Había mentido, manipulado, engañado e inducido a las personas a abandonar a sus familias, su educación y sus relaciones para seguir a un dictador en potencia. Esa culpa, poco a poco, se transformó en ira mientras estudiaba el control mental.

Busqué al Dr. Robert Jay Lifton y organicé una reunión en su apartamento en Manhattan. Tenía curiosidad por saber por qué estaba tan interesado en un libro sobre el lavado de cerebro chino que él había escrito 15 años antes, en 1961. Se sorprendió cuando le describí en detalle lo que los Moonies hacen para reclutar miembros y cómo organizan sus talleres de 3 días, 7 días, y los de 21, 40 y 120 días. Me dijo:

—¡Lo que me estás contando es mucho más sofisticado que lo que hicieron los chinos en los años 50! ¡Es como una mutación híbrida de una cepa de virus virulento!

Lifton cambió por completo mi perspectiva sobre mí mismo cuando dijo:

—Steve, sabes más sobre esto que yo, porque tú lo has vivido. Lo conoces de forma instrumental. Yo solo lo conozco teóricamente y de segunda mano. Debes estudiar psicología y usar lo que sabes a través de tu experiencia para contárselo a los demás.

Más tarde, me pidió que coescribiera un libro con él sobre el control mental (algo que nunca llegó a suceder). Me sentí halagado por su propuesta e intenté aceptarla, pero el momento no era el adecuado para mí.

Decido Hacerlo Público

Conocer a Lifton transformó mi vida. En lugar de verme a mí mismo como un desertor universitario, un poeta sin poesía (lamentaba profundamente haber tirado esos cuatrocientos poemas), y un exmiembro de una secta, comencé a pensar que tal vez había un propósito más elevado para mí. En ese momento, aunque ya no era un Moonie, seguía pensando en términos algo simplistas: el bien contra el mal, nosotros contra ellos.

El experto más reconocido del mundo en lavado de cerebro pensaba que yo podía hacer una contribución importante, que lo que había experimentado podía ser útil para ayudar a otras personas. Para entonces, había comenzado a asistir a reuniones de concienciación sobre sectas, con personas afectadas por este problema, y muchos padres de miembros de los Moonies se me acercaron. Me pedían que hablara con sus hijos, que aún estaban atrapados en el grupo. Acepté.

Fue entonces, en 1976, cuando comencé a dar pasos serios para convertirme en consejero profesional. Al principio, la tarea era complicada; en ese momento no había alternativas a la desprogramación forzada. Había recibido algo de entrenamiento como consejero de pares en la universidad antes de unirme a los Moonies. Yo mismo había sido desprogramado.

Lo más útil al hablar con los miembros era que había sido un Moonie de alto nivel y conocía en profundidad la doctrina y las políticas del grupo. Volví a leer el Principio Divino de Moon. Estudié la Biblia y analicé qué cosas de las que decía Moon eran ciertas, cuáles no lo eran y cuáles habían sido sacadas de contexto. Finalmente, establecí mi propio sistema de creencias.

Estuve involucrado en la desprogramación durante aproximadamente un año. Un par de los casos pudieron haber implicado secuestros organizados por padres o personas que ellos contrataron; la mayoría, sin embargo, eran situaciones en las que los miembros regresaban a casa de visita y no se les permitía marcharse. Algunos de estos casos implicaban procesos legales de tutela, en los que la familia obtenía la custodia legal de un hijo adulto.

(Estas leyes de tutela ya no existen. Este cambio se debe, en parte, a los esfuerzos legales y de cabildeo de abogados de las sectas, así como a personas bien intencionadas que no comprendieron las graves violaciones de derechos humanos perpetradas por las sectas de control mental).

Afortunadamente, nunca fui demandado. Todos mis casos tuvieron éxito, excepto dos, en los que los Moonies regresaron al grupo. La emoción de ayudar a alguien a recuperar su vida y reunirse con sus seres queridos es indescriptible. Lo más cercano que puedo usar para describir ese sentimiento es lo que sentí cuando un amigo mío sufrió un calambre en la pierna mientras estábamos en el océano y comenzó a hundirse. Corrí hacia las olas, me zambullí, nadé tan fuerte y rápido como pude, y logré sacarlo a salvo a la orilla.

Sin embargo, no me gustaba el estrés que implicaba la desprogramación forzada y quería encontrar otra manera de ayudar a los miembros de sectas destructivas.

Después de un año de hacer público mi caso, dar conferencias y participar en entrevistas de televisión y radio, decidí que necesitaba redescubrir quién era. Regresé a la universidad por un semestre en Yale y me alejé temporalmente de mi vida como luchador a tiempo completo contra las sectas. Escribí poesía, jugué baloncesto, salí en citas y traté de ser normal.

Yale no me gustó, así que me cambié a la Universidad de Boston. Allí, me ofrecí como voluntario para ser consejero en dos agencias de orientación estudiantil y volví a reconectarme conmigo mismo.

Durante este tiempo, sin embargo, Moon estaba causando un impacto aún mayor. En el Congreso, el Subcomité de Relaciones Internacionales de la Cámara llevó a cabo una extensa investigación sobre las actividades de la CIA coreana en Estados Unidos y otros esfuerzos de agentes coreanos por influir en las decisiones del gobierno estadounidense. Acepté ayudar en la investigación tanto como el comité quisiera, siempre y cuando no me pidieran testificar públicamente.

La verdad era que, como el desertor de más alto rango en ese momento, que conocía muchos de los entresijos del grupo, temía ser acosado o incluso asesinado. No seguí realmente la investigación de "Koreagate", salvo cuando leía algún artículo ocasional. Estaba absolutamente convencido de que el gobierno expondría al grupo de Moon y que este sería destruido.

El informe final de la investigación incluía una sección de 80 páginas sobre los Moonies. El informe concluyó que la organización de Moon "violó sistemáticamente las leyes fiscales, de inmigración, bancarias, de moneda y de la Ley de Registro de Agentes Extranjeros de Estados Unidos, así como las leyes estatales y locales relacionadas con el fraude en la caridad." Recomendaba la formación de un grupo de trabajo interagencial para continuar recopilando pruebas y procesar a Moon y a otros líderes de la Iglesia de la Unificación por sus violaciones penales.

La minoría republicana del subcomité incluyó su propio comunicado, que decía, en parte: "Es difícil entender por qué las agencias pertinentes del Poder Ejecutivo no han tomado medidas desde hace mucho tiempo contra las actividades ilegales de la organización de Moon."

El informe fue publicado el 31 de octubre de 1978. Tres semanas después, el congresista de California Leo J. Ryan, miembro de la investigación de Koreagate, fue asesinado a tiros en una pista de aterrizaje cerca de Jonestown, Guyana, mientras intentaba ayudar a miembros de otra secta, el Templo del Pueblo, a escapar de los horrores del campamento de Jim Jones. Otras personas que estaban con Ryan también fueron heridas o asesinadas.

Vi los boletines de noticias sobre las novecientas personas que habían muerto porque un líder de secta había ordenado un asesinato masivo. Se me heló la sangre. Nunca había oído hablar del Templo del Pueblo antes, pero me identifiqué por completo con la mentalidad de sus miembros. Recordé escuchar a Moon arengarnos y preguntarnos si estábamos dispuestos a seguirlo hasta la muerte. También recordé haberlo oído decir que, si Corea del Norte invadía Corea del Sur, enviaría a los miembros estadounidenses de la Unificación a morir en las líneas del frente, con el propósito de inspirar a los estadounidenses a luchar en otra guerra terrestre en Asia.

Pasé días reflexionando sobre el problema de las sectas. Más que cualquier otra cosa, la masacre de Jonestown me motivó a convertirme nuevamente en un activista público. Acepté varias invitaciones para aparecer en televisión. Me pidieron hablar en una audiencia pública sobre sectas organizada por el senador Robert Dole, en el Capitolio, en 1979. Sin embargo, a último momento, todos los exmiembros de sectas invitados a hablar fueron eliminados del programa debido a la presión política de las sectas. La audiencia fue un desastre, y el esfuerzo por educar a los funcionarios del gobierno y al público sobre los peligros de las sectas destructivas quedó frustrado.

Después de eso, la influencia política de Moon comenzó a crecer. Cuando Ronald Reagan asumió la presidencia, los grupos controlados por Moon empezaron a financiar el movimiento político de la Nueva Derecha en Washington. Cuando quedó claro que el gobierno federal no haría nada respecto a los Moonies, decidí organizarme. Fundé un grupo llamado Ex-Members Against Moon (Exmiembros Contra Moon), que más tarde se convirtió en Ex-Moon, Inc.. Organicé conferencias de prensa, edité un boletín mensual y concedí numerosas entrevistas. Había considerado formar un grupo de exmiembros de diversas sectas, pero decidí que, con la publicación de la investigación del Congreso, sería más efectivo centrarme en los Moonies.

Presenté una solicitud de acceso a la información pública bajo la Ley de Libertad de Información al Departamento de Defensa, preguntando por qué a una empresa de Moon, Tong II Industries, se le permitió fabricar rifles estadounidenses M-16 en Corea, cuando solo el gobierno de Corea del Sur tenía permiso legal para hacerlo. ¿Formaba parte la organización de Moon del gobierno coreano? ¿Estaba el Departamento de Defensa otorgándole un trato preferencial? La solicitud fue rechazada con el argumento de que revelar la información comprometía la seguridad de los Estados Unidos. Hasta el día de hoy, no puedo confirmar lo que creo que es la verdad: que el grupo de Moon era una creación de las agencias de inteligencia.

Mientras tanto, sabía que no volvería a participar en desprogramaciones forzadas. Tenía que encontrar una manera de ayudar a las personas a salir de las sectas que fuera menos traumática, menos costosa y que no violara la ley. Había leído decenas de libros y miles de páginas—todo lo que podía conseguir—sobre reforma del pensamiento, lavado de cerebro, cambio de actitudes, persuasión y el reclutamiento e indoctrinación de la CIA. El siguiente y más importante campo de investigación fue el de la hipnosis.

En 1980, asistí a un seminario impartido por Richard Bandler sobre hipnosis, basado en el trabajo del psiquiatra Milton Erickson. Bandler y John Grinder también habían desarrollado un modelo basado en el trabajo de la terapeuta Virginia Satir y Gregory Bateson. Lo llamaron Programación Neurolingüística, o PNL. El seminario me dio una mayor comprensión de las técnicas de control mental hipnótico y cómo combatirlas. Pasé casi dos años estudiando PNL con todos los involucrados en su formulación y presentación, llegando incluso a mudarme a Santa Cruz, California, para hacer un aprendizaje con John Grinder.

En ese momento, ya me había enamorado y casado. Finalmente, me mudé de regreso a Massachusetts cuando a mi esposa, Aureet Bar-Yam, le otorgaron una beca para realizar una maestría en psicología en Harvard.

Con el tiempo, sin embargo, comencé a preocuparme cada vez más por la ética de la PNL. Consideré que sus líderes habían lanzado una campaña de mercado masivo para promocionarla como una herramienta destinada a potenciar el poder. Bandler y Grinder desviaron su enfoque de la formación de terapeutas y profesores hacia el entrenamiento de cualquier persona, especialmente vendedores y ejecutivos corporativos. Uno de los principales problemas para mí era su máxima: "Haz lo que funcione".

Con el tiempo, comprendí que la PNL carecía de una dimensión ética intrínseca. Dependía por completo de la conciencia y la buena voluntad del practicante. Si bien esto no representaba un problema significativo en el caso de un terapeuta licenciado que seguía pautas éticas estrictas, se convertía en una cuestión completamente distinta cuando los practicantes eran vendedores o ejecutivos corporativos motivados únicamente por el poder, el dinero o el sexo. Decidí desvincularme definitivamente de mi asociación con la PNL.

Obtuve mi maestría en psicología del asesoramiento en Cambridge College en 1985, lo que me permitió comenzar a recibir formación de expertos en el campo de la hipnosis clínica. Estudié el trabajo del Dr. Milton Erickson a través de sus libros y grabaciones, así como de personas formadas por él. Aprendí mucho sobre cómo funciona la mente y cómo comunicarme de manera más efectiva con las personas. Estos estudios me proporcionaron una mejor manera de aplicar lo que había aprendido para ayudar a personas atrapadas en sectas. Descubrí que era posible crear un modelo de todo el proceso de cambio que ocurre cuando una persona es atraída hacia un grupo sectario y luego logra salir con éxito.

Me planteé una serie de preguntas fundamentales: ¿Qué factores específicos permiten a una persona liberarse de una mente controlada? ¿Por qué algunas intervenciones tienen éxito y otras no? ¿Qué ocurre en los procesos de pensamiento de las personas que simplemente abandonan las sectas? Comenzaron a emerger patrones. Descubrí que las personas que lograban alejarse sin intervención eran aquellas que habían mantenido contacto con personas fuera de la secta destructiva. Cuando estas personas lograban mantener comunicación con el exterior, información valiosa que podía transformar sus vidas lograba penetrar las barreras mentales construidas por la secta.

Sabía lo importantes que habían sido las lágrimas de mi padre para mí. Más aún, me di cuenta de que él había logrado invitarme a verme desde su perspectiva y a reexaminar mi propia información desde su punto de vista. Al reflexionar sobre mi experiencia, reconocí que lo que más me ayudó fue mi propia voz interna y mis experiencias de primera mano, sepultadas bajo la supresión emocional y los rituales de detención del pensamiento, como los cantos y las oraciones. En el fondo, mi verdadero yo no estaba muerto. Tal vez había estado atado y amordazado, pero seguía vivo. El accidente y la desprogramación me ayudaron a trasladarme, tanto física como psicológicamente, a un lugar donde pude reconectarme conmigo mismo. De hecho, fueron mis ideales y mi propia fantasía de un mundo ideal lo que me atrajo hacia los Moonies. Esos mismos ideales, en última instancia, me permitieron salir y condenar públicamente el control mental de las sectas.

No importa cuán profundamente el virus de la Iglesia de la Unificación hubiera invadido las "partes infantiles" de mi identidad: el verdadero Steve Hassan no había sido destruido. Después de décadas, he sabido que todos mis "hijos espirituales" —las personas que recluté— han salido de la secta. Un gran alivio.

Después de obtener mi maestría, comencé una nueva etapa de mi vida. Mientras ejercía la psicoterapia y realizaba actividades de educación pública, también trabajé como coordinador nacional de FOCUS, un grupo de apoyo para exmiembros de sectas que desean ayudarse mutuamente. Durante los últimos años, he trabajado para aumentar la conciencia pública sobre las sectas destructivas, la influencia indebida y el control mental. Estas sectas no desaparecieron cuando los jóvenes idealistas de la década de 1970 se convirtieron en los profesionales de la década de 1980, los líderes de las décadas de 1990 y 2000, y los nuevos jubilados de la década de 2010. Lamentablemente, las sectas destructivas continúan creciendo, prosperando y reclutando a personas de todas las edades y de todos los ámbitos de la vida.

Sin embargo, mientras las sectas destructivas continúan creciendo, también lo hace nuestra comprensión de los procesos de control mental y de influencia indebida. La disponibilidad de ayuda para las víctimas del control mental sigue aumentando. Hoy sabemos mucho más sobre los procesos neurológicos del cerebro que hace apenas una década. A medida que más personas—especialmente profesionales de la salud mental, trabajadores sociales, médicos y abogados—pierden a seres queridos a manos de las sectas de control mental, surge un creciente sentido de urgencia. Existen formas fundamentales de identificar sectas destructivas, protegerse del control mental y ayudar a otros a liberarse de su influencia. Brindar las claves para ese conocimiento es el propósito de este libro.

Capítulo 3 – La Amenaza: El Control Mental Hoy en Día

Imagine, si puede, las siguientes escenas.

Hombres con túnicas azafrán en las esquinas de las calles, bailando y cantando con platillos y tambores. Jóvenes desaliñados corriendo de coche en coche, vendiendo flores bajo la lluvia torrencial. Hombres y mujeres con mirada vidriosa enfrentándose a las personas detrás de mesas plegables cerca de intersecciones concurridas, pidiendo dinero para poner en cuarentena a víctimas del SIDA y construir armas de rayos de partículas. Más de novecientas personas—hombres, mujeres y niños—tumbadas boca abajo en el lodo, muertas.

Menciona sectas a alguien, y estas podrían ser algunas de las imágenes que evoques. Sin embargo, estas imágenes no representan con precisión a las sectas, el control mental y la influencia indebida tal como existen hoy en día. Representan solo una pequeña fracción de estos fenómenos.

Imagina, entonces, un conjunto diferente de imágenes.

Ejecutivos de negocios con trajes de tres piezas sentados en salones de hoteles para una formación de "conciencia" patrocinada por la empresa, sin permiso para levantarse o salir, ni siquiera para ir al baño. Amas de casa asistiendo a "reuniones motivacionales" diseñados para reclutar a amigos y vecinos en una organización de marketing multinivel.

Cientos de estudiantes reunidos en una universidad acreditada, a quienes se les asegura que pueden levitar y volar por el aire si tan solo meditan con suficiente intensidad. Estudiantes de secundaria practicando rituales satánicos que involucran sangre y orina, dirigidos por un líder mayor que promete ayudarles a desarrollar su poder personal.

Adolescentes "problemáticos" enviados a campamentos de entrenamiento por sus padres, muchos de los cuales han sido engañados sobre las verdaderas intenciones de estos programas. Sin regulación gubernamental adecuada, algunos de estos campamentos son dirigidos por grupos religiosos que, en lugar de brindar ayuda profesional, buscan convertirlos a su ideología.

Cientos de mujeres y hombres de toda clase pagando grandes sumas de dinero para aprender verdades cósmicas de algún espíritu canalizado. Decenas de miles de mujeres vestidas con largos vestidos, viviendo en hogares tipo harén dirigidos por hombres con largas barbas. Niñas y mujeres (y también hombres y niños) siendo vendidos para el comercio sexual, enriqueciendo a sus traficantes. Jóvenes musulmanes entrenados para matar, violar e incluso inmolarse en nombre de Alá.

Estas son algunas de las formas que toma el control mental en la actualidad.

La Omnipresencia de las Sectas

¿Conoces a alguien que haya experimentado o presenciado un cambio radical de personalidad debido a un grupo de este tipo? Es muy probable que sí. Alguien que conoces—en tu familia, en el trabajo o en tu círculo de amigos—probablemente ha sido directa y profundamente afectado por la influencia indebida.

En las últimas décadas, el fenómeno de las sectas destructivas se ha convertido en un problema de enorme importancia social y política. Se estima que actualmente hay más de tres mil sectas destructivas en los Estados Unidos, que afectan directamente a más de tres millones de personas. Estas organizaciones varían en tipo y tamaño: algunas poseen cientos de millones de dólares, mientras que otras son relativamente pobres. Sin embargo, algunas son claramente más peligrosas que otras. Las sectas más grandes y destructivas no se limitan a ejercer control sobre las vidas de sus miembros; tienen una agenda para ganar poder político y usarlo para transformar la sociedad estadounidense—o incluso el mundo.

Dado lo bien que estas sectas han logrado protegerse del escrutinio público, podría parecer alarmista considerarlas una amenaza para la libertad individual y la sociedad en su conjunto. Sin embargo, algunas están influyendo en el panorama político mediante extensas campañas de cabildeo y apoyo electoral a candidatos. Otras intentan influir en la política exterior de Estados Unidos, realizando actividades de cabildeo encubierto a favor de potencias extranjeras. Los Moonies, por ejemplo, fueron un importante proveedor de dinero y armas para las fuerzas Contra en Nicaragua. También invirtieron entre 70 y 100 millones de dólares en Uruguay en un intento fallido por convertir a ese país en el primer estado teocrático de la secta, una plataforma para perseguir su declarado objetivo: 'conquistar y subyugar el mundo.'

En los Estados Unidos, las sectas ejercen un inmenso poder económico mediante la adquisición de grandes bloques de bienes raíces y el control de cientos de negocios. Algunas se infiltran en corporaciones bajo el pretexto de ofrecer capacitación en liderazgo ejecutivo, mientras ocultan una agenda encubierta destinada a apoderarse de la empresa. Otras buscan influir en el sistema judicial, gastando millones de dólares anualmente en abogados de alto nivel para torcer la ley a su favor.

Dado que todas las sectas destructivas creen que sus fines justifican cualquier medio, por dañino que este sea, suelen considerarse por encima de la ley. Mientras crean que lo que hacen es correcto y justo, muchas de ellas se sienten justificadas para mentir, robar, engañar o emplear cualquier forma de influencia indebida con tal de alcanzar sus objetivos. Violan de manera rutinaria, en los términos más profundos y fundamentales, las libertades civiles y religiosas de las personas que reclutan. Transforman a personas desprevenidas en esclavos.

Cuando califico a una secta como 'destructiva', lo hago porque cumple con los criterios específicos que se explican detalladamente en el próximo capítulo de este libro. En términos generales, una secta destructiva es un grupo que viola los derechos de sus miembros y los perjudica mediante técnicas abusivas de control mental poco ético. Se diferencia de un grupo social o religioso normal y saludable porque somete a sus miembros a un control sistemático del comportamiento, la información, los pensamientos y las emociones (BITE) para mantenerlos dependientes y obedientes.

Cuando los sobrevivientes de abuso doméstico escuchan esta definición, a menudo describen su relación con su abusador como una secta formada por un líder y un único seguidor. Un proxeneta que controla a cuatro mujeres (o hombres) constituye una secta de cinco integrantes. Un taller clandestino de trabajadores extranjeros, atraídos económicamente y que ahora no pueden salir, es una secta de tráfico laboral. Un negocio de marketing multinivel que genera ingresos no por vender productos a clientes, sino por engañar y reclutar a más distribuidores independientes, es una secta de marketing. Una corporación que exige obediencia total y horas extras no remuneradas a sus empleados, mientras los obliga a asistir a sesiones de "motivación" que en realidad emplean técnicas de control mental, opera como una secta empresarial. Lo que define a una secta destructiva son los métodos que emplea para manipular y explotar a sus miembros.

Si no hubiera experimentado personalmente el control mental durante dos años y medio, probablemente sería un firme defensor del derecho de estos grupos a practicar libremente, sin obstáculos por parte del escrutinio público. Estoy profundamente comprometido con la protección de la libertad personal y la defensa de las garantías constitucionales de libertad religiosa. Apoyo plenamente el derecho de las personas a creer en lo que deseen, por poco ortodoxas que sean sus creencias. Si alguien quiere creer que Sun Myung Moon, Charles Manson o incluso su perro es el Mesías, está en su derecho. Sin embargo, y este es un punto crucial, las personas deben ser protegidas de los procesos que las llevan a creer que Manson o Moon son el Mesías.

Este capítulo analiza las distintas áreas de la sociedad donde surgen las sectas, así como las diversas técnicas que emplean para reclutar miembros. La manera en que un grupo recluta y las experiencias que los integrantes viven durante su membresía determinan si se respeta o no el derecho de las personas a decidir por sí mismas qué hacer y en qué creer. Si se recurre a engaños, hipnosis u otras técnicas de control mental para atraer y controlar a los seguidores, se están vulnerando sus derechos.

Introducción a las Sectas

Las sectas no son un fenómeno nuevo. A lo largo de la historia, han surgido grupos de seguidores en torno a líderes carismáticos de diversas índoles. Sin embargo, en las últimas décadas, se ha añadido un elemento adicional: el uso sistemático de técnicas psicológicas modernas diseñadas para suprimir la voluntad de las personas y controlar sus pensamientos, emociones y comportamientos.

Aunque la mayoría de las personas tiende a asociar las sectas con lo religioso—la primera definición de "secta" en el Tercer Diccionario Internacional de Webster es "práctica religiosa: adoración"—muchas de ellas son completamente seculares. Webster también define secta como "un círculo generalmente pequeño o restringido de personas unidas por devoción o lealtad a algún programa artístico o intelectual, tendencia o figura (de alcance popular limitado)." Esa segunda definición se acerca más al concepto de una secta moderna, pero sigue siendo insuficiente. Las sectas modernas pueden llegar a tener un alcance popular prácticamente ilimitado. Por brevedad, en adelante me referiré simplemente como secta a cualquier grupo que utilice el control mental de manera destructiva.

En el pasado, los líderes de sectas o cultos solían ser muy persuasivos, a menudo de manera abusiva. Las acusaciones de control mental contra ellos tienen una larga historia. Sin embargo, hasta hace poco, estos líderes alcanzaban su dominio sobre sus seguidores de forma relativamente improvisada, aprendiendo sobre la marcha. Liderar una secta era un arte practicado con éxito por relativamente pocos. En algunos casos, grupos que en sus primeros días fueron considerados sectas han evolucionado para convertirse en religiones convencionales. Por supuesto, incluso las religiones convencionales pueden tener aspectos destructivos, emplear influencia indebida o transformarse en sectas destructivas. Además, también pueden surgir sectas dentro de las principales religiones.

Durante el último medio siglo, la influencia indebida se ha convertido cada vez más en una ciencia. Desde la Segunda Guerra Mundial, las agencias de inteligencia de todo el mundo han llevado a cabo investigaciones agresivas para desarrollar técnicas de control mental. La CIA admite haber realizado experimentos con drogas, electrochoques e hipnosis desde principios de la década de 1950, bajo el nombre en clave MK-ULTRA. Desde entonces, estas investigaciones se han expandido a otras áreas.

Hace dos generaciones, el movimiento de potencial humano en psicología comenzó a experimentar con técnicas para dirigir dinámicas individuales y grupales. Estas técnicas se desarrollaron con las mejores intenciones: ayudar a las personas a salir de patrones mentales limitantes y mostrarles su potencial para el cambio. A finales de la década de 1960, se popularizó una forma de terapia grupal conocida como entrenamiento de sensibilidad. En estos grupos, se animaba a las personas a hablar sobre asuntos personales muy íntimos frente a los demás miembros. Una técnica ampliamente popular en ese momento fue el "asiento caliente", utilizada por primera vez en la secta de rehabilitación de drogas Synanon. Un miembro del grupo se sentaba en el centro del círculo mientras los demás lo confrontaban con lo que consideraban sus defectos o problemas. Sin la supervisión de un terapeuta experimentado (y a veces incluso con ella), esta técnica abría grandes posibilidades de abuso. Hoy en día, el "asiento caliente" es empleado por algunas sectas destructivas como una herramienta para degradar y controlar a sus miembros.

Otro desarrollo que comenzó a impactar a la población en general fue la popularización de la hipnosis. Se introdujeron ciertas técnicas para inducir un trance hipnótico, pero a menudo sin considerar adecuadamente los aspectos éticos de trabajar con la mente subconsciente. Originalmente, estos métodos de procesos grupales solo se utilizaban con participantes dispuestos, y muchas personas reportaron experiencias positivas. Sin embargo, pronto algunas de estas técnicas se filtraron en la cultura general, donde quedaron disponibles para que cualquiera pudiera abusar de ellas. Personas sin escrúpulos comenzaron a utilizarlas para ganar dinero y manipular a un séquito de seguidores. (Mi discusión anterior sobre la Programación Neurolingüística es un ejemplo común). Desafortunadamente, con Internet, es fácil acceder a esta información y entrenamiento, y usarlos para manipular y programar a otros con nuevas creencias, comportamientos e incluso identidades.

Debido a una mayor cobertura mediática, las personas en los Estados Unidos comenzaron a tomar conciencia de las nuevas sectas entre mediados y finales de la década de 1970. Nadie de mi generación puede olvidar el caso de Patty Hearst, hija de William Randolph Hearst III, uno de los editores de periódicos más influyentes del país, quien se transformó en Tania, miembro del Ejército Simbiótico de Liberación, una secta terrorista de izquierda.

A medida que aumentó la conciencia pública sobre el potencial destructivo de pertenecer a una secta, surgió la práctica de la desprogramación. Desprogramadores profesionales, como Ted Patrick, contratados por las familias de los miembros de sectas, a menudo secuestraban a la persona y, generalmente en un motel aislado, intentaban revertir el lavado de cerebro de la secta. Miles de miembros de sectas, como yo, fueron efectivamente desprogramados y luego ofrecieron dramáticos testimonios públicos sobre cómo operaba el control mental de las sectas. Sin embargo, muchas desprogramaciones fracasaron, y los miembros y las sectas, en algunos casos, presentaron demandas contra las familias y los desprogramadores. Lo más grave de todo era que la desprogramación podía ser perjudicial para el miembro de la secta.

Muchas familias con seres queridos en sectas destructivas consideraban el secuestro y la detención forzosa algo repugnante. Además, encontraban que la carga financiera era considerable y la amenaza de demandas intimidante. Si no querían recurrir a una desprogramación forzada, no les quedaba más opción que ser pacientes y esperar que ocurriera algo. Como resultado, sus familiares o amigos permanecieron en las sectas durante toda la década de 1970. Luego ocurrió un evento que cambió por completo la percepción nacional sobre las sectas destructivas: la masacre de Jonestown.

Sobre el trono de Jones había un letrero con la frase: "Aquellos que no recuerdan el pasado están condenados a repetirlo." Aunque no se sabe con certeza por qué Jones eligió este dicho de George Santayana como su lema, la ironía de su mensaje sigue siendo relevante para nosotros hoy en día, mientras examinamos la historia de las sectas y reflexionamos sobre sus implicaciones.

Los Cuatro Tipos Principales de Sectas

La noticia de la masacre de Jonestown conmocionó al mundo. En la década de 1970, existía poca comprensión general sobre el control mental poco ético o cuán extendido estaba ya en la sociedad. En las décadas posteriores a aquella tragedia, los grupos sectarios no han dejado de crecer. Surgen nuevas sectas, mientras que las más antiguas se vuelven más sofisticadas. Actualmente, existen organizaciones que utilizan el control mental en diversas áreas de la sociedad, entre ellas las sectas religiosas, políticas, psicoterapéuticas/educativas y comerciales.

Secta Religiosa
Las sectas religiosas son las más conocidas y numerosas. Estos grupos se centran en dogmas religiosos. Algunos utilizan la Biblia o el Corán; otros están basados en religiones orientales; algunos recurren al ocultismo, y otros son invenciones puras de sus líderes. Aunque la mayoría afirma estar orientada hacia lo espiritual o seguir un estricto código de principios religiosos, es común que sus líderes disfruten de un estilo de vida lujoso, con propiedades millonarias y/o extensas empresas. Ejemplos incluyen a ISIS, Boko Haram, la Iglesia de la Unificación, Cienciología, la Iglesia Universal y Triunfante, The Way International o la organización de Osho (Bhagwan Shree Rajneesh). Cienciología es un caso inusual, ya que comenzó como una secta psicoterapéutica y también opera como una secta comercial, todo bajo el manto de la religión.

Secta Política
Las sectas políticas suelen aparecer en las noticias, a menudo acompañadas de términos como "marginal" o "extremista." Sin embargo, rara vez se menciona que estas organizaciones utilizan prácticas engañosas de

reclutamiento y control mental, lo que las distingue de grupos fanáticos comunes. Estos grupos se estructuran en torno a un dogma político particular. Por ejemplo, Lyndon LaRouche, líder de una de estas sectas, se postuló para presidente en ocho ocasiones y afirmaba asesorar a líderes empresariales y gubernamentales. Otro grupo, conocido como *Move*, fue bombardeado por la policía en Filadelfia tras atrincherarse con un arsenal de armas. Un caso adicional es Aryan Nation, que promueve la supremacía blanca y durante años dirigió campamentos de entrenamiento de supervivencia con planes para apoderarse de Estados Unidos o morir en el intento. Por último, el Partido de los Trabajadores Democráticos de California, ahora extinto, fue durante años una secta extremista de izquierda.

Secta Psicoterapéutica/Educativa

Estas sectas organizan talleres y seminarios costosos que prometen a los participantes "perspicacia" e "iluminación," generalmente en salones de conferencias de hoteles. Utilizan técnicas básicas de control mental para generar una experiencia máxima, que no es más que una sensación de euforia hipnótica. La mayoría de los clientes solo experimenta eso, pero algunos son manipulados para inscribirse en cursos avanzados, mucho más costosos. Los graduados de estos cursos avanzados pueden quedar atrapados en el grupo. Una vez comprometidos, se les instruye que recluten a amigos, familiares y compañeros de trabajo, o que corten relaciones con ellos. A los reclutadores, por lo general, no se les permite revelar mucho sobre el programa.

Muchos de estos grupos han causado crisis nerviosas, rupturas matrimoniales, quiebras empresariales, así como suicidios y muertes accidentales. Las personas que dirigen estos grupos a menudo tienen antecedentes cuestionables y pocas o ninguna credencial.

Secta Comercial

Estas sectas se basan en el dogma de la codicia. Engañan y manipulan a las personas para que trabajen por poco o ningún pago, alimentando la esperanza de que algún día se harán ricas. Muchas de estas organizaciones piramidales o de mercadeo multinivel prometen grandes ganancias, pero en realidad despojan a sus víctimas. También destruyen su autoestima para que no se atrevan a quejarse. El éxito no depende de vender productos o servicios, sino de reclutar a nuevas personas que, a su vez, recluten a otras.

Algunas sectas comerciales presionan a las personas para que vendan puerta a puerta suscripciones de revistas u otros artículos. Estas sectas publican anuncios en periódicos locales, prometiendo emocionantes viajes y carreras lucrativas. Los reclutadores suelen realizar entrevistas en habitaciones de hotel, aprovechándose de estudiantes de secundaria y universidad. Una vez aceptadas, las personas generalmente deben pagar dinero por la "capacitación" y luego son enviadas en camionetas a vender mercancía lejos de casa. Los vendedores son manipulados mediante el miedo y la culpa, y en algunos casos son abusados física y sexualmente.

Los proxenetas y traficantes de personas también dirigen sus propias versiones de sectas comerciales. Desde 2013, he trabajado con sobrevivientes de tráfico humano, ayudándoles a comprender cómo fueron controlados e indoctrinados en la esclavitud.

Reclutamiento: Cómo se Hace

Existen muchas formas en las que las personas pueden quedar atrapadas en una relación o grupo que utiliza control mental. Muchas sectas buscan deliberadamente a personas inteligentes, talentosas y exitosas. Como resultado, sus miembros suelen ser extremadamente persuasivos y seductores con los recién llegados. De hecho, la gran cantidad de miembros sinceros y comprometidos que un nuevo recluta conoce es probablemente mucho más convincente que cualquier doctrina o estructura.

Las grandes sectas saben cómo entrenar a sus "vendedores." Indoctrinan a los miembros para que solo muestren los mejores aspectos de la organización. Se les enseña a reprimir cualquier sentimiento negativo que puedan tener sobre el grupo y a mantener siempre una sonrisa y una actitud positiva. Los reclutadores están entrenados para evaluar a cada nuevo recluta y presentar la secta de la manera más atractiva y persuasiva posible.

En los Moonies, me enseñaron a utilizar un modelo de personalidad de cuatro categorías para facilitar el reclutamiento de nuevos miembros. Las personas se clasificaban en una de las siguientes categorías: pensadores, sensibles, hacedores o creyentes.

- Pensadores: Personas que abordan la vida desde una perspectiva intelectual

- Sensibles: Aquellos que lideran con sus emociones
- Pragmáticos: Personas orientadas a la acción y muy prácticas
- Creyentes: Quienes buscan un sentido espiritual

Estrategias para Cada Tipo de Personalidad

Pensadores:
Con este tipo de personas, empleábamos un enfoque intelectual. Les mostrábamos fotos de premios Nobel participando en conferencias científicas organizadas por los Moonies o de filósofos debatiendo diversos temas interesantes. Deliberadamente se les daba la impresión de que estas eminencias académicas apoyaban al movimiento, aunque, hasta donde sé, ninguno lo hacía realmente. Su interés principal era reunirse con colegas profesionales. Por supuesto, los viajes con todos los gastos pagados y los miles de dólares en honorarios eran incentivos adicionales. Muchos académicos y algunos políticos famosos aceptaban estas vacaciones financiadas sin preocuparse demasiado por la causa que sus nombres contribuían a legitimar.

Sensibles:
Estas personas respondían bien a un enfoque afectuoso y emocional. Enfatizábamos nuestro supuesto bienestar emocional y el aspecto de familia extendida del grupo. Siempre hablábamos sobre el amor, destacando la falta de amor verdadero en el mundo. Los sensibles anhelaban aceptación y afecto, por lo que nos esforzábamos en brindarles una sensación cálida y tentadora de aprobación incondicional.

Pragmáticos:
Estas personas están orientadas a la acción. Les gustan los desafíos y se esfuerzan por alcanzar sus metas. Si mostraban preocupación por la pobreza y el sufrimiento en el mundo, les hablábamos de cuánto supuestamente estábamos haciendo en esas áreas. Si les inquietaban temas como la guerra o el comunismo, les hacíamos creer que éramos la única organización con un plan de acción efectivo (aunque no fuera cierto). También mencionábamos los cientos de programas que supuestamente patrocinábamos para "sanar un mundo roto."

Creyentes:

Los considerábamos personas en busca de Dios o de un propósito espiritual en sus vidas. A menudo compartían con nosotros sus experiencias espirituales: sueños, visiones y revelaciones. Por lo general, estas personas estaban "muy abiertas" y, a menudo, parecían reclutarse solas. Era sorprendente cuántos nos decían que habían estado rezando a Dios para que les mostrara qué quería que hicieran con sus vidas. Con ellos, simplemente compartir nuestros testimonios era suficiente para convencerlos de que Dios los había guiado hacia nosotros.

Reclutamiento Amplio

Contrariamente a la percepción pública, la mayoría de las personas que reclutábamos no caían en la categoría de creyentes. La mayoría eran sensibles o pragmáticos. Muchos de los llamados pensadores eventualmente se convertían en líderes dentro de la organización.

Con este modelo de personalidad simple y cientos de grupos fachada, la organización Moon desplegaba una amplia red de reclutamiento que atraía a personas de perfiles diversos. Los miembros se consideraban a sí mismos "pescadores de hombres," un término tomado de la metáfora de Jesús en el Nuevo Testamento. Lamentablemente, cuatro décadas después, los métodos de control mental utilizados por muchas sectas son aún más sofisticados y dañinos.

Recursos para el Reclutamiento

El trabajo de los reclutadores se ve considerablemente facilitado porque la mayoría de las personas no tiene idea de la magnitud de las riquezas que poseen muchas grandes sectas. Estas organizaciones han acumulado enormes fortunas mediante técnicas públicas de recaudación de fondos y explotando las cuentas bancarias y propiedades de sus propios miembros. Gran parte de este capital se reinvierte estratégicamente en el reclutamiento de nuevos seguidores.

En la actualidad, es común que algunos grupos sectarios destinen grandes sumas de dinero a contratar firmas de relaciones públicas y especialistas en marketing. Estas organizaciones pagan generosamente a expertos para proyectar una imagen positiva y diseñar campañas de reclutamiento eficaces.

El Público: Candidatos Ideales

La mayoría de las personas no entiende cómo funciona el control mental ni cómo operan las sectas; no sabe qué preguntas hacer, qué señales buscar o qué comportamientos observar, y suele creer que es inmune a ser manipulada. Por eso, muchas personas comunes terminan siendo candidatos ideales para los reclutadores de sectas.

¿Por qué tienen tanto éxito las sectas?

¿Por qué existe tanta complacencia ante la amenaza de las sectas de control mental?

1. La creencia en la racionalidad humana:
    Aceptar que el control mental puede ser utilizado eficazmente en casi cualquier persona desafía la antigua noción de que los seres humanos son racionales y responsables de (y tienen control sobre) todas sus acciones. Este enfoque no deja espacio para considerar el concepto de control mental.
2. La creencia en nuestra propia invulnerabilidad:
    Es demasiado aterrador pensar que alguien podría tomar control de nuestra mente. Todos queremos creer que somos capaces de controlar completamente nuestras vidas.
3. La normalización de la influencia:
    Los procesos de influencia comienzan desde el momento en que nacemos, por lo que resulta fácil adoptar la posición de que todo es control mental. Entonces, ¿por qué preocuparse? Nos decimos a nosotros mismos: "Es una parte normal de la vida." Sin embargo, así como el sexo es una parte normal de la vida pero la seducción por un mujeriego o femme fatale, o la violación, no lo son, la influencia es una parte natural de la vida, pero la influencia indebida no lo es.

Analicemos cada una de estas preconcepciones.

Primero, está la idea de que el ser humano es inherentemente racional. Si las personas operan desde este punto de vista, creen que los miembros de una secta han elegido racionalmente llevar un estilo de vida desviado. El argumento dice que, si la persona es adulta, tiene derecho a vivir como quiera. Ese argumento podría ser válido si no se hubieran utilizado técnicas de influencia social engañosa para influir indebidamente en la elección de la persona. Pero, por supuesto, estas técnicas sí se utilizan.

Además, los seres humanos no somos completamente racionales. La racionalidad absoluta ignora nuestra naturaleza emocional y física. No podemos funcionar sin nuestras emociones: todos necesitamos amor, amistad, atención y aprobación. La mayoría de nosotros coincide en que enamorarse es una experiencia maravillosa. También sabemos que el estado de nuestro cuerpo tiene un impacto enorme en cómo funcionamos psicológicamente.

¿Alguna vez has pasado varios días con poco o nada de sueño? Si es así, probablemente no estabas pensando de manera racional y es muy probable que no tuvieras control total sobre todas tus acciones. ¿Has pasado días sin comer? La mente comienza a alucinar cuando el cuerpo carece de suficiente sueño o alimento. En esas circunstancias, nuestra fisiología puede superar nuestra racionalidad.

Luego está la creencia en nuestra propia invulnerabilidad. Todos necesitamos sentir que tenemos el control de nuestras vidas. No nos gusta la sensación de que los eventos escapan a nuestro control, por lo que tendemos a organizar la realidad de una manera que nos resulte coherente. Cuando escuchamos que algo malo le ha sucedido a alguien (quizás fue asaltado o violado), generalmente buscamos una razón para explicar por qué esa persona fue víctima. ¿Estaba caminando en el lugar equivocado a una hora inadecuada? Las personas intentan establecer una relación directa de causa y efecto: si algo malo le ocurrió, entonces debió haber hecho algo mal. Este tipo de comportamiento se conoce como culpar a la víctima.

Aunque tiene valor evaluar un comportamiento posiblemente descuidado (de hecho, debemos aprender de las tragedias de la vida), la realidad es que la persona podría haber estado simplemente en el lugar equivocado y en el momento menos oportuno. Culpar a la víctima desempeña un papel psicológico importante al permitirnos distanciarnos de quien fue lastimado. Así, nos decimos a nosotros mismos: "Algo así no me podría pasar a mí porque yo soy diferente. Yo sé mejor." A menudo, las personas observan a una víctima de una secta y comentan equivocadamente: "Qué persona tan débil de mente; seguramente estaba buscando una forma de evadir la responsabilidad y dejar que alguien controlara su vida." De esta manera, las personas niegan la realidad de que lo mismo podría sucederles a ellas.

Las personas creen que "nunca les puede pasar a ellas" porque prefieren pensar que son más fuertes y mejores que los muchos millones que han caído víctimas del control mental. Sin embargo, nuestra necesidad de creer que somos invulnerables es, en realidad, una debilidad que los reclutadores de sectas explotan con facilidad. Por ejemplo, un reclutador podría decir: "Ahora bien, Bill, me pareces una persona muy inteligente y con experiencia en el mundo. Nunca permitirías que alguien te obligara a hacer algo que no quisieras hacer. Te gusta tomar tus propias decisiones. Así que no dejes que los medios sesgados te asusten con afirmaciones absurdas sobre el control mental. Eres demasiado listo para eso. Entonces, ¿a qué hora te convendría venir a esa charla?"

En cuanto a la posición filosófica de que todo es una forma de control mental, ciertamente es cierto que constantemente somos influenciados por todo tipo de personas, ideas y fuerzas. Sin embargo, existe un continuo de influencia. En un extremo se encuentran las influencias benignas o incluso constructivas, como cuando un amigo sugiere que ambos vayan a ver una película en particular. En el otro extremo están las influencias profundamente destructivas, como adoctrinar a las personas para que se suiciden o dañen a otros. La mayoría de los grupos que me preocupan se sitúan cerca del extremo destructivo de ese continuo.

Una organización que proporciona influencia útil o constructiva presenta estos rasgos esenciales:
- Busca de manera rutinaria el consentimiento informado de sus miembros.
- Su sistema de gobernanza incluye mecanismos de control y equilibrio, de modo que ninguna persona o subgrupo pueda monopolizar el control.
- Es transparente en cuanto a su misión, sus finanzas, su gobernanza y sus procesos de toma de decisiones.
- Fomenta el crecimiento, la salud y el bienestar emocional de sus miembros.
- Sus líderes son honestos, dignos de confianza, responsables y transparentes acerca de lo que hacen, deciden y las razones detrás de sus acciones. Su enfoque de liderazgo respeta la individualidad, la libertad de elección y el libre albedrío de todos los miembros del grupo. Proporcionan acceso libre y abierto a información so-

bre el grupo, tanto a los miembros como al público. Idealmente, también son personas sinceramente amorosas, compasivas, sabias (o al menos razonablemente inteligentes).

Si observamos una organización típica en el extremo opuesto del continuo, encontramos que exhibe estos rasgos:

- Ausencia de consentimiento informado. La información es manipulada y controlada.
- Estructura jerárquica. Tiene una estructura de arriba hacia abajo, con un líder único en la cima y un pequeño círculo interno inmediatamente por debajo.
- Autoritarismo. Las órdenes se emiten desde la cima, a menudo sin explicación ni justificación, y quienes están abajo deben seguirlas sin cuestionarlas.
- Falta de principios éticos. No cuenta con principios éticos orientadores; todos los fines justifican el uso de cualquier medio.
- Enfoque en el poder y la información. Se centra en controlar, preservar y adquirir poder e información, pero comparte muy poco de esto con los miembros de base y nada con los de fuera.

Las personas en la cima de estas organizaciones no lideran a través de la sabiduría, el consenso, la compasión o siquiera la inteligencia. Lideran generando miedo y dependencia en sus seguidores. Exigen obediencia y sumisión. A menudo, requieren que sus seguidores se vistan, actúen y piensen de manera idéntica.

Como veremos en el Capítulo 4, una forma altamente efectiva de determinar en qué lugar de este continuo se encuentra una organización es aplicar el modelo BITE. Como mencioné, este modelo examina cuatro aspectos del control potencial: control del comportamiento, control de la información, control del pensamiento y control emocional.

Estos cuatro componentes no son inherentemente buenos ni malos. Si las técnicas de control mental se utilizan para empoderar a una persona, fomentar su integridad y darle más opciones, manteniendo la autoridad sobre su vida dentro de sí misma, los efectos pueden ser muy beneficiosos. Sin embargo, si el control mental se usa para cambiar el sistema de creencias de una persona sin su consentimiento informado y hacerla dependiente de figuras de autoridad externas, los efectos pueden ser devastadores.

Cuanto más busque un grupo controlar uno o todos estos aspectos de la vida de sus miembros, más cerca estará del extremo del continuo de influencia y más probable será que sea una secta.

Otra herramienta importante para discernir las características centrales de un grupo es este diagrama de una secta destructiva. Al evaluar un grupo y su uso del modelo BITE, es fundamental basarse en información que describa la pirámide, no el círculo exterior a la pirámide—lo que llamo "miembros periféricos." Una persona afiliada de manera muy laxa en términos de comportamiento puede estar igualmente adoctrinada en el sistema de creencias a través de la privación de sueño, estados de trance, talleres intensivos, tiempo en foros de discusión, adoctrinamiento mediante videos de YouTube, además de llamadas telefónicas, mensajes de texto, seminarios web, entre otros. Estas personas están influenciadas e involucradas con la secta destructiva, aunque no en la misma medida que alguien que trabaja 80 horas semanales en el núcleo del grupo y no tiene tiempo de vacaciones. Esa persona podría ser evaluada como menos controlada mentalmente que el miembro del personal, pero aún así está viviendo una experiencia destructiva.

A veces me piden que asesore a una persona que recién comienza a involucrarse con un grupo y aún no ha experimentado los extremos del modelo BITE. Mostrarles "la imagen completa" y ayudarles a ver "el elefante entero" y no solo la cola les permite poner a prueba la realidad. Dar un paso atrás para visualizar el conjunto completo es crucial.

A menudo se describe incorrectamente a las personas como "auto-radicalizadas" cuando se convierten en terroristas. Estas personas pueden entenderse mejor como estando en los márgenes de una secta destructiva, pero dentro de la "esfera de influencia" del control mental. Absolutamente están siendo reclutadas, ya sea por personas en persona o en línea. Los reclutadores de sectas son expertos en identificar vulnerabilidades y activar la motivación. Las sectas políticas y religiosas que utilizan tácticas terroristas están reclutando agresivamente, y algunas personas están siendo arrastradas a su vórtice.

Antes de pasar a una descripción más completa del control mental, hay algunos puntos importantes que deseo abordar.

Fobias: La Fuerza que Roba la Libertad de los Miembros de las Sectas

Todos conocemos a alguien que ha tenido una fobia. ¿Tú mismo, tal vez? Las fobias más comunes incluyen el miedo a volar en aviones, hablar en público, usar ascensores, conducir en túneles o sobre puentes. Los niños suelen desarrollar fobias hacia ciertos animales, como serpientes, arañas e incluso perros.

Básicamente, las fobias son una reacción de miedo intenso hacia alguien o algo. Una reacción fóbica puede variar desde muy leve hasta muy grave. Una reacción fóbica intensa puede causar respuestas físicas como taquicardia, sequedad de boca, sudoración y tensión muscular. Las fobias pueden inmovilizar a las personas e impedirles hacer las cosas que realmente desean. De hecho, las fobias pueden privar a las personas de su libre albedrío.

A menudo, las personas desarrollan fobias como resultado de una experiencia traumática. Por ejemplo, la muerte de un amigo en un accidente aéreo, quedar atrapado durante horas en un ascensor sin luz o ser mordido por una serpiente. Este tipo de situaciones nos llevan a asociar sentimientos extremadamente negativos con el objeto o la experiencia en cuestión. Después de una vivencia así, los miedos pueden cobrar vida propia y, ya sea en minutos o a lo largo de varios años, convertirse en fobias completamente desarrolladas.

La estructura de una fobia incluye varios componentes internos que interactúan y generan un ciclo vicioso. Estos componentes incluyen pensamientos preocupantes, imágenes internas negativas y sensaciones de temor y pérdida de control. A veces, solo pensar en el objeto puede desencadenar el ciclo. La persona podría decirse a sí misma: "Espero que el profesor no me pida que dé mi informe." Ese pensamiento es suficiente para que comience a sentirse tensa y ansiosa. En su mente—generalmente de manera inconsciente—se imagina una escena en la que camina hacia el frente de la clase y se queda paralizada. En esta "película mental" vívida, se ve sudando, moviéndose de forma inquieta y con la mente en blanco. Todos se ríen, y el profesor comienza a gritarle. Este ridículo imaginado provoca que se sienta aún más angustiada y temerosa de ser llamada. Una persona en esta situación podría estar en camino de desarrollar una fobia completamente formada.

Las personas que fueron abusadas sexualmente durante la infancia a menudo desarrollan fobias paralizantes sobre sí mismas, programadas por sus agresores. Muchos niños no tienen recuerdos conscientes de la instalación de estas fobias. Sin embargo, sufren profundos problemas de trauma relacionados con su identidad y sexualidad. Les resulta imposible visualizarse a sí mismos como personas sanas y valiosas, únicas en su individualidad. No es sorprendente que una gran cantidad de víctimas de tráfico sexual hayan sido abusadas sexualmente durante su niñez, lo que las hace especialmente vulnerables al reclutamiento y al abuso continuo. Este abuso infantil, que incluye control mental, las predispone a ser victimizadas una y otra vez.

¿Qué tienen que ver las fobias con los grupos sectarios y el control mental? En algunas sectas, los miembros son sistemáticamente inducidos a desarrollar fobias sobre la posibilidad de abandonar el grupo. Las sectas actuales saben cómo implantar de manera efectiva imágenes negativas vívidas en lo más profundo de la mente inconsciente de sus miembros, haciéndoles imposible concebir la idea de ser felices y exitosos fuera del grupo. Cuando el inconsciente es programado para aceptar estas asociaciones negativas, actúa como si fueran reales. La mente inconsciente del miembro típico de una secta contiene un banco sustancial de imágenes de todas las cosas terribles que ocurrirán si ellos, o cualquier otra persona, traicionan al grupo. Los miembros son programados, ya sea de manera explícita o sutil, para creer que, si abandonan el grupo, morirán de alguna enfermedad horrible, serán atropellados por un automóvil, morirán en un accidente aéreo o incluso causarán la muerte de sus seres queridos. Algunas sectas programan a los miembros para creer que, si abandonan el grupo, se producirá un holocausto nuclear planetario. Sin embargo, las fobias inducidas por las sectas son creadas e implantadas de manera tan astuta que las personas a menudo ni siquiera son conscientes de su existencia.

Por supuesto, estos pensamientos son irracionales y, a menudo, carecen de sentido. Sin embargo, recuerda que la mayoría de las fobias son irracionales. La mayoría de los aviones no se estrellan, la mayoría de los ascensores no se quedan atascados y la mayoría de los perros no tienen rabia.

Imagina cómo sería si creyeras que personas misteriosas están decididas a envenenarte. Si esta creencia estuviera profundamente arraigada en tu inconsciente, ¿crees que alguna vez podrías ir a un restaurante y disfrutar de tu comida? ¿Cuánto tiempo pasaría antes de que solo comieras alimentos que tú mismo compraste y preparaste? Si, por casualidad, alguien con quien estuvieras comiendo en un restaurante se enfermara repentinamente, ¿cuánto tiempo pasaría antes de que dejaras de comer fuera por completo?

Una creencia así—ya sea consciente o inconsciente—limitaría sustancialmente tus opciones. Si la creencia no fuera consciente, podrías tratar de racionalizar tu comportamiento diciéndoles a tus amigos que no te gusta comer fuera porque estás a dieta o porque muchos restaurantes son insalubres. De cualquier manera, tus opciones ya no incluirían simplemente ir a un restaurante y disfrutar de una buena comida.

De la misma manera, las fobias inducidas por las sectas eliminan las opciones de las personas. Los miembros realmente creen que serán destruidos si abandonan la seguridad del grupo. Piensan que no hay forma de crecer—espiritualmente, intelectualmente o emocionalmente—fuera del grupo.

Sin embargo, una vez que las personas toman conciencia de su deseo de salir, generalmente es solo cuestión de tiempo antes de que su yo auténtico desarrolle una voz cada vez más fuerte. ¿Por qué? Porque los grupos de control mental cambian constantemente sus doctrinas y políticas. Los miembros están saliendo continuamente, y los líderes necesitan seguir mintiendo y modificando las políticas para intentar mantener el control.

NOTA: Al trabajar con miembros de sectas extremistas y víctimas de trata de personas, es esencial evaluar profesionalmente las amenazas de daño. Estas amenazas podrían no ser solo fobias. Desafortunadamente, para estos sobrevivientes de sectas, las amenazas de daño hacia ellos mismos o sus seres queridos a menudo son reales. Se deben tomar medidas especiales para garantizar su seguridad.

La Mente Inconsciente: La Clave de la Creatividad—Y de la Vulnerabilidad

¿Qué nos hace tan vulnerables a estos procesos de influencia? La respuesta radica en la naturaleza misma de la mente.

La mente humana ha sido descrita como una biocomputadora extraordinariamente sofisticada, orientada a aprender patrones para la supervivencia—y mucho más. Es notable por su capacidad de responder creativamente a las necesidades de una persona, así como a su entorno. Nuestra mente filtra torrentes de información cada segundo, permitiéndonos enfocarnos en aquello que consideramos importante.

Nuestras mentes son enormes depósitos de información, almacenada como imágenes, sonidos, sensaciones, sabores y olores. Toda esta información está sistemáticamente conectada de maneras significativas.

Nuestro sentido del yo se desarrolla a lo largo de años de experiencias de vida. A medida que crecemos y cambiamos, también cambian nuestras creencias sobre nosotros mismos y el mundo. Nuestras creencias funcionan como el principal medio para procesar la información y determinar nuestro comportamiento.

Tenemos un cierto grado de control consciente, pero la mayoría de los asuntos se gestionan de manera inconsciente. La mente consciente tiene un rango de atención limitado. La mente inconsciente se encarga de todo lo demás, incluyendo la regulación de todas las funciones corporales. Imagina tener que decirle a tu corazón que lata 72 veces por minuto. Nunca tendrías tiempo para hacer nada más. La mente inconsciente es el principal gestor de la información.

Es nuestra mente inconsciente creativa la que nos permite crear imágenes mentales y experimentarlas como "reales." Intenta este experimento: Tómate un momento y deja que tu mente te transporte a un hermoso paraíso tropical. Siente el calor del sol, una brisa fresca y el aroma del océano. Incluso si nunca has estado en un lugar así, aún es posible realizar este experimento. ¿Te transportaste a otro lugar por ese momento? Nuestra imaginación también puede canalizarse de otras maneras. Por ejemplo, los jugadores profesionales de baloncesto visualizan la pelota saliendo de sus dedos y atravesando la red antes de lanzar. Estas capacidades para fantasear y visualizar existen en todos y son un componente esencial de ser humano.

Todos hemos soñado con tiempos más felices en nuestras vidas: tal vez encontrándonos con la persona "perfecta," tal vez ganando la lotería. Pero la hipnosis también puede ser utilizada para crear en nuestras mentes inconscientes un mundo de fantasía que puede ser empleado para esclavizarnos.

A medida que crecemos, la mente no borra recuerdos anteriores: superpone nuevas experiencias sobre ellos de manera muy sistemática. Es asombroso lo fácilmente que podemos regresar a recuerdos del pasado. Por ejemplo, intenta recordar cuando jugabas con tu juguete favorito de la infancia o comías tu comida preferida. Nuestros recuerdos de la niñez forman un vasto almacén que puede ser aprovechado y explotado mediante técnicas hipnóticas. No es casualidad que muchas sectas destructivas les digan a sus miembros que "sean como niños pequeños," imitando el cristianismo: "Debes ser como uno de estos para entrar en el Reino de los Cielos." Los adultos pueden ser fácilmente regresados a una edad en la que tenían pocas o ninguna facultad crítica. Como niños, éramos indefensos y dependíamos de nuestros padres como la máxima figura de autoridad.

La mente, a pesar de toda su fortaleza y capacidad, también tiene debilidades. Depende de un flujo constante de información coherente para funcionar correctamente. Si colocas a una persona en una cámara de privación sensorial, en cuestión de minutos comenzará a alucinar y se volverá increíblemente sugestionable. De manera similar, si colocas a una persona en una situación donde sus sentidos se vean sobrecargados con información incoherente, su mente se "adormecerá" como mecanismo de protección. Se confunde y se siente abrumada, y las facultades críticas dejan de funcionar correctamente. Es en este estado debilitado cuando las personas se vuelven muy receptivas a la sugestión.

La mente necesita marcos de referencia para estructurar la realidad. Cambia el marco de referencia, y la información que entra será interpretada de una manera diferente. Tomemos, por ejemplo, el rito judío de la circuncisión. Si eliminamos su significado cultural y las ventajas médicas, puede parecer un ataque a un bebé indefenso. Nuestro sistema de creencias nos permite interpretar la información, tomar decisiones y actuar de acuerdo con nuestras creencias. Cuando las personas son sometidas a un proceso de control mental, la mayoría no tiene un marco de referencia para esa experiencia y, en consecuencia, a menudo aceptan el marco de referencia que les proporciona el grupo.

Cuando tomamos decisiones, generalmente nos basamos en información que creemos verdadera. No tenemos tiempo para verificar cada dato que recibimos. Cuando compramos, tendemos a creer cuando nos dicen que un artículo es más barato aquí que en cualquier otra tienda. Después de todo, ¿por qué mentiría el vendedor, especialmente si podemos regresar y quejarnos? Si desconfiáramos de todo, seríamos paranoicos. Si, en el otro extremo, confiáramos en todo y en todos, seríamos ingenuos y estaríamos expuestos a ser aprovechados durante el resto de nuestras vidas. Por lo tanto, tratamos de vivir nuestras vidas en un equilibrio entre

114

el escepticismo y la confianza. Una persona con una mente abierta busca vivir dentro de ese equilibrio saludable. Las técnicas de control mental buscan alterar ese equilibrio.

Los estafadores son mentirosos profesionales. Sus mayores atributos son su apariencia y su habilidad para "encantar." Muchas víctimas de estafadores comentan que confiaron en la persona porque "no parecía un criminal." Los más exitosos—Bernie Madoff, por ejemplo—nunca lo parecen. Transmiten una humanidad que evade las defensas de las personas. Por lo general, son grandes conversadores, pero no dan la impresión de ser demasiado hábiles. Ser demasiado hábiles los delataría. Los estafadores evalúan a su víctima, realizan la estafa, obtienen el dinero y desaparecen.

Los reclutadores de sectas utilizan muchas de las mismas habilidades, pero no desaparecen. Quieren que te unas a ellos. Casi todos ellos fueron víctimas en algún momento. Creen sinceramente que lo que están haciendo es realmente beneficioso para ti. Sin embargo, buscan algo más valioso que tu dinero. ¡Quieren tu mente! Por supuesto, también aceptarán tu dinero en el proceso. Pero no huyen como criminales comunes. Quieren que te mudes con ellos. Y no solo eso, quieren que tú salgas y hagas lo mismo con otros.

Nos guste o no, todos somos vulnerables al control mental. Todos quieren ser felices. Todos necesitan afecto y atención. Todos buscan algo mejor en la vida: más sabiduría, más conocimiento, más dinero, más estatus, más significado, mejores relaciones o mejor salud. Estas cualidades y necesidades humanas básicas son precisamente en lo que se aprovechan los reclutadores de sectas.

Es importante recordar que, en su mayoría, las personas no se unen a las sectas. Son las sectas las que reclutan a las personas.

Enfoques Básicos de Reclutamiento

¿Cómo puede alguien volverse más consciente del reclutamiento de sectas? La mejor manera es reconocer al instante las formas en que las sectas hacen sus llamamientos para captar miembros. Las personas reclutadas por sectas son abordadas de cuatro maneras básicas:

Por un amigo o familiar que ya es miembro.

Por un extraño (a menudo un miembro del sexo opuesto) que se hace amigo de ellos.

A través de un evento patrocinado por la secta, como una conferencia, un simposio o una película.

A través de las redes sociales, como Facebook, YouTube, Vimeo, Instagram, sitios web, blogs, entre otros. Incluso Wikipedia está siendo manipulada activamente por grupos sectarios adinerados. Google, Bing y otros motores de búsqueda son manipulados de forma rutinaria por algunas de las sectas más ricas, que cuentan con pequeños ejércitos en línea que entierran información crítica o montan campañas de desinformación contra sus críticos.

Generalmente, una persona no sospecha que está siendo reclutada. El amigo o familiar quiere compartir algunos conocimientos y experiencias increíbles. O, en algunos casos, dicen que "solo necesitan tu opinión" para engañarte y llevarte a una sesión de adoctrinamiento. Si el reclutador es un desconocido, más a menudo de lo que imaginas, crees haber hecho un buen amigo.

Encuestas realizadas a miembros actuales y antiguos de sectas destructivas indican que la mayoría de las personas reclutadas fueron abordadas en un momento de vulnerabilidad o estrés en sus vidas. Este estrés suele deberse a algún tipo de transición importante, como mudarse a una nueva ciudad, empezar un nuevo trabajo, terminar una relación, enfrentar inestabilidad financiera o perder a un ser querido.

En situaciones como estas, las personas tienden a tener mecanismos de defensa sobrecargados o debilitados. Si no saben cómo identificar y evitar las sectas destructivas, se convierten en presas fáciles.

Es importante reconocer que el reclutamiento no ocurre de manera espontánea. Es un proceso impuesto por unas personas sobre otras. Ejecutivos de negocios altamente competitivos, presionados por la competencia y su necesidad de éxito, son reclutados por colegas que les hablan de los increíbles beneficios de tomar un "curso." Estudiantes universitarios, agobiados por la carga académica y la necesidad de aceptación, hacen amistad con un reclutador profesional de sectas o asisten a una presentación del grupo sobre algún tema social actual.

Una ama de casa, motivada por el deseo de hacer algo significativo con su vida, sigue el ejemplo de una amiga y se une a una empresa de suministros domésticos en formato piramidal. Un estudiante de secundaria, desafiado por sus compañeros, comienza a experimentar con rituales satánicos.

Otras personas entran en contacto con una secta a través de un medio impersonal. Algunos comienzan comprando un libro de la secta, anunciado en televisión como un bestseller. Otros reciben por correo una invitación a lo que parece ser una inocente sesión de estudio bíblico. Algunas personas responden a un anuncio clasificado. Otras son reclutadas al aceptar un trabajo en una empresa propiedad de la secta.

Sea cual sea el enfoque, eventualmente se establece un contacto personal. El reclutador comienza a aprender todo sobre el posible recluta: sus esperanzas, sueños, miedos, relaciones, trabajo e intereses. Cuanta más información pueda obtener el reclutador, mayor será su oportunidad de manipular a la persona. Luego, el reclutador diseña estratégicamente un plan para atraer a la persona al grupo, paso a paso. El plan podría incluir elogios excesivos y halagos; presentarle a otro miembro con intereses y antecedentes similares; engaños deliberados sobre la naturaleza del grupo; o maniobras evasivas para evitar responder preguntas.

Prácticamente cualquier persona puede ser seducida hacia una relación de control mental o reclutada por una secta, especialmente si no comprende qué señales debe observar. En las décadas de 1970 y 1980, el miembro típico de una secta tenía edad universitaria, pero a finales de los años 80 se volvió común que personas de todas las edades fueran víctimas. Las personas mayores tienen una probabilidad considerable de ser reclutadas. A menudo, se les solicita que hagan grandes contribuciones financieras o respalden públicamente a la secta. Muchas personas de mediana edad son reclutadas por su experiencia profesional, para ayudar a establecer o gestionar negocios propiedad de la secta. Aun así, los jóvenes, en su mayoría, representan la fuerza laboral principal. Pueden dormir menos, comer menos y trabajar más duro.

Aunque la clase media blanca sigue siendo el principal objetivo de reclutamiento, varios grupos están buscando activamente a personas negras, hispanas y asiáticas. A medida que reúnen a individuos de estas comunidades, los utilizan para diseñar programas que atraigan a otros. Las grandes sectas ya han desarrollado programas de adoctrinamiento en español, por ejemplo. Otra población objetivo está compuesta por europeos que visitan, estudian o trabajan en los Estados Unidos. Después de unos años de entrenamiento y adoctrinamiento (generalmente con visas vencidas), son enviados de regreso a sus países para reclutar allí. Las sectas también buscan trabajadores en países extranjeros. Durante décadas, Cienciología ha reclutado en África, Europa del Este y Asia para proporcionar personal a sus organizaciones en Estados Unidos, Reino Unido y Australia. A los reclutas se les ofrece una 'beca' que, en realidad, implica una semana laboral de 90 horas.

Curiosamente, las sectas generalmente evitan reclutar personas que les representen una carga, como aquellas con discapacidades físicas o problemas emocionales graves. Buscan personas que puedan soportar las exigencias agotadoras de la vida dentro de la secta. Si alguien es reclutado y usa drogas ilegales, generalmente se le dice que deje de consumirlas o se marche. Hasta donde sé, hay pocas personas con discapacidades reclutadas por las sectas, ya que ayudarles requiere tiempo, dinero y esfuerzo. Las personas nacidas en sectas que desarrollan discapacidades a menudo son apartadas y enviadas a programas de asistencia gubernamental.

La Vida en la Secta: Ilusión y Abuso

Una vez que una persona se une a una secta destructiva, generalmente disfruta de una "fase de luna de miel" durante las primeras semanas o meses. Se le trata como si fuera de la realeza, haciéndole sentir muy especial mientras inicia una nueva vida con el grupo. El nuevo converso aún no ha experimentado cómo será realmente la vida dentro de la secta.

Aunque la mayoría de los miembros de sectas afirman públicamente que son más felices que nunca en sus vidas, la realidad es tristemente diferente. La vida en una secta destructiva es, en su mayor parte, una vida de sacrificio, dolor y miedo. Las personas que están involucradas a tiempo completo en una secta destructiva saben lo que es vivir bajo un régimen totalitario, pero no pueden ver objetivamente lo que les está ocurriendo. Viven en un mundo de fantasía creado por el grupo.

Algunos grupos destructivos esencialmente convierten a sus miembros en adictos. Con el tratamiento del alcoholismo y el abuso de sustancias en el centro de atención nacional en la actualidad, es crucial que los profesionales de la salud mental presten atención a esta población de exmiembros de sectas. Las personas adoctrinadas para realizar técnicas excesivas de meditación o cantos (durante varias horas al día) pueden volverse psicológica y fisiológicamente adictas a la técnica de control mental. Estas prácticas, que aquietan la mente, generan fuertes liberaciones de sustancias químicas cerebrales que no solo provocan un estado mental disociado, sino también una sensación de "euforia" similar a la creada por las drogas u otras adicciones.

Algunos exmiembros que han utilizado estas técnicas durante varios años informan una amplia variedad de efectos secundarios perjudiciales, incluyendo dolores de cabeza severos, espasmos musculares involuntarios y disminución de facultades cognitivas como la memoria, la concentración y la capacidad de toma de decisiones.

Por supuesto, algunos proxenetas también enganchan a sus víctimas a la heroína, metanfetaminas u otras drogas para controlar sus mentes y hacerlas dependientes, lo que genera graves problemas de salud y la necesidad de una rehabilitación prolongada.

Los miembros de sectas tienden a pasar todo su tiempo reclutando a más personas, recaudando fondos o trabajando en proyectos de relaciones públicas. Cuando las personas están completamente atrapadas, donan grandes sumas de su propio dinero y bienes al grupo—a veces todo lo que poseen. A cambio, se les promete cuidado y propósito para el resto de sus vidas. Esta transacción deja a la persona completamente dependiente del grupo para todo: comida, ropa, vivienda y atención médica.

En muchos grupos, sin embargo, este cuidado es insuficiente. La negligencia médica es común. Se hace sentir a las personas que cualquier problema de salud es el resultado de alguna debilidad personal o espiritual. Se les dice que todo lo que necesitan hacer es arrepentirse y esforzarse más, y el problema desaparecerá.

Pocos grupos sectarios brindan seguro médico a sus seguidores, por lo que, cuando una persona se enferma gravemente, a menudo es enviada como indigente a un hospital o clínica gratuita. Personas que trabajaron con devoción durante años, generando cientos de miles de dólares para el grupo, son informadas de que la organización no puede costear sus gastos médicos. Con frecuencia, se les pide que abandonen el grupo hasta que se hayan recuperado. Una persona que requiere un tratamiento costoso suele ser enviada de regreso con su familia para que ésta cubra las facturas. Si la persona no tiene una familia que pueda ayudarla, a veces es llevada a un hospital y abandonada allí.

Algunas sectas, como los Seguidores de Cristo, abogan por la sanación por fe como único tratamiento para los problemas médicos. Esto puede resultar en un gran sufrimiento o incluso en la muerte. A las personas se les dice que su enfermedad tiene una causa espiritual y se les hace sentir culpables por no dedicarse completamente al grupo. Algunas sectas les dicen a sus miembros que acudir a un médico demostraría su falta de fe. Incluso, algunas llegan a amenazar con excomulgar a los miembros si buscan atención médica.

Un problema relacionado es el abuso infantil. Muchos niños han muerto o quedado marcados de por vida debido a la participación de sus padres en sectas destructivas. Muchas personas han olvidado que cerca de 300 niños fueron asesinados durante la masacre de Jonestown. Esos niños no tuvieron opción más que beber el Kool-Aid envenenado. El público tampoco sabe que muchos de esos niños eran tutelados por el estado de California y habían sido adoptados por miembros del Templo del Pueblo para generar más ingresos y servir como mano de obra barata.

Algunos grupos promueven el uso de golpizas e incluso torturas a niños como método para imponer disciplina. En Jonestown, por ejemplo, durante la noche se colocaba a algunos niños en fosas oscuras, diciéndoles que estaban llenas de serpientes. Los miembros del grupo bajaban cuerdas desde arriba para asustarlos aún más. Aunque Jonestown fue un caso extremo, varios grupos utilizan varas y palos para golpear a los niños, a veces durante horas y en todas partes del cuerpo. Además, algunos grupos someten a los niños a abusos sexuales como parte de su doctrina. Debido a que con frecuencia los niños no asisten a la escuela y se les aísla del contacto con la sociedad, estos abusos a menudo no se denuncian.

Los niños a menudo son criados de forma comunitaria y se les permite visitar a sus padres solo en ocasiones infrecuentes. Se les enseña a alinear su lealtad con el líder de la secta o con el grupo en su conjunto, en lugar de con sus padres. El tiempo de juego es limitado o, en muchos casos, completamente negado. Por lo general, reciben una educación deficiente, si es que reciben alguna. Al igual que sus padres, se les inculca la idea de que el mundo exterior es un lugar hostil y malvado, y se les obliga a depender de la doctrina de la secta para interpretar la realidad. Aunque pueden ser considerados el futuro del grupo, por lo general también son vistos como un obstáculo para las demandas inmediatas del "trabajo" de la secta.

Las sectas terroristas son conocidas por secuestrar a niños y convertirlos en asesinos y violadores. Quiero hacer una mención especial al libro de Harvey L. Schwartz sobre el trauma infligido a los niños reclutados para convertirse en soldados, *The Alchemy of Wolves and Sheep: A Relational*

Approach to Internalized Perpetration in Complex Trauma Survivors.

Las víctimas del control mental incluyen, por lo tanto, a millones de miembros de sectas, sus hijos y a la sociedad en general. Nuestra nación está siendo despojada de su recurso más valioso: personas brillantes, idealistas y ambiciosas, capaces de hacer una enorme contribución a la humanidad. Muchos de los exmiembros de sectas que conozco se han convertido en médicos, maestros, consejeros, inventores y artistas. Imagina lo que podrían lograr tantos miembros de sectas si fueran liberados para desarrollar sus talentos y habilidades únicas. ¿Qué sucedería si canalizaran sus energías hacia la resolución de problemas, en lugar de tratar de socavar las libertades del mundo con alguna visión totalitaria distorsionada?

Mientras tanto, los grupos sectarios destructivos continúan creciendo en número y poder, operando con prácticamente total libertad para esclavizar a las personas. Es irónico que en los Estados Unidos, un país que valora la libertad y la autonomía, los ciudadanos estén mejor protegidos contra la presión de ventas en un lote de autos usados que contra organizaciones cuyo objetivo es apoderarse de sus mentes y corazones. Hasta que la ley establezca restricciones sobre estas prácticas y reconozca la existencia de las modernas técnicas de control mental, las personas dependerán principalmente de sí mismas para protegerse.

Quizás lo más importante que debemos entender al tratar con sectas destructivas es que todos somos vulnerables. Lo máximo que podemos hacer para protegernos es informarnos a fondo sobre las formas en que operan estas sectas y ser "buenos consumidores" al acercarnos a cualquier grupo que nos interese. Los amigos o familiares de personas que estén buscando involucrarse en un grupo importante o atravesando momentos de estrés inusual deben estar atentos a cambios repentinos en la personalidad de esas personas. Si sospecha que alguien que conoce está cayendo bajo la influencia de una persona o una organización de control mental, actúe rápidamente y busque ayuda competente. La mayoría de los problemas médicos responden mejor a una detección y tratamiento temprano, y este principio se aplica en este caso.

Sea un consumidor informado sobre cualquier grupo que le interese antes de tomar compromisos. Primero y más importante, investigue cuidadosamente. Un buen punto de partida es mi sitio web gratuito, freedomofmind.com. Otros sitios útiles incluyen icsahome.com, open-mindsfoundation.org y apologeticsindex.org. Sin embargo, no asuma que un grupo está automáticamente exento de problemas solo porque no se mencione en ninguno de estos sitios como potencialmente problemático. Investigue más a fondo. En Google u otro motor de búsqueda, escriba el nombre de la organización (entre comillas) seguido de la palabra "secta"; también pruebe el nombre del grupo (de nuevo, entre comillas) junto con palabras como "estafa" o "escándalo." Experimente con variaciones que incluyan el nombre del líder del grupo junto con términos como "criminal," "abusador" o "sexual." No se limite a mirar solo las primeras páginas de resultados. Las sectas han aprendido a enterrar artículos y blogs negativos manipulando los motores de búsqueda.

En el siglo XXI, cuando se trata de cualquier grupo, es importante realizar al menos tanta investigación previa como lo haría antes de comprar un televisor, una computadora o un automóvil.

Capítulo 4 – Comprendiendo el Control Mental

Cuando doy capacitaciones o conferencias en universidades, suelo desafiar a mi audiencia con esta pregunta: "¿Cómo sabrías si estás bajo control mental?"

Después de reflexionar un poco, la mayoría de las personas se da cuenta de que, si estuvieran bajo control mental, sería imposible determinarlo sin alguna ayuda externa. Además, necesitarían entender muy claramente qué es el control mental. Cuando yo estaba bajo control mental, no comprendía de qué se trataba realmente. Asumía que el control mental implicaría ser torturado en un sótano húmedo, con una bombilla iluminándome la cara. Por supuesto, eso nunca me sucedió mientras estaba en los Moonies. Siempre que las personas me gritaban y me llamaban "robot lavado de cerebro," simplemente lo tomaba como una persecución esperada. Eso me hacía sentir aún más comprometido con el grupo.

En ese momento, no tenía un marco de referencia para el fenómeno del control mental. No fue hasta mi desprogramación que se me presentó un modelo creíble de lo que es y cómo funciona. Como era miembro de los Moonies y considerábamos al comunismo como el enemigo, me interesaban mucho las técnicas que el Partido Comunista Chino utilizó para convertir a las personas al comunismo durante la década de 1950. Por eso, no me resistí cuando mis consejeros me pidieron leer partes del libro del Dr. Robert Jay Lifton, *Reforma del Pensamiento y la Psicología del Totalitarismo*. Dado que el libro había sido publicado en 1961, no podía acusar a Lifton de estar en contra de los Moonies.

Ese libro tuvo un impacto significativo en mi comprensión de lo que me había sucedido en los Moonies. Lifton identificó ocho elementos básicos del proceso de control mental tal como lo practicaban los comunistas chinos. Mis consejeros señalaron que, sin importar lo maravillosa que pareciera la causa o lo atractivos que fueran los miembros, si algún grupo empleaba los ocho elementos definidos por Robert Jay Lifton, entonces estaba practicando el control mental. Eventualmente, pude ver que la Iglesia de la Unificación utilizaba los ocho elementos: control del entorno, manipulación mística o espontaneidad planificada, la exigencia de pureza, el culto a la confesión, la ciencia sagrada, la carga del lenguaje, la doctrina sobre la persona y la dispensación de la existencia. (En el Apéndice de este libro, Lifton describe estos ocho elementos con más detalle. Dos entrevistas en video con Lifton están disponibles en mi sitio web, *freedomofmind.com*).

Antes de poder dejar a los Moonies, tuve que enfrentarme a varias preguntas morales. ¿El Dios en el que creo necesita recurrir al engaño y al control mental? ¿Realmente los fines justifican los medios? ¿Determinan los medios los fines? ¿Cómo podría el mundo convertirse en un paraíso si se subvierte el libre albedrío de las personas? ¿Cómo sería realmente el mundo si Moon asumiera el poder total? Al plantearme estas preguntas, decidí que ya no podía seguir participando en una organización que utilizara prácticas de control mental. Dejé atrás el mundo de fantasía en el que había vivido durante años.

Con el paso de los años, he llegado a comprender que millones de personas han estado sometidas a un régimen de control mental sin siquiera ser conscientes de ello. Difícilmente pasa una semana sin que hable con varias personas que todavía experimentan efectos negativos como resultado de su experiencia con el control mental. A menudo, sienten un gran alivio al saber que no están solas y que sus problemas se derivan de su participación pasada en un grupo de este tipo.

Quizás el mayor problema que enfrentan las personas que han salido de sectas destructivas es la disrupción de su propia identidad auténtica. Y hay una muy buena razón: han vivido durante años dentro de una identidad "artificial" impuesta por la secta. Si bien el control mental de las sectas puede discutirse y definirse de muchas maneras diferentes, creo que se entiende mejor como un sistema que interrumpe el desarrollo saludable de la identidad de un individuo. Una identidad está compuesta por elementos como creencias, comportamientos, procesos de pensamiento y emociones que forman un patrón definido. Bajo la influencia del control mental, la identidad auténtica de una persona, aquella otorgada al nacer y luego moldeada por la familia, la educación, las amistades y, lo más importante, las propias elecciones libres de esa persona, se reemplaza por otra identidad, a menudo una que no habría elegido por sí misma sin una enorme presión social.

Incluso si al principio la persona se adapta mediante una actuación deliberada, con el tiempo esa actuación se convierte en realidad. Adopta una ideología totalitaria que, una vez internalizada, reemplaza su sistema

de creencias previo. Finalmente, la persona suele experimentar—y mani-
festar—un cambio radical de personalidad y una interrupción drástica en
el curso de su vida.

El proceso puede iniciarse con rapidez, pero generalmente requiere
días o semanas para consolidarse. Aquellos que tienen la desgracia de nacer
dentro de una secta destructiva están privados de un entorno psicológico
saludable en el cual madurar de manera óptima. Dicho esto, los niños son
notablemente resilientes, y he conocido a muchos que describen no haber
aceptado completamente las creencias y prácticas absurdas. La mayoría
huyó o encontró una forma de escapar antes de alcanzar la adultez. Sin
embargo, para otros, tomó décadas encontrar la fuerza y el coraje para
ser 'fieles a sí mismos'. Los lazos familiares pueden imponer silencio a
los miembros de segunda generación que no comparten las creencias del
grupo. Resulta más fácil seguir adelante con la secta que expresar sus
opiniones reales.

Vale la pena señalar que un grupo puede emplear el control mental
de manera positiva. Por ejemplo, muchos programas de rehabilitación de
drogas y jóvenes en conflicto utilizan algunos de estos mismos métodos
para ayudar a reintegrar la identidad previa de una persona. Sin embargo,
estos programas, por exitosos que puedan ser, conllevan riesgos significativos. Después de que la persona ha sido quebrantada y se le ha otorgado
una nueva identidad, también es fundamental restaurar su autonomía e
individualidad. Que eso ocurra o no depende completamente del altruismo
y el comportamiento responsable de los directores del grupo. Como se
mencionó anteriormente, un programa de rehabilitación de drogas, Synanon, enfrentó repetidas acusaciones de violar los derechos más básicos
de sus miembros y de operar, en realidad, como una secta en toda regla.

Por supuesto, todos estamos sujetos a diversas presiones sociales a
diario, más notablemente en nuestras familias y lugares de trabajo. La
presión para conformarse a ciertos estándares de comportamiento existe
en casi todas las instituciones. Constantemente estamos expuestos a diferentes tipos de influencia, algunas de ellas evidentes y benignas (como
los anuncios de 'Abróchese el cinturón de seguridad') y otras más sutiles
y destructivas. Por ello, no puedo enfatizar lo suficiente que, al utilizar
el término 'control mental,' me refiero de manera específica al extremo
destructivo del espectro. Por lo tanto, como he señalado anteriormente, el
término 'control mental' en este libro no se aplicará a ciertas tecnologías

(como el biofeedback) que se usan para mejorar el autocontrol y promover la toma de decisiones. Solo se referirá a aquellos sistemas que buscan socavar la integridad de un individuo al tomar decisiones independientes. La esencia del control mental radica en fomentar la dependencia y la conformidad, al tiempo que desalienta la autonomía y la individualidad.

Control Mental Versus Lavado de Cerebro

Aunque es importante tener una comprensión básica del control mental, también lo es entender lo que el control mental no es. Desafortunadamente, en las discusiones populares sobre el tema, el término "lavado de cerebro" a menudo se usa como sinónimo de control mental o influencia indebida. Sin embargo, en el continuo de influencia, el lavado de cerebro se encuentra más cerca del extremo más negativo, dañino y extremo.

El término *lavado de cerebro* fue acuñado en 1951 por el periodista y agente de la CIA Edward Hunter. Lo utilizó para describir cómo los soldados estadounidenses capturados durante la Guerra de Corea repentinamente invertían sus valores y lealtades, llegando a creer que habían cometido crímenes de guerra ficticios. Hunter tradujo el término del chino *hsi nao*, que significa "lavar el cerebro.

Considero el *lavado de cerebro* como algo abiertamente coercitivo. La persona que está siendo sometida al lavado de cerebro sabe desde el principio que está en manos de un enemigo. El proceso comienza con una clara demarcación de roles respectivos: quién es el prisionero y quién es el carcelero, y el prisionero experimenta un mínimo absoluto de elección. Se incluyen malos tratos abusivos, incluso tortura, y en ocasiones violación.

Quizás uno de los casos más famosos de lavado de cerebro y control mental sectario en los Estados Unidos fue el de Patty Hearst, heredera de un imperio periodístico. Fue secuestrada en 1974 por el Ejército Simbiótico de Liberación (*Symbionese Liberation Army* o SLA), una pequeña secta política terrorista, el mismo mes en que fui reclutado por los Moonies. La mantuvieron encerrada en un armario oscuro durante semanas, donde fue violada y sometida a inanición. Más tarde, se convirtió en miembro activo del grupo bajo el nombre de "Tania." Incluso pasó por alto oportunidades de escapar y participó en un robo a un banco, por lo cual fue condenada y cumplió una pena de cárcel.

Desafortunadamente, Hearst fue víctima de un juez y un jurado ignorantes. Finalmente, en 2001, el presidente Clinton le concedió un indulto total.

El Ejército Simbiótico de Liberación (SLA) pudo haber logrado lavar el cerebro de Patty Hearst, pero, en general, el enfoque coercitivo no ha tenido una tasa de éxito destacada. Una vez que las personas están lejos de sus controladores y de vuelta en entornos familiares, los efectos tienden a disiparse. El SLA tuvo éxito con Patty Hearst porque le dieron una identidad completamente nueva. La convencieron de que el FBI intentaba dispararle en cuanto la viera. Ella estaba convencida de que su seguridad radicaba en permanecer con el grupo en lugar de buscar ser rescatada.

El lavado de cerebro es especialmente efectivo para lograr que las personas cumplan con demandas, como firmar una confesión falsa o denunciar a su propio gobierno. Las personas son forzadas a realizar actos específicos para preservar su vida; luego, una vez que han actuado, sus creencias cambian para racionalizar lo que han hecho. Sin embargo, estas creencias generalmente no están bien internalizadas. Si, y cuando, el prisionero escapa de su campo de influencia (y miedo), usualmente puede deshacerse de esas creencias.

El control mental es mucho más sutil y sofisticado. La víctima suele considerar a los controladores como amigos o compañeros, por lo que está mucho menos alerta. Por lo general, participa involuntariamente al cooperar con sus controladores y al proporcionarles información privada que no se da cuenta de que será utilizada en su contra.

El control mental implica poco o ningún abuso físico evidente. En su lugar, se combinan procesos hipnóticos con dinámicas grupales para crear un efecto de adoctrinamiento potente. El individuo es engañado y manipulado, pero no amenazado directamente, para que tome las decisiones prescritas. En general, la víctima responde de manera positiva a lo que se le hace.

Es lamentable que el término "lavado de cerebro" se utilice de manera imprecisa. La mayoría de las personas dentro de las sectas no son físicamente torturadas, por lo que, cuando los críticos las acusan de haber sido sometidas a lavado de cerebro, la acusación no parece verosímil. Cuando estuve en los Moonies, sabía que no me habían lavado el cerebro. Sin embargo, recuerdo a Moon dándonos un discurso en el que decía que una revista popular lo había acusado de lavarnos el cerebro. Declaró: "Las mentes de los estadounidenses están muy sucias—llenas de materialismo egoísta y drogas—¡y necesitan un lavado de cerebro celestial!" Todos nos reímos.

Una Nota Sobre el Hipnotismo

El término hipnotismo también se utiliza de manera incorrecta. Lo usamos en nuestro lenguaje cotidiano; a veces decimos cosas como: "Ella lo hipnotizó con su sonrisa." En realidad, la hipnosis es poco entendida por la mayoría de las personas. Cuando se menciona el término, la primera imagen que puede venir a la mente es la de un médico con barba balanceando un viejo reloj de bolsillo en su cadena frente a un sujeto de mirada somnolienta. Aunque esa imagen es ciertamente un estereotipo, apunta a la característica central del hipnotismo: el trance. Las personas que son hipnotizadas entran en un estado de trance que es fundamentalmente diferente de la conciencia normal. La diferencia es esta: mientras que en la conciencia normal la atención se centra hacia afuera, a través de los cinco sentidos, en un trance la atención generalmente se enfoca hacia adentro. Se oye, se ve y se siente internamente. Por supuesto, hay varios grados de trance, que van desde el trance leve y normal de soñar despierto hasta estados más profundos en los que se tiene mucha menos conciencia del mundo exterior y una susceptibilidad extrema a las sugerencias que puedan implantarse en la mente.

El hipnotismo se relaciona con las prácticas poco éticas de control mental de las sectas destructivas de diversas maneras. En muchas sectas que afirman ser religiosas, lo que a menudo llaman "meditación" no es más que un proceso mediante el cual los miembros entran en un estado de trance, durante el cual pueden recibir sugerencias que los hacen más receptivos a seguir la doctrina de la secta. Las sectas no religiosas utilizan otras formas de inducción grupal o individual.

Además, estar en trance suele ser una experiencia placentera y relajante, lo que lleva a las personas a desear entrar en ese estado con la mayor frecuencia posible. Lo más importante es que las investigaciones psicológicas han demostrado clínicamente que las facultades críticas de las personas se ven disminuidas en el estado de trance. En este estado, la capacidad para evaluar la información recibida es menor que en un estado normal de conciencia.

El poder del hipnotismo para influir en las personas puede ser considerable. Aquellas personas que son altamente susceptibles a la hipnosis—"altamente hipnotizables"—pueden entrar en trance con gran rapidez y realizar hazañas notables. En espectáculos de hipnosis en vivo, se ha dirigido a los sujetos a bailar como Elvis Presley (para la risa del público), acostarse entre dos sillas y asumir una rigidez similar a la de una tabla, creer que están desnudos (cuando están completamente vestidos) o comportarse como si sus manos estuvieran "pegadas" a sus costados.

Si se puede lograr que las personas realicen estos actos en apenas unos minutos de influencia, conseguir que los sujetos hipnotizados crean que forman parte de un "grupo elegido" con muchas horas, días o semanas de programación es perfectamente factible.

Las sectas destructivas suelen inducir trances en sus miembros a través de largas sesiones de adoctrinamiento. La repetición, el aburrimiento y la atención forzada son factores muy propicios para la inducción de un trance. Al observar a un grupo en ese tipo de ambiente, es fácil notar cuándo el trance ha surtido efecto. La audiencia muestra reflejos de parpadeo y deglución más lentos, y sus expresiones faciales se relajan hasta adoptar un estado neutral y vacío.

Cuando las personas están en este estado, es posible que líderes sin escrúpulos implanten creencias irracionales. He visto a muchas personas de carácter fuerte hipnotizadas y llevadas a hacer cosas que normalmente nunca harían.

Principios Básicos de la Psicología Social y la Dinámica de Grupos

La experiencia política de la Segunda Guerra Mundial, durante la cual miles de personas aparentemente normales operaron campos de concentración donde millones de judíos, romaníes, eslavos, negros, homosexuales y comunistas fueron asesinados, despertó un interés considerable entre los psicólogos. ¿Cómo fue posible que personas que habían llevado vidas ordinarias antes del ascenso al poder de Adolf Hitler se involucraran en un intento deliberado de exterminar a grupos enteros de personas?

Miles de experimentos de psicología social se han llevado a cabo desde la Segunda Guerra Mundial, arrojando importantes conocimientos sobre las diversas maneras en que las personas son influenciadas, tanto en grupos como individualmente. El resultado de estos estudios ha sido la demostración constante del notable poder de las técnicas de modificación de comportamiento, la conformidad grupal y la obediencia a la autoridad. Estos tres factores, conocidos en términos psicológicos como "procesos de influencia," muestran que las situaciones a menudo determinan el comportamiento humano, con frecuencia más que los valores y creencias del individuo. Uno de los descubrimientos más notables de la psicología social es que las personas están programadas para responder de manera inconsciente a las señales sociales.

Por ejemplo, una clase de estudiantes de psicología una vez conspiró para utilizar técnicas de modificación de comportamiento con su profesor. Mientras el profesor daba su conferencia, los estudiantes sonreían y parecían atentos cuando él se movía hacia la izquierda del aula. Cuando se desplazaba hacia la derecha, los estudiantes actuaban aburridos y apáticos. No pasó mucho tiempo antes de que el profesor comenzara a inclinarse hacia la izquierda, y, después de algunas clases, pasó cada conferencia apoyado contra la pared izquierda.

Sin embargo, cuando los estudiantes informaron al profesor sobre el experimento, este insistió en que nada de eso había sucedido. No percibía nada extraño en apoyarse contra la pared y afirmaba enfáticamente que era simplemente su estilo personal de dar clases, algo que había decidido hacer por su propia voluntad. Este profesor de psicología estaba completamente inconsciente de cómo había sido influenciado.

Por supuesto, en circunstancias normales, las personas a nuestro alrededor no están conspirando en secreto para hacernos hacer algo. Simplemente actúan más o menos de acuerdo con cómo han sido culturalmente condicionadas, lo cual, a su vez, nos condiciona a nosotros. Este es el mecanismo mediante el cual una cultura se perpetúa a sí misma.

En una secta destructiva, sin embargo, el proceso de modificación del comportamiento está completamente orquestado en torno a los nuevos reclutas, quienes, por supuesto, no tienen idea de lo que está ocurriendo.

Si las técnicas de modificación del comportamiento son poderosas, también lo son las influencias de la conformidad y la obediencia a la autoridad. Un famoso experimento sobre conformidad, realizado por el Dr. Solomon Asch, demostró que la mayoría de las personas se ajustarán—e incluso dudarán de sus propias percepciones—si se encuentran en una situación social donde las personas más seguras del grupo dan las mismas respuestas erróneas. Otro psicólogo social, Stanley Milgram, estudió la obediencia a la autoridad y descubrió que más del 90 % de sus sujetos obedecerían órdenes, incluso si creían que hacerlo causaba sufrimiento físico a otra persona. Milgram escribió: "La esencia de la obediencia consiste en que una persona llega a verse a sí misma como el instrumento para llevar a cabo los deseos de otra persona y, por lo tanto, ya no se considera responsable de sus propias acciones."

El Dr. Philip Zimbardo llevó a cabo un experimento carcelario mundialmente famoso en el sótano del edificio de Psicología de la Universidad de Stanford en 1971. Demostró el "poder de la situación," que describió en detalle en su libro *El efecto Lucifer*. Jóvenes saludables y normales fueron divididos al azar en dos grupos: uno de prisioneros y otro de guardias, que debían encargarse de gestionar a los prisioneros. El experimento estaba programado para durar dos semanas, pero tuvo que ser cancelado tras solo seis días porque algunos de los guardias se habían vuelto sádicos y algunos de los prisioneros habían sufrido colapsos mentales.

Las personas buenas comenzaron a comportarse mal al ser puestas en una mala situación, sin ser conscientes de las fuerzas de control mental en juego. Estamos inconscientemente programados para adaptarnos y conformarnos con el fin de promover nuestra supervivencia. Cuando estamos confundidos o no estamos seguros de qué hacer, miramos a otras personas en nuestro entorno y, especialmente, a aquellas que consideramos figuras de autoridad legítimas. La mayoría de las personas se conforman para encajar. El innovador trabajo de Philip Zimbardo y otros tiene enormes implicaciones. Zimbardo, profesor emérito de la Universidad de Stanford y expresidente de la Asociación Estadounidense de Psicología, impartió durante 15 años un curso llamado *La psicología del control mental*.

El Modelo BITE: Los Cuatro Componentes del Control Mental

Es evidente que no se puede comenzar a entender el control mental sin comprender el poder de las técnicas de modificación del comportamiento, así como las influencias de la conformidad y la obediencia a la autoridad. Si tomamos estas perspectivas de la psicología social como base, podemos identificar los componentes básicos del control mental.

A medida que lo he llegado a entender, el control mental puede comprenderse en gran medida mediante el análisis de los tres componentes descritos por el psicólogo Leon Festinger en lo que se conoce como la "teoría de la disonancia cognitiva." Estos componentes son el control del comportamiento, el control de los pensamientos y el control de las emociones.

Cada componente tiene un efecto poderoso sobre los otros dos: si cambias uno, los otros tenderán a seguir. Si logras cambiar los tres, el individuo será arrastrado por completo. Sin embargo, a partir de mi experiencia investigando sectas destructivas, he añadido un componente más que considero vital: el control de la información. Si controlas la información que alguien recibe, restringes su capacidad de pensar por sí mismo.

Estos cuatro componentes del control mental sirven como puntos de referencia básicos para entender cómo funciona el control mental. La teoría de la disonancia cognitiva no es tan intimidante como su nombre podría sugerir. En 1950, Festinger resumió su principio básico de esta manera: "Si cambias el comportamiento de una persona, sus pensamientos y sentimientos cambiarán para minimizar la disonancia." ¿Qué quiso decir Festinger con "disonancia"? En términos básicos, se refería al conflicto que ocurre cuando un pensamiento, un sentimiento o un comportamiento se altera en contradicción con los otros dos. Una persona solo puede tolerar cierta cantidad de discrepancia entre sus pensamientos, sentimientos y acciones, que, después de todo, conforman los diferentes componentes de su identidad. La teoría de Festinger establece—y una gran cantidad de investigaciones posteriores lo han confirmado—que si cualquiera de los tres componentes cambia, los otros dos se ajustarán para reducir la disonancia.

¿Cómo se aplica este tipo de cambio al comportamiento de las personas en sectas? Festinger buscó un lugar para examinar sus ideas en el mundo real. En 1956 publicó un libro, *When Prophecy Fails*, sobre una secta de ovnis en Wisconsin, cuyo líder había predicho el fin del mundo. El líder de la secta afirmaba estar en contacto mental con extraterrestres de otro planeta. Los seguidores vendieron sus casas, regalaron su dinero y se reunieron en la fecha indicada en la cima de una montaña, esperando toda la noche a ser recogidos por ovnis antes de que un diluvio destruyera el mundo a la mañana siguiente.

Cuando llegó la mañana sin ovnis ni diluvio—solo una avalancha de noticias satíricas sobre el grupo—se podría haber esperado que los seguidores se desilusionaran y enfurecieran. Y algunos lo hicieron, pero eran miembros periféricos que no habían invertido mucho tiempo o energía. Sin embargo, la mayoría de los miembros se sintieron más convencidos que nunca. Su líder proclamó que los extraterrestres habían presenciado su fiel vigilia y habían decidido perdonar a la Tierra. Los miembros terminaron sintiéndose más comprometidos con el líder, incluso después de haber tomado una postura pública dramática que resultó en humillación pública. La mayoría de los Testigos de Jehová respondieron al fracaso de las muchas profecías del fin del mundo del grupo con una fe renovada.

La teoría de la disonancia cognitiva ayuda a explicar por qué ocurrió este compromiso intensificado. Según Festinger, las personas necesitan mantener orden y significado en sus vidas. Necesitan pensar que están actuando de acuerdo con su autoimagen y sus propios valores. Si su comportamiento cambia por cualquier razón, su autoimagen y valores se ajustan para coincidir. Lo importante a reconocer sobre los grupos sectarios es que deliberadamente generan disonancia en las personas de esta manera y la explotan para controlarlas.

Para hacerlo más fácil de recordar, lo llamo el modelo BITE de control mental: Control del Comportamiento, la Información, el Pensamiento y las Emociones. Veamos más de cerca cada uno de estos componentes del control mental.

Control del Comportamiento

El control del comportamiento es la regulación de la realidad física de un individuo. Incluye el control de su entorno—dónde vive, qué ropa usa, qué comida consume, cuánto duerme, y qué trabajos, rituales y otras acciones realiza.

Esta necesidad de control del comportamiento es la razón por la cual la mayoría de las sectas prescriben un horario muy rígido para sus miembros. Cada día se dedica una cantidad significativa de tiempo a rituales de la secta y actividades de adoctrinamiento. Además, a los miembros generalmente se les asignan metas y tareas específicas que deben cumplir, lo que restringe su tiempo libre—y su comportamiento. En las sectas destructivas, siempre hay algo que hacer.

En algunos de los grupos más restrictivos, los miembros deben pedir permiso a los líderes para hacer casi cualquier cosa. En otros grupos, una persona se vuelve tan dependiente económicamente que sus opciones de comportamiento se reducen automáticamente. Un miembro debe solicitar dinero para el transporte, ropa o permiso para buscar atención médica—cosas que la mayoría de nosotros damos por sentado. A menudo, la persona debe pedir permiso incluso para llamar a un amigo o familiar que no pertenezca al grupo. Cada hora del día del miembro de la secta debe ser contabilizada. De estas maneras, el grupo puede mantener un control estricto sobre el comportamiento del miembro—y también sobre sus pensamientos y emociones.

El comportamiento a menudo se controla mediante la exigencia de que todos actúen como un grupo. En muchas sectas, las personas comen juntas, trabajan juntas, asisten a reuniones grupales e incluso, a veces, duermen juntas en el mismo dormitorio. El individualismo es fuertemente desalentado. A los miembros se les puede asignar un "compañero" constante o integrarlos en una pequeña unidad de media docena de integrantes.

La cadena de mando en las sectas suele ser autoritaria, fluyendo desde el líder, a través de sus lugartenientes, hasta los sublíderes, y de ahí a las bases. En un entorno tan bien regulado, todos los comportamientos pueden ser recompensados o castigados. Si una persona tiene un buen desempeño, puede recibir elogios públicos de los superiores, e incluso obsequios o un ascenso. Si su desempeño es deficiente, es posible que sea señalada públicamente y criticada, o forzada a realizar trabajos manuales, como limpiar baños o lustrar los zapatos de otros miembros. Otras formas de castigo pueden incluir ayunos obligatorios, duchas frías, vigilias nocturnas o trabajos de corrección. Aquellos que participan activamente en su propio castigo terminan creyendo que lo merecen.

Cada grupo tiene su propio conjunto distintivo de comportamientos rituales que ayudan a cohesionarlo. Estos comportamientos suelen incluir manierismos en la forma de hablar, posturas específicas y expresiones faciales, además de las formas más tradicionales de representar las creencias del grupo. En los Moonies, por ejemplo, seguíamos muchas costumbres asiáticas, como quitarnos los zapatos al entrar en un centro de la organización, arrodillarnos y hacer reverencias al saludar a miembros mayores. Realizar estas pequeñas acciones nos hacía sentir especiales y superiores. Los psicólogos llaman a esto "prueba social.

Si un miembro no muestra suficiente entusiasmo en su comportamiento, es posible que un líder lo confronte y lo acuse de ser egoísta o impuro, o de no esforzarse lo suficiente. Se le alentará a que imite a un miembro mayor del grupo, incluso hasta el punto de replicar su tono de voz.

La obediencia a las órdenes de un líder es la lección más importante que se debe aprender. Los líderes de una secta no pueden controlar los pensamientos internos de una persona, pero saben que si logran controlar su comportamiento, los corazones y las mentes seguirán.

Control de la Información

El control de la información es el segundo componente del control mental. La información proporciona las herramientas con las que pensamos y entendemos la realidad. Sin información precisa y actualizada, podemos ser fácilmente manipulados y controlados. Si se le niega a una persona la información que necesita para tomar decisiones acertadas, se vuelve incapaz de hacerlo.

El engaño es la herramienta más poderosa del control de la información, ya que priva a las personas de la capacidad de tomar decisiones informadas. Mentir abiertamente, retener información y distorsionar los hechos se convierten en estrategias esenciales, especialmente al reclutar nuevos miembros. Al usar el engaño, las sectas privan a sus víctimas del 'consentimiento informado' y, en el caso de las sectas religiosas, esta falta de divulgación honesta viola, con toda seguridad, los derechos religiosos individuales de las personas.

En muchas sectas totalitarias, las personas tienen un acceso mínimo a periódicos, revistas, televisión, radio e información en línea que no pertenezca al grupo. Cierta información puede estar prohibida y etiquetada como dañina: literatura apóstata, *entheta* (información negativa), satánica, propaganda burguesa, entre otros términos. Además, los miembros se mantienen tan ocupados que no tienen tiempo libre para reflexionar o buscar respuestas externas a sus preguntas. Cuando leen, generalmente se trata de propaganda generada por la secta o material que ha sido censurado para mantener a los miembros enfocados.

El control de la información también se extiende a todas las relaciones. A los miembros no se les permite hablar entre sí sobre nada que critique al líder, la doctrina o la organización. Se les exige que se vigilen mutuamente y reporten actividades o comentarios inapropiados a los líderes, a menudo en forma de informes escritos (una técnica desarrollada originalmente por los nazis con las Juventudes Hitlerianas). A los nuevos conversos se les desanima de compartir dudas con cualquier persona que no sea un superior. Los recién llegados suelen estar acompañados por un supervisor hasta que demuestren su devoción y lealtad. Lo más importante, se les instruye que eviten cualquier contacto con exmiembros y críticos, quienes podrían proporcionarles la mayor cantidad de información externa—es decir, real—y, por lo tanto, deben ser completamente evitados. Algunos grupos incluso llegan a supervisar las cartas y llamadas telefónicas de los miembros.

La información suele compartimentarse para evitar que los miembros conozcan el panorama completo. En grupos grandes, a las personas se les dice únicamente lo que "necesitan saber" para desempeñar sus funciones. Por lo tanto, un miembro en una ciudad no necesariamente está al tanto de una decisión legal importante, una noticia en los medios o una disputa interna que esté generando tensiones en el grupo en otra parte. Los miembros de las sectas suelen sentirse como si supieran más sobre lo que ocurre en su grupo que los forasteros, pero en mis sesiones de asesoramiento a exmiembros, he descubierto que, a menudo, saben mucho menos que casi cualquier otra persona. Los Moonies suelen desconocer la participación de su secta en la fabricación de armas, y los cienciólogos ignoran el encarcelamiento de once de sus líderes por la infiltración más grande en agencias gubernamentales jamás realizada.

Las organizaciones destructivas también controlan la información mediante la existencia de múltiples niveles de "verdad." Las ideologías sectarias a menudo tienen doctrinas para "forasteros" y doctrinas para "iniciados." El material para los forasteros es relativamente insípido y está diseñado para el público general o los nuevos conversos. Las doctrinas internas se revelan gradualmente, a medida que la persona se involucra más profundamente, y solo cuando los superiores consideran que está "lista."

Por ejemplo, los Moonies siempre afirmaban públicamente ser proestadounidenses, prodemocracia y profamilia. Los Moonies eran proestadounidenses en el sentido de que querían lo que consideraban mejor para Estados Unidos: que se convirtiera en una teocracia bajo el gobierno de Moon. Creían que la democracia había sido instituida por Dios para permitir que la Iglesia de la Unificación tuviera espacio para organizar una dictadura teocrática. Eran profamilia en el sentido de creer que la verdadera familia de cada ser humano era Moon, su esposa y sus hijos espirituales. Sin embargo, la doctrina interna era—y sigue siendo—que Estados Unidos es inferior a Corea y debe subordinarse a esta; que la democracia es un sistema tonto que "Dios está eliminando"; y que las personas deben cortar vínculos con sus familias "físicas" (en contraposición a las "espirituales") si estas son críticas con la secta.

Un miembro puede creer sinceramente que las doctrinas externas no son mentiras, sino simplemente un nivel diferente de verdad. Al crear un entorno donde la verdad tiene múltiples niveles, los líderes de las sectas hacen que sea casi imposible para un miembro realizar evaluaciones definitivas y objetivas. Si tienen problemas, se les dice que no son lo suficientemente maduros o avanzados como para conocer toda la verdad aún. Pero se les asegura que todo quedará claro en breve. Si trabajan arduamente, ganarán el derecho a comprender los niveles superiores de verdad.

Pero, a menudo, existen muchos niveles o capas internas de creencias. Frecuentemente, un miembro avanzado que cree conocer la doctrina completa de la secta aún está a varias capas de distancia de lo que saben los líderes superiores. Los cuestionadores que insisten en saber demasiado y demasiado rápido, por supuesto, son redirigidos hacia un objetivo externo hasta que olvidan sus objeciones o se quejan demasiado fuerte y son expulsados y vilipendiados.

Control del Pensamiento

El control del pensamiento, el tercer componente principal del control mental incluye adoctrinar a los miembros tan profundamente que internalicen la doctrina del grupo, incorporen un nuevo sistema de lenguaje y utilicen técnicas para detener el pensamiento con el fin de mantener su mente "centrada." Para ser un buen miembro, una persona debe aprender a manipular sus propios procesos mentales.

En las sectas totalitarias, la ideología se internaliza como "la verdad," el único mapa de la realidad. La doctrina no solo sirve para filtrar la información entrante, sino que también regula cómo puede ser procesada. Por lo general, la doctrina es absolutista, dividiendo todo en blanco o negro, o en nosotros contra ellos. Todo lo bueno está encarnado en el líder y el grupo. Todo lo malo está en el exterior. La doctrina afirma tener respuestas para todas las preguntas y problemas en cualquier situación. Los miembros no necesitan pensar por sí mismos porque la doctrina piensa por ellos. Los grupos más totalitarios afirman que su doctrina es científica, pero nunca es realmente el caso.

Una secta destructiva inevitablemente desarrolla su propio "lenguaje cargado" compuesto por palabras y expresiones únicas. Dado que el lenguaje proporciona los símbolos que usamos para pensar, limitarse a ciertas palabras sirve para controlar los pensamientos. El lenguaje sectario es totalitario y, por lo tanto, condensa situaciones complejas, las etiqueta y las reduce a clichés de la secta. Esta etiqueta simplista luego gobierna cómo los miembros piensan en cualquier situación. Por ejemplo, en los Moonies, cuando un miembro tenía dificultades para relacionarse con alguien que estaba por encima o por debajo de ellos en estatus, se le llamaba un problema de Caín-Abel. No importaba quién estuviera involucrado o cuál fuera el problema: simplemente se consideraba un problema de Caín-Abel. El término en sí mismo dictaba cómo debía resolverse el problema. Caín debía obedecer a Abel y seguirlo, en lugar de matarlo (como Caín mató a Abel en el Antiguo Testamento). Caso cerrado. Pensar de otra manera sería obedecer el deseo de Satanás de que el malvado Caín prevaleciera sobre el justo Abel. Es evidente que un pensamiento crítico sobre una mala conducta de un líder no podía superar este obstáculo en la mente de un miembro devoto.

Los clichés y el lenguaje cargado de la secta también levantan un muro invisible entre los creyentes y los forasteros. Este lenguaje ayuda a que los miembros se sientan especiales y los separa del público en general. También sirve para confundir a los recién llegados, quienes desean entender de qué están hablando los miembros. Los nuevos creen que simplemente tienen que esforzarse más en estudiar para comprender la verdad, la cual consideran que está expresada con precisión en este nuevo lenguaje. Sin embargo, en realidad, el lenguaje cargado les enseña a no pensar ni comprender. Aprenden que "comprender" significa aceptar y creer.

Otro aspecto clave del control del pensamiento consiste en entrenar a los miembros para bloquear cualquier información crítica hacia el grupo. Los mecanismos de defensa habituales de un miembro a menudo se distorsionan tanto que terminan defendiendo su nueva identidad sectaria frente a su antiguo yo. La primera línea de defensa incluye la negación—"Lo que dices no está ocurriendo en absoluto"; la racionalización—"Esto está ocurriendo por una buena razón"; la justificación—"Esto está ocurriendo porque debería ser así"; y el pensamiento ilusorio—"Me gustaría que fuera verdad, así que tal vez realmente lo sea."

Si la información transmitida a un miembro de una secta es percibida como un ataque al líder, la doctrina o el grupo, se levanta una barrera defensiva. Los miembros están entrenados para no creer en ninguna crítica. Las palabras críticas han sido explicadas de antemano—por ejemplo, como "las mentiras sobre nosotros que Satanás pone en la mente de las personas" o "las mentiras que imprime la Conspiración Mundial en los medios para desacreditarnos, porque saben que estamos descubriéndolos." Paradójicamente, la crítica hacia el grupo se utiliza para confirmar que la visión del mundo de la secta es correcta. Debido al control del pensamiento, la información fáctica que desafía la cosmovisión de la secta no se registra adecuadamente.

Quizás la técnica más utilizada y efectiva para controlar los pensamientos de los miembros de una secta es la detención del pensamiento. A los miembros se les enseña a aplicarla sobre sí mismos. Se les dice que les ayudará a crecer, a mantenerse "puros y fieles" o a ser más efectivos. Siempre que los miembros de la secta experimentan un pensamiento "malo," utilizan la detención del pensamiento para detener la "negatividad" y centrarse, bloqueando así cualquier cosa que amenace o desafíe la versión de la realidad de la secta.

Los diferentes grupos utilizan distintas técnicas de detención del pensamiento, que pueden incluir oraciones concentradas, cánticos en voz alta o en silencio, meditación, hablar en lenguas, cantar o tararear. Estas acciones, en ocasiones útiles y valiosas, se pervierten en las sectas destructivas. Además, se vuelven bastante mecánicas, ya que la persona está programada para activarlas al primer indicio de duda, ansiedad o incertidumbre. En cuestión de semanas, la técnica se arraiga. De hecho, se vuelve tan automática que la persona generalmente ni siquiera es consciente de que acaba de tener un pensamiento "malo." Solo se da cuenta de que, de repente, está cantando o realizando un ritual.

Mediante el uso de la detención del pensamiento, los miembros creen que están creciendo, cuando en realidad solo se están convirtiendo en adictos a estas técnicas. Después de abandonar una secta que emplea extensamente técnicas de detención del pensamiento, una persona normalmente atraviesa un difícil proceso de abstinencia antes de poder superar esta adicción.

La detención del pensamiento es la manera más directa de interrumpir la capacidad de una persona para contrastar la realidad. De hecho, si las personas solo pueden pensar de manera positiva sobre su participación en el grupo, están definitivamente atrapadas. Dado que la doctrina es perfecta y el líder es perfecto, se asume que cualquier problema que surja es culpa del miembro individual. Aprenden a culparse siempre a sí mismos y simplemente trabajar más duro.

El control del pensamiento puede bloquear de manera efectiva cualquier sentimiento que no corresponda con la doctrina del grupo. También puede servir para mantener a un miembro de la secta trabajando como un esclavo obediente. En cualquier caso, cuando se controla el pensamiento, los sentimientos y los comportamientos generalmente también son controlados.

Control Emocional

El control emocional, el cuarto componente del modelo BITE, busca manipular y limitar el rango de los sentimientos de una persona. Es un enfoque de "todo o nada": o bien te sientes maravilloso como un miembro "elegido" de la élite—alguien realmente especial, amado y parte de un movimiento extraordinario—, o te percibes como quebrado, poco espiritual, con mal karma, culpable de transgresiones, pecador y en la necesidad de arrepentirte, esforzarte más y convertirte en un miembro mejor y más devoto. La culpa y el miedo desempeñan un papel crucial en este proceso. Sin embargo, la mayoría de los miembros de las sectas no logran percatarse de que estos sentimientos están siendo utilizados para controlarlos. Ambos son herramientas esenciales para mantener a las personas bajo control.

La culpa se manifiesta de muchas formas. La culpa histórica (por ejemplo, el hecho de que Estados Unidos lanzó la bomba atómica sobre Hiroshima), la culpa de identidad (un pensamiento como "No estoy alcanzando mi potencial"), la culpa por acciones pasadas ("Hice trampa en un examen") y la culpa social ("Hay personas muriendo de hambre") pueden ser explotadas por los líderes de sectas destructivas. Los miembros son condicionados para asumir siempre la culpa, de modo que reaccionan con gratitud cuando un líder señala uno de sus "defectos".

El miedo se utiliza para unir a los miembros del grupo de varias maneras. La primera es la creación de un enemigo externo que persigue al grupo y a sus integrantes. Por ejemplo, se afirma que el FBI te encarcelará o te matará; que Satanás te llevará al Infierno; que los psiquiatras te someterán a terapia de electrochoques; que miembros armados de sectas rivales te dispararán o torturarán; y, por supuesto, que los exmiembros y críticos intentarán perseguirte. La segunda forma consiste en el terror a ser descubierto y castigado por los propios miembros o líderes de la secta. El miedo a lo que pueda sucederte si no realizas bien tu trabajo puede ser sumamente poderoso. Algunos grupos llegan a afirmar que un holocausto nuclear u otros desastres ocurrirán si los miembros son negligentes en su compromiso.

Para controlar a alguien a través de sus emociones, a menudo es necesario redefinir los propios sentimientos. Por ejemplo, todos desean felicidad. Sin embargo, si la felicidad se redefine como estar más cerca de Dios, y Dios está infeliz (como aparentemente ocurre en muchas sectas religiosas), entonces el camino hacia la felicidad es estar infeliz. Por lo tanto, la felicidad consiste en sufrir para acercarse más a Dios. Esta idea también aparece en algunas teologías no sectarias, pero en una secta se utiliza como herramienta de explotación y control.

En algunos grupos, la felicidad se define simplemente como seguir las instrucciones del líder, reclutar a numerosos nuevos miembros o generar grandes sumas de dinero. Asimismo, la felicidad puede interpretarse como el sentido de comunidad que la secta brinda a aquellos que disfrutan de un estatus elevado dentro de ella.

La lealtad y la devoción son las emociones más valoradas de todas. A los miembros no se les permite sentir ni expresar emociones negativas, excepto hacia los externos al grupo. Se les enseña a no preocuparse por sí mismos ni por sus propias necesidades, sino a pensar siempre en el grupo y a no quejarse jamás. Nunca deben criticar a un líder, sino únicamente a sí mismos.

Muchos grupos ejercen un control total sobre las relaciones interpersonales. Los líderes pueden, y de hecho lo hacen, decir a los miembros que eviten a ciertas personas o que pasen tiempo con otras. Algunos incluso les indican con quién pueden casarse y controlan toda la relación, incluyendo sus vidas sexuales. Algunos grupos exigen a sus miembros que nieguen o repriman sus sentimientos sexuales, los cuales se convierten en una fuente de frustración acumulada que puede canalizarse hacia otros esfuerzos, como trabajar más duro. Otros grupos imponen la sexualidad, y a un miembro que se resista se le hace sentir egoísta. En cualquier caso, el grupo está ejerciendo control emocional.

Muchos grupos ejercen un control total sobre las relaciones interpersonales. Los líderes pueden, y de hecho lo hacen, decir a los miembros que eviten a ciertas personas o que pasen tiempo con otras. Algunos incluso les indican con quién pueden casarse y controlan toda la relación, incluyendo sus vidas sexuales. Algunos grupos exigen a sus miembros que nieguen o repriman sus sentimientos sexuales, los cuales se convierten en una fuente de frustración acumulada que puede canalizarse hacia otros esfuerzos, como trabajar más duro. Otros grupos imponen la sexualidad, y a un miembro que se resista se le hace sentir egoísta. En cualquier caso, el grupo está ejerciendo control emocional.

A menudo, las personas son mantenidas en un estado de desequilibrio, elogiadas un minuto y reprendidas duramente al siguiente. En algunos grupos, un día estarás haciendo relaciones públicas frente a cámaras de televisión con traje y corbata; al siguiente, estarás en otro estado realizando trabajos manuales como castigo por algún pecado imaginado. Este mal uso de las recompensas y los castigos fomenta la dependencia y la impotencia. Este tipo de comportamiento contradictorio es común en las sectas.

La confesión de pecados pasados o actitudes incorrectas es también una herramienta poderosa para el control emocional. Por supuesto, una vez que alguien ha confesado públicamente, rara vez su antiguo pecado es verdaderamente perdonado u olvidado. En el momento en que se salen de la línea, este será sacado a relucir y utilizado para manipularlos y hacerlos obedecer. Cualquiera que se encuentre en una sesión de confesión dentro de una secta debe recordar esta advertencia: Cualquier cosa que digas puede y será usada en tu contra. Esta herramienta incluso puede extenderse al chantaje si decides abandonar la secta. Incluso cuando no se llega a ese extremo, los exmiembros a menudo tienen miedo de hablar, por temor a que sus secretos vergonzosos sean revelados públicamente.

La técnica más poderosa para el control emocional es la inducción de fobias, descrita en el capítulo 3. Los miembros desarrollan una reacción de pánico ante la mera idea de abandonar el grupo. Se les dice que, si se marchan, estarán perdidos y desprotegidos frente a oscuros horrores. Se les advierte que se volverán locos, serán asesinados, caerán en la drogadicción o se suicidarán. Estas historias se repiten con frecuencia, tanto en conferencias como en susurros en conversaciones informales. Para los miembros adoctrinados, resulta casi imposible sentir que pueden encontrar felicidad, seguridad o realización fuera del grupo.

Cuando los líderes de las sectas le dicen al público: "Los miembros son libres de irse en cualquier momento; la puerta está abierta," dan la impresión de que los miembros tienen libre albedrío y simplemente eligen quedarse. En realidad, es posible que los miembros no tengan una elección genuina, porque han sido adoctrinados para temer al mundo exterior. Si las emociones de una persona son controladas con éxito por el grupo, sus pensamientos y comportamientos seguirán ese control.

Cada componente del modelo BITE: control del comportamiento, control de la información, control del pensamiento y control emocional— ejerce una gran influencia sobre la mente humana. Juntos, forman una red totalista que puede ser utilizada para manipular incluso a las personas más inteligentes, creativas, ambiciosas y con una fuerte voluntad. De hecho, a menudo son los individuos con mayor determinación quienes se convierten en los miembros más comprometidos y entusiastas de las sectas.

He intentado abarcar solo las prácticas más amplias y comunes dentro de cada componente del control mental. Ningún grupo realiza todo lo descrito en esta sección. Existen otras prácticas que son utilizadas por ciertas sectas, pero que no están incluidas aquí.

Algunas prácticas podrían encajar en más de una de estas categorías. Por ejemplo, algunos grupos cambian los nombres de las personas para acelerar la formación de la nueva identidad "sectaria." Esta técnica podría encajar en las cuatro categorías. Existen muchas variaciones entre los grupos. Por ejemplo, algunos son evidentes en su inducción de fobias, mientras que otros son extremadamente sutiles. Lo más importante es el impacto general en el individuo. ¿Realmente tienen control sobre las decisiones de su vida? La única forma de saberlo es ofrecerles la oportunidad de reflexionar, de acceder libremente a toda la información y de saber que son libres de abandonar el grupo si así lo deciden.

Tres pasos para obtener el control de la mente

Identificar los cuatro componentes del control mental es una cosa, pero entender cómo se utilizan realmente para cambiar el comportamiento de personas desprevenidas es otra muy distinta. En apariencia, el proceso para obtener el control de la mente de otra persona parece bastante simple. Hay tres pasos: descongelar, cambiar y volver a congelar.

Este modelo de tres pasos se derivó a finales de la década de 1940 del trabajo de Kurt Lewin y fue descrito en el libro *Coercive Persuasion* de Edgar Schein. Schein, al igual que Lifton, estudió los programas de lavado de cerebro en la China de Mao Tse Tung a finales de la década de 1950. Su libro, basado en entrevistas con exprisioneros estadounidenses, es un valioso estudio sobre el proceso. Los tres pasos de Schein se aplican tan bien a otras formas de control mental como al lavado de cerebro. Según los describió, *descongelar* consiste en derribar a una persona; *cambiar* constituye el proceso de adoctrinamiento; y *volver a congelar* es el proceso de construir y reforzar la nueva identidad.

Las sectas destructivas de hoy en día cuentan con la ventaja adicional de décadas de investigación y técnicas psicológicas, lo que hace que sus programas de control mental sean mucho más efectivos y peligrosos que en el pasado. Los procesos hipnóticos, por ejemplo, son componentes mucho más significativos del control mental moderno. Además, las sectas destructivas modernas tienden a ser más flexibles en su enfoque. Están dispuestas y son capaces de adaptar su método a la composición psicológica específica de una persona, utilizar el engaño y un lenguaje cargado altamente sofisticado, o emplear técnicas como la detención del pensamiento y la inducción de fobias.

Analicemos más de cerca este modelo de tres etapas para entender cómo el programa paso a paso crea a un miembro de la secta bien disciplinado.

Descongelamiento

Para preparar a una persona para un cambio radical, primero debe desestabilizarse su realidad. Sus adoctrinadores deben confundirla y desorientarla. Deben cuestionar y desmontar sus marcos de referencia para entenderse a sí misma y su entorno. Alterar su visión de la realidad desarma sus defensas naturales contra los conceptos que desafían esa realidad.

El descongelamiento puede lograrse mediante una variedad de enfoques. Desorientar a una persona a nivel fisiológico puede ser muy efectivo. La privación del sueño es una de las técnicas más comunes y poderosas para quebrar a una persona. Además, nuevas dietas y horarios de comida también pueden tener un efecto desorientador. Algunos grupos utilizan dietas bajas en proteínas y altas en azúcar, o periodos prolongados de subalimentación, para minar la integridad física de una persona.

El descongelamiento se logra de manera más efectiva en un entorno totalmente controlado, como una finca aislada en el campo, pero también puede realizarse en lugares más familiares y de fácil acceso, como un salón de baile de hotel.

Los procesos hipnóticos constituyen otra herramienta poderosa para el descongelamiento y para sortear los mecanismos de defensa de una persona. Una técnica hipnótica particularmente efectiva implica el uso deliberado de la confusión para inducir un estado de trance. La confusión generalmente ocurre cuando se comunica información contradictoria de manera congruente. Por ejemplo, si un hipnotizador dice en un tono de voz autoritario: "Cuanto más trates de entender lo que estoy diciendo, menos nunca podrás entenderlo. ¿Entiendes?", el resultado es un estado de confusión temporal. Si lo lees una y otra vez, puedes concluir que la afirmación es simplemente contradictoria y absurda. Sin embargo, si una persona permanece el tiempo suficiente en un entorno controlado y recibe de manera repetida un lenguaje desorientador y una información confusa, generalmente suspenderá su juicio crítico y se adaptará a lo que todos los demás están haciendo. En un entorno así, la tendencia de la mayoría de las personas es dudar de sí mismas y ceder ante el grupo.

Los procesos hipnóticos constituyen otra herramienta poderosa para descongelar y sortear los mecanismos de defensa de una persona. Una técnica hipnótica particularmente efectiva implica el uso deliberado de la confusión para inducir un estado de trance. La confusión generalmente ocurre cuando se comunica información contradictoria de manera congruente. Por ejemplo, si un hipnotizador dice en un tono de voz autoritario: 'Cuanto más intentes entender lo que digo, menos serás capaz de comprenderlo. ¿Entiendes?', el resultado es un estado de confusión temporal. Si lo lees una y otra vez, podrías concluir que la afirmación es simplemente contradictoria y carente de sentido. Sin embargo, si una persona permanece lo suficiente en un entorno controlado y se le alimenta repetidamente con un lenguaje desorientador e información confusa, usualmente suspenderá su juicio crítico y se adaptará a lo que todos los demás están haciendo. En tal entorno, la tendencia de la mayoría de las personas es dudar de sí mismas y ceder al grupo.

La sobrecarga sensorial, al igual que la privación sensorial, también puede interrumpir eficazmente el equilibrio de una persona y hacerla más receptiva a las sugerencias. Una persona puede ser bombardeada fácilmente con material cargado emocionalmente a una velocidad mayor de la que puede procesar. El resultado es una sensación de estar abrumado. La mente entra en un estado neutral y deja de evaluar la información que recibe. El recién llegado puede pensar que esto ocurre espontáneamente dentro de sí mismo, pero la secta ha estructurado intencionadamente el entorno para que esto suceda.

Otras técnicas hipnóticas, como las dobles ataduras, también pueden usarse para ayudar a desestabilizar la percepción de la realidad de una persona. Una doble atadura obliga a la persona a hacer lo que el controlador desea, mientras se le da la ilusión de elección. Por ejemplo, un líder sectario puede decir: 'Para aquellas personas que tienen dudas sobre lo que les estoy diciendo, deben saber que soy yo quien está poniendo esas dudas en su mente, para que vean la verdad de que soy el verdadero maestro.' Tanto si la persona cree como si duda del líder, ambos escenarios quedan cubiertos.

Otro ejemplo de una doble atadura es: 'Si admites que hay cosas en tu vida que no están funcionando, entonces al no tomar el seminario, les estás dando poder para controlar tu vida.' El mensaje es: El simple hecho de estar aquí demuestra que no eres competente para juzgar si debes irte o no.

Ejercicios como meditaciones guiadas, confesiones personales, sesiones de oración, ejercicios vigorosos e incluso cantos grupales también pueden facilitar el proceso de descongelamiento. Por lo general, estas actividades comienzan de manera bastante inocente, pero gradualmente se vuelven más intensas y dirigidas. Casi siempre se realizan en grupo, lo que impone la privación de privacidad y frustra la necesidad de una persona de estar sola, pensar y reflexionar.

En esta etapa del descongelamiento, a medida que las personas se debilitan, la mayoría de las sectas las bombardean con la idea de que tienen serios defectos: son incompetentes, están mentalmente enfermas o espiritualmente caídas. Cualquier problema que sea importante para la persona, como un bajo rendimiento en la escuela o el trabajo, el sobrepeso o dificultades en una relación, se exagera para demostrar lo completamente desordenada que está la persona. Algunos grupos pueden ser bastante crueles en sus ataques a los individuos en esta etapa, llegando a humillarlos frente a todo el grupo.

En esta etapa del descongelamiento, a medida que las personas se debilitan, la mayoría de las sectas las bombardean con la idea de que tienen serios defectos: son incompetentes, están mentalmente enfermas o espiritualmente caídas. Cualquier problema que sea importante para la persona, como un bajo rendimiento en la escuela o el trabajo, el sobrepeso o dificultades en una relación, se exagera para demostrar lo completamente desordenada que está la persona. Algunos grupos pueden ser bastante crueles en sus ataques a los individuos en esta etapa, llegando a humillarlos frente a todo el grupo.

Una vez que una persona ha sido quebrada, está lista para la siguiente fase.

Cambio

El cambio consiste en imponer una nueva identidad personal: un nuevo conjunto de comportamientos, pensamientos y emociones para llenar el vacío dejado por la destrucción de la identidad anterior. El adoctrinamiento en esta nueva identidad ocurre tanto de manera formal (por ejemplo, a través de seminarios y rituales) como de manera informal (pasando tiempo con miembros, leyendo y escuchando grabaciones y videos). Muchas de las mismas técnicas utilizadas en la fase de descongelamiento también se llevan a cabo en esta fase.

La repetición, la monotonía y el ritmo: estas son las cadencias hipnóticas y tranquilizadoras en las que generalmente se entrega el adoctrinamiento formal. El material se repite una y otra y otra vez. Si los conferencistas son sofisticados, varían un poco sus discursos en un intento por mantener el interés, pero el mensaje permanece prácticamente igual.

Durante la fase de cambio, toda esta repetición se centra en ciertos temas centrales. Se les dice a los reclutas lo malo que es el mundo y que las personas no iluminadas no tienen idea de cómo arreglarlo. Esto se debe a que las personas comunes carecen de la nueva comprensión que ha sido proporcionada por el líder. El líder es la única esperanza de una felicidad duradera. A los reclutas se les dice: "Tu antiguo yo es lo que te impide experimentar completamente la nueva verdad. Tus antiguos conceptos son lo que te arrastra hacia abajo. Tu mente racional te está frenando de un progreso fantástico. Ríndete. Suéltate. Ten fe". A los cienciólogos se les dice que deben poner sus mentes bajo el control de un consejero, para demostrar que sus mentes pueden ser controladas.

Los comportamientos se moldean de manera sutil al principio y luego de forma más contundente. El material que conformará la nueva identidad se distribuye gradualmente, pieza por pieza, y solo tan rápido como se considere que la persona está lista para asimilarlo. La regla general es: "Dile al nuevo miembro solo lo que está preparado para aceptar".

Cuando era conferencista en los Moonies, recuerdo haber discutido esta política con otros involucrados en el reclutamiento. Me enseñaron esta analogía: '¿Le darías a un bebé trozos gruesos de carne? Tienes que alimentar a un bebé con algo que pueda digerir, como fórmula. Bueno, estas personas (los potenciales conversos) son como bebés espirituales. No les digas más de lo que puedan manejar, o se "morirán".' Si un recluta se enojaba porque estaba aprendiendo demasiado sobre el funcionamiento real de nuestra organización, la persona encargada de trabajarlo se retiraba y dejaba que otro miembro interviniera para alimentarlo con una papilla más fácil de digerir.

Las sesiones formales de adoctrinamiento pueden ser muy monótonas y rítmicas, una forma de inducir estados hipnóticos. Es bastante común que las personas se duerman durante estos programas. Cuando era conferencista en una secta, me enseñaron a regañar a las personas y hacerlas sentir culpables si se quedaban dormidas, pero, en realidad, simplemente estaban respondiendo bien a la hipnosis. Incluso mientras dormitan ligeramente, una persona sigue escuchando el material, de una forma u otra, y se ve afectada por él, con sus defensas intelectuales normales debilitadas.

Otra técnica poderosa para el cambio es la 'experiencia espiritual' inducida. Esto a menudo se fabrica de la manera más artificial. Información privada sobre el recluta es recopilada por su compañero más cercano dentro del grupo y luego transmitida en secreto a los líderes. Más tarde, en el momento adecuado, esta información puede ser utilizada repentinamente para crear una 'experiencia.' Quizás semanas después, en otro lugar, un líder confronta al recluta sobre el suicidio de su hermano. Al saber que no le contó a nadie en este nuevo lugar sobre ello, el recluta piensa que el líder ha leído sus pensamientos o está recibiendo información directamente del mundo espiritual. El recluta se siente abrumado y suplica perdón por no ser un mejor miembro.

Las sectas religiosas destructivas no son las únicas en orquestar experiencias 'místicas.' Un artista marcial y autoproclamado mentalista, que formó su propia secta, pagó en secreto a matones para que asaltaran a sus estudiantes en la calle, con el fin de aumentar su miedo al mundo exterior y hacerlos más dependientes de él. Otro líder sectario, un psicoterapeuta, manipuló a una de sus pacientes al confrontarla sobre su incapacidad para mantener su dieta. Ella creía que él tenía poderes especiales. Él no le dijo que la había visto ese mismo día comiendo un helado con salsa. Ella estaba convencida de que poseía 'poderes' especiales.

Las sectas religiosas destructivas no son las únicas en orquestar experiencias 'místicas.' Un artista marcial y autoproclamado mentalista, que formó su propia secta, pagó en secreto a matones para que asaltaran a sus estudiantes en la calle, con el fin de aumentar su miedo al mundo exterior y hacerlos más dependientes de él. Otro líder sectario, un psicoterapeuta, manipuló a una de sus pacientes al confrontarla sobre su incapacidad para mantener su dieta. Ella creía que él tenía poderes especiales. Él no le dijo que la había visto ese mismo día comiendo un helado con salsa. Ella estaba convencida de que poseía 'poderes' especiales.

Una técnica común entre las sectas religiosas es instruir a las personas para que pregunten a Dios qué quiere que hagan. Se exhorta a los miembros a estudiar y orar para conocer la voluntad de Dios para ellos. Siempre se da a entender que unirse al grupo es la voluntad de Dios y que abandonar el grupo es traicionar a Dios. Por supuesto, si una persona le dice al líder de la secta: "Oré, y Dios me dijo que me fuera", esto no será aceptado.

Quizás la persuasión más poderosa sea ejercida por otros miembros de la secta. Para una persona promedio, hablar con un sectario adoctrinado puede ser una experiencia impactante. Probablemente nunca conocerás a alguien tan absolutamente convencido de que sabe qué es lo mejor para ti. Además, un miembro dedicado de la secta no acepta un no como respuesta, ya que ha sido adoctrinado para creer que, si no te unes, o eres una persona malvada o la culpa es suya. Esto les genera una enorme presión para lograr que te unas.

Cuando alguien está completamente rodeado de personas así, la psicología de grupo desempeña un papel importante en el proceso de cambio. Las personas son deliberadamente organizadas en pequeños grupos específicos o células. Aquellos que hacen demasiadas preguntas son rápidamente aislados del cuerpo principal de los demás miembros.

En los Moonies, formábamos equipos al comienzo de un taller para evaluar a los reclutas. Los dividíamos en "ovejas" y "cabras", y los asignábamos a grupos según su clasificación. Las "ovejas" eran aquellos considerados "espiritualmente preparados". Las "cabras" eran individualistas tercos a quienes no se esperaba que se convirtieran en buenos miembros. Si no podían ser doblegados, su "negatividad" se confinaba de manera segura en un equipo de cabras, fuera del alcance de las ovejas, y se les podía pedir que se fueran. (Después de dejar los Moonies, me sorprendió descubrir que otras sectas completamente diferentes utilizaban la misma técnica. Pensé que "La Familia" había inventado el método).

Pero el proceso de cambio implica mucho más que obedecer a las figuras de autoridad de la secta. También incluye numerosas sesiones de "compartir" con otros miembros comunes, donde se confiesan males pasados, se narran historias de éxito presentes y se fomenta un sentido de comunidad. Estas sesiones grupales son muy efectivas para enseñar la conformidad, ya que el grupo refuerza vigorosamente ciertos comportamientos con elogios y reconocimientos efusivos, mientras castiga las ideas y comportamientos ajenos al grupo con un silencio helado.

Los seres humanos tienen una capacidad increíble para adaptarse a nuevos entornos. Los líderes carismáticos de las sectas saben cómo explotar esta fortaleza. Al controlar el entorno de una persona, utilizar técnicas de modificación del comportamiento para premiar ciertas conductas y suprimir otras, e inducir estados hipnóticos, pueden efectivamente reprogramar la identidad de una persona.

Una vez que una persona ha sido completamente quebrada a través del proceso de cambio, está lista para el siguiente paso.

Recongelamiento

El recluta debe ser reconstruido ahora como el "nuevo hombre" o la "nueva mujer." Se le da un nuevo propósito en la vida y nuevas actividades que solidificarán su nueva identidad. Los líderes de la secta deben estar razonablemente seguros de que la nueva identidad sectaria será sólida cuando la persona salga del entorno inmediato de la secta. Por lo tanto, los nuevos valores y creencias deben ser plenamente internalizados por el recluta.

Muchas de las técnicas de las dos primeras etapas se trasladan a la fase de recongelamiento. La primera y más importante tarea de la nueva persona es denigrar a su anterior yo pecaminoso. Lo peor que puede hacer es actuar como su antiguo yo. Lo mejor es que actúe como su nuevo yo sectario, el cual a menudo está completamente formado en cuestión de unos pocos meses, o incluso días.

Durante esta fase, la memoria de la persona se distorsiona, minimizando las cosas buenas del pasado y maximizando sus pecados, fallos, heridas y culpas. Los talentos especiales, intereses, pasatiempos, amigos y familia generalmente deben ser abandonados—preferiblemente mediante acciones públicas dramáticas—si compiten con el compromiso hacia la causa. La confesión se convierte en otra forma de purgar el pasado de la persona y arraigarla en la secta.

Durante la fase de "recongelamiento", el método principal para transmitir nueva información es el modelado. Los nuevos miembros se emparejan con miembros más antiguos, quienes tienen la tarea de mostrarles cómo funcionan las cosas. Al "hijo espiritual" se le instruye que imite al "padre espiritual" en todos los aspectos. Esta técnica cumple varios propósitos. Mantiene al miembro "mayor" en su mejor comportamiento, mientras satisface su ego. Al mismo tiempo, despierta el apetito del nuevo miembro por convertirse en un modelo respetado, para que pueda entrenar a sus propios miembros junior.

El grupo ahora se convierte en la "verdadera" familia del miembro; cualquier otra se considera su "familia física" anticuada. Algunas sectas insisten en una transferencia muy literal de la lealtad familiar. Jim Jones fue uno de los muchos líderes sectarios que exigió que sus seguidores lo llamaran "Papá".

En mi propio caso, dejé de ser Steve Hassan, hijo de Milton y Estelle Hassan, y me convertí en Steve Hassan, hijo de Sun Myung Moon y Hak Ja Han, los "Padres Verdaderos" de toda la creación. En cada momento de vigilia, se me recordaba que debía ser un pequeño Sun Myung Moon, la persona más grandiosa en la historia de la humanidad. A medida que se formaba mi identidad sectaria, quería pensar como él, sentir como él y actuar como él. Cuando se enfrentan a un problema, a los cienciólogos se les anima a preguntar: "¿Qué haría Ron (Hubbard)?"

Para ayudar a "congelar" la nueva identidad del miembro, algunas sectas les asignan un nuevo nombre. Muchas también cambian el estilo de ropa, el corte de cabello y cualquier otra cosa que les recuerde su pasado. Como se mencionó anteriormente, los miembros suelen aprender a hablar con una jerga distintiva o un lenguaje cargado propio del grupo.

Se suele ejercer una gran presión sobre el miembro para que entregue dinero y otras posesiones. Esto cumple múltiples propósitos. En primer lugar, enriquece a la secta. En segundo lugar, donar los ahorros de toda una vida refuerza la adhesión al nuevo sistema de creencias, ya que sería demasiado doloroso admitir que fue un error insensato. La coherencia es un aspecto importante de la influencia. En tercer lugar, dificulta la supervivencia financiera en el mundo exterior, lo que desanima a la persona a abandonar el grupo.

La privación de sueño, la falta de privacidad y los cambios en la dieta a veces se prolongan durante varios meses o incluso más. A menudo, el nuevo miembro es trasladado lejos de su entorno familiar y de sus fuentes habituales de influencia, a un lugar nuevo donde nunca ha sido otra cosa que su "nuevo yo". Esto fomenta aún más la dependencia de las figuras de autoridad de la secta.

Al nuevo miembro se le asigna típicamente la tarea de hacer proselitismo lo antes posible. Las investigaciones en psicología social han demostrado que nada solidifica más rápidamente las creencias de una persona que reclutar a otros para compartirlas. Hacer que los nuevos miembros participen rápidamente en esta actividad cristaliza su nueva identidad dentro de la secta.

Algunos grupos se financian mediante métodos de recaudación de fondos difíciles y humillantes, como solicitudes de donaciones durante todo el día y toda la noche. Estas experiencias se convierten en una forma de glorioso martirio que ayuda a consolidar el compromiso con el grupo. ¡Correr por el estacionamiento de un supermercado vendiendo flores a precios exagerados bajo una lluvia torrencial es una técnica poderosa para hacer que realmente creas en lo que estás haciendo!

Después de varias semanas de proselitismo y recaudación de fondos en el mundo exterior, el miembro suele ser enviado de regreso para un readoctrinamiento. Este ciclo puede repetirse decenas de veces a lo largo de varios años.

Cuando un novato pasa suficiente tiempo con miembros más antiguos, finalmente llega el día en que se le puede confiar la tarea de entrenar a otros recién llegados por sí solo. Así, la víctima se convierte en victimario, perpetuando el sistema destructivo.

Identidad Dual: La Clave para Entender a los Miembros de las Sectas

Dada la libertad de elección, las personas predeciblemente siempre elegirán lo que creen que es mejor para ellas. Sin embargo, los criterios éticos para determinar qué es lo mejor deben ser los propios, no los de alguien más. En un entorno de control mental, la libertad de elección es lo primero que se pierde. El miembro de la secta deja de operar como un individuo. Ahora tienen una nueva estructura de identidad artificial creada por la secta, que incluye nuevas creencias y un nuevo lenguaje. La doctrina del líder de la secta se convierte en el mapa maestro de la realidad.

Los miembros de una secta de control mental están en guerra consigo mismos. Por lo tanto, al tratar con un miembro de una secta, es extremadamente importante recordar siempre que tienen dos identidades. Esto también aplica a las personas nacidas dentro de sectas destructivas: ellas también poseen un yo auténtico y privado, y un yo sectario.

Identificar estas identidades duales suele ser confuso para los familiares y amigos de los miembros de una secta. Esto es especialmente cierto en las primeras semanas o meses de involucramiento de la persona con la secta, cuando su nueva identidad es más evidente. En un momento, la persona habla con jerga sectaria y adopta una actitud hostil o elitista, como si lo supiera todo. Luego, sin previo aviso, parece volver a ser su antiguo yo, con sus actitudes y modales de siempre. Tan repentinamente como ocurrió el cambio, vuelve a su identidad sectaria. (Este comportamiento resulta muy evidente para cualquier persona que tenga experiencia trabajando con miembros de sectas.)

Para mayor comodidad, podemos llamar a estas identidades duales Juan o Juana (cuando la persona es más auténtica) y Juan-sectario o Juana-sectaria (cuando actúa como un clon de la secta). Por lo general, solo una de estas dos identidades ocupa la conciencia de la persona en un momento dado. Sin embargo, la personalidad que predomina la mayor parte del tiempo es la identidad sectaria. Solo de manera intermitente reaparece el yo antiguo.

Es esencial que los familiares se sensibilicen a las diferencias entre los dos patrones de identidad, tanto en términos de contenido (de qué habla la persona) como de patrones de comunicación (cómo habla y actúa). Cada uno se ve y suena de manera claramente distinta.

Cuando "Juan-cultista" o "Juana-cultista" están hablando, su discurso es robótico o se asemeja a una grabación de una conferencia de la secta— lo que yo llamo un "bucle de cinta." Hablarán con una intensidad y un volumen inadecuados. Su postura suele ser más rígida, con los músculos faciales más tensos. Los ojos tienden a parecer vidriosos, fríos o sin vida a los familiares, y a menudo parece que miran a través de las personas.

Por otro lado, cuando el auténtico "Juan" o "Juana" está hablando, su discurso tendrá un rango más amplio de emociones. Serán más expresivos y compartirán sus sentimientos con mayor disposición. Se mostrarán más espontáneos e incluso pueden exhibir sentido del humor. Su postura y musculatura parecerán más relajadas y cálidas. El contacto visual con ellos será más natural.

Una descripción tan marcada de una personalidad dividida puede parecer demasiado simplista, pero es notablemente precisa. Es una experiencia inquietante hablar con alguien y sentir que, a mitad de una frase, una identidad diferente ha tomado el control de su cuerpo. Como verá en capítulos posteriores, reconocer este cambio y actuar de manera adecuada es la clave para liberar el verdadero yo de la persona y liberarla del yugo de la secta.

Por más que el adoctrinamiento sectario intente destruir y suprimir la antigua identidad, y fortalecer la nueva, casi nunca lo logra por completo. Las experiencias positivas y los recuerdos agradables rara vez desaparecen por completo. La identidad sectaria intentará enterrar los puntos de referencia anteriores y sumergir el pasado de la persona. Sin embargo, con el tiempo, el antiguo yo inevitablemente buscará formas de recuperar su libertad. Este proceso se acelera con la exposición positiva a personas ajenas al grupo y con la acumulación de experiencias negativas que la persona vive dentro de la secta. La verdadera identidad en lo más profundo—el hardware (el yo) bajo el "virus" del control mental—observa y registra contradicciones, preguntas y experiencias desilusionantes.

Todavía me asombra, aunque yo mismo viví una experiencia similar, que mis clientes sean capaces de verbalizar incidentes dolorosos muy específicos que ocurrieron mientras eran miembros de una secta. Las personas logran recordar cosas horribles, como haber sido violadas por el líder de la secta o haber sido obligadas a mentir, engañar o robar. A pesar de que sabían en ese momento que estaban haciendo algo incorrecto o siendo abusadas, no podían enfrentar la experiencia ni actuar al respecto mientras su identidad sectaria estaba en control. Solo cuando se les permitió y animó a hablar desde su verdadero yo, estas cosas volvieron a la conciencia. De hecho, una parte esencial de ayudar a asesorar a un miembro de una secta implica sacar a la luz sus propias experiencias, para que puedan procesarlas conscientemente desde su verdadero yo.

En mi trabajo, he visto una y otra vez que el verdadero yo de una persona—su estructura mental y emocional básica—posee las claves para deshacer el proceso de control mental. De hecho, este verdadero yo es responsable de generar las frecuentes enfermedades psicosomáticas que experimentan los miembros de sectas. He conocido a personas que han desarrollado problemas graves de piel, lo que les excusó de las agotadoras jornadas laborales habituales y les dio la oportunidad de dormir. He visto personas desarrollar asma y reacciones alérgicas severas para buscar atención médica y ayuda externa. Migrañas, dolores de espalda, fatiga crónica son solo algunos ejemplos más de problemas muy reales y dolorosos que los miembros desarrollan y que pueden ayudarlos a salir.

El verdadero yo también se manifiesta de otras maneras. Puede presionar al yo sectario para que visite a la familia, utilizando como excusa la necesidad de recoger ropa o fondos, o incluso buscar nuevos reclutas. Asimismo, el verdadero yo puede dejar caer pistas, al hablar con familiares o amigos, de que el miembro desea ser rescatado. He tenido varias familias que se han puesto en contacto conmigo después de que sus hijos, estando en sectas, les dijeron específicamente que no buscaran un consejero profesional para sacarlos. Antes de ese comentario, las familias ni siquiera sabían que existía alguien a quien podían contactar para ayudar.

El verdadero yo de las personas también puede ser responsable de generar sueños temáticos. He conocido a cientos de exmiembros que han reportado experimentar pesadillas recurrentes durante su tiempo en sectas. Estos sueños suelen involucrar sensaciones de estar perdidos, heridos o atrapados, ser asfixiados o ahogados, o encontrarse encarcelados en un campo de concentración.

Algunas personas me han contado que recibieron un sueño o una "revelación" que les indicaba que debían abandonar el grupo. En ese momento, sus identidades sectarias no querían irse, pero sus experiencias "espirituales" fueron tan poderosas que siguieron las instrucciones y, eventualmente, pudieron recibir asesoramiento.

Me gusta usar la metáfora de que existe un cableado en nuestro ADN que influye en nuestros cuerpos y mentes para alejarnos del daño. El verdadero yo resiste el condicionamiento, el adoctrinamiento y cualquier intento de suprimir el bienestar.

Quiero añadir algo aquí. Mi propia espiritualidad ha evolucionado a lo largo de las décadas. Mi familia y yo pertenecemos a una comunidad judía independiente en Boston que es no dogmática, igualitaria y orientada hacia la justicia social. En el Templo Beth Zion realizamos servicios tradicionales, así como servicios de meditación judía. Este espacio permite que tanto ateos analíticos como personas con una orientación más mística se sientan en casa y formen parte de una comunidad. La fe puede ser algo maravilloso si está equilibrada por el pensamiento crítico.

Para mí, sigo creyendo que, de alguna manera, existe una fuerza trascendente, un Dios que es el poder unificador del amor y la creatividad. Ya sea que las personas de todo el mundo prefieran llamarlo Dios, Manitou, Jesús, Hashem o Alá—o incluso el sonido de la respiración (como lo hacemos nosotros)—esa fuerza resuena y actúa a través de las personas. Y a pesar de todo lo que sé sobre psicología e influencia, todavía hay experiencias en mi vida que no puedo atribuir simplemente a la casualidad o al sesgo de confirmación, y que prefiero considerar como misteriosas y místicas. Una de estas experiencias tiene que ver con cómo fui rescatado de la secta.

Después de haber estado fuera de los Moonies por más de cuatro años, escuché accidentalmente a mi madre decirle a una amiga: "Y no se lo digas a Steven, pero estuve rezando durante un año entero para que Dios le rompiera una pierna. Le decía: Querido Dios, no lo lastimes demasiado, solo lo suficiente para que podamos encontrarlo y rescatarlo". Sorprendido, le pregunté a mi madre por qué no me había contado esto después de tantos años. Ella respondió: "No es agradable rezar para que alguien se lastime. No quería que te sintieras mal". No lo hice. De hecho, recordé lo que me dijeron los técnicos de emergencia mientras me sacaban de los restos del accidente: "Es un milagro que no hayas muerto".

Entonces, en mi propia vida de fe, elijo creer que Dios respondió a las oraciones de mi madre. De todas mis lesiones y lo que podría haber ocurrido en el accidente, la lesión principal fue, efectivamente, que me rompí la pierna. Creo que, en algún nivel profundo e inconsciente, mi verdadero yo fue influenciado por el amor de mi madre para quedarme dormido y despertar en el momento preciso. Por supuesto, no hay manera de probar esto. Pero he escuchado de otras personas que también estuvieron involucradas en accidentes que eventualmente las llevaron a la libertad.

Podría añadir que he tenido otras experiencias místicas a lo largo de mi vida, como cuando conocí a mi ahora esposa, Misia. En nuestra primera cita, supe que estábamos destinados a estar juntos y a tener un hijo juntos. Y así ha sido. Nos casamos en el plazo de un año y estamos criando juntos a nuestro increíble hijo, Matthew.

Por supuesto, hay tantas oraciones de tantas personas buenas que se pronuncian para aliviar el sufrimiento o prevenir el daño, que parecen no ser respondidas. No creo en una deidad antropomorfizada que se sienta en un trono con barba y con el Libro de la Vida en su regazo, decidiendo qué eventos ocurren en la Tierra. Dicho esto, animo a mis clientes a orar, a tener esperanza y a hacer todo lo que esté en su poder para ayudar a sus seres queridos y amigos que aún están involucrados en grupos sectarios.

No importa cuánto tiempo haya estado una persona involucrada en una secta destructiva, siempre hay esperanza de que pueda recibir ayuda. Hablé con una abuela de 85 años que dejó una secta destructiva después de 15 años de pertenencia. Lágrimas llenaron sus ojos mientras describía lo maravilloso que era ser libre de nuevo. Yo también lloré mientras hablaba. Sabía exactamente a qué se refería.

Capítulo 5 – Psicología de las Sectas

Desde mi salida de la secta Moon, he asesorado o hablado con miles de exmiembros de sectas. Estas personas provienen de todo tipo de trasfondos y tienen edades que van desde los 12 hasta los 85 años. Aunque algunos de ellos claramente tenían problemas emocionales graves antes de involucrarse, la gran mayoría eran personas estables, inteligentes e idealistas. Muchos tenían una buena educación y venían de familias respetables.

Numerosos miembros nacieron o crecieron en grupos totalitarios, pero aun así lograron salir. Muchos consiguieron formar relaciones y desarrollar carreras exitosas. Sin embargo, muchos más enfrentaron luchas y sufrieron una miríada de problemas psicológicos y de vida relacionados con su participación en las sectas.

El hecho de que muchos fueran inteligentes, bien adaptados y provinieran de buenos hogares no me sorprende en absoluto. Cuando fui líder en los Moonies, reclutábamos de manera selectiva a personas "valiosas": aquellas que eran fuertes, solidarias y motivadas. De hecho, una secta generalmente se enfoca en las personas más educadas, activas y capaces que pueda encontrar. Por otro lado, las personas con problemas emocionales solían tener dificultades para manejar el horario riguroso y las enormes presiones psicológicas que les imponíamos. Reclutar e indoctrinar a un miembro requería mucho tiempo, energía y dinero, por lo que tratábamos de no desperdiciar nuestros recursos en alguien que parecía propenso a colapsar.

Como cualquier otro negocio, las grandes organizaciones sectarias prestan atención a estas relaciones costo-beneficio. Las sectas que perduran más de una década necesitan contar con personas competentes que gestionen los asuntos prácticos que cualquier organización con objetivos a largo plazo debe atender.

Los grandes grupos pueden permitirse contratar a externos para realizar tareas ejecutivas y profesionales, pero un profesional contratado nunca es tan confiable como alguien psicológicamente comprometido con el grupo. Además, no es necesario pagar a los miembros de la secta por sus servicios. Por lo tanto, las sectas intentan reclutar profesionales talentosos para gestionar sus asuntos, dar una imagen respetable a sus organizaciones y garantizar su éxito.

Los externos que tratan con el liderazgo de sectas destructivas nunca dejan de sorprenderse de que no sean personas extravagantes o desorganizadas. Escucho comentarios como: "Nunca pensé que habría tantas personas brillantes en este tipo de grupos" o "Ese líder es realmente una persona muy agradable, amable y perspicaz. ¿Cómo pudo unirse a un grupo como este?"

A veces me preguntan si existe algún tipo de familia problemática típica de la que tienden a proceder los miembros de sectas. La respuesta es no. Cualquier persona, independientemente de su entorno familiar, puede ser reclutada por una secta. La variable principal no es la familia de la persona, sino la habilidad del reclutador de la secta y la situación vital del recluta.

La participación en sectas destructivas a veces ofrece a algunas personas una salida para aspectos de sí mismas que no encontraron en su vida familiar o actividades sociales. Por ejemplo, muchas personas tienen un impulso genuino de trabajar en equipo con otros en diversas causas sociales o religiosas. Sin embargo, relativamente pocas comunidades ofrecen actividades organizadas para personas idealistas. La vida en una secta les brinda justamente esa oportunidad, junto con los aparentes beneficios de "pertenecer" que surgen de una experiencia grupal intensa. Apoyo la búsqueda de formas más significativas de desarrollar relaciones con otras personas, pero, como he aprendido, las personas que están en esa búsqueda suelen ser más vulnerables que otras al reclutamiento por parte de sectas.

También he notado que muchos jóvenes idealistas reclutados por sectas están luchando por afirmar su individualidad y, en algunos casos, atravesando un período de rebeldía. Para estos jóvenes, formar parte de una secta puede ser una forma de sustituir las figuras de autoridad del grupo por una familia sustituta mientras están lejos de casa. Ocasionalmente, me he encontrado con problemas más graves, como el alcoholismo o la adicción a las drogas dentro de la familia, lo que lleva a estas personas a sentir un fuerte deseo de escapar de un entorno familiar disfuncional lo antes posible. Sin embargo, no parece haber un patrón consistente en el tipo de familia de la que provienen los reclutas. La mayoría parecen relativamente normales.

Entonces, ¿qué hace que una persona sea vulnerable a las sectas? ¿Cómo puede un ser humano amistoso, amable y perspicaz convertirse en miembro de una secta destructiva? Si es como la mayoría de los miembros de sectas, probablemente fue abordado durante un momento de estrés inusual, quizás mientras atravesaba una gran transición en su vida.

El estrés intenso es algo común en el mundo moderno. Muchas personas experimentan una gran presión en el trabajo o en la escuela, o tensiones derivadas de problemas familiares, relaciones sociales, preocupaciones de salud, nuevos empleos, nuevas viviendas, crisis económicas o una combinación de varios de estos factores al mismo tiempo. Por lo general, nuestros mecanismos de defensa nos ayudan a afrontar estas situaciones, pero todos tenemos momentos de vulnerabilidad. Los seres humanos enfrentamos este tipo de eventos cíclicos en la vida: graduaciones, mudanzas, la muerte de amigos y familiares, rupturas de relaciones o matrimonios, pérdida de empleo, entre otros.

Aunque podamos sucumbir al control mental en momentos de debilidad, esto no es, de ninguna manera, permanente. Siempre que los reclutas se alejan del entorno del grupo el tiempo suficiente y comienzan a descubrir libros, artículos o testimonios reveladores de exmiembros, casi siempre logran romper con la secta. El problema surge cuando las personas dependen del grupo para obtener toda la información clave. Sin saberlo, le dan al culto el beneficio de la duda. Pueden asumir que cualquier problema es simplemente el resultado del comportamiento idiosincrásico de un miembro, y no del sistema en sí. Un miembro de una secta a quien asesoré me contó que, cada vez que sorprendía a su reclutador Moonie en una mentira, la ignoraba porque asumía que mentir era solo un problema personal de ella. Este tipo de errores de juicio son comunes entre personas que desconocen la naturaleza de las sectas.

Este capítulo, entonces, está diseñado para ayudarte a ponerte en los zapatos de un miembro de una secta: para entender su psicología y tener una idea de cómo es su vida dentro de una secta. Se esfuerza por identificar algunos de los temas más básicos de la vida en las sectas destructivas, los denominadores comunes que todas comparten, en términos de lo que los miembros hacen y dicen.

La experiencia en una secta

¿Cómo es estar en una secta destructiva que utiliza el control mental? ¿Cómo se siente? ¿Cómo se piensa?

Dado que existen tantos tipos diferentes de sectas con control mental,

160

sería imposible describir las creencias y prácticas de cada una, o incluso de cada tipo. La mejor manera de aprender sobre un grupo específico es localizar a un exmiembro, o acceder a un relato escrito o en video de un exmiembro. Los exmiembros son una gran fuente de información.

Aun así, ciertos temas relacionados con la pertenencia a una secta son más o menos universales. Aquí están los nueve más comunes.

La Doctrina es la Realidad

En un entorno de control mental no hay espacio para considerar las creencias del grupo como simples teorías o como una manera de interpretar o buscar la realidad. La doctrina es la realidad. Algunos grupos llegan al extremo de enseñar que todo el mundo material es una ilusión. Por lo tanto, todos los pensamientos, deseos y acciones—excepto, por supuesto, los prescritos por la secta—no tienen existencia real.

Las doctrinas más efectivas de las sectas son aquellas "que son no verificables ni evaluables", según las palabras de Eric Hoffer. Pueden ser tan enrevesadas que tomaría años desenmarañarlas. Para entonces, las personas ya han sido desviadas de estudiar la doctrina hacia actividades más prácticas, como recaudar fondos y reclutar. La doctrina debe ser aceptada, no entendida. Por ello, debe ser vaga y global, pero también lo suficientemente simétrica como para parecer consistente. Su poder radica en su afirmación de ser la única verdad—y de abarcarlo todo.

Dado que el control mental depende de crear una nueva identidad dentro del individuo, la doctrina de la secta siempre exige que una persona desconfíe de su yo auténtico. La doctrina se convierte en el "programa maestro" para todos sus pensamientos, sentimientos y acciones. Como es la "Verdad," perfecta y absoluta, cualquier defecto en ella se considera un reflejo de la propia imperfección del creyente. Se les enseña que deben seguir la fórmula prescrita, incluso si realmente no la comprenden. Al mismo tiempo, se les dice que deben esforzarse más y tener más fe, para que puedan llegar a entender la verdad con mayor claridad.

La Realidad es Blanco o Negro, Bien contra Mal

Incluso las doctrinas más complejas de las sectas, en última instancia, reducen la realidad a dos polos básicos: blanco contra negro; bien contra mal; mundo espiritual contra mundo físico; nosotros contra ellos. Nunca hay espacio para el pluralismo. La doctrina no permite que ningún grupo externo sea reconocido como válido (o bueno, o divino, o real), porque eso amenazaría el monopolio de la verdad de la secta. Tampoco hay lugar para interpretaciones o desviaciones. Si la doctrina no ofrece una respuesta directa, el miembro debe preguntar a un líder. Si el líder no tiene una respuesta, siempre puede descartar la pregunta como poco importante o irrelevante.

Los "demonios" varían de un grupo a otro. Pueden ser instituciones políticas o económicas (comunismo, socialismo o capitalismo); profesionales de la salud mental (psiquiatras, psicólogos o desprogramadores); entidades metafísicas como Satanás, espíritus o extraterrestres; o simplemente las crueles leyes de la naturaleza. Los demonios inevitablemente toman la forma de padres, amigos, exmiembros, periodistas o cualquier otra persona que sea crítica del grupo. Las "grandes conspiraciones" que supuestamente trabajan para frustrar al grupo son, por supuesto, prueba de su tremenda importancia.

Algunos grupos cultivan una paranoia psíquica, diciendo a los miembros que seres espirituales los observan constantemente e incluso toman posesión de ellos cada vez que sienten o piensan de maneras que no son acordes con las enseñanzas del grupo.

Moon me ordenó una vez, junto con autobuses llenos de otros miembros, que viéramos la película *El exorcista*, que mostraba escenas terriblemente gráficas de posesión demoníaca. Después, nos llevaron a Tarrytown para escuchar a Moon despotricar sobre "cómo Dios había hecho la película *El exorcista* y cómo era una profecía de lo que les sucedería a las personas que abandonaran la Iglesia de la Unificación". Pasaron años después de haber dejado la secta antes de que, al comenzar a estudiar las fobias, pudiera rastrear mi propio adoctrinamiento hasta esa misma noche. Después de ver esa película y escuchar ese discurso, el miedo a la posesión satánica se apoderó de mi inconsciente. Nunca tuve dudas conscientes sobre Moon o el grupo hasta mi desprogramación.

Mentalidad Elitista

Se hace sentir a los miembros como parte de un cuerpo de élite de la humanidad. Este sentimiento de ser especiales, de participar en los actos más importantes de la historia humana junto a una vanguardia de creyentes comprometidos, es un pegamento emocional poderoso que mantiene a las personas sacrificándose y trabajando arduamente.

Los miembros de una secta sienten que han sido elegidos—por Dios, la historia, el destino u otra fuerza sobrenatural—para guiar a la humanidad fuera de la oscuridad hacia una nueva era de iluminación. Los miembros de la secta tienen un gran sentido, no solo de misión, sino también de su lugar especial en la historia. Están convencidos de que su grandeza será reconocida durante generaciones. En los Moonies, nos decían que algún día se levantarían monumentos y placas históricas en nuestra memoria, en honor a nuestros sacrificios.

Irónicamente, los miembros de las sectas tienden a despreciar a quienes están involucrados en otros grupos sectarios. Con rapidez señalan que 'esas personas están en una secta' o 'ellos son los que están lavados del cerebro'. Les resulta imposible tomar distancia de su propia situación y observarse de forma objetiva.

Este sentimiento de elitismo y destino, sin embargo, conlleva una gran carga de responsabilidad. A los miembros se les dice que, si no cumplen completamente con sus deberes, están fallándole a toda la humanidad.

El miembro de base es humilde ante sus superiores y posibles reclutas, pero arrogante con los de afuera. Casi todos los miembros son informados, al ser reclutados, de que ellos también se convertirán en líderes algún día. Sin embargo, el ascenso solo se logra mediante un desempeño sobresaliente o un nombramiento político. Al final, por supuesto, la verdadera élite de poder permanece reducida. La mayoría de los miembros no se convierten en líderes y permanecen como parte de la base.

Sin embargo, los miembros de las sectas se consideran mejores, más sabios y más poderosos que cualquier otra persona en el mundo. Como resultado, a menudo sienten una mayor responsabilidad de la que han sentido nunca en sus vidas. Caminan como si el peso del mundo estuviera sobre sus hombros. Los miembros de las sectas no entienden lo que los de afuera quieren decir cuando dicen: "No deberías intentar escapar de la realidad y la responsabilidad uniéndote a una secta."

La Voluntad del Grupo sobre la Voluntad Individual

En todas las sectas destructivas, el yo debe someterse a las políticas del grupo y a las órdenes del líder. El "propósito global" o el propósito del grupo debe ser el enfoque principal; el "propósito individual" debe quedar subordinado. En cualquier grupo que califique como una secta destructiva, pensar en uno mismo o por uno mismo está mal. El grupo siempre debe ser lo primero. La obediencia absoluta a los superiores es uno de los temas más universales en las sectas. La individualidad es mala. La conformidad es buena.

Todo el sentido de la realidad de un miembro de una secta pasa a depender de referencias externas. Aprenden a ignorar su propio yo interior y a confiar en la figura de autoridad externa. Aprenden a buscar en los demás dirección y significado. Los miembros de base de las sectas suelen tener dificultades para tomar decisiones, probablemente debido al énfasis excesivo en la autoridad externa. En su estado de dependencia extrema, necesitan que alguien les diga qué pensar, sentir y hacer.

Los líderes de diferentes sectas han ideado tácticas sorprendentemente similares para fomentar la dependencia. Trasladan a los miembros con frecuencia a lugares nuevos y desconocidos, cambian sus tareas laborales, los ascienden y luego los degradan de manera caprichosa, todo con el objetivo de mantenerlos dependientes y desorientados. Otra técnica consiste en asignar metas imposiblemente altas, decirles a los miembros que si son 'puros' tendrán éxito, y obligarlos a confesar su impureza cuando inevitablemente fracasen.

Obediencia estricta: Imitar al líder

Un nuevo miembro suele ser adoctrinado y preparado para abandonar sus antiguos pensamientos y comportamientos al ser emparejado con un miembro más antiguo de la secta, quien actúa como modelo para que el nuevo miembro lo imite. En grupos bíblicos, esto a veces se denomina 'apacentar' o 'discipular'. Se anima al recién llegado a transformarse en esa otra persona. Asimismo, se instruye a los líderes de nivel intermedio para que imiten a sus superiores. El líder de la secta en la cima, por supuesto, es el modelo definitivo.

Una razón por la que un grupo de miembros de una secta puede parecer inquietante o extraño, incluso para un observador ingenuo, es que todos comparten manierismos, estilos de vestir y formas de hablar similares. Lo que el observador percibe es la personalidad del líder reflejada a través de varias capas de imitación.

Felicidad a través del buen desempeño

Una de las cualidades más atractivas de la vida en una secta es el sentido de comunidad que fomenta. Al principio, el amor parece incondicional e ilimitado, y los nuevos miembros son arrastrados por una luna de miel de elogios y atención. Pero después de unos meses, a medida que la persona se involucra más, los halagos y la atención se dirigen hacia los nuevos reclutas. La mayoría de los miembros siguen creyendo que el grupo posee el 'nivel más alto' de amor en la tierra. Sin embargo, en la práctica, el miembro de la secta aprende que, en el grupo, el amor no es incondicional, sino que depende del buen desempeño.

Los comportamientos son controlados mediante recompensas y castigos. Se utilizan competencias para motivar y avergonzar a los miembros, impulsándolos a ser más productivos. Si las cosas no van bien—si hay un mal reclutamiento, cobertura mediática desfavorable o deserciones— siempre es culpa de los miembros individuales, y su ración de "felicidad" les será retenida hasta que se corrija el problema. En algunos grupos, las personas deben confesar pecados para que se les otorgue la "felicidad." Si no pueden pensar en ningún pecado, se les anima a inventar alguno. Muchas personas llegan a creer que realmente cometieron esos pecados inventados.

Las amistades reales son un obstáculo en las sectas y los líderes las desaconsejan de manera encubierta. La lealtad emocional de un miembro de la secta debe ser vertical (hacia el líder), no horizontal (hacia sus compañeros). Las amistades son peligrosas, en parte porque, si un miembro se va, podría llevarse a otros con él. Por supuesto, cuando alguien abandona el grupo, el "amor" que antes se le dirigía se convierte en ira, odio y burla.

Las relaciones suelen ser superficiales dentro de las sectas, ya que compartir sentimientos personales profundos, especialmente los negativos, está altamente desalentado. Esta característica de la vida en una secta prevalece a pesar de que un miembro pueda sentir que está más cerca de sus camaradas de lo que jamás ha estado de cualquier otra persona. De hecho, cuando los miembros de una secta atraviesan dificultades (recaudación de fondos en un frío glacial o en un calor abrasador) o persecuciones (ser acosados por personas externas o arrestados por violar la ley), a menudo sienten una camaradería y un martirio compartido que parecen excepcionales. Sin embargo, dado que la única lealtad real es hacia el líder, un análisis más profundo muestra que esos lazos son en realidad bastante superficiales y, a veces, solo fantasías privadas.

Manipulación a través del miedo y la culpa

Los miembros de las sectas llegan a vivir dentro de un estrecho corredor de miedo, culpa y vergüenza. Los problemas siempre son culpa de ellos: el resultado de su fe débil, su falta de comprensión, sus "malos antepasados", espíritus malignos, entre otras razones. Constantemente se sienten culpables por no cumplir con los estándares. El líder, la doctrina y el grupo siempre tienen la razón. Ellos están equivocados. También llegan a creer que el mal está al acecho para atraparlos.

Las fobias son el arma de miedo definitiva del control mental. La vergüenza y la culpa se utilizan a diario mediante una variedad de métodos, como destacar a algún miembro por un logro sobresaliente o señalar problemas en el grupo y culpar a los miembros de causarlos.

En todas las sectas destructivas con las que me he encontrado, el miedo actúa como el principal motivador. Cada grupo presenta su propio "diablo" acechando a la vuelta de la esquina, esperando a los miembros para tentarlos, seducirlos, matarlos o enloquecerlos. Cuanto más vívido y tangible sea ese diablo, más intensa será la cohesión que logra fomentar.

Altibajos emocionales

La vida en una secta puede ser como una montaña rusa. Los miembros oscilan entre la extrema felicidad de experimentar la "verdad" con una élite privilegiada y el peso aplastante de la culpa, el miedo y la vergüenza. Los problemas siempre se atribuyen a sus propias deficiencias, no a los problemas del grupo. Sienten culpa constante por no alcanzar los objetivos o no cumplir con los estándares establecidos. Si expresan objeciones, es probable que reciban el "trato de silencio" o sean transferidos a otra parte del grupo.

Estos extremos pasan una gran factura a la capacidad de una persona para funcionar. Cuando los miembros están en un estado de euforia, pueden convertir su fervor en gran productividad y persuasión. Pero cuando se desploman, pueden volverse completamente disfuncionales.

La mayoría de los grupos no permiten que los "bajones" duren mucho tiempo. Por lo general, envían al miembro de vuelta a programas de adoctrinamiento para recargarlos nuevamente. No es raro que alguien reciba un readoctrinamiento formal varias veces al año. El 'Rehabilitation Project Force' de Scientology suele tomar varios años en completarse y reduce a los miembros a una esclavitud absoluta.

Algunos miembros a largo plazo se desgastan sin llegar a abandonar realmente el grupo. Estas personas ya no pueden soportar la carga o la presión del desempeño. Es posible que sean reasignados permanentemente a trabajos manuales en lugares apartados, donde se espera que permanezcan por el resto de sus vidas. O, si se convierten en una carga, se les puede pedir (o incluso ordenar) que se marchen. Un hombre al que asesoré había sido enviado de regreso a casa con su familia después de diez años de pertenecer a una secta, porque comenzó a exigir más horas de sueño y un mejor trato. Lo expulsaron porque, según le dijeron, no querían que "infectara" a otros miembros, quienes podrían empezar a hacer demandas similares.

Cambios en la Orientación Temporal

Una dinámica interesante de las sectas es que tienden a cambiar la relación de las personas con su pasado, presente y futuro. Los miembros de las sectas tienden a mirar hacia atrás a su vida anterior con una memoria distorsionada que oscurece todo. Incluso los recuerdos más positivos se ven tergiversados hacia lo negativo.

El sentido del presente del miembro de la secta también es manipulado. Sienten una gran urgencia con respecto a las tareas actuales. Recuerdo bien la sensación constante de que una bomba de tiempo estaba a punto de explotar bajo mis pies, y que el mundo podría convertirse en un paraíso o un infierno, dependiendo de qué tan bien realizara mi proyecto actual. Muchos grupos enseñan que el apocalipsis está a la vuelta de la esquina. Algunos dicen que están previniendo el apocalipsis; otros simplemente creen que lo sobrevivirán. Cuando te mantienen extremadamente ocupado con proyectos críticos todo el tiempo—durante días, semanas o meses—todo se vuelve borroso.

Para un miembro de una secta, el futuro es un momento en el que serán recompensados, una vez que llegue el gran cambio. O, de lo contrario, será el momento en el que serán castigados.

En la mayoría de los grupos, el líder afirma controlar—o al menos poseer un conocimiento único sobre—el futuro. Sabe cómo pintar visiones del paraíso o del infierno futuros para mover a los miembros en la dirección que desea. Si un grupo tiene un calendario para el apocalipsis, probablemente esté fijado entre dos y cinco años en el futuro: lo suficientemente lejos como para no ser desacreditado pronto, pero lo bastante cercano para tener un impacto emocional. En muchas sectas, estas predicciones tienden a desvanecerse en el fondo a medida que se acerca la fecha importante.

En otros grupos, el calendario se cree válido hasta que, en realidad, no se cumple. A menudo, el líder simplemente emite un nuevo calendario que aplaza el gran evento unos años más. Después de hacer esto varias veces, algunos miembros de largo plazo pueden volverse cínicos. Por supuesto, para entonces ya hay un conjunto completamente nuevo de miembros que desconocen que el líder ha estado cambiando el calendario. Los Testigos de Jehová fallaron en muchas predicciones sobre el fin del mundo, y, sin embargo, siguen siendo una de las sectas contemporáneas más grandes, con millones de miembros.

Cuando estaba en los Moonies, nadie sabía acerca de las profecías fallidas de Moon sobre el fin del viejo mundo y el supuesto dominio del movimiento Moon, primero en 1960 y luego en 1967. Moon predijo que la Tercera Guerra Mundial ocurriría en 1977. Cuando eso no sucedió, todas las miradas se dirigieron a 1981. Las personas reclutadas alrededor de 1977 me han contado con qué claridad recuerdan la mágica y susurrada emoción de la palabra "1981" en los labios de sus conferencistas. Cuando 1981 no produjo nada más dramático para la Iglesia de la Unificación que la toma de posesión del presidente Ronald Reagan (a la cual asistió el propio Sun Myung Moon), las conversaciones ya se habían trasladado a fechas más lejanas.

Sin Salida

En una secta destructiva, nunca existe una razón legítima para salir. A diferencia de las organizaciones saludables, que reconocen el derecho inherente de una persona a decidir seguir adelante, los grupos de control mental dejan muy claro que no hay una forma legítima de abandonar el grupo. A los miembros se les dice que las únicas razones por las que las personas se van son debilidad, locura, tentación, lavado de cerebro (por parte de desprogramadores), orgullo, pecado, entre otras.

Los miembros están completamente adoctrinados con la creencia de que, si alguna vez abandonan el grupo, terribles consecuencias caerán sobre ellos, su familia y/o la humanidad. Aunque los miembros de la secta suelen decir: "Muéstrame una mejor manera y renunciaré," no se les da el tiempo ni las herramientas mentales para sopesar la evidencia por sí mismos. Están atrapados en una prisión psicológica.

Esta creencia—que no hay forma de abandonar el grupo y seguir siendo pleno y una buena persona—está en el núcleo del octavo criterio de Lifton, "El otorgamiento de la existencia" (descrito por primera vez en *Thought Reform and the Psychology of Totalism*, y que se encuentra en el ensayo del apéndice de este libro). Esencialmente, Lifton describió la noción totalista de que, si estás en el grupo, tienes derecho a existir, y si te vas, no lo tienes. Las sectas violentas pueden llevar esto al extremo para justificar el asesinato de exmiembros y reforzar la idea de que las personas deben quedarse. Se les exige trabajar, luchar y obedecer órdenes, o enfrentarse a la muerte, no solo de manera simbólica, como en los Moonies, sino de forma literal.

Las personas que logran abandonar las sectas son extremadamente valientes, y pueden desempeñar un papel muy importante. Pueden inspirar a aquellos que están bajo control mental, especialmente si los exmiembros son felices, exitosos y abiertos acerca de su experiencia en la secta. Estas personas heroicas, al hablar sobre su experiencia, representan una fuerza poderosa y peligrosa para los líderes de las sectas y los manipuladores mentales en todas partes. Cuando los exmiembros ocultan su participación en la secta—ya sea por vergüenza, duda, culpa, miedo o enojo—están perdiendo una valiosa oportunidad: liberarse a sí mismos y, con su ejemplo, ayudar a liberar a otros.

Capítulo 6 – Historias de supervivientes valientes

Muchas personas involucradas en sectas destructivas pueden tener experiencias demasiado dolorosas para recordar. Incluso después de recibir asesoramiento, algunos exmiembros pueden no desear comunicar sus vivencias a nadie más que a las personas más cercanas en sus vidas. Otros, en cambio, comprenden que el mundo en general necesita entender el sufrimiento que vivieron bajo el control mental y superan su miedo a hablar públicamente.

Aunque ciertamente entiendo la reticencia de quienes desean proteger su privacidad, admiro el valor de aquellos que dan un paso al frente y cuentan sus historias. Estas personas nos fortalecen a todos al compartir sus experiencias personales. Nos brindan una visión invaluable sobre las dinámicas del reclutamiento, la vida en una secta destructiva y el estrés que implica salir de ella. Son modelos a seguir para otros en los grupos de los que escaparon, demostrando que hay vida después de la secta.

Hay millones de exmiembros en todo el mundo. Una de mis mayores esperanzas es desestigmatizar la participación en el control mental y alentarlos a alzar la voz.

Desearía tener espacio aquí para contar las historias de literalmente cientos de hombres y mujeres valientes que he llegado a conocer, quienes han superado su adoctrinamiento, escapado hacia la libertad y trabajado para ayudar a otros.

Me complace compartir algunas de estas historias.

Paul Lennon y los Legionarios de Cristo/Federación Regnum Christi

Paul Lennon fue miembro de esa orden (congregación religiosa) fundada en 1941 desde los diecisiete hasta los cuarentiun años (1961-1984). Nótese que se ha dado dos nombres al grupo. Y a propósito. Pues, a veces los grupos controvertidos cambian de nombre por diversos motivos. En este caso, el grupo hizo el cambio hacia el 2000 para distanciarse de su fundador, el sacerdote mexicano, Marcial Maciel Degollado, un pedófilo depredador y embaucador. Como sucede con frecuencia en el caso de

170

abusos, los soldados rasos no se enteran de las fechorías secretas de sus generales.

La relevancia de Lennon consiste, entre otras cosas, en qué fue de los primeros en proponer que pudieran darse grupos sectarios o "derivas sectarias" dentro de la Iglesia Católica Romana, aún entre los ortodoxos y oficialmente aprobados. Después de años de introspección, estudios, ayuda a víctimas e investigación, publicó una libreta: Órdenes *y Movimientos Católicos Acusados de ser Derivas Sectarias (cult-like), ¿Sectas Intraeclesiales?*

Nacido en Dublín, Irlanda, en aquel entonces uno de los países más católicos del mundo. Abundaba en vocaciones al sacerdocio y a la vida religiosa (con votos de pobreza, castidad y obediencia) y tenía fama por sus misioneros y misioneras desperdigados por África y Sudamérica. Un chico sano, buen estudiante, católico fervoroso, deportista y sin apegos amorosos. Aunque no sentía ninguna atracción fuerte al sacerdocio, tampoco excluía la posibilidad. De hecho, cuando se dejó "seducir" por el reclutador Legionario de Cristo durante el último año de preparatoria, otros seis compañeros de estudio habían escrito que "sí" en las fichas repartidas por los varios reclutadores vocacionales. ¡La escuela de los *Irish Christian Brothers* era tan católica que no se dieron presentaciones de otras carreras! Los padres dominicos le parecían interesantes además de los Legionarios. Pero el reclutador legionario era muy encantador y tenaz. Con relativa frecuencia escribía a Paul y visitaba la casa, ganándose la confianza de su mamá. Ella se sentía muy orgullosa de recibir a un sacerdote en su humilde hogar. Después de entrar en y conocer la Legión Paul se dio cuenta que el Padre James no era sacerdote sino sólo un seminarista. "Imprecisiones" como ésta le darían pábulo más tarde para criticar a la Legión a la que se había entregado con tanta generosidad juvenil.

Sin mayor discernimiento, la Legión le presentó como realidad una vocación irrevocable recibida de Dios desde toda la eternidad. ¿Sería generoso o tacaño con Dios?, ¿Cobarde o valiente?, ¿Abandonaría a los miles de almas que dependían de mí para su salvación eterna? ¿Traicionaría a Dios por un plato de lentejas como Esaú en la biblia, o por ir tras unas faldas? Sin salida. Tirar para adelante. Se entregó a los estudios y a servir a sus nuevos hermanos legionarios en las varias casas y durante las sucesivas etapas de formación. Además de un cierto machismo y terquedad irlandesa, la gloria de la ordenación sacerdotal le propulsada por adelante. Sin darse cuente, la vida legionaria con sus mil y una normas y su prohibición de amistad, le producía una profunda tristeza, una distimia que a veces desembocaba en una seria depresión. Las intervenciones acartonadas y torpes de prefectos de disciplina, directores espirituales y rectores de nada sirvieron. El ministerio sacerdotal le llenaba al hacer el bien, pero por dentro crecían el desasosiego y la inconformidad. Hasta que por fin explotó y salió intempestivamente. Debido al complejo de culpa infundida, tardó en aceptar su arranque de cólera como una "feliz culpa". Pero en realidad, no hubiera podido salir de otro modo: el sistema había machacado tanto su autoestima que paulatinamente perdió a lo largo de los veintitrés años, la capacidad de tomar decisiones libres y auto-favorables (*self-enhancing decisions*). A los cuarentaiunos, en su primera sesión de consejería libre y profesional, el psicólogo exclamó: *Paul. has estado dando cabezazos contra las paredes de la Legión de Cristo durante veintitrés años!* Un diagnóstico libertador. La Legión y Paul nunca hicieron una buena pareja. Pero nadie se lo dijo a él mientras fuera útil para la causa. Con la ayuda de cuatro compañeros irlandeses ex Legionarios de Washington DC comenzó a preguntarse con más calma: "¿qué me ha pasado? ¿en dónde he estado?" Se le asomó la imagen de una familia disfuncional. Hasta que el bueno del Padre Peter Cronin acota *¿será que a pesar de las apariencias, en realidad estuvimos en un grupo muy extraño y controlador, sólo con* ínfulas *de vida religiosa?*

Cuatro años más tarde, luego de dejar el ministerio sacerdotal por la puerta grande, le tocó el reto de rehacer la vida casi desde cero: en país extranjero, desacostumbrado al mundo fuera de las paredes y del confort clerical, y sin las herramientas prácticas. Pero con la ayuda de amigos y de esa *amabilidad de los extraños*, junto a una entereza hasta entonces desconocida, emprendió el largo pero satisfactorio camino de recuperación. Subió del pozo paso a paso hasta terminar la maestría en consejería (M.A. Counseling) en la Catholic University of America hasta conseguir un buen empleo para pagar su apartamento, comer, vestirse y divertirse como una persona normal. Le cruzó por el camino la *International Cultic Studies Association* que le brindó información, apoyo, colegas, y satisfacciones. Pasó por la etapa del dating. Por fin encontró a una buena compañera que aceptara su "negro pasado" y aguantara todas sus idiosincrasias. Se jubiló hace diez años y ahora se dedica a la descansada vida, ayudar a quien pueda y a no hacer daño a nadie.

Jon Atack y Cienciología

Jon Atack dejó la Cienciología en 1983 y se convirtió en uno de los pocos críticos abiertos del grupo en ese momento, asumiendo un gran riesgo personal. Es autor del libro de lectura obligada *Let's Sell These People A Piece of Blue Sky*, que fue publicado solo después de un feroz ataque legal por parte de la Cienciología. Este libro es la primera historia objetiva de cualquier secta de la posguerra. Se convirtió en un éxito de ventas y sentó las bases para todos los trabajos posteriores sobre la Cienciología.

Jon y yo nos conocimos a finales de la década de 1980 y hemos sido amigos desde entonces. Es una de las personas más talentosas que conozco y tiene una mente enciclopédica. Además de sus décadas de trabajo ayudando a las personas a entender la Cienciología, es un baterista consumado, pintor, poeta y autor de numerosos libros.

Jon conoció la Cienciología cuando tenía 19 años, tras el abrupto final de una relación romántica. Buscando desesperadamente ayuda para resolver su angustia, leyó un libro del creador de la Cienciología, Ron Hubbard, y quedó impresionado por lo que parecía ser un enfoque terapéutico racional. No se mencionaba las creencias sobrenaturales que se esperaría que adoptara una vez que se uniera.

Jon preguntó tanto a un médico como a un vicario sobre la Cienciología. Ninguno de ellos sabía nada, a pesar de que una investigación del gobierno del Reino Unido había condenado a la secta solo tres años antes. Los cienciólogos de la "Misión" local eran jóvenes graduados, todos dinámicos y amigables. Jon se sumó con entusiasmo al estudio de la Cienciología.

Después de los primeros cursos, que eran relativamente económicos, los precios se dispararon fuera de su alcance, pero, a diferencia de muchos otros reclutas, rechazó las frecuentes ofertas para formar parte del equipo. Completar el "Puente hacia la Libertad Total" de la Cienciología cuesta aproximadamente medio millón de dólares.

Bajo la insistente presión de los registradores de la Cienciología, Jon pidió dinero prestado y estudió Cienciología a tiempo completo durante un año. En sus nueve años de involucramiento, completó seis cursos de asesoramiento, convirtiéndose en un "auditor" de Clase II y Dianética.

Cuando logró escapar, Jon estaba en el nivel "OT V," el 25° de los 27 niveles disponibles en el proceso sistemático de adoctrinamiento de la secta. Según la literatura promocional, Jon ya debería haber alcanzado poderes sobrenaturales en ese punto. Sin embargo, como descubren todos los cienciólogos, la 'tecnología' solo genera estados de euforia y una mayor sugestionabilidad.

A pesar de muchos alardes, hasta la fecha ningún cienciólogo ha aceptado el desafío de un millón de dólares de James Randi para realizar una hazaña psíquica.

Cuando uno de los amigos cercanos de Jon fue expulsado de la secta sin justificación, Jon siguió exactamente el procedimiento de quejas del grupo. Después de seis meses, recibió una carta, supuestamente de Hubbard, que decía únicamente: "Tu carta está en mi escritorio."

Se negó a cortar comunicación con su amigo—un proceso llamado "desconexión" por el grupo—y habló con otros llamados "Supresivos." Jon descubrió que 11 funcionarios de la secta, incluida la esposa de Hubbard, habían sido encarcelados en Estados Unidos por robo, allanamiento de morada, hurto, secuestro y detención ilegal. Horrorizado por esto y otras pruebas, renunció a la secta.

Jon estuvo brevemente en el centro de un creciente movimiento independiente de la Cienciología en el Reino Unido, pero pronto se dio cuenta de que las afirmaciones de Hubbard de haber sido un héroe de guerra, un físico nuclear y un estudiante de gurús orientales eran falsas. También comprendió que la "tecnología" de la secta estaba diseñada para reducir a los seguidores a una obediencia acrítica.

Después de dejar la secta, Jon fue acosado bajo la doctrina de "juego limpio" de la Cienciología, según la cual los críticos pueden ser "engañados, demandados, mentidos o destruidos." (99) Se presentaron una serie de informes falsos contra él ante las autoridades, incluyendo una acusación de abuso infantil (una acusación estándar contra los críticos). Fue "ruidosamente investigado" por detectives privados que visitaron a su familia y amigos en todo el mundo, afirmando haber descubierto sus terribles "crímenes."

Sus confesiones privadas fueron publicadas. Se distribuyeron panfletos a miles de hogares. Jon fue acusado de ser traficante de drogas, violador, adicto a la heroína y autor de un intento de asesinato. Los cienciólogos piquetearon su casa y las conferencias académicas donde hablaba. Sus pancartas lo acusaban de ser un "activista de odio antirreligioso," aunque su trabajo estaba respaldado por todas las iglesias cristianas principales.

Jon trabajó en cientos de piezas mediáticas y ayudó a exmiembros a obtener más de 14 millones de dólares en acuerdos, aunque él recibió casi ninguna compensación por su asistencia. Sin embargo, fue llevado a la bancarrota por los honorarios legales derivados de una serie de demandas interpuestas por numerosas organizaciones e individuos de la Cienciología.

Después de 12 años de acoso diario, Jon se retiró del escenario. La secta continuó litigando contra él durante cuatro años más. Regresó al trabajo en 2013, porque se dio cuenta de que la mayoría de los exmiembros de la Cienciología simplemente no se recuperan de los intensos procedimientos hipnóticos y el trato humillante que recibieron en la secta.

Jon escribe en el blog Underground Bunker de Tony Ortega (tonyortega.org). Su trabajo ha sido respaldado por más de 40 académicos de todo el mundo. Recientemente, Jon ha estado trabajando en el consejo de revisión de la Open Minds Foundation (OMF), una organización que busca educar al público sobre la influencia indebida y reducir su impacto.

Sochil Martin y La Luz Del Mundo

Sochil Martin es una mujer mexico-americana nacida y criada en un grupo religioso de alto control llamada La Luz del Mundo (LDM). La familia de Sochil estuvo involucrada con este culto durante cuatro generaciones, comenzando con su bisabuela que fue llevada al culto en Baja, California, México.

La Luz del Mundo, establecida en la década de 1920, afirma tener 5 millones de seguidores en 58 países, aunque las cifras oficiales son difíciles de verificar. Al igual que la Reforma Nueva Apostólica, LDM es una iglesia no trinitaria dirigida por un autoproclamado apóstol que afirma la capacidad de comunicarse con Dios. El líder reclama la máxima autoridad religiosa, proclamándose a sí mismo la mejor figura de la tierra y desacreditando a todas las demás iglesias.

La educación de Sochil fue tumultuosa, ya que fue una guardia de la corte hasta los 18 años. Nunca conoció a su padre y solo tuvo un breve contacto con su madre biológica, que también fue víctima de explotacion infantil y trata. La tía de Sochil, que más tarde se convirtió en su tutora legal, la acogió cuando Sochil aún era una niña. A pesar de las dificultades que soportó, Sochil perdonó a su tía y a su familia, entendiendo que ellas también fueron víctimas de manipulación y mentiras dentro de LDM.

Sochil fue preparada para la explotación sexual desde los 9 años por el líder, con el permiso y la ayuda de su tía y tutor legal. Fue prometida al líder al nacer y sometida a un proceso de grooming que la sexualizó desde una edad temprana. Se le enseñó que su valor estaba en su sumisión al liderazgo, su valor dictado por los hombres que gobernaban su vida. Ella creía que no había escapatoria del culto y pensó que moriría dentro de sus confines.

Para cuando tenía 12 años, estaba bailando de manera inapropiada para el líder y fue utilizada esencialmente como una persona esclavizada para apoyar el crecimiento de la organización. Sochil soportó años de tráfico laboral, abuso físico y sexual extremo, y fue testigo del maltrato de otras mujeres jóvenes y niños dentro del grupo. LDM considera que sus miembros, en particular mujeres y niños, son propiedad del líder, para ser controlados y explotados. El grupo inculca la creencia de que todas las cosas buenas de la vida provienen del líder, con cualquier desgracia atribuida al pecado personal.

La ropa, la apariencia y el comportamiento están estrictamente regulados dentro de LDM, y se espera que las mujeres usen faldas largas y se adhieran a una imagen femenina. Cultos como LDM desalientan las amistades externas, dejando a los miembros aislados y dependiendo únicamente de la comunidad para obtener apoyo.

Su escape llegó a la edad de treinta años, ayudada por su amoroso esposo, Sharim, también nacido y criado en el culto, que la apoyó mientras escaparon juntos. La transición fue un paso hacia una nueva realidad donde pudo comenzar a sanar. Después de años de existir dentro de esta realidad coercitiva y supresiva, Sochil comenzó a reconstruir su identidad destrozada. Encontró su voz y surgió como una defensora vocal de los sobrevivientes.

En 2018, ella denunció la organización al Departamento de Justicia de California, exponiendo el abuso de liderazgo y la agresión sexual cometida por el líder contra mujeres y menores. El líder, Naasón Joaquín

García, se encuentra actualmente en prisión estatal y recientemente ha sido acusado por el gobierno federal de pornografía infantil. A pesar de sus esfuerzos, la familia de Sochil permanece en la institución, cortando toda comunicación con ella.

En 2020, Sochil cofundó la Fundación WithYou, una organización dedicada a cambiar la legislación para apoyar a los sobrevivientes de la trata de niños en grupos de alto control. WithYou busca colaborar con terapeutas, educadores, médicos, científicos, legisladores, cabilderos, abogados, expertos en IA y sobrevivientes para lograr un cambio para las generaciones futuras.

Hoy en día, Sochil concentra su energía y tiempo en crear conciencia sobre el crimen organizado dentro de LDM. Destaca temas como la trata federal de personas para la explotación sexual, la esclavitud moderna, la corrupción política y el lavado de dinero. Sochil está trabajando activamente para aprobar una ley federal en México que aborde la trata de personas en grupos de alto control. Ha formado alianzas con otros defensores de los supervivientes en los Estados Unidos y México para combatir el abuso infantil y luchar por una sociedad en la que todos los individuos puedan vivir libres de la esclavitud física y mental.

Ella continúa luchando para ayudar a liberar a otros que todavía están atrapados en situaciones similares a través de la prevención, la justicia y la sanación. El actual líder, Naasón Joaquín García, se declaró culpable y fue sentenciado en 2022 a un máximo de 16 años y ocho meses por abuso sexual infantil y pornografía infantil. Sin embargo, el acuerdo de culpabilidad se llegó sin consultar a las víctimas que testificaron, y la sentencia fue relativamente corta, teniendo en cuenta la gravedad de los delitos. A pesar de la evidencia, algunos miembros de la iglesia argumentan que su líder está siendo perseguido, estableciendo paralelismos con la persecución de Jesús, y esperan ansiosamente su liberación.

Como muchos cultos, LDM se centra en apoyar a políticos específicos y donar a sus campañas a cambio de favores políticos tanto en Mexico en Estados Unidos y otros paises latino Americanos. A pesar de la corrupción y el gobierno federal en curso

Investigaciones, LDM todavía ejerce un poder político significativo. Los miembros difunden campañas de desinformación y rumores en plataformas de redes sociales como Reddit, YouTube y Facebook para desacreditar a aquellos que hablan en contra del grupo. La propia Sochil se ha enfrentado a amenazas físicas y a una campaña de odio en línea debido a su decisión de hablar.

A pesar de todo esto, Sochil continuó hablando en escuelas, mítines y eventos comunitarios, su voz se hizo más fuerte con cada historia compartida. Impartió talleres para familias, enseñándoles cómo reconocer los signos del control coercitivo, enfatizando la importancia de la fuerza en los números. Sochil está a la vanguardia del cambio. Al final, las cadenas que la unen no pudieron sostenerse. Ella es una guerrera con una voz fuerte y una superviviente.

Rachel Thomas y la Trata de Personas

Rachel Thomas tiene una maestría de la UCLA y es cofundadora de Sowers Education Group, una organización educativa dedicada a prevenir la trata de personas. Fuimos presentados por Carissa Phelps en el verano de 2013. La organización de Carissa, Runaway Girl, estaba llevando a cabo capacitaciones sobre la trata de personas para la Joint Regional Intelligence Organization (JRIC.org) del sur de California.

Como resultado de esa experiencia, le pedí a Rachel que formara parte de un panel sobre la trata de personas como un fenómeno de control mental en sectas comerciales. El video de ese programa está disponible en nuestro sitio web.

Rachel era una chica estadounidense de clase media-alta del sur de California. Mientras cursaba su tercer año en la Universidad de Emory en Atlanta, un agente de modelos, bien hablado, se le acercó. Llevaba tarjetas de presentación, un traje elegante y una sonrisa encantadora. Le dijo que quería invertir en su carrera como modelo pagando su primera sesión de fotos y su conjunto de tarjetas de presentación profesional (es decir, el currículum de una modelo). Rachel aceptó.

En la sesión de fotos, todo fue profesional y aparentemente legítimo. Unos días después, Rachel recibió una llamada del agente.

—¡Hola, hermosa! ¿Adivina qué? ¡Ya tienes tu primer trabajo!

Emocionada e impresionada por su rapidez, Rachel se presentó al trabajo: un video musical para un artista ganador de un premio Grammy.

Al final de la grabación, el agente informó a Rachel que había ganado $350 por su trabajo ese día y le pidió que completara un formulario W-9. Ella llenó el formulario, incluyendo su dirección permanente (la dirección de la casa de sus padres en California), su dirección actual (el apartamento que compartía con su mejor amiga cerca del campus), su número de seguro social y otra información.

En las siguientes tres semanas, su agente utilizó sus conexiones en toda la ciudad para conseguirle otro trabajo de modelo remunerado y una audición para una importante revista. Para formalizar su relación laboral, el agente le pidió a Rachel que firmara un contrato en el que acordaba pagarle una tarifa de retención regular. Ella firmó el contrato.

Durante su quinta semana con el agente, Rachel lo vio por primera vez abofetear a otra modelo en la cara en un ataque de ira instantáneo e impredecible. Un día después, intentó cancelar su contrato. El agente no solo se negó, sino que la obligó a tener relaciones sexuales con un desconocido, amenazando con matar a sus padres si no obedecía.

A partir de ese momento, quedó atrapada en una red de fuerza, fraude y coerción, experimentando regularmente abusos físicos y psicológicos por parte de su traficante. Él la amenazó con hacerle daño a ella, a su compañera de cuarto y a su familia si alguna vez le contaba a alguien o intentaba llamar a la policía. Luego, una vez que el miedo se había arraigado y ella había perdido toda esperanza de escapar, el agente comenzó a manipularla mentalmente para reforzar su aceptación de su nueva identidad como su esclava.

Le dio un nuevo nombre y le ordenó usar una peluca. La obligó a verbalizar y repetir que ella había elegido esta situación al firmar el contrato. Sabiendo que su padre era diácono y que fue criada como cristiana, utilizó versículos de la Biblia para justificar su sometimiento a su autoridad.

Estableció un sistema de recompensas y castigos basado en su obediencia y en el aparente disfrute que mostrara hacia su servidumbre. Le enseñó una señal de mano específica para que la usara cuando ella y las otras víctimas estuvieran en público.

Casi un año después de estar en esta situación, Rachel recibió una llamada del Departamento de Policía de Atlanta. Habían obtenido su nombre y número de otra víctima del traficante. Poco después, este hombre fue arrestado y, posteriormente, condenado a 15 años en una prisión federal.

Los efectos de la experiencia permanecieron con Rachel mucho después del juicio. Se mudó de regreso a casa en California para estar cerca de su amorosa familia, pero aún soportó años de auto-reproche y aislamiento, en parte porque no entendía mucho sobre la trata de personas y no conocía a otras sobrevivientes.

No fue hasta que leyó una edición anterior de *Combating Cult Mind Control* y encontró una iglesia que la apoyó, que comenzó a experimentar una verdadera sanación.

Hoy en día, Rachel viaja por todo el país creando conciencia sobre la trata de personas a nivel doméstico. Me pidió formar parte de un equipo, junto con Carissa Phelps y D'Lita Miller, para desarrollar un plan de estudios llamado *Ending The Game* (Terminando el Juego). Juntos creamos el primer plan de estudios nacional de intervención contra la trata de personas, enfocado en resistir y recuperarse de la manipulación y la coerción psicológicas.

Tania Diaz y The International Churches of Christ (ICOC)

El primer encuentro de Tania con la Boston Church of Christ, después conocida como International Churches of Christ (ICOC) fue en 1995.

Misioneros enviados desde Boston llegaron a la Ciudad de Mexico en 1984, buscando expandir el que era conocido en ese entonces como el Movimiento de Boston.

La invitaron en la Facultad de Ciencias Políticas y Sociales (FCPyS) de la UNAM (Universidad Nacional Autónoma de México) a "una conferencia cristiana donde se hablaba de valores", cuando era estudiante de Relaciones Internacionales.

Le atrajeron el ambiente lleno de entusiasmo, la comunidad y el aprecio extremadamente intenso (love-bombing) así como la afirmación -falsa- de que no se trataba de "nada religioso".

Durante las siguientes décadas, ella escalaría en los niveles de liderazgo de la iglesia para poder escapar finalmente casi treinta años después, convirtiéndose entonces en una defensora de sobrevivientes de abuso religioso, y activista anti-sectas mientras promueve la compasión por uno mismo. Junto con su esposo, es co-anfitriona y co-productora del podcast "Voces: Espacio Sagrado para Sobrevivientes de Abuso Religioso".

Tania recuerda cómo el ministerio universitario de la ICOC en México, llamada ICMAR (Iglesia de Cristo en México, A.R.) buscaba estudiantes que percibía con potencial o "picantes". Buscaban que fueran atractivos, con dinero o con liderazgo e influencia ofreciéndoles a cambio una red de apoyo instantánea.

En tan solo dos semanas, ella terminó los "principios básicos" una serie de ocho estudios bíblicos donde ocurre el procesos intensivo de indoctrinación.

Así, Tania fue bautizada y declarada "salva". Le enseñaron que la ICMAR (sucursal de México de la ICOC) representaba el único y verdadero cuerpo de Cristo.

Su doctrina implicaba una estricta imitación de los llamados discípulos, lo que significaba que debían vestirse, hablar y hasta peinarse igual que sus discipuladores (supervisores) lo cual se suponía que reflejaba la unidad de corazón y mente mientras citaban el mandato del apóstol Pablo "imítenme a mi, como yo imito a Cristo".

La expansión de la ICOC a Mexico llevaba consigo su cultura de evangelicalismo blanco, corporativo y casi militar instituido por su fundador Kip McKean.

Las estadísticas y el crecimiento numérico dominaba cada aspecto de la vida en esta iglesia. En su momento, la ICOC llegó a ser conocida en EEUU como una de las iglesias de más rápido crecimiento. La asistencia, las ofrendas, las ofrendas especiales son rigurosamente exigidas y rastreadas. Cualquier resistencia o cuestionamiento por parte de algún discípulo o discípula implicaría ser acusado de avaricia o debilidad espiritual.

Tania fue reclutada muy pronto para ser entrenada como líder, llegando a supervisar grandes grupos de estudiantes y eventualmente trabajando para la iglesia sin haber firmado un contrato laboral, sin prestaciones básicas, ni un salario mínimo. Se esperaba de ella que trabajara largas jornadas después de sus clases en la universidad, siendo explotada laboralmente en condiciones deplorables y con apenas tener para comer, sirviendo a jóvenes y universitarios.

En 1998 mientras era discipulada por una misionera, decide que será misionera en Cuba, abandonando su carrera universitaria, faltándole solo un semestre para terminarla y así enfocarse en "salvar almas". Durante casi cuatro años vivió en la Habana convencida de que su trabajo misionero evitaría que millones de cubanos terminaran en el infierno. Las iglesias locales pusieron sobre aviso a sus fieles de que tuvieran cuidado con la ICOC, a quienes llamaban "la secta de los mexicanos". Aún así, Tania no se sintió preocupada por esa afirmación, sino más bien bendecida porque estaban siendo "perseguidos" por enseñar la sana doctrina.

La ICOC impone un control generalizado en la vida de sus miembros. Algunos ejemplos de ello son las relaciones románticas de sus miembros solteros que solo son permitidas dentro del grupo, los empleos que aceptan que deben ser aquellos que permitan la participación constante de sus múltiples reuniones durante la semana, que incluyen estudios bíblicos y evangelización.

La vida familiar también está bajo vigilancia y los padres son enseñados con "respaldo bíblico" a golpear a sus hijos para enseñar obediencia y buen comportamiento. Las parejas casadas por su parte son indoctrinadas para permanecer en situaciones de violencia o abuso enseñando cosas como que las mujeres deben siempre estar disponibles para las necesidades sexuales de sus esposos y nunca son enseñados acerca del consentimiento o la autonomía corporal.

Misoginia, homofobia, racismo y explotación son rampantes en esta organización religiosa y están normalizados y respaldados por sus enseñanzas "bíblicas".

En el 2003 ocurre una crisis interna cuando una carta dirigida al liderazgo principal global es filtrada en internet. En ella, un líder de Londres llama a abandonar las prácticas legalistas y sectarias de la ICOC.

Aunque públicamente se arrepintieron después de que varios líderes sobre todo en EEUU fueron despedidos y cientos de miembros alrededor del mundo abandonaron la organización, Tania comenta que los cambios fueron solo de apariencia y que las tácticas de control y manipulación siguieron intactas. En ese contexto, ella contempló seriamente abandonar la ICOC, pero se quedó después de que el líder principal de la ICMAR le habló de la diferencia que ella podría hacer al quedarse y que no abandonas a tu "familia" porque comete errores, una justificación que después ella puede identificar como totalmente manipuladora.

Durante los siguientes 20 años Tania y su esposo alternaron entre el trabajo de tiempo completo en la organización y fuera de ella lo cual dependía del volátil presupuesto de la ICOC. En el 2011 son despedidos por uno de sus supervisores quien los acusa de desleales. Este evento es un parteaguas para Tania quien por fin es libre para educar a su hijo en casa y criarlo respetuosamente sin las presiones de la ICOC quienes no solo le prohibieron educar en casa sino que también la presionaban para que castigara corporalmente a su hijo.

Para 2012, Tania y su esposo son contratados para el ministerio en español de la Boston Church, deseando que la "iglesia madre" de todas las ICOC fuera distinta de la ICMAR.

Aunque el fundador Kip McKean ya no era parte de la ICOC y había iniciado una segunda secta, la ICC (International Christian Church), Tania se dio cuenta eventualmente de que la Boston Church seguía aplicando los mismos métodos de indoctrinación, con un estricto enfoque en crecimiento numérico, obediencia y la firme creencia de que son los únicos y verdaderos cristianos de la tierra.

Entendió también que los miembros migrantes, muchos de ellos indocumentados y traumatizados por el desenraizamiento de sus comunidades de origen, eran particularmente vulnerables ante las promesas de comunidad.

Durante los años que trabajó para la Boston Church (en su último rebranding sacaron a Cristo de la ecuación), Tania fue testigo del nepotismo rampante existente en el staff: hijos e hijas de ancianos influyentes de Boston y otros estados de EEUU, pero también hay cuñados, cuñadas, yernos y nueras.

También supo de las varias ocasiones en que en décadas anteriores, los anteriores líderes del ministerio en español disuadieron a padres y madres de reportar a las autoridades los abusos sexuales cometidos en contra de sus hijas menores de edad, instruyendoles a "perdonar y proteger a la iglesia" en vez de a sus hijas.

Ella no sabía que su posición como clérigo le obligaba legalmente a reportar cualquier sospecha de abuso sexual a menores. Ya que no es una figura legal en México y en 11 años que trabajó para la Boston Church, nunca recibió entrenamiento ni información acerca de esta importantísima tarea.

De cualquier manera, Tania dio apoyo emocional a las víctimas y comenzó a investigar sobre sus derechos, siendo estos los inicios de su activismo.

Por 8 años ella llevó a cabo su proceso terapéutico especializado en abuso religioso y trauma religioso, lo cual le dio a ella no sólo un espacio seguro para su proceso de deconstrucción y eventual deconversión, sino que también le dio herramientas y lenguaje para su misma y para otros.

Tania se dio cuenta finalmente que ella no podría sanar quedándose en el lugar que había causado tanto daño a ella y a otros.

A pesar de que junto con su esposo sirvieron a su ministerio en español de unas 120 personas con esas herramientas que fueron adquiriendo, proveyéndoles un espacio donde pudieran tener libertad y ser auténticos, se dieron cuenta que era imposible existir en ese sistema coercitivo.

El 1 de enero de 2023, se publica en la revista Rolling Stone un artículo que nombra las denuncias ante la corte de California contra la ICOC y la ICC por abuso sexual a menores y otros delitos tales como no reportar estos abusos, lo que se convierte en un catalizador para ella.

Un correo interno del líder evangelista de la Boston Church es enviado al staff para minimizar el artículo y presentarlo como una distracción de diablo. Sin embargo, es para Tania una muestra fehaciente de las prioridades de la organización: su reputación está sobre el trauma y dolor de los sobrevivientes.

Ella alerta al liderazgo principal sobre los terroríficos paralelos que hay entre los casos de California y Boston, para chocar de frente con su absoluta indiferencia.

En los meses siguientes, cuatro sobrevivientes más le confían su historia a Tania, que incluye a un hombre que reportó haber sido acosado sexualmente por el entonces líder evangelista del ministerio en español de la Boston Church.

Dándose cuenta de que el cambio no ocurrirá dentro del sistema, ella y su esposo continúan abogando por el trato digno y respetuoso hacia las víctimas hasta que en vez de eso, son públicamente difamados, excluidos y despedidos de sus respectivos roles en el staff. Valiente e inmutable, Tania se rehúsa a firmar un acuerdo de finiquito que implicaba para ella ser silenciada.

El líder evangelista del ministerio en español de la Boston Church todavía hoy en funciones, envió un correo a su red de ministerios en español alrededor de los EEUU, Latinoamérica y el Caribe, exponiendo a Tania y a su esposo a calumnias y difamación coordinadas.

Ella canalizó su potente experiencia en co-producir el podcast Voces: Espacio Sagrado para Sobrevivientes de Abuso Religioso que tiene la aspiración de proveer un espacio seguro donde sobrevivientes de grupos coercitivos pueden contar su historia y sumar a su proceso de liberación.

Hoy, Tania valientemente relata su propia jornada que pasa por la indoctrinación a sus 18 años en esa secta, hasta la deconstrucción, deconversión y decolonización de su fe en la búsqueda de una espiritualidad autodeterminada, libre y feliz. Es compañera de vida y orgullosa mamá que aboga por la compasión por nosotros mismos y cuyo activismo busca amplificar las voces en el margen.

Su historia es una prueba del poder transformador que reside en hablar la verdad al poder.

Masoud Banisadr y el MeK, un Grupo Terrorista Iraní

Conocí a Masoud Banisadr por primera vez en una reunión de la International Cultic Studies Association (ICSA) en Barcelona, España, en 2011. Pasamos horas juntos. Me fascinó escuchar la historia de su involucramiento en una secta, ya que nunca antes había conocido a un exmiembro de una secta terrorista islamista.

En ese momento, recuerdo haber pensado que mi experiencia con el control mental era como la de un estudiante de kinder en comparación con la suya—un graduado universitario. Yo solo estuve involucrado durante dos años y medio. Él estuvo involucrado durante veinte años. Su adoctrinamiento fue mucho más extremo que el mío. Me sentí gratificado cuando me dijo que mi libro lo había ayudado a entender el control mental.

Masoud escribió su historia en el libro de 2004, *Masoud: Memoirs of an Iranian Rebel*. Desde entonces, ha dedicado su vida al estudio académico intensivo de las sectas y el terrorismo, lo que culminó con la publicación de otro libro, *Destructive and Terrorist Cults: A New Kind of Slavery*, en 2014. En este libro, Masoud ofrece un impactante retrato de la dinámica de las sectas y sus líderes megalómanos.

A continuación, un breve resumen de su historia.

Masoud Banisadr nació en una familia iraní prominente, educada y de mentalidad liberal. Tenía 25 años, estaba en el último año de su doctorado en matemáticas en el Reino Unido, felizmente casado y era padre de una hija de dos años, cuando asistió a una reunión política organizada por la organización revolucionaria iraní *Mojahedin e Khalq* (MeK). Era durante la revolución iraní y él apoyaba lo que creía que era la causa puramente política del grupo. Irán finalmente había derrocado la dictadura del Sha. No pasó mucho tiempo para que Masoud y su familia fueran absorbidos por el control mental del grupo. Pronto, se había transformado en un obediente miembro de la secta, sacrificando todo lo que tenía a las ambiciones del líder del grupo.

El *MeK* fue originalmente una organización política que mezclaba el islam con el marxismo. El *MeK* desempeñó un papel destacado en las manifestaciones masivas y actividades paramilitares que llevaron al derrocamiento del Sha de Irán en 1979. Para reclutar nuevos miembros, especialmente jóvenes estudiantes de escuelas y universidades, los eslóganes del *MeK* se centraban en la democracia, la libertad y los derechos humanos.

Después de la revolución, como parte de su estrategia de reclutamiento, el *MeK* apoyó al Ayatolá Jomeini y al nuevo régimen establecido.

Con el tiempo, el *MeK* pasó de ser una pequeña organización guerrillera a convertirse en un movimiento político masivo con el apoyo de cientos de miles de jóvenes estudiantes. El 20 de junio de 1981, Rajavi, el líder del grupo, creyó que podía emular la toma de poder bolchevique de Lenin. Exigió a sus seguidores que salieran en masa a las calles para derrocar al nuevo gobierno revolucionario y convertirlo en el nuevo líder de Irán.

El intento fracasó. También costó muchas vidas, especialmente entre los jóvenes estudiantes.

Tras este esfuerzo inútil, el *MeK* cambió drásticamente. Se convirtió en un grupo terrorista clandestino, transformando a algunos de sus jóvenes miembros en bombas humanas. Una joven miembro (quizás la primera "suicida" femenina) se inmoló dentro de una mezquita. Un mes después, Rajavi y muchos miembros de alto rango huyeron a Francia.

Después de que Rajavi se aliara con el dictador iraquí Saddam Hussein durante la guerra Irán-Irak en la década de 1980, perdió casi todo su apoyo, tanto dentro como fuera de Irán. En 1985, en un intento de retener a los miembros y seguidores restantes, el *MeK* adoptó un camino más totalitario y destructivo, e inició el proceso de la Revolución Ideológica. Este proceso de manipulación mental se intensificó con el anuncio del matrimonio de Rajavi con Maryam, la exesposa de su estrecho colaborador y amigo Abrishamchi.

En 1986, a Masoud Banisadr se le nombró representante del MeK ante las agencias de las Naciones Unidas y las organizaciones de derechos humanos, y más tarde, su representante en Estados Unidos, donde se reunió con políticos de renombre.

Para 1990, todos los miembros del MeK habían sido sometidos a un intenso lavado de cerebro y obligados a divorciarse de sus cónyuges y aceptar el celibato por el resto de sus vidas. Un año después, con el fin de destruir cualquier lazo familiar que pudiera quedar dentro del grupo, los miembros fueron obligados a entregar a sus hijos, quienes fueron adoptados por otros simpatizantes en Europa y América. Masoud se divorció del "amor de su vida" y no pudo volver a ver a sus hijos.

Finalmente, en 1994, todos los miembros fueron forzados a pasar por la etapa final de la Revolución Ideológica, llamada "auto-divorcio": la pérdida total de su individualidad y personalidad, para actuar únicamente a través de la obediencia ciega de su identidad sectaria hacia el liderazgo.

Para 1996, después de casi 20 años en el MeK, Masoud comenzó a despertar, como si estuviera saliendo de una pesadilla, y logró encontrar una manera de escapar. Experimentó un dolor de espalda severo e incapacitante, lo que lo obligó a distanciarse del grupo y buscar atención médica. Otros exmiembros del MeK, así como su familia, que aún lo querían profundamente y lo extrañaban, le brindaron apoyo.

Para entonces, casi todos los miembros del grupo vivían en campamentos en Irak, aislados del resto del mundo y colaborando con el gobierno de Saddam Hussein contra su propio país, Irán. En el más grande de estos campamentos, Camp Ashraf, los líderes de la secta, Masoud y Maryam Rajavi, habían creado su propia imitación de Irán, completa con un pseudo-parlamento y una réplica del bazar de Teherán. Sus miembros, ya transformados en esclavos devotos y sin cuestionamientos, ayudaron a los dos líderes a vivir su fallida fantasía de ser el único liderazgo legítimo de Irán.

En 2009, Camp Ashraf fue tomado por fuerzas estadounidenses, y el MeK tuvo que rendir todas sus armas y municiones.

En agosto de 2014, fui invitado por Richard E. Kelly de AAWA (Advocates for Awareness of Watchtower Abuses) para impartir un taller en Londres. Invité a muchos de mis amigos y contactos a asistir. También se organizó una conferencia de prensa sobre el terrorismo como un fenómeno de sectas de control mental, y muchos colegas dieron declaraciones importantes. El video de la conferencia de prensa se encuentra disponible en mi sitio web.

Mientras estuve en Londres, tuve la fortuna de pasar tiempo con Masoud, e incluso conocer a su exesposa, quien se ha vuelto a casar, y a su maravillosa hija e hijo. Fue una experiencia conmovedora ser parte de una sanación que sigue desarrollándose. Masoud está dedicado a compartir su experiencia de vida para ayudar a prevenir que las personas sean reclutadas en sectas extremistas y para desarrollar programas que ayuden a quienes han sido afectados a salir y rehabilitarse.

Es un amigo respetado y muy querido. Su sitio web es [hw]banisadr. info/

Josh Baran y Shasta Abbey, una secta budista zen

Josh Baran es propietario y operador de una exitosa empresa, *Baran Communications*, en la ciudad de Nueva York. Se especializa en comunicaciones estratégicas, manejo de crisis, publicidad y asuntos públicos. Josh ha sido un amigo y aliado desde finales de la década de 1970. En esa época, fundó *Sorting It Out*, una organización sin fines de lucro dedicada a ayudar a personas que habían sido dañadas por grupos espirituales, gurús y sectas. Era mi contraparte en la costa oeste, y mi persona de referencia cada vez que tenía un caso relacionado con una secta religiosa oriental. A lo largo de los años, ha ayudado a dar visibilidad mediática a muchas historias importantes relacionadas con el control mental en sectas. Estoy orgulloso de llamarlo mi amigo.

Josh se convirtió en un buscador espiritual desde su adolescencia temprana. Se sentía profundamente atraído por las religiones asiáticas y la meditación. Ya en sus veintes, mientras vivía en el Área de la Bahía de San Francisco a finales de la década de 1960, asistía regularmente a presentaciones de maestros de meditación y líderes espirituales provenientes de distintas partes del mundo. Fue un participante habitual de la *Monday Night Class* de Stephen Gaskin y uno de los primeros estadounidenses en recibir un mantra secreto de Meditación Trascendental (TM).

El Zen atrajo especialmente a Josh porque se enfocaba en la meditación y en experiencias místicas personales y directas. Según las enseñanzas del Zen, el nirvana está aquí y ahora; todo lo que uno debe hacer, según sus historias y doctrinas, es despertar y verlo por uno mismo.

Posteriormente, en San Francisco, Josh conoció a una mujer inglesa de unos cuarenta años llamada Jiyu Kennett, quien había vivido en Japón, Hong Kong y Malasia durante seis años. Durante su estancia allí, se convirtió en monja de la tradición Soto Zen, completó la formación básica y obtuvo la certificación como maestra. Fue la primera europea en recibir las "transmisiones" de un maestro Zen y obtener autorización para enseñar. Jiyu Kennett era encantadora, muy accesible, amigable y carismática.

Kennett, junto con dos discípulos occidentales, había fundado un pequeño centro Zen en un apartamento de dos habitaciones en San Francisco. Josh comenzó a meditar con el grupo y disfrutaba profundamente de la práctica.

Kennett animaba a sus discípulos más comprometidos a convertirse en budistas formales, afeitarse la cabeza y ordenarse como monjes. A los 20 años, Josh decidió ordenarse como monje.

Un año después, el grupo se trasladó al Monte Shasta, cerca de la frontera con Oregón, donde habían adquirido un viejo motel con numerosas cabañas pequeñas. Con la aprobación de su maestro, Kennett buscaba adaptar el Zen al mundo occidental y solía utilizar terminología cristiana. Por esta razón, llamó a la organización Shasta Abbey.

Shasta se convirtió en un monasterio Zen rural y bastante aislado. Josh se convirtió en su maestro de huéspedes, luego en su cocinero principal y, finalmente, en su presidente.

Durante los primeros años, Josh encontró en la meditación y la disciplina una fuente importante y valiosa. En retrospectiva, comentó: "Realmente me ayudaron a despejar parte de mi propia niebla interna. También contribuyeron a que creciera, madurara y llegara a lo que a menudo llamo adultez espiritual."

Tras algunos años, Josh recibió la "transmisión del dharma," un reconocimiento formal que lo autorizaba a enseñar Zen, y fue nombrado uno de los "herederos del dharma" de Kennett. Josh reflexionó: "Podría haber establecido mi propio centro Zen si quisiera, pero también era evidente para mí que no estaba iluminado. Quizás estaba un poquito iluminado. Sabía un poco más que un principiante, pero, siendo sincero, como mucho, era un principiante avanzado. No era ningún maestro. No era un gurú."

Después de esos años iniciales, Kennett cambió. Sufría de una enfermedad crónica, y su actitud amistosa desapareció. Se volvió autoritaria y egocéntrica. A medida que Shasta Abbey crecía, también lo hacía su grandiosidad.

Con el tiempo, exigió lealtad absoluta de todos. Nadie podía cuestionarla o desafiarla. "Creo que, francamente, estaba estresada y no sabía qué hacer," observó Josh. "Desde mi perspectiva, llegó al límite de lo que sabía enseñar. Solo tenía tres o cuatro años de experiencia en Japón y una visión muy limitada… En su mente, tenía que ser este Buda completamente iluminado."

No es sorprendente que el grupo también cambiara. Se volvió más institucional, jerárquico y rígido.

Con el tiempo, la lealtad se convirtió en el valor absoluto del grupo. Incluso el más leve cuestionamiento hacia Kennett provocaba una reacción extrema. A los monjes se les gritaba, castigaba o degradaba. Sin embargo, los arrebatos de Kennett eran percibidos como enseñanzas hábiles de Zen, diseñadas para romper el ego. La única respuesta aceptable era inclinarse y aceptar el ataque emocional.

Josh pensaba que las enseñanzas budistas eran excelentes, y todavía le gustaba parte de lo que Kennett enseñaba. Pero estaba acosado por preguntas. ¿Por qué este lugar es tan tóxico? ¿Por qué Kennett es abusiva, cruel y fría? Si está tan iluminada, ¿por qué es una matona? ¿Es esto realmente Zen, o es un complejo y confuso lío de Zen a medio cocinar, monoteísmo, ocultismo y auto-adoración—un culto a la personalidad muy extraño?

Finalmente, en 1976, Josh supo que era momento de irse. En ese momento, era presidente de la organización, la Orden de Contemplativos Budistas.

Aunque no existían prohibiciones explícitas para abandonar el grupo, los miembros de alto rango que habían partido previamente eran invariablemente descalificados y calificados como fracasados o incapaces, demasiado débiles para seguir el camino del Soto Zen.

Sin embargo, en el Zen existe algo llamado *angya*, una especie de peregrinaje o viaje en el que los practicantes con experiencia se alejan por un período prolongado. Josh le dijo a Kennett que, después de mucha meditación y reflexión personal, sentía que era el momento de realizar un *angya* prolongado.

Ella accedió, pero estaba claramente descontenta, y desde ese día intentó persuadir a Josh para que cancelara o pospusiera su viaje. Sin embargo, Josh se mantuvo firme en su decisión.

Una semana antes de su partida, Kennett invitó a Josh a tomar el té. Le dijo que quería darle un "regalo de despedida."

En la reunión, Kennett hizo un último intento de convencer a Josh de que no se fuera, pero él se mantuvo firme y explicó que partiría según lo planeado. Entonces Kennett le dio a Josh el regalo prometido: tres pequeños paquetes de papel doblado. Cada uno, dijo, contenía una moneda de diez centavos.

En el primer pequeño paquete, Kennett había escrito la palabra CÁR-CEL. Kennett dijo:

—Aquí tienes la primera moneda. (Esto, por supuesto, fue en la época en que aún existían los teléfonos públicos). Después de que dejes la Abadía, cuando te arresten, usa esta moneda para llamarme desde la cárcel y yo iré a sacarte bajo fianza.

Luego le entregó el segundo paquete, en el que estaba escrito MANI-COMIO.

—Después de que dejes Shasta—dijo—, cuando te desmorones y termines en un hospital psiquiátrico, usa esta moneda para llamarme, y yo iré a buscarte.

El tercer paquete decía ARRUINADO. Kennett dijo:

—Cuando te quedes totalmente sin dinero y no tengas nada, usa esta última moneda para llamarme, y vendré a rescatarte.

El mensaje subyacente era claro: *Si me dejas, te volverás loco. Sin mí, no tienes poder personal, ni integridad, ni cordura. Sin mí, fracasarás. Sin mí, perderás el Camino del Buda. Sin mí, estás condenado.* Ahora Josh estaba más seguro que nunca de que era momento de liberarse.

Josh se fue según lo planeado y nunca regresó. No terminó arruinado, en la cárcel ni en el manicomio. Vive en Manhattan, donde dirige Baran Communications, una exitosa empresa de comunicaciones estratégicas y relaciones públicas que colabora con organizaciones sin fines de lucro, documentales, películas, y campañas especiales. Josh predice que la meditación, especialmente el *mindfulness* a medida que se vuelve más "mainstream," fomentará una nueva ola de líderes de sectas destructivas.

Yves Messer y la secta política de Lyndon LaRouche

Yves Messer es un artista, diseñador, arquitecto y pintor de retratos muy talentoso que actualmente vive en Inglaterra. Es valiente: uno de esos raros exmiembros de la organización de LaRouche que se atreven a exponer abiertamente y de manera pública al grupo. Nos encontramos a través de Internet en 2008 y pudimos conocernos en persona en Londres, en 2014.

Yves fue reclutado en esta secta política en 1983, cuando tenía 22 años, y permaneció como miembro hasta 1994, principalmente en Francia y Alemania. Se sintió atraído por la aparente plataforma política liberal del grupo. Los "LaRouchies," como se les llama, afirmaban defender el progreso económico, estar en contra de la guerra, a favor del Tercer Mundo, promover la ciencia y las artes, e impulsar la inversión en infraestructura y alta tecnología. Se posicionaban dentro de una tradición humanista de siglos de antigüedad, lo que captaba el interés de personas idealistas.

En el centro del movimiento se encontraba Lyndon H. LaRouche Jr., una figura peculiar. Se postuló a la presidencia de los Estados Unidos en ocho elecciones consecutivas, aunque casi nadie, aparte de sus seguidores, votó por él. La mayoría de las personas no lo tomaban en serio y lo consideraban, a él y a sus partidarios, como personajes extravagantes. Quizá hayas visto a los miembros del movimiento LaRouche en aeropuertos con carteles que decían "Bombardeen a Jane Fonda" o cerca de oficinas postales y supermercados con pósteres que mostraban al presidente Obama con un bigote al estilo de Hitler.

Pero existe un lado profundamente siniestro en el hombre y su organización. LaRouche muestra características propias de un psicópata narcisista: falta de empatía, delirios de grandeza, un sentido desmesurado de derecho, paranoia y disposición para involucrarse en actividades delictivas. Al menos dos muertes, la de Jeremiah Duggan en 2003 y el suicidio de Kenneth Kronberg en 2007, han sido vinculadas a su grupo.

De hecho, LaRouche y sus seguidores se consideran a sí mismos "en guerra". Como muchos líderes de sectas, LaRouche describe el mundo en términos absolutos: nosotros contra ellos, el bien contra el mal. Habla de una "guerra cósmica" entre dos élites secretas —la malvada y la buena— cuyo resultado decidirá si la civilización sobrevive o no. Afirma que el mundo está a punto de ser sumido en un abismo, descrito de diversas formas como una "Nueva Edad Oscura," la Tercera Guerra Mundial, un colapso económico total o una gran pandemia. Autoproclamado economista, ha predicho un colapso financiero casi todos los años durante los últimos 40 años. Los seguidores de LaRouche creen que salvar al mundo del Armagedón es su objetivo supremo, su causa, su razón de ser —y que el uso de la fuerza física puede estar justificado.

Un pacifista cuáquero en su juventud, LaRouche recurrió a la violencia en sus 50 años, alejándose de la extrema izquierda hacia la extrema derecha e incluso asociándose con neonazis y el Ku Klux Klan.

Joven e ingenuo, al unirse a mediados de 1983, Messer se dedicó por completo al grupo y, dos años después, fue promovido como el llamado corresponsal de la *Executive Intelligence Review* en París. Fue enviado a un campamento de entrenamiento "secreto," que resultó ser la mansión de LaRouche en Alemania, donde aprendió a manejar armas y disparó munición real a blancos, con el telón de fondo de frondosos bosques. El propósito de este entrenamiento de fin de semana era garantizar la seguridad de LaRouche durante su gira por Europa.

En octubre de 1986, cientos de agentes de las fuerzas del orden allanaron la sede de LaRouche en Leesburg, Virginia. Dos años después, fue sentenciado a 15 años de prisión por planear un fraude contra el Servicio de Impuestos Internos (IRS) y por incumplir más de 30 millones de dólares en préstamos provenientes de sus seguidores. Fue puesto en libertad condicional tras cumplir cinco años de su sentencia de 15 años. Como muchos seguidores, Yves inicialmente creyó que LaRouche había sido víctima de una "vendetta política."

En 1992, en la región de Alsacia, en Francia, Yves ayudó a organizar un convoy ciudadano de ayuda para los refugiados del genocidio en Bosnia-Herzegovina durante la guerra en la antigua Yugoslavia. El convoy de ayuda Alsacia-Sarajevo, como se le llamó, partió el 17 de febrero de 1993 con más de 60 vehículos y 130 personas. La misión fue un éxito—realmente salvó vidas—pero algunos líderes del grupo reprendieron a Yves por no haber asociado de manera prominente el nombre de LaRouche con el convoy. Messer se sorprendió, pero para entonces ya había comenzado a sospechar de los motivos del grupo, que parecían estar diseñados, en gran medida, para alimentar la vanidad de LaRouche.

Ocurrió que Yves estaba en contacto con alguien fuera del culto, quien había iniciado una huelga de hambre para protestar contra las atrocidades en la antigua Yugoslavia. Yves pasó varios días con esta persona, discutiendo todo tipo de temas, incluyendo lo que llamaban "manipulación mental." Incluso llegaron a diseñar seminarios—junto con la pareja de Yves en ese momento—para un hipotético "Instituto de Investigación sobre Manipulaciones Mentales." Un día, varios líderes de LaRouche llegaron a su casa para, según sus palabras, "hacerle un informe," aunque era evidente que estaban verificando su lealtad. Yves decidió abandonar el grupo. Se fue junto con su pareja de entonces, en 1994, pensando que solo se trataba de un movimiento político decepcionante. Les tomó años darse cuenta de que la organización de LaRouche era un culto, uno que controlaba a sus miembros al impedirles sentir que lograban algo real y significativo. "Lo esencial es preservar la doctrina de LaRouche por encima de la realidad," dijo Yves. "La doctrina es la realidad verdadera, superior y la única realidad."

Prohibir a los miembros tener hijos fue otra estrategia clave para controlar a los seguidores. La política de abortos forzados dejó a cientos de parejas sin hijos. Yves y su entonces pareja, quienes ahora están separados, adoptaron a una niña de China y se mudaron al Gran Bretaña, donde eventualmente se unió a Erica Duggan—cuyo hijo murió dentro del grupo—para exponer a LaRouche y su organización. En 2012, miembros del Movimiento Juvenil de LaRouche abandonaron el culto en masa, inspirados en parte por la lectura de mi libro y por el sitio web de Yves, [h] laroucheplanet.info/, además de sus esfuerzos. Yves sigue comprometido, a través de sus sitios web y otras actividades, en la lucha contra las sectas y el control mental.

Hoyt Richards y Eternal Values

Hoyt Richards fue uno de los primeros supermodelos masculinos del mundo y es escritor, actor, productor y cineasta. También es un exmiembro de una secta destructiva que habla abiertamente sobre su experiencia, dispuesto a dar entrevistas e incluso ayudar a otras personas a salir de sectas destructivas. Fuimos presentados por una mujer que había estado bajo control mental de una "psíquica" gitana en el verano de 2011.

Durante finales de los años 80 y los 90, Hoyt viajó por todo el mundo, desfiló en las pasarelas de París, Milán y Nueva York; apareció en las portadas y páginas de revistas de alta moda; y participó en cientos de comerciales. Sin embargo, a lo largo de toda su carrera de 15 años, fue miembro de *Eternal Values*, una secta destructiva que comenzó en el centro de Manhattan.

Eternal Values fue fundada por Freddie Mierers, un neoyorquino que creció en un barrio judío de Brooklyn. En los años setenta, Mierers, un exmodelo y diseñador de interiores, se reinventó como "Frederick Von Mierers," un gurú y astrólogo de la nueva era que se enfocaba en atraer como miembros a personas adineradas de ascendencia anglosajona y protestante (WASP).

Cuando tenía 16 años, Hoyt conoció a Von Mierers en la playa de Nantucket, donde la familia de Hoyt pasaba las vacaciones cada verano. Hoyt desarrolló una amistad con Von Mierers durante esos veranos. Mientras asistía a la universidad de Princeton, donde estudiaba economía y jugaba fútbol americano, ocasionalmente visitaba a Freddie en Manhattan.

Hoyt explica: 'Mis primeros recuerdos con Frederick en Nueva York incluyen ir al Studio 54. Frederick lograba que yo y su grupo de atractivos seguidores pasáramos directamente entre la gran multitud frente al club. Era una escena increíble: celebridades y mujeres hermosas por todas partes. Yo solo tenía 18 años, y todo parecía un cuento de hadas. Al final de la noche, reuníamos a un grupo de personas modernas del club y volvíamos al apartamento de Frederick para su versión de 'té de la tarde'. Allí manteníamos largas conversaciones espirituales hasta el amanecer. Todo me parecía tremendamente emocionante e inofensivo, o eso creía. Recuerdo que, en ese momento, incluso sentía que me estaba aprovechando de él.'

Durante el segundo año de universidad de Hoyt, una lesión crónica en el hombro empeoró y se encontró en un dilema. Los médicos le dijeron que necesitaría someterse a cirugías mayores en ambos hombros si quería seguir jugando al fútbol americano, sin ninguna garantía de que las operaciones fueran exitosas. La alternativa era dejar de jugar. "Para mí, se sintió como una crisis de identidad. Había jugado al fútbol toda mi vida y mis amigos más cercanos eran mis compañeros de equipo. Realmente me sentí perdido. Fue entonces cuando Frederick intervino 'para rescatarme' y sugirió que probara con el modelaje y los comerciales," contó Hoyt.

Hoyt aceptó y pronto tuvo éxito. Esto lo llevó a realizar más viajes a la ciudad de Nueva York para audiciones. Al graduarse con un título en economía, Hoyt se mudó con el grupo de Von Mierers. El grupo estaba compuesto principalmente por jóvenes yuppies: abogados y arquitectos de Ivy League, junto con algunos actores y modelos.

El tema principal de Von Mierers era apocalíptico: predecía que, para el cambio de siglo, ocurriría un cataclismo geológico conocido como un cambio de polos, y la mayor parte de la población del planeta perecería. Solo ciertos grupos de la humanidad sobrevivirían en "lugares seguros" secretos. Las almas altamente evolucionadas, como Von Mierers y sus seguidores, serían llevadas fuera del planeta por extraterrestres, entrenadas y devueltas a la Tierra después del desastre para liderar la construcción de una sociedad utópica de la nueva era.

Hoyt vivió con el grupo durante 15 años, periodo en el que se distanció de su familia, llegando a no ver a sus padres durante 12 años. Tras la muerte de Von Mierers en 1990, debido al SIDA, el grupo se trasladó a las Montañas Blue Ridge, en el oeste de Carolina del Norte. Este lugar había sido designado por Von Mierers como uno de sus "lugares seguros". Dado que él era la única persona que supuestamente tenía acceso a los extraterrestres, el grupo adoptó una orientación más centrada en la supervivencia. Construyeron un gran complejo equipado con búnkeres y acumularon armas, además de un suministro de alimentos envasados al vacío para cuatro años.

Hoyt escapó del grupo en el verano de 1999. "Ojalá pudiera decir que un día me desperté y tuve la realización: '¡Vaya! Esto es una secta peligrosa y necesito salir de aquí inmediatamente,'" comentó. "La realidad es que me tomó tres intentos antes de lograrlo. Mi autoestima estaba tan destrozada que sentía que nunca era suficiente. Me decían constantemente que había decepcionado al grupo y que, por mucho que intentara mejorar, jamás lo lograría. Me había resignado a aceptar que era un caso perdido. Sentía que no tenía remedio ni era digno de nada."

A principios de ese año, había expresado dudas sobre la predicción apocalíptica de Von Mierers. En ese momento, viajaba 300 días al año por el mundo como modelo. "Supongo que podría decirse que todavía tenía un pie en la realidad. Sin embargo, pagué un alto precio por expresar mis dudas. Aunque era la principal fuente de ingresos del grupo y les había entregado muchos millones de dólares a lo largo de los años, me ordenaron mudarme al complejo en Carolina del Norte. Me dijeron que ya no podía trabajar como modelo y me rapaban la cabeza semanalmente para asegurarse de que no pudiera hacerlo aunque quisiera. Me pusieron en cuarentena en las instalaciones y me asignaron todo tipo de trabajos forzados 'para enseñarme humildad.' Tenía que ser el primero en levantarme y el último en acostarme. Me obligaron a vivir en el garaje con los perros, durmiendo sobre una esterilla. Literal y figurativamente, estaba en la caseta del perro," dijo.

"Por suerte, ahora puedo reírme de ello. Pero fue un período horrible en mi vida. Incluso contemplé el suicidio. Lo más loco era que, por mucho que odiara estar en esa situación, también sentía que me lo merecía. Aunque dejar el grupo me parecía un acto de cobardía, sentía que era un peso muerto, que los estaba frenando. Honestamente, pensaba que estaba desperdiciando su valioso tiempo y buena voluntad. Mi principal motivación para dejar el grupo no fue porque creyera que eran malos o que me estaban abusando, sino para liberarles de la carga de mi inutilidad."

Afortunadamente, Hoyt logró escapar. Experimentó trastorno de estrés postraumático (TEPT), como muchos podrían imaginar. Después de aproximadamente 18 meses lejos del grupo, finalmente tuvo la claridad para considerar una nueva idea. "Cuando dejé Eternal Values, estaba tan convencido de que era malvado y estaba maldito, de que había fallado a Frederick e incluso a la humanidad. Sentía que estaba condenado a una vida de tragedia por haber traicionado la causa. Pero finalmente llegué al punto donde se me ocurrió la idea de que tal vez lo que sentía no se debía solo a mí y a mis interminables fallos, sino que quizás el grupo con el que había estado involucrado tenía algo que ver con ello," dijo.

"Durante años, la gente me había estado diciendo que estaba en una secta, pero nunca lo creí. Simplemente no podía aceptar que yo pudiera hacer algo así. Estaba convencido de que cosas como esas no les pasaban a personas como yo. Yo nunca me uniría a una secta."

Desesperado por encontrar respuestas, Hoyt buscó en Internet y descubrió una edición anterior de *Combatir el Control Mental de las Sectas*. "Compré el libro de Steve porque era el más vendido sobre el tema. Pero mi verdadera intención era convencerme de que mi grupo no era una secta. Por supuesto, estaba equivocado. El libro de Steve fue el primer paso para mí en aceptar la verdad sobre lo que había sido mi experiencia. También me dio las herramientas e inspiración para avanzar en el camino hacia la recuperación."

Una vez que Hoyt estaba bien encaminado en su recuperación, pasó a la ofensiva, demandó a *Eternal Values* y ganó, poniendo fin efectivamente a la existencia del grupo.

Sigue activo en la concienciación sobre las sectas y, en ocasiones, me ha ayudado a rescatar a otras personas de situaciones de control mental o sectas. Explica nuestro trabajo conjunto de la siguiente manera: 'Compartimos un objetivo común: desmitificar la preconcepción generalizada de que las sectas afectan a un tipo particular de persona o perfil—ingenuos, excéntricos, personas extrañas o dañadas provenientes de familias disfuncionales, etc. No culpo a nadie por tener ese punto de vista. Yo mismo lo tenía, hasta que pasé por lo que pasé. Soy la prueba viviente de que esa idea no es precisa. Al ser abierto y transparente sobre mis experiencias, también espero demostrar a otras víctimas de las sectas que no hay necesidad de sentir vergüenza por lo vivido. Todos somos sobrevivientes y debemos sentirnos orgullosos y mantener la cabeza en alto.

Estoy encantado de decir que estoy trabajando en varios proyectos de cine y televisión para ayudar a crear conciencia sobre cómo operan las sectas y fomentar la comprensión sobre el control mental. Compartir nuestras historias es uno de los mayores regalos que podemos ofrecer a los demás."

Gretchen Callahan y "The Truth Station"

Algunas sectas destructivas son diminutas en comparación con organizaciones como la Iglesia de la Unificación y la Cienciología. Sin embargo, los grupos pequeños pueden causar tanto daño a los individuos como los grandes.

Sin duda, esto fue cierto en el caso de Gretchen Callahan y su participación en una pequeña secta fundamentalista bíblica en el sur de California llamada *the Truth Station*. Sus 30 miembros estaban liderados por un hombre que estaba convencido de que tenía comunicación directa con Dios. El grupo vivía junto en una casa y pasaba gran parte de su tiempo siendo adoctrinado. Creían que eran las únicas personas en la Tierra que vivían como verdaderos cristianos. También creían en la práctica de la sanación por la fe. Sin embargo, Gretchen tuvo una experiencia personal con una sanación por la fe que fracasó, con consecuencias fatales.

El grupo solía tener largas reuniones en una sala de estar abarrotada. El líder pasaba horas poniendo a los miembros en el "banquillo caliente", humillándolos verbalmente mientras todos los demás observaban. A nadie se le permitía levantarse para ir al baño. Tenían que quedarse y ser parte del proceso.

Se hacía creer a los miembros que el pecado en cada uno de ellos tenía que ser "sacado a la luz" y destruido. Nadie sabía de antemano a quién le tocaría estar en el banquillo, y cada persona suspiraba internamente aliviada cuando se llamaba el nombre de otro miembro.

Cuestionar la autoridad del líder se consideraba "dar lugar a espíritus satánicos". Estar completamente comprometido con la infalibilidad del líder y su interpretación de la Biblia se veía como la marca de un verdadero creyente. Las personas llegaban a grandes extremos para demostrar que, efectivamente, eran verdaderos creyentes.

David, un joven del grupo, sintió el sutil poder de la presión del grupo para volverse más "espiritual." Para demostrar su compromiso con el grupo y ser más aceptado, decidió dejar de tomar insulina para su diabetes, creyendo que Dios lo sanaría. Los miembros aplaudieron su fe y su decisión de desechar su insulina.

En cuestión de días, la salud de David se deterioró. Para el final de la semana, el líder ordenó equipos de oración las 24 horas. El equipo de Gretchen estaba presente cuando David dio su último aliento; sin embargo, el grupo, impulsado por las ansiosas exhortaciones del líder, estaba convencido de que David resucitaría. Oraron durante 15 horas sobre su cuerpo. El padre de David, que en ese momento era colíder del grupo, golpeó el pecho de su hijo muerto, reprendiendo a Satanás y al ángel de la muerte, mientras que la madre de David tuvo que ser sacada de la habitación porque su dolor y angustia se consideraban una debilidad espiritual. Gretchen sostuvo la mano de David durante gran parte del día, mientras su cuerpo se volvía azul y se endurecía.

Incluso después de que la policía llegara y el forense se llevara el cuerpo, los miembros del grupo continuaron creyendo que el joven regresaría. Durante tres meses después de su muerte, se le reservó un lugar en la mesa, y los miembros (incluidos niños pequeños) tuvieron visiones, sueños y profecías sobre su resurrección.

Unos días después de la muerte de David, los padres de Gretchen la llamaron desde su casa en Jamaica, porque habían oído hablar del incidente. Gretchen logró convencerlos de que el joven no estaba realmente muerto. El líder le había dicho que sería un gran milagro cuando despertara, y los no creyentes acudirían en masa al grupo.

Dos años después de la muerte de David, Gretchen fue expulsada del grupo por su "espíritu de rebelión." Simplemente no podía soportarlo más. Había dado y dado al grupo, y nunca se consideraba suficiente. "Supongo que se podría decir que estaba agotada," les dijo a exmiembros de otros grupos durante una reunión de un grupo de apoyo para exmiembros de sectas. "Algo dentro de mí simplemente se apagó. Aunque todavía tenía miedo de hacer algo mal o de estar 'fuera del Espíritu,' ya no podía sentirme arrepentida por los 'pecados' que habían fabricado sobre mí. Noté que ya nadie era feliz ni sonreía. Todos tenían miedo de hablar entre ellos porque podrían no estar hablando 'en el Espíritu.' Sin embargo, incluso después de que me echaron, seguía creyendo que tenían razón y que tenían la llave exclusiva de la salvación. No fue hasta que mis padres me sometieron a un proceso de desprogramación que comencé a entender que había estado luchando contra los abusos del control mental, no contra mi relación con Dios."

Unos meses después de que Gretchen se fue, el grupo comenzó a usar golpizas físicas, especialmente contra mujeres y niños pequeños, para erradicar los "espíritus satánicos."

"Me ha llevado años comprender completamente lo profundamente que controlaban mis emociones y procesos de pensamiento," dijo Gretchen. "Si no hubiera recibido una buena terapia, probablemente habría seguido intentando regresar al grupo."

Gary Porter y Soka Gakkai/Nichiren Shoshu NSA

Gary conoció y se enamoró de Ann, una mujer involucrada con Soka Gakkai, anteriormente conocida como Nichiren Shoshu of America (NSA). La organización se originó en Japón y afirma seguir un linaje budista, aunque su autenticidad es cuestionada por miembros de otras sectas budistas. Bajo ambos nombres, esta organización ha estado activa en los Estados Unidos desde principios de la década de 1970. Además, son propietarios y administran la Universidad Soka en California. Los miembros creen que, al recitar repetidamente las palabras *nam myoho renge kyo* frente a un pergamino de papel de arroz llamado *gohonzon*, obtendrán el poder para lograr sus deseos.

Ann llevaba más de dos años involucrada cuando comenzó a recitar *nam myoho renge kyo* durante horas al día con el propósito de conocer y casarse con un médico. "La gente recitaba para conseguir lugares de estacionamiento, un nuevo trabajo, buenas calificaciones en la escuela, lo que fuera," contó Gary a exmiembros durante una reunión de apoyo para antiguos integrantes.

Gary, quien había crecido como metodista, estaba en un momento bajo de su vida cuando conoció a Ann. "Estaba agotado después de cuatro años de la universidad de quiropráctica. Mi mejor amigo murió en un accidente de coche. Mis hermanos me presionaban para que regresara a casa y cuidara de mi madre, que estaba enferma. Era un blanco fácil para cualquier cosa que prometiera tener las claves para resolver los problemas de la vida," dijo.

Al principio, a Gary le pareció que el grupo era extraño, pero aceptó probar la recitación. Le dio una sensación increíble de euforia. Compró un pergamino devocional, un *gohonzon*, y se casó con Ann—después de todo, tenía un título de doctor en quiropráctica—y permaneció en el grupo durante más de cinco años.

La NSA utilizaba a sus miembros famosos, como Tina Turner y Patrick Duffy, para reclutar y confirmar el compromiso de los miembros. Otro de sus grandes puntos de venta era "trabajar por la paz mundial." La NSA hacía creer a los miembros que solo su recitación salvaría a la humanidad de la destrucción. Sin embargo, aparte de marchar en manifestaciones organizadas por la NSA, que eran rechazadas por la mayoría de los grupos pacifistas tradicionales, los miembros hacían poco por promover la paz. No obstante, las marchas de la NSA dominaban el tiempo y las energías de los miembros. "Solíamos tener que asistir a reuniones grupales tres o cuatro veces a la semana, sin mencionar las horas que pasábamos cada día recitando," dijo Gary. Las voces de los que dudaban eran silenciadas y el conformismo era recompensado.

Con el tiempo, Gary tuvo varias confrontaciones con sus líderes en la NSA y fue amenazado con la expulsión. En el fondo, eso era exactamente lo que él esperaba. Estaba cansado de la presión y la manipulación, y su trabajo como quiropráctico estaba sufriendo debido a todo el tiempo y la energía que estaba dedicando a la NSA.

Gary y Ann finalmente fueron expulsados del grupo. Ann pasó el siguiente año en un sofá, creyendo que estaba muriendo de cáncer terminal. En realidad, no estaba enferma en absoluto, solo estaba actuando según su adoctrinamiento. Ella, al igual que otros miembros, había sido enseñada a creer que si alguna vez dejaba la NSA y dejaba de recitar, le ocurrirían terribles consecuencias. Una vez que Gary y Ann comenzaron a estudiar materiales sobre control mental y sectas destructivas, se dieron cuenta de que la NSA estaba utilizando las mismas técnicas que grupos como el *Peoples Temple* y los *Moonies*. Les tomó varios años reconstruir sus vidas.

Nacido en el Grupo

Cuando *Combatir el Control Mental de las Sectas* se publicó en noviembre de 1988, el enfoque principal del libro estaba dirigido a personas, como yo, que fueron reclutadas de manera engañosa en una secta destructiva.

Poco después de que el libro salió, comencé a recibir llamadas y cartas de personas que habían nacido dentro de grupos. Una de las más memorables fue una carta y una llamada de seguimiento de Randy Watters, un exanciano de Bethel de los Testigos de Jehová, que dirigía FreeMinds.org.

—¡Me encantó tu libro! —dijo Randy—. Pero, ¿puedo preguntarte por qué no mencionaste a los Testigos de Jehová?

Recuerdo que su pregunta me sorprendió y respondí de inmediato:

—¿Por qué, son una secta?

Él se rió y dijo:

—¿Estás bromeando? ¡Subrayé todo el libro!

—¿En serio? —respondí.

—¡Absolutamente! —me dijo.

—Enséñame —respondí con curiosidad.

Me dijo que viajara a California, donde reuniría a un grupo de exmiembros de los Testigos de Jehová, muchos de los cuales habían nacido dentro del grupo. Yo podría enseñarles sobre control mental y sectas, mientras ellos me enseñarían sobre los Testigos de Jehová. Así comenzó mi educación.

Fue extremadamente interesante descubrir que mi libro estaba siendo leído por cientos de personas que se habían criado dentro de los Testigos de Jehová, un grupo con el que me había encontrado en numerosas ocasiones a lo largo de mi vida, especialmente durante mi etapa como Moonie. Ellos intentaban reclutarme, y yo intentaba reclutarlos a ellos.

Los Testigos de Jehová son un grupo de alto control que descalifica de forma absoluta a los exmiembros y prohíbe cualquier tipo de contacto con ellos, incluyendo la lectura de cualquier cosa que hayan escrito. Lo más interesante fue que, al no haber mencionado al grupo en la primera edición de mi libro, este no estaba incluido en su índice de libros prohibidos.

Los Moonies eran muy visibles, y los Testigos de Jehová (TJ) sabían que eran una secta extraña. Así que leer un libro escrito por alguien que era un exmiembro era una curiosidad para ellos. Leían el libro esperando aprender sobre los Moonies y otras sectas, y terminaban dándose cuenta de que ellos mismos estaban en una secta.

Recuerdo haber hablado con mis colegas en el mundo de las contrasectas sobre mi descubrimiento de que los Testigos de Jehová eran una secta de control mental. Me encontré con una resistencia total. Me decían cosas como: "Han existido demasiado tiempo" y "¡Son demasiado grandes!" Mi reacción fue: "¿Desde cuándo esos son criterios para evaluar una secta de control mental? ¡Pensé que el control mental era el criterio!"

Comencé a trabajar no solo con personas reclutadas en la Sociedad de la Atalaya, sino también con personas que habían nacido y crecido en el grupo, y recibí cientos de cartas y llamadas telefónicas. La mayoría de las personas que habían leído mis libros querían saber: "¿Qué pasa si no tengo un yo previo a la secta al cual volver? ¿Cómo puedo recuperarme?" Sabía que necesitaba empezar a abordar los problemas de aquellos que habían sido influenciados desde la infancia por un grupo totalitario.

A través de mis investigaciones y experiencias, he llegado a la conclusión de que los seres humanos nacen con un yo auténtico, acompañado de un profundo deseo de amor, justicia, verdad y significado. Esto es algo que ningún grupo puede programar ni eliminar de una persona, lo que significa que siempre existe esperanza para una verdadera sanación. Un capítulo posterior aborda estrategias de recuperación, y planeo escribir un libro en el futuro dedicado a este tema. No obstante, quiero hacer una mención especial sobre el valor.

Las personas que deciden abandonar un grupo, sabiendo que probablemente serán aisladas—rechazadas y desconectadas de su familia y amigos—enfrentan un nivel de sufrimiento, dolor y dificultades casi inimaginables para la mayoría de las personas. Si logran resistir las presiones para regresar al grupo, muchas de ellas desarrollan una gran resiliencia y fortaleza. Con frecuencia, estas personas adoptan posturas marcadamente opuestas: algunas se convierten en ateos fervientes, mientras que otras se convierten en creyentes firmes en la Biblia, en Dios o en algún Poder Superior.

Las personas expulsadas de estos grupos están en mayor riesgo de sufrir graves crisis emocionales, desarrollar adicciones, cometer suicidio u enfrentar otros problemas importantes de salud pública. Es fundamental realizar investigaciones para analizar lo que considero una monumental carga para nuestro sistema de salud causada por la participación en sectas destructivas. Los profesionales de la salud mental, a menos que estén sensibilizados y capacitados, a menudo no saben cómo realizar una evaluación adecuada en casos relacionados con influencia indebida. No obstante, estoy trabajando en un próximo libro y un programa de formación para ayudar a abordar esta necesidad urgente.

Con el paso de las décadas, las personas que nacían en grandes sectas—los Moonies, la Cienciología, los Hare Krishnas, los Hijos de Dios, la Meditación Trascendental (TM)—comenzaron a llegar a la adultez y a cuestionar el adoctrinamiento de sus grupos. Con la creación de Internet, surgieron foros de discusión y comunidades de apoyo en línea. Estas han sido de gran ayuda para las personas criadas en sectas.

Me complace compartir las historias de una mujer criada en la infancia dentro de la Meditación Trascendental (TM), dos ex Testigos de Jehová y un ex mormón. Entiendo que estas organizaciones son muy visibles y que, en general, el público no las considera psicológicamente dañinas. La Sociedad de la Atalaya y la Iglesia SUD han existido desde el siglo XIX, cuentan con millones de miembros en todo el mundo y poseen recursos enormes.

Entiendo que me arriesgo a ser incluido en listas de enemigos, aunque espero que sus líderes tengan la suficiente previsión para no hacerlo. Mi esperanza es que el liderazgo realmente lea este libro y tome medidas para reformar las políticas de sus organizaciones.

Gina Catena y la Meditación Trascendental (MT)

Gina Catena es Enfermera-Partera Certificada (*Certified Nurse-Midwife*, CNM) y Enfermera Especializada (*Nurse Practitioner*, NP), además de escritora, exmiembro valiente y activista. Tras comprender las similitudes entre los métodos encubiertos de la Meditación Trascendental (MT) y otras sectas explotadoras, la *International Cultic Studies Association* la invitó por primera vez a compartir su historia en su reunión anual de 2006. En 2010, conocí a Gina y quedé profundamente cautivado por su presentación sobre la relación de los Beatles con Maharishi Mahesh Yogi y la Meditación Trascendental. Gina escribe y da conferencias de forma voluntaria para crear conciencia sobre los riesgos de participar en la MT, con el objetivo de que las pérdidas de quienes sufrieron o murieron dentro del grupo no sean en vano. "Mi conciencia me obliga a revelar las locuras que viví, para que otros puedan evitar ser reclutados en el lado oscuro de la MT", afirma.

Gina Catena creció dentro de la organización de Meditación Trascendental (MT), fundada por Maharishi Mahesh Yogi y sus seguidores. Sus padres fueron atraídos al movimiento durante la década de 1960. En su adolescencia, los padres de Gina la enviaron a vivir con el Movimiento

MT en 1974, cuando se establecieron su universidad y comunidad permanente en Fairfield, Iowa. Gina y su hermano fueron criados con la creencia de que pertenecían a una clase espiritualmente privilegiada: los "niños de la era de la iluminación." Participaron en ceremonias de iniciación privadas, conocidas como *pujas*, en las que cada persona recibía un mantra secreto, que supuestamente podía inducir un estado alterado de conciencia, liberar el estrés, fomentar la creatividad y, en última instancia, curar cualquier dolencia. Como muchos niños dentro del movimiento MT, Gina creció prácticamente sola, ya que sus padres estaban frecuentemente ausentes, ocupados meditando o asistiendo a costosos cursos avanzados de formación.

Aun así, Gina amaba la comunidad unida de TM y recuerda la sensación que experimentaba como una especie de "heroína social." Los miembros estaban profundamente conectados por su estilo de vida compartido y su objetivo de "salvar al mundo" a través de la meditación. A medida que creció, Gina comenzó a sentirse cada vez más inquieta por ciertos comportamientos, en particular el hábito del grupo de culpar a los individuos por sus propios problemas, como mala salud, dificultades financieras y problemas de relaciones. Estos problemas se atribuían al "mal karma," pero, en realidad, a menudo eran causados por las prácticas del grupo.

"Meditar todos los días durante horas y horas llevó a algunos miembros a la psicosis," me dijo. Tratar problemas de salud con costosos y dudosos brebajes herbales producidos por Maharishi Ayurvedic Health Products International, o con ceremonias místicas de oración igualmente costosas llamadas 'yagyas,' en lugar de buscar ayuda médica profesional, puso en peligro la salud de los miembros y, en algunos casos, pudo haber causado sus muertes. Donar miles e incluso millones de dólares para los proyectos de Maharishi destinados a crear un mundo perfecto a través de programas avanzados de meditación llevó a muchos a la ruina financiera. Algunos incluso se suicidaron.

Mientras tanto, 'Mahesh' y su círculo íntimo residían en el lujo: en palacios y mansiones en Suiza, y más tarde en un enclave privado construido a medida en los Países Bajos.

Gina observó otros problemas. TM se promociona intensamente, basándose en investigaciones pseudocientíficas para destacar los beneficios para la salud de su forma de meditación, presentándola como una cura para todo, desde el trastorno de estrés postraumático (TEPT), el trastorno por déficit de atención con hiperactividad (TDAH), la explotación sexual, el estrés y la pobreza. En realidad, se trata de un método de trance auto-inducido que, en algunas personas, puede provocar ansiedad y otras reacciones adversas. Los instructores minimizan estas reacciones, llamándolas una forma de "desestrés," y alentando a meditar aún más para liberar aún más estrés. Es importante diferenciar el método de meditación de TM de otras formas legítimas de meditación. En TM, al practicante se le asigna una sola palabra, su mantra secreto —a menudo derivado del nombre de una deidad hindú—, que se repite hasta alcanzar un estado de trance.

Aunque los nombres de las campañas de marketing y las organizaciones fachada de TM han cambiado con los años, el proceso de reclutamiento sigue siendo el mismo paso a paso. Alguien se inscribe en un curso introductorio de TM. Luego, se les anima a asistir a reuniones regulares de apoyo, donde son recibidos cálidamente y se les dan "sugerencias" sobre qué cursos avanzados podrían tomar. Muchas personas se detienen en el curso introductorio, pero algunas eligen continuar. Eventualmente, pueden inscribirse en el programa TM-Sidhi, que promete enseñar poderes místicos, como el vuelo yóguico, por una modesta suma de $5,000 o más. Hace décadas, una amiga patrocinó a Gina para aprender el vuelo yóguico. "Consistía en rebotar enérgicamente sobre las nalgas en una espuma de alta densidad," dijo.

En 1976, Maharishi prometió a sus devotos que, si lograban reunir la raíz cuadrada del 1% de la población mundial practicando el programa TM-Sidhi al mismo tiempo todos los días, se crearía un "Efecto Maharishi" de paz global, prosperidad, clima perfecto y salud para el mundo. Muchos practicantes fervientes de TM continúan dedicando sus vidas a practicar el programa TM-Sidhi entre cuatro y ocho horas diarias, creyendo que influirán positivamente en el mundo. Algunos se vuelven adictos al estado de trance autoinducido. Otros practicantes de TM los apodan "astronautas" por su estado mental. Muchos de estos mismos devotos luchan con la disonancia cognitiva al envejecer, a pesar de las promesas de inmortalidad de Maharishi.

A pesar de sus crecientes dudas, Gina permaneció en el grupo, se casó dos veces—en ambos casos con practicantes de TM—y tuvo tres hijos. En 1980, Gina viajó a la India para asistir a un curso de un mes sobre "Ciencia Védica." Regresó a Fairfield, Iowa, pero algo había cambiado.

"Nunca volví a asistir a un curso. Aún vivía en el pueblo, pero llevaba mi vida como si viviera en otro lugar," dijo.

Finalmente, en 1988, Gina convenció a su esposo de mudarse con la familia a California. Ambos tenían 30 años. Gina inscribió a sus hijos en una escuela pública y comenzó a tomar clases en la universidad comunitaria local. "Mi esposo, inicialmente, no podía funcionar. Jugaba videojuegos durante unas 15 horas al día, que en realidad era solo otra forma de disociarse," dijo. "Comenzó a seguir a Sai Baba (otro gurú indio problemático). Yo no seguía a nadie. Estaba demasiado ocupada trabajando (en el comercio minorista), tomando clases universitarias y criando a tres hijos." La pareja eventualmente se divorció. Gina obtuvo tres títulos universitarios y actualmente trabaja como enfermera partera certificada en un importante centro médico.

"No me di cuenta de que era una secta hasta 2003, quince años después. Tenía 45 años", dijo. Una compañera de trabajo le habló sobre el trabajo de Margaret Singer. "Tuve un momento de revelación: '¡Oh, mierda! ¡Me crié en una secta! ¡Toda mi familia está en una secta! ¡Por eso nuestras vidas están tan arruinadas!' Fue solo entonces cuando comencé a buscar información en línea sobre sectas, leyendo todo lo que pude para autoasesorarme. Encontré un terapeuta que sabe sobre la recuperación de personas que han estado en sectas."

Como profesional de la salud, se ha dedicado a exponer las formas en que TM puede afectar negativamente la salud de una persona. Mantiene estrechas relaciones con otros exmiembros y con familias que han sido perjudicadas por TM. Escribe en los blogs tmfree.blogspot.com y gina-catena.com, y ofrece conferencias y escribe de manera voluntaria para crear conciencia sobre los riesgos de involucrarse con TM.

Lee Marsh y los Testigos de Jehová

Lee Marsh es una ex Testigo de Jehová, consejera canadiense retirada y presidenta de *Advocates for Awareness of Watchtower Abuses* (*aawa. co*), un grupo sin fines de lucro que ayuda a educar al público sobre las violaciones de derechos humanos básicos por parte del grupo, especialmente hacia mujeres y niños.

Cuando Lee tenía ocho años, su madre abandonó a la familia, y Lee se vio obligada a vivir con su padre.

Poco después, su padre comenzó a abusar de ella sexualmente. El delito se denunció a la policía cuando ella tenía 11 años, y su madre, a quien no había visto en tres años, obtuvo la custodia. En ese momento, su madre vivía con unos parientes y estudiaba con los Testigos de Jehová.

A los 12 años, Lee fue víctima de abuso sexual por parte de la pareja de hecho de su madre, quien también agredió a la tía adolescente de Lee. Este incidente fue comunicado a un anciano del Salón del Reino de los Testigos de Jehová, quien recomendó a la familia no divulgar la situación. Tras un nuevo incidente, los ancianos de la congregación determinaron que el asunto no debía ser reportado a las autoridades policiales. La tía de Lee fue enviada a vivir con otros familiares, mientras que Lee fue colocada en un hogar de acogida durante los siguientes tres años.

A los 16 años, Lee regresó a vivir con su madre, quien para entonces se había bautizado como Testigo de Jehová. Un año después, Lee también fue bautizada, siguiendo las expectativas de la congregación, y fue alentada a contraer matrimonio con un miembro del grupo, a pesar de que apenas lo conocía. Este matrimonio resultó en dos hijos y una creciente presión por cumplir con el modelo ideal que la comunidad esperaba de ella como esposa y madre ejemplar dentro de la congregación. Mientras tanto, su esposo —quien aparentaba ser un Testigo ejemplar y respetable— abusaba de ella sexual y emocionalmente.

Sin embargo, guardaba un secreto. Por fuera, su vida familiar parecía ideal. Pero por dentro, estaba deprimida y tenía pensamientos suicidas. Nunca había recibido terapia por el abuso que sufrió en su infancia, y el abuso emocional y sexual en el matrimonio no hizo más que exacerbar muchos de los efectos a largo plazo del abuso, los cuales solo comprendió tiempo después.

La Atalaya, la destacada revista de los Testigos de Jehová, aconseja a los Testigos ser cautelosos con la terapia y el asesoramiento, ya que supuestamente son formas en que el Diablo puede destruir su fe. Sin embargo, después de luchar durante años con los malos consejos de la Atalaya, Lee obtuvo permiso de los ancianos para recibir terapia. No obstante, se le prohibió decirle a su terapeuta que era Testigo de Jehová.

Después de dos sesiones, Lee se dio cuenta de lo que estaba sucediendo en su vida: su esposo era una repetición del abuso que había sufrido en su infancia. Entendió que necesitaba salir del matrimonio. También sabía que no sería fácil, ya que solo había dos formas aceptables de hacerlo entre los Testigos: la muerte o el adulterio.

Después de hablar con los ancianos sobre la situación, le concedieron una separación de prueba. Sin embargo, los Testigos de Jehová creen que el rol de la esposa es proporcionar sexo a su esposo. Por lo tanto, a pesar de que estaban separados y su esposo vivía en otro lugar, él creía tener el derecho de ir a su casa para tener relaciones sexuales. Comprensiblemente, ella no podía lidiar con el sexo a demanda, y la única forma aprobada de detenerlo era cometer adulterio, así que eso fue lo que hizo.

Después de contarle a su esposo y a los ancianos sobre este incidente único, fue "expulsada," y todos en su congregación, incluso su madre, estaban obligados a apartarse de ella. Su esposo convenció a sus hijos de vivir con él, y pronto Lee se encontró sin hogar.

Solicitó el divorcio y este le fue concedido. Necesitaba mantenerse, pero tenía pocas habilidades laborales debido al tabú de los Testigos de Jehová contra la universidad.

Lee recurrió a la asistencia pública y tomó la valiente decisión de inscribirse en la universidad. Le fue bien en sus dos primeros cursos y decidió estudiar a tiempo completo. En ese entorno, empezó a florecer, a formular preguntas críticas y a cuestionar suposiciones, acciones que están estrictamente prohibidas en el mundo de los Testigos.

Lee se graduó con honores, fundó una pequeña organización sin fines de lucro para ayudar a sobrevivientes de incesto y brindó apoyo a más de 600 personas durante siete años, hasta que tuvo que retirarse debido a problemas de salud.

Brindar apoyo a otros la había ayudado a convertir los abusos de su infancia en algo positivo. Sin embargo, llegó el momento de investigar su experiencia como Testigo de Jehová. A través de Internet, encontró una gran cantidad de información sobre los Testigos, las sectas en general y los métodos utilizados para influir indebidamente en los miembros. Cuando finalmente logró demostrarse a sí misma que los Testigos de Jehová eran una secta, pudo identificar muchas de las fobias y temores inducidos por el grupo que habían permanecido con ella durante años. Desde entonces, ha aprendido sobre los efectos perjudiciales de las políticas del Cuerpo Gobernante en la crianza de los hijos, que incluyen el uso del castigo corporal. Lo más repugnante es el fracaso organizacional al no denunciar a la policía los casos de violación infantil cometidos por pedófilos dentro de la organización. Recientemente se han presentado varias demandas de alto perfil contra la Watchtower y varios perpetradores. Solo podemos imaginar cuántas más víctimas se atreverán a alzar la voz.

Poncho Gutierrez y Opus Dei

Poncho creció en la Ciudad de México, dentro de una burbuja conservadora y clasista donde la educación y la religión estaban dominadas por dos sectas católicas: el Opus Dei y los Legionarios de Cristo. Sus enseñanzas moldeaban todo en la comunidad: la educación, las amistades y las expectativas sociales. Poncho fue inscrito en una escuela solo para varones del Opus Dei, donde se imponían estrictos ideales de masculinidad tóxica, disciplina y devoción religiosa, y donde se normalizaban los abusos relacionados con la clase, el género y el poder.

El Opus Dei (latín para "Obra de Dios") es un poderoso movimiento católico con unos 90,000 miembros en todo el mundo. Es conocido por su secretismo y creencias ultratradicionalistas. Fue fundado en 1928 por un sacerdote español, San Josemaría Escrivá, y se consolidó entre las élites de países como España y México. Entrevisté al periodista Gareth Gore sobre su libro Opus: Ingeniería financiera, manipulación de personas y conspiración de la extrema derecha en el seno de la iglesia católica, uno de los volúmenes más completos sobre esta secta.

El Opus Dei opera con un secretismo inusual. Los miembros no suelen revelar su afiliación públicamente, y el grupo prohíbe leer materiales que considere inapropiados. En la escuela de Poncho, ciertos libros, medios e ideas externas estaban prohibidas, manteniendo a los estudiantes aislados de cualquier punto de vista ajeno al control de la secta.

La organización ha dirigido sus esfuerzos de reclutamiento a niños y adolescentes. En América Latina, especialmente, se ha acusado al Opus Dei de reclutar sistemáticamente a menores para que se conviertan en miembros célibes de por vida. Poncho se convirtió en un objetivo de reclutamiento cuando tenía 10 años. Atraído por un grupo juvenil del Opus Dei, pronto participó en retiros de silencio, sesiones religiosas ("Círculos") y prácticas religiosas intensas: misa diaria, horas de oración y lecturas espirituales.

Uno de los aspectos más notorios de la formación de Poncho en el Opus Dei fue la práctica de la mortificación, es decir, infligirse deliberadamente incomodidad o dolor como penitencia y autocontrol. En la tradición católica, la "mortificación de la carne" tiene una larga historia, pero el Opus Dei la lleva a extremos inusuales. Tomaba duchas frías, colocaba piedritas en sus zapatos para mayor incomodidad y se hacía daño intencionalmente. Todo esto lo hacía siendo un menor adoctrinado, sin el conocimiento de sus padres. Poncho creció interiorizando una culpa constante, creyendo que debía sufrir y negarse a sí mismo para ser "puro" o digno.

Los Círculos, como los llama el Opus Dei, son reuniones regulares centradas en la doctrina y temas "ascéticos" (de autodisciplina). En el caso de Poncho, un Círculo típico podía incluir una charla sobre la virtud o la pureza, oración grupal y un llamado a hacer actos de penitencia. Incluso a los 10 u 11 años, se le instaba a "ofrecer" sus incomodidades cotidianas a Dios. Junto a la mortificación física, se enfatizaba con igual fuerza la mortificación mental o interior. Esto implicaba aplastar el orgullo, la independencia o los deseos personales. Si deseaba algo intensamente, se sentía obligado a renunciar a ello o a ocultarlo como "sacrificio".

Durante sesiones de preceptoría semanales lo presionaban para que se convirtiera en numerario, un miembro célibe que vive en una casa comunitaria y dedica todo su tiempo e ingresos al Opus Dei. Los numerarios constituyen aproximadamente el 20% de los miembros del Opus. Aunque tienen empleos seculares, en la práctica llevan un estilo de vida altamente regimentado y comunitario. Se exige obediencia ciega: un numerario debe estar dispuesto a mudarse de ciudad o país, o cambiar de carrera, si los líderes del Opus así lo ordenan. Dos amigos de Poncho se convirtieron en numerarios antes de cumplir los 18 años.

Como persona LGBT+ en el clóset, Poncho tuvo que cargar con el peso de la homofobia interiorizada y las enseñanzas represivas de la secta. Las personas LGBT+ están explícitamente excluidas del Opus Dei, pero Poncho se aferraba a la creencia de que una oración incansable, culpa y negación propia podrían volverlo heterosexual. Permaneció como

211

miembro aspirante durante más de una década. Finalmente, durante una peregrinación emocionalmente abrumadora a Jerusalén y Roma, fue coaccionado para unirse oficialmente. Se convirtió en supernumerario, un miembro no célibe al que se le permite casarse, tener familia y vivir en su propio hogar.

Para ese entonces, sin embargo, Poncho ya había adquirido cierta claridad sobre el funcionamiento interno de la organización. Observó que se mantenían archivos secretos sobre los miembros aspirantes y activos, sin su conocimiento. Se esperaba que los miembros revelaran sus pensamientos más íntimos a sus superiores, quienes luego compartían esa información hacia arriba en la jerarquía. En efecto, los directores mantenían registros detallados del estado espiritual y personal de cada persona.

Poncho también notó que el Opus Dei fomentaba una estructura jerárquica y dominada por hombres. En la escuela de varones a la que asistía, se les enseñaba a los niños un sentido de superioridad sobre las mujeres y sobre quienes eran considerados "menos devotos". Las numerarias auxiliares, que no reciben salario y muchas veces tienen menor nivel educativo, realizaban todas las labores domésticas para los miembros varones. Esto significaba que cada residencia masculina tenía mujeres asignadas para lavar la ropa, preparar comidas, fregar pisos y mantener la casa. Los numerarios no hacían estas tareas; se consideraba esencial que estuvieran libres para enfocarse en el trabajo espiritual e intelectual. En América Latina, ha habido reportajes que revelan que niñas de apenas 12 o 13 años las han enviado a escuelas administradas por el Opus Dei donde se les enseñaba a cocinar y limpiar bajo el pretexto de darles una educación, para luego ser utilizadas como mano de obra no remunerada.

Poncho también fue testigo de otras violaciones a los derechos humanos durante su tiempo en el Opus Dei. Recuerda que cuando un numerario fue acusado de abusar sexualmente de un estudiante, el Opus Dei lo protegió y desacreditó a la víctima. Otra numeraria fue expulsada después de recibir un diagnóstico neurológico y le dijeron que era una "señal de Dios" de que no tenía vocación (un llamado de Dios a un estado de vida particular, tradicionalmente el matrimonio, el sacerdocio o la vida religiosa). En otras palabras, le dijeron: *"No perteneces aquí, no has sido elegida, y Dios ha indicado que debes irte."* La ideología ultraconservadora del grupo también se reflejaba en su escuela de medicina, donde los cursos de bioética promovían la terapia de conversión, difundían desinformación sobre salud reproductiva y excluían activamente a postulantes LGBT+.

Al no tener acceso a recursos ajenos al control del Opus, Poncho interiorizó sus enseñanzas y justificó sus acciones. Sus días estaban consumidos por la culpa, la oración y el autocastigo. No fue sino hasta que se mudó a una comunidad rural por motivos laborales que comenzó a relacionarse con personas e ideas fuera del control de la organización. A los 24 años, finalmente se permitió explorar su identidad y poco a poco recuperó un sentido de sí mismo. Eventualmente, Poncho se mudó a Canadá, donde dejó atrás la religión y su círculo social, salió del clóset por completo y encontró una comunidad genuina y solidaria.

Tom Hopkins y La Iglesia de Jesucristo de los Santos de los Últimos Días (LDS)

Tom Hopkins es padre, humanitario, compositor, productor musical y guitarrista. Fue un miembro devoto de La Iglesia de Jesucristo de los Santos de los Últimos Días, conocida comúnmente como la Iglesia Mormona, durante gran parte de su vida. Creció en una familia mormona amorosa y activa, y a los 16 años fue ordenado sacerdote. Desempeñó el cargo de asistente del obispo y participó activamente en la labor proselitista, influyendo y bautizando a varias personas. Más tarde, durante su misión en Tailandia, logró un promedio de al menos un bautismo de conversos por mes.

Después de regresar de Tailandia, Tom convirtió y bautizó a una mujer con quien luego se casó. Juntos criaron a cuatro hijos.

Tom se convirtió en maestro de Doctrina del Evangelio, líder scout, sumo sacerdote y segundo consejero en el obispado, consejero en la escuela dominical y miembro de la presidencia de misión de estaca. También fue un maestro orientador fiel, que diezmaba y hacía ofrendas regularmente.

A pesar de todo esto, ciertas doctrinas y aspectos de su fe mormona nunca le parecieron del todo correctos. Como otros miembros fieles de la iglesia, aceptaba algunas cosas por fe, esperando que algún día, quizá después de morir, todo tendría sentido. Aunque estudió literatura que re-

213

spondía a muchos argumentos antimormones, no le dedicó mucha energía ni credibilidad a sus propias dudas, preguntas o sentimientos negativos.

A Tom le enseñaron a creer que la Iglesia Mormona representaba todo lo bueno y verdadero en la vida, y que era el único camino hacia la felicidad eterna. También le inculcaron que cualquier cosa contraria a las enseñanzas de la iglesia era falsa, malvada y del Diablo, y, por supuesto, conduciría a la infelicidad.

Tom amaba a sus padres, a su familia y a sus amigos mormones. Eran buenas personas, y Tom deseaba que lo amaran, lo aceptaran y se sintieran orgullosos de él. Para Tom, esto significaba no tomar en serio sus dudas sobre la iglesia. Se sentía atrapado, como si tuviera que seguir el juego, creer en eventos y teologías extraordinarias, y dedicar su vida a la iglesia.

A finales de sus veinte años, uno de los estudiantes de guitarra de Tom, un abogado y exmisionero, le contó algunos hechos muy inquietantes sobre la Iglesia Mormona. Algunos ya los había escuchado antes; otros no. Parte de lo que le dijo este estudiante tenía sentido, le resultaba cierto y lo perturbó más que cualquier otra conversación que hubiese tenido previamente sobre la iglesia.

Esa noche, después de llegar a casa, Tom lloró en secreto, preguntándose seriamente por primera vez en su vida si la doctrina de la Iglesia podría no ser verdadera.

Sin embargo, no quiso indagar en ninguna de las cosas que le habían contado ese día. En cambio, las dejó de lado y redobló sus esfuerzos para fortalecer su testimonio y su fe. Durante los siguientes 15 años, le faltó el valor para investigar lo que su estudiante le había dicho.

Mientras tanto, cuanto más perfectamente practicaba su fe mormona, más vivía en un mundo de culpa y vergüenza, siempre buscando el perdón. Se obsesionó con intentar ser digno para poder tener "el espíritu" con él.

La rutina de la oración diaria, el estudio de las escrituras, las actividades de la iglesia, las clases de seminario e instituto, la asistencia regular al templo, las reuniones sacramentales semanales, las reuniones del sacerdocio y la escuela dominical constantemente adoctrinaban a Tom y reafirmaban su fe. Cuando tomaba el sacramento o asistía al templo, hacía convenios para ser obediente a los estrictos mandamientos de Dios y a las normas de la Iglesia. Pero también sabía que, incluso al hacer esas promesas, él—como todos los demás—no alcanzaría la perfección y necesitaría arrepentirse una y otra vez. Esta rutina a menudo llevaba a sentimientos de culpa, desesperanza, comportamiento hipócrita y una tendencia a romper compromisos. Esto puede ser la receta perfecta para desarrollar una adicción.

Sin embargo, Tom estaba decidido a ser un hombre íntegro. Con ayuda, finalmente llegó al punto en el que sintió que prefería perderlo todo, enfrentar la humillación pública y morir con su integridad intacta, antes que vivir sin ella. La integridad se volvió más importante para él que su necesidad de creer en la Iglesia Mormona.

Armado con este nuevo valor para ser completamente honesto y seguir sus propias convicciones, sin importar el costo, finalmente estuvo dispuesto a investigar a fondo sus dudas e inquietudes sobre la Iglesia.

Cuanto más estudiaba, reflexionaba y oraba, más claro le resultaba que la Iglesia Mormona no era lo que él había creído. Descubrió que estaba llena de motivos ocultos y engaños. Esto confirmó lo que ya había experimentado: había conocido a personas dentro de la Iglesia que eran ambiciosas o codiciosas.

Hasta el día de hoy, Tom no siente que la Iglesia Mormona o sus líderes sean intencionalmente maliciosos, sino que hacen cosas perjudiciales porque creen que el fin justifica los medios. Los líderes y seguidores de la Iglesia están adoctrinados para creer que la Iglesia Mormona es la verdadera religión, y no pueden soportar la idea de que sus amigos y familiares sufran, vayan al infierno o alcancen un grado inferior de gloria por no ser activos en la Iglesia.

La historia de Tom está disponible en línea en iamanexmormon.com, y desea sumar su voz a la de otros valientes exmiembros en exmormon-foundation.org. Fui invitado a hablar en su conferencia anual en 2008, donde expliqué el modelo BITE. Para mí, conocer a doscientos cincuenta exmiembros de la Iglesia de Jesucristo de los Santos de los Últimos Días (LDS) fue una experiencia educativa muy intensa. Había ayudado a personas a salir de la secta Fundamentalista de los Santos de los Últimos Días (FLDS) de Warren Jeffs, pero, hasta esa conferencia, no tenía plena claridad sobre cuán problemática era la organización principal. La charla que escuché en esa conferencia, impartida por Ken Clark, un exdirector del Instituto CES de la Iglesia durante 27 años, titulada: "Mentir por el Señor: el engaño como herramienta de gestión en la Iglesia LDS," fue reveladora para mí.

Las personas que estuvieron dispuestas a compartir sus historias en este capítulo representan solo una fracción de las increíbles personas que he llegado a conocer desde mi salida de la secta Moon. Hay muchas otras historias que merecen atención a nivel mundial.

Los Fundamentalistas de los Santos de los Últimos Días (FLDS) son la secta polígama más grande de los Estados Unidos y mucho más extrema y destructiva que la organización moderna de los Santos de los Últimos Días (LDS). Existen numerosos libros y documentales excelentes sobre esta secta. Rebecca Musser, exesposa del 'profeta' Warren Jeffs, publicó su biografía en 2013: *The Witness Wore Red: The 19th Wife Who Brought Polygamous Cult Leaders to Justice* (*La testigo vestía de rojo: La decimonovena esposa que llevó a los líderes de la secta polígama ante la justicia*). Diez años antes, Carolyn Jessop, con la asistencia del fiscal general de Utah, había publicado su libro. Carolyn se convirtió en la primera mujer en dejar una comunidad FLDS y obtener la custodia total de todos sus hijos. En 2008, escribió el superventas *Escape*. Su prima Flora Jessop, una destacada activista que ayuda a las víctimas de FLDS, publicó *Church of Lies* (*Iglesia de mentiras*) al año siguiente.

Un reconocimiento especial a mi amiga Tory Christman, una ex-scientóloga durante 30 años, OT VII, quien ha creado cientos de videoblogs y me ha ayudado en numerosas ocasiones a asistir a personas involucradas con la Cienciología. Puedes visitar su página de YouTube *ToryMagoo44*. Exscientologykids.com es un sitio web mantenido por Jenna Miscavige, sobrina del líder máximo David Miscavige, junto con varias de sus amigas. Jenna publicó el libro *Beyond Belief: My Secret Life Inside Scientology and My Harrowing Escape* (*Más allá de la fe: Mi vida secreta dentro de la Cienciología y mi desgarradora fuga*) en 2013.

Donna Collins, nacida en los Moonies, ha sido una fuerza increíble para ayudar a su familia y amigos a salir de la secta. Fue presentada en un documental de la BBC sobre los Moonies, *Emperor of the Universe*, que está disponible en línea. ¡Si deseas entender mejor la secta Moon y sus creencias, mira este documental! Para un sitio activo de exmiembros sobre los Moonies, visita [h]howwelldoyouknowyourmoon.tumblr.com/ y echa un vistazo a la página de los Moon en freedomofmind.com, que enumera todas las entidades propiedad de los Moon en todo el mundo. Esta lista es mantenida por el investigador privado Larry Zilliox, quien ha estado ayudándome con casos durante décadas. En futuras ediciones de este libro, agregaré muchas más historias de valientes exmiembros. Me gustaría incluir: un sobreviviente de marketing multinivel, un exmiembro de un entrenamiento de concienciación grupal a gran escala, un exmiembro de una secta judía y un sobreviviente de los FLDS.

Para un sitio activo de exmiembros sobre los Moonies, visita [h] howwelldoyouknowyourmoon.tumblr.com/, y echa un vistazo a la página de los Moon en *freedomofmind.com*, que incluye una lista de todas las entidades propiedad de los Moon alrededor del mundo. Esta lista es mantenida por el investigador privado Larry Zilliox, quien me ha ayudado con casos durante décadas.

Tengo planeado escribir otro libro sobre sexualidad, sectas y control mental. El libro de Hal Lanse, *Erasing Reason: Inside Aesthetic Realism - A Cult That Tried to Turn Queer People Straight* (*Borrando la razón: Dentro del Realismo Estético - Una secta que intentó convertir a personas queer en heterosexuales*), es una obra importante que ofrece una ventana al poder del control mental. Personas heterosexuales convencidas de ser homosexuales. Personas homosexuales adoctrinadas para creer que son heterosexuales. Miembros de Heaven's Gate controlados mentalmente para creer que eran extraterrestres, y ocho hombres que estaban felices de someterse a la castración quirúrgica.

Hay otro libro que espero escribir sobre la sexualidad, las sectas y el control mental. *Erasing Reason: Inside Aesthetic Realism - A Cult That Tried to Turn Queer People Straight* de Hal Lanse es un libro importante que ofrece una ventana al poder del control mental. Personas heterosexuales convencidas de ser homosexuales. Personas homosexuales adoctrinadas para creer que son heterosexuales. Miembros de Heaven's Gate manipulados mentalmente para creer que eran extraterrestres y ocho hombres felices de que les extirparan quirúrgicamente los testículos. Las pioneras transgénero y activistas exmiembros de sectas Kate Bornstein y Denise Brennan han alzado la voz tras pasar tantos años en la Cienciología, donde se les dijo que no eran quienes sabían que realmente eran. ¡Inspirador!

Por favor, visita la página de Facebook de Freedom of Mind y comparte tus historias. También hay muchos grupos en la base de datos de Freedom of Mind; algunos están en línea, pero la mayoría no, debido a la falta de recursos. Así que, si no ves un grupo listado, no asumas que no lo conocemos o que el grupo que estás investigando no es controvertido.

Espero escribir un libro dedicado a contar las notables historias de exmiembros que he tenido el privilegio de conocer a lo largo de las décadas.

Escuchar a las personas contar sus historias es una experiencia profunda que puede ayudar a sensibilizar al público sobre los peligros de la influencia indebida y las sectas destructivas. Mi esperanza más profunda es que más personas estén dispuestas a compartir sus historias, así como las de amigos y familiares que han estado involucrados en esta epidemia global de control mental. Si tienes una historia que contar, ¡compártela!

Capítulo 7 – Cómo protegerte a ti mismo y a las personas que te importan

Nadie se une a una secta. Solo posponen la decisión de irse. —Fuente desconocida

A menudo me piden ayuda para personas involucradas en un grupo del que nunca he oído hablar. Con el tiempo, he desarrollado un método para evaluar estos grupos y determinar si tienen un impacto negativo.

He descubierto que algunas organizaciones pueden parecer poco ortodoxas, o incluso francamente extrañas, pero no practican control mental ni resultan perjudiciales para sus miembros.

He recibido decenas de llamadas de padres que no estaban de acuerdo con la persona con la que su hijo iba a casarse y la acusaban de practicar control mental. En algunos casos, la acusación resultó ser cierta; pero en muchas ocasiones, simplemente me he negado a intervenir o involucrarme. Las personas tienen derecho a tomar sus propias decisiones, incluso cuando son equivocadas, siempre que sean consideradas legalmente adultas. Si bien siempre me interesa trabajar para ampliar las oportunidades de elección, perspectiva y buena comunicación de las personas, no acepto todos los casos que se me presentan.

Muchos grupos tienen ciertos aspectos potencialmente destructivos, pero no son inherentemente destructivos. Estos grupos caen en una zona gris, en el medio del continuo presentado en el Capítulo 3. Para algunas personas, la pertenencia a estos grupos puede tener un efecto perjudicial, aunque la organización en su conjunto no cumpla con los criterios significativos de una secta destructiva.

¿Cómo podemos discernir si un grupo es o no una secta destructiva? ¿Cuáles son los elementos cruciales que separan a las organizaciones benignas de las peligrosas? En este capítulo, analizaré con mayor detalle las características generales de las sectas destructivas, para que puedas protegerte a ti mismo y a las personas que te importan de su influencia. También responderé algunas de las preguntas más frecuentes sobre las sectas. Además, incluiré una lista de preguntas que puedes utilizar para empezar a evaluar cualquier grupo.

Al examinar y evaluar un grupo que sospecho que podría ser una secta destructiva, opero principalmente en el ámbito de la psicología, no en el de la teología o la ideología. Mis marcos de referencia son los procesos de influencia del control mental, la hipnosis y la psicología grupal. Me enfoco en lo que un grupo hace, más que en lo que cree (o dice creer). Analizo cómo una organización y sus miembros se comunican (o dejan de comunicarse), en lugar de juzgar si sus principios, perspectiva política o interpretación de la Biblia son correctos. Observo si el grupo busca convertir al miembro en un seguidor de su sistema de creencias. Mi enfoque es alentar al individuo a que analice las cosas por sí mismo, investigando y considerando una variedad de perspectivas.

El derecho de una persona a creer no le otorga automáticamente una licencia para actuar indiscriminadamente en base a esas creencias. Si así fuera, los grupos de supremacía blanca deportarían o asesinarían a todas las personas no blancas del país, y las sectas satánicas criminales asesinarían abiertamente a personas en sus rituales.

Si un grupo cree que está bien mentir a los no miembros para avanzar en su causa, y esa mentira socava el principio de consentimiento informado e infringe los derechos constitucionales garantizados de las personas, está violando su libertad. Frederick Clarkson enfatizó este punto al decir que "las sectas religiosas destructivas están violando los derechos religiosos de las personas al utilizar influencia indebida." Del mismo modo, si un grupo se escuda en los privilegios de la Primera Enmienda, viola rutinariamente los derechos civiles de sus miembros y trabaja para destruir la democracia, entonces no está apoyando la libertad. Debe haber una protección igualitaria de las libertades bajo la ley. Las personas tienen derecho a estar libres de influencia indebida, tanto dentro de los grupos como de manera individual.

Algunas personas pueden pensar: "¿Por qué debería preocuparme por todo esto? Alguien viola mis derechos todos los días y no hay nada que pueda hacer al respecto." Aunque muchos factores en la vida están fuera de nuestro control, las personas deberían tener cierto control cuando se trata de pertenecer a un grupo. Y la verdad es que hay mucho que se puede hacer. Al evitar que otros violen tus derechos, puedes protegerte de que te hagan daño. Hablaré mucho más sobre esto más adelante en este capítulo, pero permíteme ofrecer un ejemplo.

Supongamos que conoces a alguien a quien sospechas que es un reclutador de una secta destructiva. Tal vez ni siquiera le habrías prestado atención, pero, por alguna razón, sientes atracción hacia esa persona. Insiste en persuadirte para que te reúnas con ellos en un lugar específico. No estás realmente interesado en el grupo, pero estás considerando la idea de conocer mejor a esa persona. En una situación como esta, hay una regla de oro que debes seguir: no le des tu número de teléfono, dirección de correo electrónico ni dirección física hasta que sepas más. Detente, incluso si es difícil hacerlo, porque podrías estar a punto de ver tu privacidad violada por un grupo muy organizado que no se dará por vencido fácilmente.

Muchas personas eventualmente sucumben a la presión social. Con tu dirección o número de teléfono, los miembros del grupo pueden ejercer esa presión de una manera muy directa. Una vez que te conviertes en miembro de una secta destructiva, pierdes por completo tu derecho a la privacidad, y más adelante pueden causarte daños aún más graves.

¡Toma tú su información de contacto en su lugar! De esa forma, mantienes el control.

Me involucré en la tarea de exponer las sectas destructivas debido a mi propia experiencia, no porque crea que nuestro gobierno deba restringir a los nuevos grupos religiosos o legislar las creencias de un grupo específico. Pero todos los grupos deben rendir cuentas por sus acciones, y eso incluye la práctica activa de engaños.

Las organizaciones que ejercen control mental tienen características muy específicas que socavan la libertad y la capacidad de elección individual. Estas características abarcan el liderazgo, la doctrina y los miembros. Al examinar estas tres áreas en cualquier organización, podrás determinar rápidamente si es (o tiene el potencial de convertirse en) una secta destructiva.

Liderazgo

Aunque los grupos destructivos suelen ocultar la verdadera naturaleza de sus organizaciones, un buen punto de partida para reunir información y analizar a un grupo es examinar a su liderazgo. ¿Quién es el líder del grupo en cuestión? ¿Cuál es su historial de vida? ¿Qué tipo de educación, formación y ocupación tuvo antes de fundar el grupo?

El líder de un grupo sectario, Eugene Spriggs de los Doce Tribus, fue un presentador de feria que promocionaba espectáculos para los visitantes. Otro líder, Werner Erhard de EST y The Forum, vendía autos usados y, más tarde, enciclopedias. Carl Stevens, de The Bible Speaks, trabajaba como conductor de camiones de reparto para una panadería. Quizá el líder sectario más famoso de todos, Ron Hubbard de la Cienciología, comenzó como escritor de historias de aventuras y literatura pulp (popular de bajo costo). Otro líder conocido, Victor Paul Weirwille de The Way International, obtuvo su doctorado en teología de una institución que otorgaba títulos por correspondencia. El "doctorado" de Hubbard también provino de una institución que expedía títulos fraudulentos.

No estoy sugiriendo que alguien con un título de la Facultad de Teología de Yale no pueda convertirse en líder de una secta, o que los exconductores de camiones de panadería no sean dignos de confianza. Sin embargo, el historial profesional de un líder puede ser útil para comprender mejor el panorama completo de cualquier grupo. Los líderes de sectas suelen hacer afirmaciones biográficas exageradas.

Contrario a la percepción pública, no todos los líderes sectarios inician un grupo por codicia de dinero o poder político. Incluso el reverendo Jim Jones, quien ordenó la masacre del Templo del Pueblo en Jonestown, fue en su momento un ministro de iglesia ordenado y altamente respetado, con un largo historial de ayuda a los pobres. Sus intenciones originales, de hecho, eran bastante admirables. Sin embargo, en el camino, según se informa, comenzó a usar anfetaminas, presumiblemente para poder trabajar más horas y cuidar de más personas. Conoció a otros involucrados en curaciones falsas de fe y empezó a experimentar con estas y otras técnicas para "encender" a su congregación. A medida que su poder creció, se volvió cada vez más perturbado.

Curiosamente, muchos de los líderes de sectas de hoy en día fueron en su momento víctimas de una secta que practicaba control mental. Cuando una persona es sometida a procesos de control mental y deja un grupo sin comprender la influencia indebida, es fácil que tome lo que ha aprendido y lo practique con otros. Las sectas tienen métodos para inducir euforia, y estos métodos son transmitidos por desertores que crean sus propias sectas.

Claramente, no todos los exmiembros fundan su propia secta, pero ciertas personalidades están predispuestas a hacerlo. Parece evidente que la mayoría de los líderes de sectas son narcisistas y, en algunos casos, incluso podrían ser sociópatas o psicópatas en toda regla. Aunque muchos líderes de sectas exigen opulencia material, lo que más necesitan por encima de todo es atención y poder. De hecho, el poder puede convertirse, y frecuentemente se convierte, en una adicción extrema. Con el tiempo, los líderes de sectas desarrollan una necesidad de acumular cada vez más poder. Tres aspectos los hacen terriblemente peligrosos: 1) su inestabilidad psicológica, 2) el hecho de que realmente creen en su propia propaganda y 3) que se rodean de devotos leales que rara vez los contradicen, lo que fomenta aún más su narcisismo.

No son simplemente estafadores astutos que buscan ganar dinero o dominar sexualmente a sus seguidores. La mayoría realmente cree que son Dios, el Mesías o que han alcanzado la iluminación. Sin embargo, como dijo Martin Gardner, es posible ser tanto un fanático como un charlatán. La mayoría de los líderes de sectas creen en su propia superioridad, a pesar de toda la evidencia en contra, y proyectan una certeza que resulta altamente deseable en momentos de incertidumbre personal.

Aún más útil es conocer los antecedentes penales (o la falta de ellos) de un líder. ¿El líder del grupo ha sido arrestado alguna vez? Si es así, ¿cuáles fueron los cargos? ¿Hubo condenas? Por ejemplo: se alega que Sun Myung Moon fue arrestado al menos dos veces en Corea, aunque hay informes contradictorios sobre los cargos. En 1985, cumplió 13 meses en una prisión federal de los Estados Unidos por conspiración para cometer fraude fiscal. Joseph Smith fue condenado por fraude antes de fundar los mormones. Ron Hubbard fue condenado por fraude de cheques, dejar a un bebé sin supervisión en un vehículo estacionado y, más tarde, intentar obtener barbitúricos adictivos haciéndose pasar por médico.

No es difícil usar cualquier motor de búsqueda para investigar los antecedentes penales de alguien. Escribe su nombre (entre comillas, como "Steve Hassan") seguido de la palabra "arresto". Haz lo mismo con palabras como "condena", "delito", e incluso "escándalo", "fraude" o "tribunal". Explora varias páginas, no te quedes solo en la primera página de resultados. Si no aparece nada, tal vez quieras considerar contratar a un investigador privado, especialmente si estás pensando en asistir a un retiro aislado o en hacer una donación significativa.

Aunque el historial de un líder no siempre indica que sea un estafador o un charlatán, donde hay humo, a menudo hay fuego. Muchos líderes de sectas destructivas tienen antecedentes cuestionables.

Al examinar los antecedentes de un líder, puedes sacar conclusiones generales sobre cuánto puedes confiar en él. Por ejemplo, si alguien está enseñando un curso sobre cómo tener un matrimonio exitoso, el hecho de que haya estado divorciado varias veces es significativo. Si un líder tiene un historial de consumo de drogas y comportamientos extraños, como Ron Hubbard, debes ser cauteloso al escuchar sus afirmaciones de que puede resolver todos los problemas de la humanidad. Sun Myung Moon decía repetidamente que trabajaba por la paz mundial, pero no olvides que era propietario de una fábrica de rifles M-16 en Corea. Otro aspecto importante del liderazgo implica el flujo de poder dentro de la organización. ¿Tiene la organización una estructura con un verdadero equilibrio de poder? Muchos grupos destructivos tienen juntas directivas, pero típicamente estas son marionetas del líder. La estructura real es la de una pirámide, con el líder de la secta como cabeza omnipotente en el ápice. Debajo del líder hay un núcleo de lugartenientes completamente subordinados. Debajo de ellos están los líderes subsidiarios. Esta estructura operativa no permite controles ni contrapesos. El líder tiene poder absoluto. Lord Acton lo expresó de manera precisa al escribir: "El poder tiende a corromper, y el poder absoluto corrompe absolutamente."

Si un líder tiene un historial personal cuestionable y su organización está completamente centralizada y bajo su control, ten cuidado. Sin embargo, si el sistema tiene controles y contrapesos integrados, el poder parece estar distribuido genuinamente entre varios niveles, y el líder está comprometido con satisfacer las necesidades y metas de los miembros, probablemente estés ante una organización mucho más saludable.

No todas las sectas destructivas tienen un líder que se glorifique ante los demás o que disfrute de grandes riquezas personales. Como muchos líderes de sectas contemporáneas fueron antes miembros de otras sectas, pueden estar actuando únicamente por delirio, enfermedad mental o una obsesión por el poder. He trabajado con personas que han salido de varios grupos cuyos líderes no estaban motivados por el dinero, sino simplemente adictos al poder personal. Muchas sectas destructivas basadas en la Biblia tienen líderes que no son consumidores ostentosos y que aparentan poner a Dios y la Biblia por encima de ellos mismos como autoridades superiores; sin embargo, sus interpretaciones de la Biblia y la voluntad de Dios son utilizadas para manipular y controlar a las personas.

Doctrina

Dado que la Constitución protege el derecho de las personas a creer en lo que deseen, un escrutinio detallado de la doctrina de un grupo es innecesario e injustificado. Sin embargo, hay que tener cuidado con los grupos cuyo sistema de creencias sea simplista y se base en categorizaciones absolutas—bueno/malo; blanco/negro; nosotros contra ellos. Se debe tener especial cuidado con las creencias que se presentan como hechos, pero que carecen de investigaciones fundamentadas en evidencia que las respalden.

La honestidad y la transparencia son absolutamente fundamentales. Las creencias de cualquier grupo deben ser divulgadas libremente a cualquier persona interesada antes de que se ejerza cualquier presión para que se una.

¿La doctrina del grupo afirma públicamente ser algo que, en realidad, no es? ¿Existen doctrinas separadas para los miembros internos y para los externos?

Para que un grupo tenga integridad, sus miembros deben creer genuinamente en lo que representa (y en lo que dice representar). Sin embargo, los grupos destructivos cambian la "verdad" para ajustarla a las necesidades del momento, ya que creen que el fin justifica los medios. Ayudar a "salvar" a alguien es una racionalización que utilizan para justificar el engaño o la manipulación. Las organizaciones legítimas no cambian su doctrina con el propósito de engañar al público.

Membresía

Este es mi enfoque principal cada vez que evalúo un grupo.

La membresía tiene tres componentes: reclutamiento, mantenimiento del grupo y libertad para salir. El impacto de la pertenencia al grupo en el individuo, su identidad, sus relaciones, y sus metas e intereses es crucial.

La característica básica de la mayoría de los reclutamientos de sectas es el engaño. Esto incluye mentir abiertamente, omitir información importante o distorsionar los hechos.

Los grupos destructivos operan bajo la suposición de que las personas ajenas son demasiado ignorantes o poco espirituales para reconocer lo que es mejor para ellas. Están "ciegas" a la verdad, que supuestamente solo el grupo conoce. Por lo tanto, los reclutadores asumen la responsabilidad de tomar decisiones en nombre de las personas que reclutan. Cuando las facultades críticas de un individuo están intactas y funcionan plenamente, la información proporcionada por el grupo destructivo suele ser escasa. Solo cuando las funciones críticas del individuo se han desgastado y debilitado, el grupo suministra la siguiente fase de su información.

La mayoría de los reclutadores de sectas negarán que estén intentando reclutar a alguien. Cuando se les pregunta qué están haciendo, normalmente dicen que solo quieren compartir algo significativo y que desean que las personas tomen sus propias decisiones al respecto. Los reclutadores de grupos de mercadeo multinivel y de entrenamientos de concienciación para grupos grandes suelen recibir instrucciones de no revelar con exactitud lo que sucederá durante el programa. Les dicen que, si lo hacen, "arruinarán" la experiencia de la persona o que esta tiene que experimentarlo por sí misma para entender de qué se trata. Lo que tampoco mencionan a los posibles reclutas es que podrían tener una cuota de reclutamiento que deben cumplir; es posible que sientan que no están honrando su compromiso si no logran que un cierto número de personas nuevas asistan a un evento de la secta. La práctica del engaño por parte de las sectas destructivas a menudo se extiende al uso de diversas organizaciones fachada. Esto confunde y engaña a los posibles reclutas y oculta la verdadera agenda de la organización. Universal Peace Federation, CAUSA, C.A.R.P., Freedom Leadership Foundation, la International Cultural Foundation y muchas otras eran todas organizaciones de Moon. Dianética, el World Institute of Scientology Enterprises (WISE), la Citizens' Commission on Human Rights (CCHR) y Narconon son fachadas de la Cienciología. El ciudadano común generalmente no conoce estas conexiones.

El reclutador busca obtener la mayor cantidad de información posible del candidato, con el objetivo de determinar la manera más efectiva de integrarlo al grupo. Un reclutador efectivo sabe cómo identificar puntos débiles potenciales (llamado "encontrar la ruina" en la Cienciología). Estos pueden incluir una relación de pareja, padres, miembros de la familia, el trabajo o la escuela; la muerte de un amigo cercano o familiar; un cambio de ciudad, o cualquier otra transición o situación de desarraigo significativa. Un buen reclutador sabe cómo hacer que su objetivo se sienta cómodo, logrando que esté más dispuesto a compartir información altamente personal y confidencial.

Mientras tanto, el reclutador revela lo menos posible sobre sí mismo y (especialmente) sobre el grupo, a menos que sea absolutamente necesario. La mayor parte de la información proviene de la persona que está siendo reclutada. Este flujo de información desequilibrado es siempre una señal de que algo anda mal.

La impresión más común que tienen los posibles reclutas es que están haciendo un nuevo amigo. Sin embargo, en el mundo real, las amistades requieren tiempo para desarrollarse. Con el tiempo, ambas personas comparten cada vez más información personal de manera recíproca, en un intercambio equilibrado. Además, no hay agendas ocultas.

Una vez que un posible converso es invitado a un evento del grupo sectario, se ejerce una gran cantidad de presión, tanto explícita como sutil, para que se comprometa lo antes posible. Los reclutadores de sectas, al igual que los buenos estafadores, actúan rápidamente cuando han evaluado a una persona. No les conviene fomentar la reflexión cuidadosa. En contraste, los grupos legítimos no mienten a los posibles nuevos miembros ni los presionan para que tomen decisiones apresuradas.

Un grupo destructivo reclutará nuevos miembros utilizando técnicas de control mental. El control de la experiencia del individuo es esencial para descomponerlo, adoctrinarlo y reconstruirlo según la imagen de la secta. Durante el proceso de reclutamiento, el marco de identidad de la persona sufre un cambio drástico. Durante el adoctrinamiento, la persona a menudo deja de contactar a familiares y amigos por días o incluso semanas. Cuando finalmente lo hace, es evidente un cambio radical en su personalidad. Frecuentemente, la persona cambia su estilo de ropa, patrones de habla y se comporta de manera inusualmente distante. Es común que su sentido del humor se atenúe. Sus intereses, pasatiempos y metas anteriores suelen ser abandonados "porque ya no son importantes."

Este cambio de personalidad tiende a disminuir con el tiempo si el individuo deja de tener contacto con el grupo o participar en sus actividades. Sin embargo, si mantiene el contacto, la nueva identidad puede fortalecerse cada vez más.

Para la familia y los amigos, la persona no solo parece más distante, sino también engañosa y evasiva. A veces se puede convencer a la persona de que revele en qué cree ahora. Sin embargo, con frecuencia, el nuevo miembro pide a sus familiares y amigos que hablen con miembros más antiguos o líderes, porque "ellos pueden explicarlo mejor."

El signo más revelador del trabajo de una secta destructiva es este cambio radical de personalidad. Una persona que antes era políticamente liberal puede ahora ser un conservador acérrimo. Quizás amaba la música rock, pero ahora cree que viene del Diablo. Tal vez era muy cariñosa y cercana a su familia, pero ahora no confía en ellos en absoluto. Podría haber sido atea; pero, de repente, Dios lo significa todo para ella. Una y otra vez, he escuchado a familiares decir: "Es como si fuera otra persona. ¡Ya no la reconocemos!"

Se sabe de personas que cambian su nombre, abandonan la escuela o el trabajo, donan sus cuentas bancarias y propiedades, y se mudan a cientos o incluso miles de kilómetros de distancia de su hogar tras involucrarse con un grupo. Sin embargo, la ausencia de estos comportamientos no necesariamente significa que el grupo no sea una secta destructiva. Un número creciente de grupos ha evitado deliberadamente estas prácticas durante algún tiempo para disipar sospechas.

Cada situación y cada grupo deben considerarse de forma individual en términos de su impacto en la vida de una persona. El reclutamiento se realiza de manera gradual; en algunos casos, el comportamiento de una persona cambia a lo largo de meses, aunque, más típicamente, solo toma días o semanas.

El mantenimiento de la membresía se logra mediante actividades sectarias diseñadas deliberadamente para debilitar las relaciones del nuevo miembro con su familia y amigos. Una forma de lograr esto es haciendo que los nuevos miembros intenten reclutar a todas las personas que conocen. Mientras los amigos y familiares sean 'carne fresca,' como los denomina la Cienciología, los nuevos reclutas tienen permiso para pasar tiempo con ellos e intentar convencerlos de unirse. Pero en cuanto los familiares o amigos expresan sus preocupaciones y declaran que nunca se unirán al grupo, los líderes de la secta instan al nuevo miembro a que deje de perder el tiempo con ellos. Si un familiar o amigo se muestra lo suficientemente crítico, se instruye al nuevo miembro a 'desconectarse' de esa persona. Los grupos de control mental no toleran ningún tipo de oposición. Las personas o están de acuerdo con ellos y son vistas como posibles conversos, o son consideradas el enemigo.

Una vez que una persona se convierte en miembro, sus patrones de sueño a menudo cambian significativamente. La privación del sueño es una estrategia común para mantener a las personas en línea y dentro del grupo.

Cualquiera que haya experimentado varias noches sin dormir, o que haya tenido que mantenerse despierto toda la noche para trabajar o estudiar, sabe lo difícil que es funcionar con normalidad sin un sueño adecuado. Muchos grupos sectarios se aseguran de que los miembros duerman solo de tres a cinco horas por noche. No es que tengan una política formal de privación del sueño; simplemente hacen que el nuevo miembro esté tan sobrecargado de trabajo que apenas le quede tiempo para dormir. En muchas sectas, los líderes son elogiados rutinariamente por dormir muy poco, mientras que los miembros de menor rango son menospreciados por dormir demasiado. Con el tiempo, los miembros aprenden a dormir lo mínimo y a trabajar para el grupo tanto como sea posible.

Los cambios en la dieta también son frecuentes durante el proceso de reclutamiento en las sectas. Algunos grupos practican un estricto vegetarianismo, pero alimentan a los nuevos miembros con cantidades excesivas de azúcar para provocarles un estado de euforia. Otros fomentan ayunos prolongados y frecuentes, sin prestar mucha o ninguna atención al cuidado del cuerpo antes y después del ayuno. Algunos incluso obligan a sus miembros a buscar comida en contenedores de basura. Por lo general, se producen cambios drásticos en el peso corporal. Aunque la mayoría de las personas pierden peso durante su tiempo en la secta, algunas aumentan de peso de manera significativa.

Lo que las personas comen, su actitud hacia la comida y la forma en que la consumen contribuyen al sentido de sí mismos. Si un miembro es llevado a creer que debe 'morir a sí mismo' y a sus necesidades humanas, puede aceptar ayunar con frecuencia y negarse cualquier placer al comer. Por otro lado, si un miembro de la secta está muy descontento debido al exceso de trabajo, la falta de sueño y la insatisfacción de sus necesidades emocionales, puede llegar a comer en exceso. Contrario a las ideas erróneas comunes, la mayoría de las sectas de control mental no privan sistemáticamente a sus miembros de alimentos decentes. Si lo hicieran durante mucho tiempo, los cuerpos de los miembros colapsarían y no podrían trabajar.

Las sectas destructivas, sin embargo, se caracterizan por hacer poco para mantener la buena salud de sus miembros en otros aspectos. Como hemos visto, las enfermedades psicosomáticas abundan entre los miembros, tal vez como un reflejo de su necesidad inconsciente de ayuda y atención. La atención médica es mínima, y en algunos grupos prácticamente inexistente; en otros incluso se considera pecaminosa.

En las sectas destructivas, se dedica una gran cantidad de tiempo a actividades grupales, mientras que se permite un mínimo de tiempo para la privacidad o para estar con amigos y familiares. Hay muy poco tiempo disponible para leer algo que no sea material de la secta, o para aprender algo que no esté relacionado con las prácticas del grupo. Por supuesto, los miembros se esfuerzan por convencer a los demás de que llevan una vida "normal." Sin embargo, si involucras a los miembros de una secta en una larga conversación sobre temas como eventos actuales, arte o historia, queda evidente que la mayoría están desconectados de la realidad.

Uno de los signos más evidentes de que una persona pertenece a un grupo de control mental es la falta de capacidad para tomar decisiones de manera independiente. Aunque los miembros de sectas puedan intentar convencer a los demás de que son autónomos, al profundizar un poco queda claro que no pueden tomar decisiones importantes (o, a veces, ni siquiera menores) sin antes pedir permiso a sus superiores. Esta dependencia es típica en todos los niveles de membresía dentro de la secta, excepto en los más altos.

Una madre de un miembro de una secta que conocí se sintió feliz cuando pensó que su hijo había decidido pasar la Navidad en casa. Se desilusionó profundamente cuando su hijo le dijo: 'No, mamá, el yogui me dijo que mi lugar era estar contigo durante las fiestas.' De hecho, la única razón por la que le permitieron regresar fue porque ella nunca había criticado al grupo y, de hecho, había invitado a algunos de sus miembros a cenar en varias ocasiones.

Con frecuencia, los miembros de la familia escuchan a los integrantes de la secta decir que "verán" si pueden asistir a eventos familiares importantes, como matrimonios, funerales o cumpleaños. Esto significa que primero deberán pedir permiso a sus líderes.

En los grupos de control mental, los miembros deben pedir permiso para hacer muchas cosas que la mayoría de las personas dan por sentado. Imagina tener que pedirle permiso a un sacerdote para visitar a un familiar enfermo. Sin embargo, un miembro de uno de estos grupos que no pide permiso y simplemente hace lo que cree necesario, suele ser visto como egoísta, rebelde y contrario al 'crecimiento positivo.' Mientras más controlado sea un grupo, menos probable será que un miembro tenga permitido asistir a una boda, un funeral o cualquier otra actividad externa.

Algunos grupos sectarios mantienen a sus miembros controlados restringiendo todas sus relaciones sociales, diciéndoles con quién pueden o no pueden salir o casarse. Algunos de los grupos más extremos deciden cuándo pueden o no tener relaciones sexuales, e incluso qué posiciones son aceptables. En ciertos casos, estos grupos llegan a quitarles los hijos a los padres para que tengan más tiempo para trabajar y para que los niños puedan ser adoctrinados de manera más completa.

La vida en una secta destructiva puede variar enormemente. Algunos miembros viven juntos en un ashram, un centro o una casa comunitaria, mientras que otros pueden tener sus propios arreglos de viviendaAlgunos miembros realizan trabajos sencillos que requieren poco o ningún esfuerzo mental (como conserjes, obreros, cocineros o encargados de limpieza), mientras que otros pueden estar involucrados en tareas mucho más exigentes, como el reclutamiento, las relaciones públicas o la gestión de negocios de la secta. Los Niños de Dios alentaban activamente a las mujeres de su grupo a convertirse en prostitutas. Estas 'Trabajadoras Felices para Jesús' usaban el sexo para ganar dinero, manipular a funcionarios y captar nuevos adeptos. Algunas personas tienen trabajos externos de nueve a cinco, lo que las obliga a compartimentar su proceso de pensamiento relacionado con la secta. Por lo general, mantienen estos empleos tras unirse al grupo, ya sea por el dinero, el prestigio o las oportunidades de reclutar e influir en otros. Estas personas tienen la ventaja de pasar tiempo fuera del grupo y de mantener un contacto extenso con personas ajenas a él, lo que ayuda a minimizar los efectos perjudiciales.

En la vida cotidiana de los miembros de sectas destructivas, a menudo hay una amplia variación en el grado en que experimentan el modelo BITE: control de conducta, control de información, control del pensamiento y control emocional. Aquellas personas a quienes se les prohíbe tener 'pensamientos negativos' o tener contacto con críticos o exmiembros, aunque puedan tener trabajos externos y vivan por separado, pueden seguir estando bajo control mental, aunque tal vez no de manera tan estricta como alguien que es un miembro completamente devoto a tiempo completo.

El criterio final para evaluar a un grupo es la libertad de los miembros para abandonarlo. En términos simples, los miembros de sectas destructivas son prisioneros psicológicos. Como he explicado, las sectas destructivas implantan fobias en las mentes de sus miembros para que teman abandonar el grupo. Al hacer esto, eliminan la posibilidad de una elección libre. Las personas tienen la libertad de unirse, pero no tienen la libertad de dejar un grupo destructivo. De hecho, a los ojos de una secta destructiva, no existe ninguna razón 'legítima' para que una persona abandone el grupo.

Los grupos legítimos tratan a las personas como adultos, capaces de determinar lo que es mejor para ellos. Aunque toda organización desea mantener a sus miembros, los grupos legítimos nunca llegan a los extremos de control a través del miedo y la culpa como lo hacen las sectas destructivas.

Algunas de las sectas más destructivas incluso intentan localizar y silenciar a exmiembros mediante violencia, acoso legal, intimidación o chantaje. Paul Morantz, un abogado que litigó contra el programa de rehabilitación de drogas (y secta de control mental) Synanon, fue atacado por una serpiente de cascabel que miembros de la secta colocaron en su buzón. Stephen Bryant, un exdevoto de los Hare Krishna, fue asesinado de un disparo en la cabeza por un miembro del grupo, presuntamente bajo las órdenes de uno de los líderes de la organización. Bent Corydon, miembro de la Cienciología durante 22 años, fue sometido a formas extremas de acoso legal por escribir *L. Ron Hubbard—Messiah or Madman?*, una biografía crítica del fundador del grupo. Muchos críticos de la Cienciología han sido llevados a la bancarrota a través de litigios. Jeannie Mills, exmiembro del Peoples Temple y crítica abierta de Jim Jones, fue asesinada junto a su esposo e hijos por personas desconocidas después de la masacre de Jonestown.

Por supuesto, las personas siempre deberían conservar el derecho a decidir por sí mismas si desean permanecer en un grupo. Esa libertad de elección no debería ser arrebatada a alguien que ha decidido unirse a cualquier organización.

Preguntas que la gente hace sobre las sectas

Una pregunta que escucho con frecuencia es si todas las sectas destructivas son igual de peligrosas. La respuesta es no. No todos los grupos son tan destructivos como el Peoples Temple, ISIS o Boko Haram. Tampoco todos los grupos son tan engañosos como el grupo Moon o tan exigentes como los Testigos de Jehová. Sin embargo, todas las sectas de control mental se encuentran en el extremo negativo del continuo de influencia.

Otra pregunta que ocasionalmente me hacen es si las sectas destructivas pueden cambiar de manera significativa con el tiempo. La respuesta es sí. Los grupos que utilizan el control mental pueden comenzar con intenciones extremadamente buenas, pero terminar manipulando a sus miembros y engañando al público. Ese fue ciertamente el caso del Peoples Temple, que originalmente era un ministerio urbano enfocado en ayudar a los pobres. La tragedia es que las personas a las que la secta intentaba ayudar terminaron convirtiéndose en sus víctimas, y luego hicieron víctimas a otros.

Algunas sectas simplemente desaparecen o se disuelven. El Partido de los Trabajadores Democráticos de California decidió disolverse después de que sus miembros quedaran profundamente desilusionados con su líder. El Centro de Terapia del Sentimiento se disolvió cuando sus líderes simplemente se marcharon un día, dejando a cientos de miembros confundidos y desorientados. Otra cuestión es si un grupo destructivo en particular es igualmente peligroso en todas sus ubicaciones alrededor del mundo. Esto puede o no ser el caso. A pesar de que muchos grupos intentan proyectar una imagen de ser grandes, poderosos y monolíticos, por lo general no son totalmente uniformes. Pueden existir diferencias importantes según la personalidad, el nivel de rigidez y el estilo del líder local.

Durante mis días en los Moonies, los estilos de vida en las costas este y oeste diferían significativamente. En el este —principalmente porque Moon vivía allí y supervisaba personalmente las operaciones— la disciplina y el control militarista eran extremos. A los hombres y mujeres no se les permitía abrazarse, besarse o tomarse de la mano, a menos que estuvieran casados y tuvieran permiso. En la costa oeste, donde las cosas eran mucho más relajadas, la gente hacía todas estas cosas. Sin embargo, los reclutadores en la costa oeste eran más engañosos en sus tácticas.

Dado que muchas sectas destructivas ofrecen meditación u otras técnicas posiblemente terapéuticas que se afirma tienen resultados universalmente beneficiosos, surge otra pregunta legítima: ¿afectan estas sectas a algunas personas de manera más adversa que a otras? La respuesta es sí.

Por ejemplo, una proporción significativa de personas simplemente no responde bien a las técnicas de relajación pasiva y experimenta lo que se conoce como "ansiedad inducida por relajación." Una persona reclutada por una organización como Meditación Trascendental (TM) podría sufrir dolores de cabeza, insomnio, aumento de la ansiedad, entre otros problemas. Dado que los miembros de TM creen que su forma de meditación es beneficiosa para todos, es posible que a quienes se quejen de efectos negativos se les diga que simplemente están "liberando estrés" y que deberían continuar meditando. Lamentablemente, ignorar estos problemas puede conducir a graves complicaciones de salud, crisis nerviosas e incluso tendencias suicidas. Exmiembros de TM han reportado problemas como visión en túnel y, tras el curso de "vuelo yóguico," al menos un practicante sufrió una fractura de coxis.

Los programas de desarrollo grupal como est (que en la década de 1980 cambió su nombre a The Forum y más tarde a Landmark Education) y Lifespring han sido duramente criticados por su falta de evaluaciones profesionales. Como resultado, varias de estas organizaciones han sido objeto de demandas por parte de participantes perjudicados.

Por último, está la cuestión del tamaño del grupo. ¿La destructividad de una secta está relacionada con su tamaño?

En absoluto. He visto relaciones de control mental uno a uno que han sido tan destructivas como algunas de las sectas más poderosas y tóxicas del mundo. Al investigar el síndrome de la persona maltratada, he encontrado muchas similitudes y paralelismos con los miembros de sectas que utilizan control mental.

Algunas relaciones disfuncionales, matrimonios y familias son, esencialmente, mini-sectas compuestas por unas pocas personas. He aprendido que muchas víctimas de abuso doméstico se vieron obligadas a mantener una relación de casi total dependencia, a menudo alejadas de familiares y amigos que podrían criticar el comportamiento controlador de su pareja. Algunas personas no tenían acceso al dinero, no se les permitía aprender a conducir un coche ni trabajar fuera del hogar. Cada vez que intentaban comunicar sus deseos o necesidades, eran golpeadas. Se les hacía sentir que cualquier problema en su matrimonio era completamente su culpa, y que si solo se esforzaban más por complacer a su pareja, todo estaría bien. Su autoestima llegó a ser tan baja que llegaron a creer que no había futuro para ellas sin su pareja. Algunas personas tenían cónyuges que implantaban fobias en sus mentes para que nunca pudieran abandonar el matrimonio; en algunos casos, también se les decía que serían perseguidas y asesinadas si alguna vez se iban. Algunos controladores incluso amenazaban con suicidarse si su víctima los dejaba.

Hacer preguntas: La clave para protegerte a ti mismo

Aprender a ser un consumidor informado puede ahorrarte tiempo, energía y dinero. En el caso de las sectas destructivas, ser un consumidor informado puede proteger tu mente e incluso salvar tu vida. Realizar una investigación exhaustiva en línea es tu mejor primera opción. Sin embargo, si alguna vez alguien se te acerca intentando obtener información personal o invitándote a participar en un programa, puedes hacer preguntas muy específicas que te ayudarán a evitar a más del 90 % de los reclutadores de sectas. Simplemente al hacer estas preguntas de manera asertiva, los reclutadores rápidamente se darán cuenta de que no eres un uso prometedor de su tiempo.

Estas preguntas funcionan mejor si las haces de forma muy directa pero amistosa, exigiendo respuestas concretas.

Aunque la mayoría de las sectas utilizan el engaño durante el proceso de reclutamiento, la mayoría de los miembros de estas no se dan cuenta de que están mintiendo a los posibles nuevos adeptos. Al hacer estas preguntas directas una tras otra, generalmente puedes descubrir que 1) no te están contando una historia clara, o 2) la persona ni siquiera conoce la verdadera historia desde el principio.

Por ejemplo, los Testigos de Jehová reclutan preguntando a las personas si les gustaría estudiar la Biblia con ellos. Sin embargo, lo que no mencionan es que utilizan la Traducción del Nuevo Mundo, publicada por la Watchtower, la cual no es aceptada por los estudiosos de la Biblia fuera de la secta. Por supuesto, a ellos se les ha enseñado que es una traducción superior a todas las demás Biblias.

Dado que los miembros han sido entrenados para evitar pensar negativamente sobre el grupo, a menudo recibirás generalidades vagas o evasivas. Por ejemplo: "Solo estamos tratando de ayudar a las personas a superar sus problemas", "Esta noche estamos organizando una cena gratuita para hablar sobre algunos de los problemas del mundo" o "Simplemente nos estamos reuniendo para estudiar la Palabra de Dios". Respuestas evasivas, como "Entiendo que te sientas escéptico. Yo también lo estaba antes de comprender realmente" o "¿Eso es lo que realmente quieres saber?", también deberían hacer sonar las alarmas.

Otra técnica común utilizada por los reclutadores es cambiar de tema. Por ejemplo, si haces una pregunta sobre si el líder de una secta tiene antecedentes penales, podrías escuchar un largo monólogo sobre la persecución de los grandes líderes religiosos del mundo. Podrían decirte que a Sócrates se le acusó de abuso infantil o que a Jesús se le acusó de asociarse con prostitutas. No te dejes arrastrar a un debate sobre Sócrates o Jesús. Lo que necesitas es una respuesta directa sobre el líder del grupo de esta persona. Si el reclutador no da una respuesta clara, concisa y directa, algo anda mal.

Y recuerda: siempre puedes simplemente alejarte.

Sin embargo, lo más importante es que descubrirás que la mejor ventaja posible frente a un reclutador de una secta es la capacidad de hacerle preguntas directas y contundentes. A continuación, presento algunas que he encontrado sumamente efectivas:

¿Cuánto tiempo llevas (tú, el reclutador) involucrado con este grupo?

¿Estás intentando reclutarme para algún tipo de organización?

Primero, esto te ayudará a descubrir muy rápidamente con quién estás tratando. Una persona que ha estado involucrada en una secta destructiva por menos de un año suele ser muy inexperta y posiblemente menos propensa a mentir. Y, en caso de que mienta, es menos probable que sus mentiras suenen convincentes.

En segundo lugar, si la persona ha estado involucrada durante muchos años, puedes esperar que sepa y sea capaz de darte respuestas concretas y específicas a todas tus preguntas de seguimiento. Si no lo hace, puedes decir: "¿Has sido miembro durante años y no sabes la respuesta a preguntas tan simples?".

Cuando se le pregunta directamente sobre el reclutamiento, la persona puede responder: "No, no estoy tratando de reclutarte en nada. Simplemente me agradas y quería compartir esto contigo. Lo que decidas hacer con la información será completamente tu decisión". Bien. Solo guarda esta respuesta en mente, porque si el grupo es, de hecho, una secta destructiva, eventualmente se hará evidente que te están reclutando. Esto significa que el reclutador te mintió. Si y cuando te des cuenta de esto, muéstrate debidamente molesto y aléjate.

¿Puedes decirme los nombres de todas las demás organizaciones afiliadas a tu grupo?

Estás tratando de descubrir los nombres de las organizaciones fachada, así como el grupo principal. Por lo general, un reclutador de una secta se sorprenderá con esta pregunta y preguntará a qué te refieres. Pregunta de nuevo; es una pregunta perfectamente clara y directa. Si el reclutador te dice que no lo sabe, pídele que lo averigüe por ti. Solicita su número de teléfono (por supuesto, no le des el tuyo) y dile que lo llamarás mañana para obtener la respuesta.

Si la persona te dice que no hay otras organizaciones, en algún momento posterior podrías descubrir que esto era una mentira. Si y cuando te des cuenta de esto, muestra tu molestia de manera asertiva y aléjate. Recuerda que a las sectas les gusta crear organizaciones fachada para causas populares. Por ejemplo, tanto los Moonies como los Cienciólogos tienen organizaciones fachada que, supuestamente, combaten la trata de personas.

¿Quién es el líder principal? Háblame sobre su historial y sus cualificaciones. ¿Tiene antecedentes penales?

Es posible que obtengas o no una respuesta directa a estas preguntas. El reclutador podría mencionar el nombre de un sublíder local en lugar de la persona que está en la cima. También podría no saber nada sobre los antecedentes o el historial penal del líder, porque quizás ellos mismos no lo saben. Entonces podrías preguntarles: "¿Cómo te involucraste con un grupo sin investigar estas cosas primero?"

Recuerda que una secta destructiva intentará obtener tu compromiso primero, antes de revelar información importante. Un grupo legítimo siempre te proporcionará información primero y pedirá tu compromiso más adelante, solo cuando te sientas listo.

¿Qué cree tu grupo? ¿Cree que el fin justifica los medios? ¿Se permite la decepción en alguna circunstancia?

La mayoría de los reclutadores de sectas no querrán explicar sus creencias en ese momento. Están entrenados para usar tu curiosidad y llevarte a escuchar una conferencia, ver un video o asistir a un programa. Esto les dará una mejor oportunidad de influir en ti, ya que estarás en su entorno.

Si la persona no está dispuesta a resumir los puntos clave de las creencias del grupo, en ese mismo momento, puedes estar seguro de que están ocultando algo.

Si dicen que temen que malinterpretes o te ofrecen solo una breve descripción, insiste en que te lo expliquen. Cualquier grupo legítimo será capaz de resumir sus creencias centrales. Las sectas destructivas no querrán hacerlo.

Si más tarde descubres que esta descripción era una gran distorsión llena de inexactitudes, tienes todo el derecho de estar molesto y marcharte.

Los miembros de la secta, con toda seguridad, intentarán convencerte de que tuvieron que mentirte porque estás "lavado del cerebro" por los medios en su contra, y que nunca habrías escuchado si te hubieran dicho la verdad. No aceptes esta racionalización de que "el fin justifica los medios." Ninguna organización legítima necesita mentirle a la gente para ayudarla.

¿Qué se espera que hagan los miembros una vez que se unan? ¿Tendré que dejar la escuela o el trabajo, donar mi dinero y mis bienes, o cortar relaciones con familiares y amigos que puedan oponerse a mi afiliación? ¿A qué te dedicabas antes de unirte al grupo y a qué te dedicas ahora?

Si estás siendo abordado por una secta destructiva, la persona que conoces puede decirte que no se espera mucho de ti, o incluso nada, una vez que te unas. Sin embargo, esta pregunta hará que la mayoría de los miembros de la secta se sientan muy incómodos y a la defensiva. Observa cuidadosamente la reacción no verbal del reclutador cuando hagas esta pregunta. Pregunta a la persona qué hizo cuando conoció al grupo por primera vez y qué está haciendo ahora.

¿Se considera que tu grupo es controvertido por alguien? Si otras personas lo critican, ¿cuáles son sus principales objeciones?

Estas son preguntas abiertas que permiten explorar cuánto sabe la persona o está dispuesta a discutir. Si haces estas preguntas de manera educada y con una sonrisa, la persona podría responder: "Oh, algunas personas piensan que somos una secta y que todos estamos lavados del cerebro. ¿No es ridículo? ¿Parezco alguien lavado del cerebro?". A esa pregunta podrías responder: "¿Y cómo se supone que luce alguien lavado del cerebro?". Cuando hago esa pregunta, la persona con la que estoy hablando normalmente se siente muy incómoda y, si sigo indagando, suele encontrar una excusa para irse.

¿Cómo te sientes respecto a los exmiembros de tu grupo? ¿Alguna vez te has sentado a hablar con un exmiembro para entender por qué dejó el grupo? Si no lo has hecho, ¿por qué no? ¿Tu grupo impone restricciones para comunicarse con exmiembros?

Este es uno de los conjuntos de preguntas más reveladores que puedes hacer. Ninguna organización legítima desalentaría el contacto con exmiembros, especialmente si se trata de familiares o amigos. Del mismo modo, cualquier grupo legítimo apoyaría el derecho de un miembro a marcharse, aunque no estuviera de acuerdo con su decisión.

Por otro lado, las sectas destructivas no aceptan ninguna razón para que una persona abandone el grupo, sin importar cuál sea. Asimismo, estos grupos se aseguran de infundir miedo en sus miembros, garantizando que se mantengan alejados de críticos y exmiembros. Aunque podrías escuchar a algunos reclutadores experimentados de sectas decir: "Claro, algunos de mis mejores amigos se han ido," al indagar más y pedirles detalles, podrías descubrir que están mintiendo. Siempre sigo este tipo de respuesta con preguntas como: "¿Qué razones específicas dieron para irse?" y "¿Dicen que son más felices ahora que han salido?" Nuevamente, el reclutador suele quedarse sin palabras.

¿Cuáles son las tres cosas que menos te gustan del grupo y de su líder?

No puedo recordar cuántas veces he visto a reporteros y presentadores de televisión preguntar a miembros de sectas si estaban lavados del cerebro. El miembro de la secta usualmente sonríe y dice: "Por supuesto que no, eso es ridículo". Sin embargo, es absurdo esperar una respuesta objetiva de alguien que está bajo control mental. Un desafío mucho más eficaz para estas personas sería: "Dime tres cosas que no te gusten del grupo o del líder". Si tienes la oportunidad de sorprender a un miembro de una secta y hacerle esa pregunta, te sugiero que observes con mucha atención su rostro. Las pupilas de sus ojos se dilatarán y parecerán momentáneamente desconcertados. Cuando respondan, es muy probable que digan que no hay nada que no les guste. Generalmente, los miembros de sectas darán alguna variación de esa respuesta, porque simplemente no se les permite hablar de manera crítica, especialmente en televisión.

¿Qué otra cosa preferirías hacer en la vida antes que ser miembro del grupo?

La respuesta probablemente será: "Nada".

¿Te tomaste el tiempo para hablar con exmiembros?

No permitas que la curiosidad o el exceso de confianza te dominen. Si tienes un alto nivel de seguridad en ti mismo, eres asertivo y te sientes cómodo desafiando a las personas de manera abierta, directa y firme, ¡excelente!

Pero si, como la mayoría de las personas, no te gustan los conflictos ni la confrontación, sé prudente. Muchas personas han sido reclutadas en sectas porque tenían un exceso de confianza en que podrían manejar cualquier situación. La curiosidad y el exceso de confianza han sido la perdición de muchas personas, incluyéndome a mí. Ponerte en una situación potencialmente peligrosa simplemente no vale la pena.

Capítulo 8 – Curando el virus del control mental

Cuando la mayoría de las personas comienzan a buscar formas de liberar a amigos o familiares de las sectas, saben poco o nada sobre el control mental, las características de las sectas destructivas o cómo y dónde empezar.

Algunos pueden pensar que la única opción disponible es la desprogramación. Sin embargo, no tienen idea de que la desprogramación implica el secuestro forzado del miembro de la secta, un proceso largo y coercitivo, además de un costo de entre 10 y 50 mil dólares. Yo no recomiendo la desprogramación coercitiva, y no conozco a ninguna persona respetable que la practique actualmente.

Hoy en día existen formas no coercitivas de ayudar. Yo, junto con otros, utilizamos técnicas terapéuticas bien establecidas en la profesión de la salud mental, junto con los enfoques más recientes e innovadores. Además, casi todos los profesionales que actualmente ayudan a los miembros de sectas a liberarse son, ellos mismos, exmiembros de organizaciones de control mental. Esto les permite comprender mejor lo que los miembros de estas sectas están pensando y sintiendo, y compartir experiencias personales y perspectivas valiosas.

Este capítulo es una guía sobre intervenciones y cómo funciona el proceso de liberarse del control mental. He incluido tres casos de intervenciones que he realizado. Los diálogos han sido reconstruidos a partir de mi memoria, pero las historias en sí son un reflejo fiel de eventos reales. Estos casos ocurrieron hace algunos años. Desde entonces, mi enfoque ha evolucionado significativamente hacia el Enfoque Estratégico Interactivo, que es el que utilizo actualmente. No obstante, muchos de los conceptos clave, dilemas y técnicas presentes en estas historias siguen siendo aplicables hoy en día.

Primero, sin embargo, es importante proporcionarte algunos antecedentes esenciales sobre la desprogramación.

Dado que yo mismo fui desprogramado en 1976, estoy muy familiarizado con sus inconvenientes. En aquel entonces, había muy pocas opciones disponibles para los familiares y amigos preocupados de los miembros de sectas. Las personas intentaban mantener el contacto con el miembro y esperaban que se fuera por su cuenta, o contrataban a un desprogramador.

Los líderes de las sectas veían la desprogramación como una terrible amenaza. Estaban perdiendo a muchos miembros devotos de largo plazo e incluso líderes debido a ella. Y esas personas estaban hablando con los medios y revelando detalles sobre las operaciones de las sectas.

Los exmiembros que simplemente se alejaban solían estar paralizados por la culpa y el miedo, y normalmente mantenían en secreto su antigua participación en la secta. Pero los desprogramados tenían acceso a una red de apoyo que entendía lo que habían vivido y les daba la fuerza y el ánimo para hablar.

A finales de la década de 1970, el control mental de las sectas se había entrelazado en la percepción pública con la desprogramación forzosa. Esto fue, en parte, el resultado de campañas de relaciones públicas financiadas por algunas sectas importantes para desacreditar a los críticos y desviar el debate lejos de las propias sectas. La propaganda calificó la desprogramación como "la mayor amenaza a la libertad religiosa de todos los tiempos."

Se presentó a los desprogramadores de manera falsa como personas que golpeaban y violaban a los miembros para obligarlos a renunciar a sus creencias religiosas libremente adoptadas. Influenciados por esta campaña, al menos una película retrató a los desprogramadores como matones ávidos de dinero, tan malos como los propios líderes de las sectas.

Para que conste, no conozco ningún caso de desprogramación (y he conocido a cientos de personas desprogramadas) que haya implicado golpizas, violaciones o abuso físico. Además, ninguna familia con la que he trabajado permitiría que alguien, incluido un desprogramador, lastimara de ninguna manera a un miembro de su familia. Sin embargo, la desprogramación suele ser emocionalmente traumática, además de implicar riesgos legales.

En un escenario clásico de desprogramación, un miembro de una secta era localizado y físicamente sacado de una esquina, empujado dentro de un vehículo que lo esperaba y llevado a un lugar secreto, tal vez una habitación de motel. Allí, un equipo de seguridad vigilaba a la persona durante varios días, las 24 horas, mientras el desprogramador, exmiembros de la secta y familiares le presentaban información y discutían con él. Las ventanas podían estar clavadas o bloqueadas, ya que se sabía de casos en los que miembros se lanzaban por ellas para evitar el llamado proceso de 'romper la fe'. En ocasiones, la persona era acompañada al baño para evitar intentos de suicidio. Podía ser retenida durante varios días, hasta que saliera del control mental de la secta o, como ocurrió en algunos casos, fingiera haberlo hecho.

En el pequeño número de desprogramaciones en las que participé entre 1976 y 1977, el miembro de la secta usualmente era confrontado mientras visitaba su hogar, en lugar de ser tomado por la fuerza en la calle. Aun así, cuando se les decía que no podían irse, casi siempre reaccionaban violentamente. En diversas desprogramaciones, me golpearon con puños y patadas, me escupieron, me arrojaron café caliente a la cara y me lanzaron grabadoras. De hecho, si no hubiera tenido un yeso en la pierna durante mi propia desprogramación de los Moonies, probablemente habría hecho algo similar. Los miembros de las sectas están adoctrinados para comportarse de esa manera: permanecer leales al grupo, pase lo que pase.

Al comienzo de una desprogramación, el miembro de la secta a menudo se convence aún más de que su familia es la encarnación misma del mal. Después de todo, piensa la persona, miren hasta qué extremos han llegado. Me han secuestrado, y ahora van a golpearme, violarme o ambas cosas. Tras situaciones como esta, el trauma, la ira y el resentimiento del miembro de la secta pueden tardar años en desaparecer, incluso si la desprogramación tiene éxito.

Conocí a una mujer que fue desprogramada después de una membresía de corto plazo en los Moonies. Luego, volvió a unirse al grupo durante más de un año y lo dejó por su cuenta. Era como si, según me dijo más tarde, tuviera que demostrar que podía hacerlo por sí misma. Desafortunadamente, durante su segundo periodo en el grupo, los Moonies la exhibieron y la utilizaron para denunciar la desprogramación en todo Estados Unidos.

Es aterrador ser prisionero y temer que estás a punto de ser torturado o abusado sexualmente. Recuerda que estas son las experiencias que los líderes de las sectas les dicen a los miembros que deben esperar en una desprogramación. Como puedes imaginar, proporcionar una buena asesoría en una situación así es, en el mejor de los casos, muy difícil. El miembro inmediatamente se cierra en sí mismo y comienza a cantar, rezar o meditar para bloquear cualquier influencia externa. Este proceso de bloqueo mental puede continuar durante horas o días, antes de que se den cuenta de que no van a ser torturados, de que los desprogramadores son personas compasivas y sensibles, y de que realmente hay preguntas legítimas sobre su participación en el grupo que deberían considerar. Solo entonces la persona comienza a responder.

Después de participar en un número reducido de intervenciones, consideré imperativo encontrar otro enfoque. Era fundamental garantizar un acceso legal y voluntario al miembro del grupo. Los familiares y amigos son clave, pero necesitan educarse sobre las sectas y el control mental, además de recibir orientación sobre cómo comunicarse de manera efectiva con un miembro del grupo.

El Enfoque Estratégico Interactivo, el método no coercitivo que he desarrollado, logra con sutileza lo que la desprogramación intenta conseguir por la fuerza. Sin embargo, los familiares y amigos deben trabajar juntos como un equipo para planificar e implementar una estrategia que influya en el miembro del grupo. Aunque este enfoque—como cualquier otro—no funciona en todos los casos, ha demostrado ser la mejor opción disponible.

Este enfoque no coercitivo requiere contar con información precisa para tener éxito. La recopilación y difusión de información comienza desde la primera llamada telefónica o reunión.

Vamos a analizar una de estas historias, de los primeros años de mi carrera.

La Familia O'Brien y la Iglesia Internacional de Cristo

En diciembre de 1987, Matthew O'Brien me llamó preocupado por la implicación de su hijo George con un grupo conocido como la Iglesia de Cristo de Boston. La iglesia también era conocida como *Multiplying Ministries* y las Iglesias Internacionales de Cristo. (No debe confundirse con la Iglesia de Cristo tradicional ni con la Iglesia Unida de Cristo, heredera de la tradición congregacional de Nueva Inglaterra). Había oído hablar de mí gracias a Buddy Martin, un evangelista de la Iglesia de Cristo de Cape Cod (otra iglesia tradicional), quien denunciaba enérgicamente las tácticas autoritarias de pastoreo/discipulado utilizadas por la Iglesia de Cristo de Boston. O'Brien me contó que estaba cada vez más preocupado por la participación de su hijo. George había perdido una gran cantidad de peso, siempre estaba exhausto y había abandonado sus planes de graduarse en una pequeña universidad de artes liberales en el norte del estado de Nueva York. Además, se estaba volviendo progresivamente incapaz de tomar decisiones simples por sí mismo, ya que necesitaba consultar

243

con su compañero de "discipulado" antes de hacer casi cualquier cosa.

O'Brien me preguntó acerca de mi experiencia y si creía que este grupo en particular era una secta destructiva. Le respondí que había asesorado con éxito a docenas de personas para que salieran de ese grupo en particular. Se alegró mucho al escuchar esto.

Los O'Brien querían saber qué hace que un grupo sea una secta destructiva y me hicieron varias preguntas incisivas sobre mis propios valores y ética. Les expliqué que fomentar el pensamiento independiente de una persona era lo más importante y que siempre era cuidadoso de no imponer mi propio sistema de creencias a un cliente. Mi función era presentar información, ofrecer asesoramiento individual y familiar según fuera necesario, y facilitar la comunicación en la familia.

Hablamos durante unos treinta minutos, y acordé enviarles información sobre mi enfoque, así como un cuestionario de antecedentes y fotocopias de artículos sobre la Iglesia de Cristo de Boston de Kip McKean. También les proporcioné números de teléfono de algunas otras familias con las que había trabajado. Les dije que respondieran las preguntas de mi formulario de la manera más completa posible. Cuanta más información pudieran proporcionar la familia y los amigos sobre sí mismos, les expliqué, mejor.

Recopilar información escrita de una familia siempre es un buen punto de partida. Obliga a la familia a reflexionar sobre una variedad de temas relacionados con ellos mismos, el miembro del grupo, la participación del miembro en la organización y cómo han respondido hasta el momento. También me proporciona una base sólida para discusiones más personales.

Me importa cuánto esfuerzo esté dispuesta a hacer una familia para realizar un trabajo exhaustivo. Algunas familias proporcionan respuestas de una sola línea; por otro lado, una familia me entregó una respuesta de 44 páginas a espacio sencillo. (Lo típico son de seis a ocho páginas de respuestas). Me interesa especialmente conocer las respuestas a estas preguntas:

- ¿Cómo son las relaciones en la familia, entre los hermanos y entre el miembro del grupo y los padres?
- ¿Cómo era el miembro del grupo antes de unirse a este?
- ¿Tenía muchos amigos?
- ¿Consumía drogas o alcohol?
- ¿Tenía metas claras en la vida?

- ¿Sufrió algún trauma o estrés inusual en su vida, como la muerte de un amigo cercano o un familiar, el divorcio de sus padres o una mudanza difícil a otra ciudad?
- ¿Tenía un sistema de valores religiosos, políticos o sociales bien formado?

Mientras más saludables sean las relaciones familiares de una persona y más sólido sea su sentido de identidad antes de ser reclutado por una secta, generalmente más fácil resulta mi trabajo.

En el caso de George, quería saber quién era él antes de unirse a la BCC y cómo había cambiado, aparte de la pérdida de peso y la apatía. Quería saber con quién de la familia tenía una relación más cercana. También quería conocer su estado de ánimo justo antes de unirse. Además, quería saber sobre su educación, intereses y pasatiempos, experiencia laboral y antecedentes religiosos.

Como en todos mis casos, también quería saber cuánto tiempo tardaron en reclutarlo. ¿Se unió de inmediato tras ser abordado una tarde, o pasó meses o incluso años antes de involucrarse por completo? ¿A qué pensaba que se estaba uniendo? ¿Tiene alguna similitud con el grupo al que ahora pertenece? ¿Cuánto tiempo lleva siendo miembro de la secta? ¿Dónde ha estado viviendo: con otros miembros, solo o con personas ajenas al grupo? ¿Cómo pasa su tiempo? ¿Ha expresado alguna vez dudas o dificultades sobre su pertenencia al grupo?

También, como en todos mis casos, quería saber cómo han reaccionado los miembros de su familia y sus amigos. ¿Qué han dicho o hecho respecto a su pertenencia al grupo? ¿Qué libros o artículos ha leído la familia? ¿A qué profesionales u otras personas han contactado? Quería saber quién estaba dispuesto y quién no a ayudar en el rescate de George. Curiosamente, un hermano cercano que inicialmente no quiera involucrarse a menudo puede convertirse en el elemento más importante para el éxito del caso.

Con la familia O'Brien, seguí mis procedimientos habituales, que son los siguientes:

Después de analizar el cuestionario completo, vuelvo a hablar con la familia por teléfono. Hago preguntas más específicas para completar el panorama y evaluar los próximos pasos. En la mayoría de los casos, también pido a la familia que recopile más información de otras personas con conocimiento sobre el tema y, en ocasiones, que busquen orientación adicional. Durante este periodo de preparación, es muy importante que la familia se reúna y hable con otras personas que hayan enfrentado el mismo problema, especialmente con aquellas que hayan logrado rescatar a un ser querido con éxito. También es útil que hablen con exmiembros de la secta en cuestión, para comprender mejor la mentalidad de su ser querido.

A continuación, organizo una reunión con el mayor número posible de familiares y amigos, generalmente en el hogar de la familia. En esta reunión observo cómo interactúan entre ellos. Dedico mucho tiempo a enseñar sobre las sectas y el control mental, y a entrenar a las personas en los roles que deberán desempeñar. Es crucial que todos comprendan exactamente cuál es el problema y qué pueden (y no pueden) hacer para ayudar. También discuto formas de conectar con el miembro del grupo y persuadirlo para que se abra. Además, podemos comenzar a discutir la estrategia de rescate.

Una cosa que enfatizo es que todos deben unirse y ver el rescate como un esfuerzo en equipo. Esto aligera la carga de los hombros de cualquier persona en particular. También garantiza que el miembro del grupo sea influido por la mayor cantidad posible de personas solidarias. Recomiendo que contacten a otros familiares y amigos y los convenzan de ayudar; que estudien libros, artículos y videos; y que recopilen información y lleven un registro.

Si me contactan dentro de los primeros meses del reclutamiento, el pronóstico para que la persona salga exitosamente dentro de un año es muy favorable. Sin embargo, si la persona ha estado en una secta durante diez años o más cuando se me contacta, puede pasar bastante tiempo antes de que sea posible siquiera intentar un rescate.

Dicho esto, los miembros a largo plazo no están, ni mucho menos, perdidos. Simplemente requieren mucha paciencia y un esfuerzo constante.

De hecho, en muchos sentidos, es más fácil asesorar a alguien que lleva años dentro de una secta, porque la persona ya conoce las duras realidades de la vida en el grupo: las mentiras, las manipulaciones y las promesas incumplidas de los líderes. En contraste, un nuevo miembro podría seguir 'flotando en las nubes', en la etapa de luna de miel.

Los O'Brien me contaron que George llevaba dos años y medio en el grupo. Vivía en un apartamento con otros creyentes. Aún mantenía contacto con su madre y su padre, aunque su relación con su hermana Naomi era más distante. Sus padres, poco religiosos, no compartían las rígidas creencias de George ni la estricta interpretación de la Biblia promovida por el grupo. Por su parte, George había empezado a considerar que las actitudes de sus padres no eran propias de cristianos. Como sucede en tantas otras familias, la pertenencia de George al grupo había sacado a flote sentimientos de enojo y resentimiento en ambas partes, dejando a la familia en un punto muerto.

Para cuando los padres de George me llamaron, ya se habían dado cuenta de que adoptar una postura de confrontación no los llevaba a ningún lado. El padre de George decidió probar un enfoque opuesto. Le pidió a George asistir a un estudio bíblico y llegó a participar en un par de servicios dominicales de la BCC. Por supuesto, George y sus compañeros de discipulado interpretaron la asistencia de su padre como una señal de que Dios estaba trabajando en su vida. Estratégicamente, sin embargo, fue un paso importante para reparar la relación de George con su familia.

O'Brien le explicó a George que quería aprender más sobre su iglesia porque lo amaba y deseaba reconstruir su relación. Esto era cierto, pero O'Brien—y toda la familia—también intentaban aprender tanto como fuera posible sobre el grupo.

Es digno de reconocimiento que George nunca dudó del amor de sus padres por él, ni, en el fondo, de su amor por ellos. Sin embargo, había aprendido que las personas estaban, o bien del lado de Dios—es decir, como miembros de la BCC—o del lado de Satanás. George no tenía idea de que su familia estaba en contacto conmigo ni con Buddy Martin.

Después de muchas reuniones y llamadas telefónicas, la familia y yo comenzamos a planificar. El tema de si ser o no ser honestos era, como siempre, tanto importante como delicado. Los O'Brien tuvieron que considerar una variedad de opciones. ¿Deberían simplemente decirle a George lo que habían descubierto y pedirle que se reuniera con Buddy y conmigo? Éticamente, eso era lo que deseaban hacer. Sin embargo, estaban tratando con un grupo que utilizaba control mental. Si le decían que querían que conociera a personas críticas del grupo, ¿se lo contaría a sus superiores? ¿Le recomendarían ellos cortar el contacto con su familia?

Animé a la familia a hablar con varios exmiembros de BCC y preguntarles cómo era probable que un miembro del grupo respondiera ante un enfoque directo. Sin excepción, los exmiembros le dijeron a la familia que George consultaría de inmediato a su compañero de discipulado para pedirle consejo. A partir de ese momento, el grupo estaría alerta y haría todo lo posible para convencerlo de evitar cualquier contacto con su familia, ya que, según ellos, supuestamente estaba siendo controlada por el poder de Satanás.

Mi preferencia siempre es que alguien pregunte al miembro del grupo si estaría dispuesto a escuchar un poco "el otro lado de la historia" y observar cuál es su reacción. Sin embargo, esta solicitud debe venir de un hermano, hermana o amigo, en lugar de un padre o madre, para que parezca mucho menos amenazante. Si el miembro del grupo acepta la oportunidad, se debe acordar de inmediato un lugar y una hora para re-unirse con exmiembros del grupo. La persona que hace la solicitud también debe plantear directamente el tema de que, si otros miembros del grupo se enteran, intentarán convencerlo de romper su acuerdo. Es necesario que pregunte: "¿Cumplirás tu promesa a pesar de la presión del grupo?" Si el miembro del grupo responde que sí, se establece un contrato verbal.

Este tipo de acuerdo abierto funciona mejor con personas que aún no están completamente adoctrinadas, tienen preguntas o dudas, o mantienen una relación cercana y de confianza con sus familias. Sin embargo, con-sideré que George ya estaba completamente adoctrinado.

Pregunté si George había expresado alguna vez insatisfacción o desi-lusión con el grupo. Los O'Brien me respondieron que no, absolutamente ninguna. Estaba totalmente comprometido. Solo confiaba en las personas dentro del grupo y estaba programado para pensar que todos los demás estaban "muertos," es decir, carentes de espiritualidad.

Les recomendé a los O'Brien que, aunque la decisión final era suya, las probabilidades de lograr acceso a él a través de un enfoque abierto eran muy bajas.

Decidimos alejar a George del grupo invitándolo al 86° cumpleaños de su abuela, en Cape Cod. Después de la fiesta, el domingo por la noche, sus padres encontrarían una excusa para quedarse a pasar la noche. Le dirían a George que regresarían a Boston por la mañana. A la mañana siguiente, durante el desayuno, la familia le diría, con mucho pesar por no haberlo mencionado antes, que habían organizado pasar los próximos tres días con un ministro de la Iglesia de Cristo, un consejero y un exmiembro de BCC.

Preparé extensamente a la familia sobre qué decir y cómo decirlo de la mejor manera. Quería asegurarme de que George no llamara al grupo de inmediato y de que hicieran todo lo posible para convencerlo de no simplemente huir. Tendrían que tranquilizarlo asegurándole que no intentaban hacerle daño ni apartarlo de Dios. Todo lo que querían era que tuviera acceso a información sobre la Iglesia de Cristo de Boston que, de otro modo, nunca conocería. Le pedirían que orara y le dirían que confiaban en que su fe en el poder de Dios era más fuerte que su miedo a Satanás.

El lunes por la mañana me encontré en una cafetería de Cape Cod con Buddy Martin y Ellen, una exmiembro a quien había asesorado para salir de la sucursal de BCC en París el verano anterior. Nos sentamos alrededor de una mesa y esperamos durante cuatro horas. Mientras tanto, la familia estaba en su casa, tratando de persuadir a George para que aceptara sus condiciones. Me llamaron media docena de veces en busca de apoyo y consejos. La familia hizo todo lo que les había indicado, pero George se mantuvo firme. No aceptaría nada más allá de reunirse con nosotros tres por unas pocas horas.

Decidimos seguir adelante y hacer lo mejor que pudiéramos. Antes de salir de la cafetería, un grupo de lugareños nos comentó que acabábamos de romper un récord por estar tanto tiempo en el mismo lugar. Me reí y pensé: "¡Si tan solo supieran lo que está pasando!"

George estaba sonrojado, enfadado y hostil cuando entramos y lo encontramos. Nos presentamos, y lo que más le sorprendió fue conocer a Buddy. Ahí estaba un ministro fundamentalista de la Iglesia de Cristo, con la Biblia en mano. Naturalmente, también estaba asustado y confundido. Hicimos todo lo posible por hacerlo sentir lo más cómodo posible y darle una sensación de control.

George pidió hablar a solas con cada uno de nosotros: primero conmigo, luego con Ellen y finalmente con Buddy. Accedimos.

Cuando me senté a solas con George, intenté ayudarlo a ver que esta situación era una oportunidad para él: para aprender, crecer y demostrarle a su familia que no estaba bajo control mental y que sabía lo que estaba haciendo.

George estaba tan adoctrinado como cualquier otro miembro de la Iglesia de Cristo de Boston con los que había trabajado antes. Mostraba una gran resistencia a la idea de que pudiera beneficiarse de algo de lo que se estaba discutiendo.

La participación de Buddy Martin resultó ser clave. Durante su conversación a solas con George, Buddy comenzó a citar versículos específicos de la Biblia y le preguntó a George qué pensaba que significaban. Dado que la Iglesia de Cristo de Boston había programado a George para creer en una interpretación literal de la Biblia, difícilmente podía oponerse a examinarla. Poco a poco, un pasaje a la vez, Buddy empezó a mostrarle a George que, aunque el grupo afirmaba seguir la Biblia, en realidad sacaban los pasajes de contexto e ignoraban deliberadamente otros versículos que afectaban su significado. Este fue el punto de partida que llevó a George a admitir la posibilidad de que el grupo podría no ser tan perfecto como pensaba.

Con ese punto de partida establecido, George estuvo dispuesto a escuchar a Ellen y a mí. Le proporcioné algo de información sobre el líder de la secta, Kip McKean, incluyendo cómo él mismo había sido reclutado y adoctrinado por Chuck Lucas en Crossroads, una secta en Gainesville, Florida, en la década de 1970. Fue allí donde McKean probablemente aprendió a utilizar los métodos de control mental que ahora empleaba. George nunca había oído hablar de Crossroads. Le mostramos una carta escrita por McKean en marzo de 1986 a los líderes de la iglesia Crossroads, en la que decía que "debía su propia alma" a ellos. George quedó impactado.

Luego le presentamos una carta de 1977 escrita por los ancianos de la Iglesia Memorial de Cristo en Houston, Texas, donde McKean había sido ministro. En la carta, los ancianos anunciaban que estaban despidiendo a McKean debido a sus enseñanzas no bíblicas.

Con eso como punto de partida, pudimos comenzar a hablar con George sobre las características de las sectas destructivas y el control mental. En este caso, sin las cartas de McKean y de los ancianos de la Iglesia Memorial como referencias, habría sido imposible mostrarle a George lo que le había sucedido.

Luego hablé con George sobre los componentes específicos del control mental, asegurándome de explicarle los ocho criterios de la reforma del pensamiento comunista chino de Lifton. Después, le describí cómo fue mi experiencia dentro de los Moonies. En aquella época, muchas personas tenían una opinión negativa sobre los Moonies (excepto los propios Moonies, por supuesto), por lo que contar mi historia personal solía ayudar a minimizar cualquier bloqueo mental o actitud defensiva. Las similitudes entre los grupos se vuelven evidentemente claras, y la persona con la que hablo suele hacer muchas conexiones sin necesidad de que las señale.

Esta información fue muy intensa e inquietante para George. Necesitaba regular el flujo de lo que estaba escuchando. Cada par de horas, se levantaba y anunciaba que necesitaba salir a caminar y orar. Esto sucedió varias veces al día durante los tres días.

Por la noche, me hospedé en un bed and breakfast cercano, donde pude descansar y planificar la estrategia. Cada vez que George salía por la puerta, nunca estábamos completamente seguros de si regresaría. Le habría resultado fácil hacer autostop y volver a Boston, o llamar al grupo para que lo recogieran. Sin embargo, intentar detenerlo habría asegurado que ya no confiara en nosotros.

Pero estábamos comprometidos a largo plazo. Si él se marchaba ahora, la familia simplemente tendría que seguir proporcionándole información cada vez que lo vieran o hablaran con él. Teníamos que confiar en que George quería hacer lo correcto.

En un momento, George se quejó del engaño que sus padres habían utilizado para llevarlo a la casa de su abuela. Ellos se disculparon profundamente. Le pedí que se pusiera en su lugar y sugiriera cualquier otro curso de acción que pudieran haber tomado y que hubiera sido efectivo. No pudo pensar en ninguno. Sabía que, si hubiera recibido algún aviso previo, habría acudido directamente a sus superiores, quienes lo habrían disuadido de hacer el viaje.

Los padres de George le recordaron que ya había rechazado una oferta previa para reunirse con exmiembros y leer información crítica. Él estaba sorprendido; ni siquiera lo recordaba. Le recordaron que había conocido a su prima Sally un mes antes. A petición de los O'Brien, ella le había hecho exactamente esa propuesta, y George la había rechazado tajantemente. Sus padres le dijeron que sentían que no les quedaba otra opción.

Durante esos tres días, pude realizar una buena cantidad de asesoramiento con la familia sobre formas de comunicarse de manera más efectiva con George y entre ellos. También los ayudé a trabajar en algunos de sus propios problemas y preocupaciones, que estaban completamente separados de la participación de su hijo en la secta. De esta manera, George pudo ver que toda la familia estaba aprendiendo y creciendo junta, y que su renovada participación familiar podría ser un paso hacia el desarrollo de relaciones más cercanas con todos.

Al finalizar los tres días, George no estaba dispuesto a decir que nunca volvería a BCC. Sin embargo, dijo que quería más tiempo para estudiar y reflexionar sobre lo que había aprendido. También decidió no regresar a su apartamento, sino quedarse con sus padres. Allí, se dedicaría a leer libros y artículos, ver cintas de video sobre programas acerca de sectas, y continuar hablando y reuniéndose con otros exmiembros.

En el plazo de un mes, George le declaró a su familia que nunca volvería a la Iglesia de Cristo de Boston. Había asistido a servicios y estudios bíblicos en la Iglesia de Cristo de Burlington, una de las 18,000 iglesias principales de Cristo, donde conoció a unos 65 refugiados más del grupo de Boston.

Ahora dice que se siente mucho más feliz que cuando estaba en la secta y que tiene un entendimiento mucho mejor de la Biblia. Desde que salió, ha dedicado bastante tiempo a ayudar a otros a comprender los aspectos destructivos de la Iglesia de Cristo de Boston.

Aunque los padres de George probablemente preferirían que asistiera con ellos a su iglesia Unitaria, respetan su derecho a elegir su propio camino. Durante años, después de la intervención, su padre participó en un grupo de estudio bíblico semanal con su hijo para aprender y fortalecer su relación con él.

Los O'Brien, con buen juicio, decidieron intervenir en la vida de George solo hasta el punto en que él pudiera reconocer y comprender las prácticas de control mental de las sectas destructivas. No querían imponerle su propio control ni simplemente aliviar su preocupación. Su objetivo era ayudar a su hijo a pensar por sí mismo.

El Enfoque que Sostiene Mi Método

Dado que las sectas atraen a las personas hacia lo que equivale a una trampa psicológica, mi labor como consejero consiste en mostrarle a un miembro de una secta cuatro aspectos fundamentales:

Primero, les demuestro que están atrapados, en una situación en la que están psicológicamente incapacitados y sienten que no pueden salir.

Segundo, les hago ver que no eligieron conscientemente entrar en esa trampa desde el principio.

Tercero, señalo que hay otras personas en otros grupos de control mental que también están atrapadas.

Cuarto, les digo que es posible escapar de la trampa.

Aunque estos cuatro puntos puedan parecer obvios para quienes están fuera de una secta, no lo son para quienes están bajo una influencia indebida. A menudo, se necesita alguien que haya estado atrapado en una situación similar para transmitir este mensaje con la fuerza y la determinación necesarias. Por esta razón, los exmiembros de sectas, especialmente aquellos que fueron líderes dentro de ellas, suelen ser las personas más eficaces para ayudar en el proceso de salida.

Mi enfoque se basa en varios principios fundamentales (o, si se prefiere, creencias) sobre las personas:

Uno de ellos es que las personas necesitan y desean crecer. La vida está en constante cambio y, de manera natural, los individuos buscan avanzar en una dirección que favorezca su desarrollo.

Es fundamental enfocarse en el presente. Lo que ocurrió en el pasado no se puede cambiar. En lugar de obsesionarse con lo que se hizo mal o se dejó de hacer, lo más útil es centrarse en lo que se puede hacer ahora. El pasado solo tiene valor en la medida en que aporta información relevante para el presente.

También he observado que las personas siempre toman decisiones basadas en lo que consideran mejor para ellas en un momento determinado, según sus experiencias y la información de la que disponen.

También tengo claro que cada persona es única y que cada situación es diferente. Cada individuo tiene una manera particular de entender e interactuar con la realidad. Por eso, mi enfoque está completamente centrado en la persona. Me adapto a las necesidades específicas de cada cliente, y mi cliente siempre es el miembro del grupo. No espero que se ajuste a mis necesidades o expectativas.

En mi enfoque, el papel del consejero es comprender a fondo a la persona: qué valora, qué necesita, qué desea y cómo piensa. Debo ponerme en su lugar, entrar en su mente —de alguna manera, convertirme temporalmente en ellos— para entenderlos y ayudarlos a lograr lo que realmente quieren. Mi método se basa en la convicción de que, en el fondo, incluso el miembro más comprometido de un grupo destructivo quiere salir.

Por último, es fundamental que el proceso esté centrado en la familia. Cuando alguien es reclutado por una secta destructiva, su entorno cercano también se ve afectado. Para que la salida sea exitosa, la participación de familiares y amigos es clave. Ellos pueden recibir orientación para comunicarse de la manera más efectiva posible con el miembro del grupo y utilizar el vínculo emocional y personal para lograr su cooperación.

Este enfoque exige mucho de la familia. Deben estar dispuestos a aprender nuevas formas de comunicación y a enfrentar los problemas existentes. Si hay conflictos familiares importantes, lo mejor es abordarlos e, idealmente, resolverlos antes de llevar a cabo cualquier estrategia de intervención.

Cuando el proceso se centra en la familia, todos experimentan cambios. El miembro del grupo se da cuenta de que están ocurriendo cosas positivas fuera del entorno de la secta. Los familiares aprenden a generar confianza y conexión, así como a sembrar dudas en la mente del miembro del grupo. Al mejorar su forma de interactuar, la familia contribuye significativamente a que la persona bajo control mental pueda desprenderse del grupo. En cualquier proceso de salida, este aspecto suele ser determinante.

El amor de una familia es una fuerza mucho más poderosa que el amor condicional que ofrecen los miembros y líderes de una secta. El amor de una familia sana respalda el derecho de cada persona a crecer, volverse autónoma y tomar sus propias decisiones. En cambio, el amor dentro de una secta busca mantener a la persona en un estado de dependencia, casi como un adolescente, y puede retirarse si el individuo toma decisiones por su cuenta o no sigue las órdenes del líder.

Cuando asesoro a alguien que forma parte de un grupo coercitivo, nunca intento quitarle el grupo de golpe ni alejarlo definitivamente. Si lo hiciera, se sentiría amenazado, y con razón. En lugar de eso, busco formas en las que pueda crecer, ofreciéndole nuevas perspectivas y posibilidades. Mi objetivo es ayudarle a descubrir opciones que no sabía que tenía y alentarlo a tomar las decisiones que considere mejores para sí mismo. A lo largo de este proceso, también hago todo lo posible para que sienta que mantiene el control.

Como hemos visto, el control mental nunca logra borrar por completo el verdadero yo de una persona. Lo que hace es imponer una identidad sectaria dominante que suprime la identidad auténtica. La indoctrinación sectaria actúa como un virus de control mental, un virus que puede ser eliminado. Una vez que desaparece, la mente y las emociones de la persona pueden repararse, permitiendo que su verdadero yo resurja e integre la experiencia vivida en la secta, idealmente de una manera saludable.

Cuando era miembro de la Iglesia de la Unificación, creía que había logrado 'morir a mí mismo'. Yo, Steve Moonie, pensaba que el antiguo Steve Hassan estaba muerto. Sin embargo, en realidad, mi verdadero yo despertó nuevamente durante mi desprogramación. Poco a poco, pude recordar todas las contradicciones, conflictos y promesas incumplidas que había vivido dentro del grupo. Esa comprensión fue lo que me permitió salir. Mi identidad auténtica siempre estuvo ahí.

Lograr conectar con la identidad auténtica de una persona es lo que me permite ayudarla a salir de una secta. Si su núcleo más profundo realmente se siente feliz y satisfecho con su participación en el grupo—algo extremadamente raro—poco podría hacer. En ese caso, la persona no estaría bajo una influencia indebida, sino que habría elegido genuinamente estar allí.

Pero casi nunca me encuentro con alguien así. Las familias me contactan porque ven que algo terrible está sucediendo. Y he descubierto que, cuando a una persona en estado de esclavitud se le da una verdadera oportunidad de elegir libremente, y logra superar la indefensión aprendida, no elige quedarse esclavizada. No cuando tiene la posibilidad de tomar decisiones sobre su propia vida, establecer relaciones normales con otras personas y perseguir sus propios intereses y sueños.

El Enfoque Estratégico Interactivo tiene algunas características distintivas. En primer lugar, me centro en el proceso de cambio. Es decir, cómo una persona llega a cambiar es más importante que el qué o el por qué del cambio.

Como creo que las personas tienen un interés natural en crecer y aprender, mi enfoque también es educativo. Dedico mucho tiempo a enseñar sobre psicología, comunicación, manipulación mental y sectas destructivas, además de proporcionar información detallada sobre la historia del grupo en cuestión, su liderazgo y sus contradicciones doctrinales.

Casos difíciles

Cuando un miembro de una secta se niega a hablar con personas que podrían ofrecerle otra perspectiva, o simplemente abandona una intervención y regresa al grupo, no todo está perdido. Al menos, se ha abierto una vía de comunicación sobre temas clave.

A menudo, la persona siente remordimiento por la forma en que trató a sus seres queridos y accede a hablar en el futuro. Puede llevar semanas o incluso meses restablecer la relación, pero en la mayoría de los casos, tarde o temprano, surge una nueva oportunidad para dialogar.

Cuando los intentos de rescate fracasan, a menudo se debe a un mal momento o a un golpe de mala suerte. Puede que el miembro de la secta haya pasado recientemente por una experiencia de re-adoctrinamiento intensivo, se haya casado con alguien dentro del grupo o haya recibido un ascenso.

Por supuesto, el mejor momento para intervenir es cuando la persona está pasando por una etapa de desmotivación o crisis, pero estos períodos son difíciles de predecir.

Después de un intento fallido de rescate, la familia tiene dos opciones:

1. Tomar distancia y decirle al miembro de la secta que, cuando quiera analizar más información o hablar con exmiembros del grupo, estarán encantados de ayudar.

2. Intentar una nueva intervención con la ayuda de otras personas que puedan acercarse a la persona en distintos contextos.

La segunda opción es más compleja y requiere más tiempo. Implica tratar de ayudar al miembro de la secta sin que este se dé cuenta de que la familia busca que reevalúe su permanencia en el grupo. Para ello, necesito encontrar un pretexto para reunirme con la persona y conseguir suficiente tiempo con ella para lograr algún avance. Esto nunca es fácil.

Al observar los preparativos para este tipo de esfuerzo, podría venir a la mente el antiguo programa de televisión o la franquicia cinematográfica protagonizada por el cienciólogo Tom Cruise, *Misión: Imposible*. Se reúne un equipo. Se analiza el perfil psicológico del objetivo en busca de vulnerabilidades, intereses y patrones de comportamiento. Se diseña una estrategia para acercarse a la persona y lograr que se involucre lo suficiente para llevar a cabo la misión. Irónicamente, en algunos aspectos, estos preparativos se asemejan a las tácticas que utilizan los reclutadores de sectas para atraer a víctimas desprevenidas a sus organizaciones. La diferencia clave es que estos esfuerzos de rescate pueden implicar un engaño inicial, precisamente lo que caracteriza a las sectas. Sin embargo, mi intención no es convertir a nadie en mi seguidor; una vez que he presentado la información, expuesto las alternativas y brindado asesoramiento, la decisión queda completamente en manos de la persona.

Este tipo de enfoque puede ser necesario cuando la relación del miembro de la secta con su familia o amigos ha quedado gravemente dañada. Con frecuencia, estos casos involucran a personas que han estado en la secta durante muchos años, cuyas familias hace tiempo alcanzaron su límite de frustración y dolor, lo que las llevó a decir o hacer cosas que terminaron por romper la relación.

Margaret Rogers y Los Niños de Dios/ La Familia

Margaret Rogers fue miembro de la secta *Los Niños de Dios*, fundada por Moisés David Berg (más tarde renombrada *La Familia*), durante diez años. Durante ese tiempo, sus dos hermanas y su hermano recibieron apenas media docena de cartas de ella. Margaret, quien en ese entonces usaba un nombre que le había sido asignado dentro del grupo, viajó por todo el mundo con esta peculiar organización. Se casó con otro miembro y juntos tuvieron tres hijos.

Su familia, en general, ni siquiera sabía cómo contactar a Margaret, salvo en una ocasión en la que lograron visitarla en Filipinas. Durante esa visita, todos los miembros de la familia fueron testigos de momentos en los que Margaret, por instantes, parecía volver a ser ella misma. Su rostro y su actitud se relajaban, y volvía a ser la persona que habían conocido. Esto ocurría especialmente cuando su hermano y sus hermanas hablaban de recuerdos de la infancia, de personas o de eventos en su ciudad natal.

Su familia le suplicó que se tomara un tiempo fuera del grupo y hablara con exmiembros. Al principio, Margaret mostró una clara disposición a hacerlo. Además, necesitaba urgentemente comida, descanso y un examen médico completo. La familia no se lo mencionó a Margaret, pero sabían que el grupo la estaba obligando a practicar el *flirty fishing*, es decir, utilizar el sexo para reclutar nuevos miembros. En efecto, Berg llamaba a sus seguidoras *"Felices Prostitutas para Jesús."* Esta era una de las principales formas en que la secta obtenía dinero, además de atraer a nuevos conversos masculinos. Berg era un pedófilo que también fomentaba las relaciones sexuales entre los miembros e incluso con niños muy pequeños.

También era evidente para la familia de Margaret que su esposo era un miembro acérrimo de la secta y no mostraba ningún indicio de su antigua identidad. Igualmente, quedaba claro que él tomaba todas las decisiones por ella. La familia de Margaret regresó a casa, contenta de haberla visto a ella y a sus hijos, pero decidida a intentar rescatarla.

Sus padres asistieron a uno de mis talleres de comunicación para familiares y me pidieron ayuda. Me dijeron que desearían haber tenido la orientación del taller antes de su viaje a Filipinas, o incluso haberme llevado con ellos. Les aconsejé que siguieran aprendiendo todo lo posible sobre el grupo: su jerga, estilo de vida y creencias. Para ello, los puse en contacto con varios exmiembros. También los animé a seguir practicando las técnicas de comunicación que les enseñé. Un año después, Margaret los contactó desde México y les pidió que volvieran a visitarla.

Me reuní con la familia Rogers y analizamos las opciones. ¿Cómo podían hacer para llevarme hasta Margaret, mantener a su esposo alejado el mayor tiempo posible y, al mismo tiempo, generar la menor sospecha? Llegamos a la conclusión de que los padres no debían hacer el viaje, ya que representaban la mayor amenaza para la permanencia de Margaret en el grupo. En su lugar, solo irían sus dos hermanas y su hermano por una semana. Yo también viajaría, haciéndome pasar por el novio de su hermana Lisa.

Inventamos una historia en la que el padre de Margaret tenía órdenes médicas de no hacer un viaje de ese tipo, debido a un problema cardíaco. Su madre no podía tomarse días libres en el trabajo y sentía la obligación de quedarse cerca de casa para cuidar de su esposo en caso de ser necesario.

Mientras tanto, su hermano Bob contactó la oficina de su empresa en Ciudad de México y logró que le ofrecieran una entrevista de trabajo al esposo de Margaret, quien, según sabían, buscaba una manera de ganar dinero de forma estable y legítima. Bob logró convencerlo de aceptar la entrevista y lo acompañaría a Ciudad de México durante unos días, lo que nos daría tiempo a solas con Margaret.

El plan era evaluar el estado mental de Margaret e intentar convencerla de regresar a Estados Unidos con sus hijos. Esperábamos que, después de la visita anterior, sintiera nostalgia por su hogar. Además, si realmente no amaba a su esposo, como todos sospechábamos, teníamos buenas posibilidades de éxito.

Todo comenzó sin problemas. Cuando llegamos, Margaret y su esposo no mostraron signos evidentes de ansiedad. Pasamos el primer día juntos sin dar señales de que nos incomodara el estilo de vida de Margaret. Salimos a comer, hicimos compras, les compramos ropa nueva a todos y, en general, disfrutamos de un buen momento. Margaret y su esposo en ningún momento intentaron convencernos de unirse al grupo.

Bob se fue al día siguiente con el esposo de Margaret, y nosotras la invitamos a nuestro hotel, donde reservamos una habitación para ella y los niños. Nos ofrecimos a llevar a los niños a dar un paseo y le sugerimos que aprovechara para acostarse y descansar un poco.

Cuando regresamos cinco horas después, seguía dormida. Estaba claramente agotada. Cuando se despertó, su rostro tenía mucho más color.

Pedimos servicio a la habitación. Se notaba que no estaba acostumbrada a comer tan bien ni a ser atendida en un hotel de esa categoría. Lo disfrutó enormemente.

Después de la cena, comenzamos a conversar. Empezamos recordando momentos felices de la infancia. Luego, sus hermanas le hablaron de cuánto la extrañaban y de lo mucho que sentían haber sido privadas de la hermana que tanto querían. Las lágrimas comenzaron a brotar y los abrazos se hicieron largos y sentidos.

Luego, la conversación giró hacia sus hijos y su futuro. ¿Era así como siempre había imaginado formar una familia? ¿Era Tom su idea de un esposo ideal?

El momento parecía propicio.

—Oye, Margaret —dijo una de sus hermanas—, ¿qué te parecería venirte con nosotras a Connecticut?

—¡Oh, Dios mío, me encantaría! —respondió emocionada. Pero, de repente, se dejó caer en el sofá y agregó—: No, no puedo hacer eso.

—¿Por qué no? —preguntó Lisa.

—Porque simplemente no puedo.

Intervine en la conversación.

—¿Es porque crees que a Dios no le gustaría que lo hicieras?

—Sí —dijo—. Además, Tom nunca lo haría, a menos que Elías se lo ordenara.

Elías era su líder. Era la primera vez que Margaret mencionaba este aspecto del grupo a sus hermanas.

—¿Y tú qué quieres hacer? —pregunté de nuevo.

—No lo sé. No creo que pueda —respondió con un tono de frustración.

—¿Qué pasaría si Dios te dijera que regresaras a Connecticut? —le pregunté.

—Eso nunca ocurriría —respondió.

—Pero, ¿y si lo hiciera? —insistí—. ¿Y si te hablara con una voz clara y fuerte y te dijera que su voluntad es que lleves a los niños y vayas a Connecticut por unos meses? ¿Le obedecerías?

Mi tono se elevó.

—¿Dónde está tu compromiso: con Dios o con el grupo?

Margaret se quedó pensando por un momento. Luego respondió:

—Si Dios me dijera que fuera a Connecticut, iría.

—¿Incluso si tu esposo o algún otro miembro te dijera que te quedaras? —pregunté con insistencia. Estaba arriesgando, pero quería ver hasta dónde podía llegar.

—Si Dios me dijera que fuera, iría, aunque otros me dijeran que me quedara —afirmó con firmeza.

Muy bien, pensé. Ahora, el siguiente paso. Le pregunté:

—¿Cómo sabrías si Dios quiere que vayas, si no oras y le preguntas qué quiere que hagas? ¿Alguna vez le has hecho a Dios una pregunta como esta?

—No, pero lo haré esta noche. Pero no creo que Él quiera que me vaya a Connecticut.

—Oh, así que vas a decirle a Dios qué responder —dije—. ¿Por qué no profundizas en lo más hondo de tu alma y oras sin dar por sentado lo que Dios quiere para ti y para tus hijos?

Mi voz era intensa.

—Ora con fervor y claridad, poniendo toda tu fe en que lo que Él quiere será lo correcto para ti.

Margaret me preguntó si realmente creía en Dios con tanta firmeza. Le dije que sí.

Entonces, me preguntó sobre mi vida espiritual. Eso me dio la oportunidad perfecta para hablar sobre mi experiencia en los Moonies: cómo llegué a creer que Dios hablaba a través de mis líderes y cómo no podía dudar, hacer preguntas críticas ni siquiera dejar el grupo. Le expliqué la indoctrinación basada en el miedo. Le conté cómo finalmente pude imaginar un futuro para mí fuera del grupo, solo porque conocí a muchos ex-Moonies que seguían siendo buenas personas, muy espirituales, después dc haber salido.

Margaret escuchó atentamente. Le expliqué que, cuando estuve en los Moonies, llegué a desconfiar de mi propia voz interior. Me enseñaron a creer que esa voz era maligna, cuando en realidad, con el tiempo, aprendí que era un vínculo directo con Dios. Le describí cómo había sido controlado por el miedo y la culpa, y cómo tanto en los Moonies como en los Niños de Dios había un control absoluto sobre la información que recibíamos. Los líderes de ambos grupos se veían a sí mismos como el Elegido de Dios en la Tierra; ambos tenían autoridad absoluta y ambos eran extremadamente ricos.

—¿Crees que Dios le dio libre albedrío a las personas solo para quitárselo mediante el engaño y el control mental? Piénsalo: ¿crees en un

Dios que quiere que Sus hijos sean robots o, en el mejor de los casos, esclavos? Si Dios quisiera eso, nunca les habría dado libre albedrío a Adán y Eva. ¿No es una gran contradicción?

La boca de Margaret quedó entreabierta. Sus ojos estaban tan abiertos como platos. La abracé y me disculpé. Anuncié que iba a dar un paseo; que sería bueno tomar un descanso y reflexionar. Ella necesitaba tiempo para asimilar lo que le había dicho. Estaba seguro de que sus hermanas la ayudarían a empezar a procesarlo y a manejar sus sentimientos a medida que surgieran.

Más tarde esa noche, hablé con ella por unas horas más, principalmente tratando de empoderarla.

—Tienes una mente brillante —le dije—. Deberías usarla.

Le recordé que siempre había sido una persona ética. ¿Realmente creía que el fin justifica los medios? ¿Era cristiano usar el sexo para reclutar personas? Amaba a su familia. ¿Permitiría que sus miedos fueran más fuertes que su amor?

También apelé a su instinto maternal. Le pregunté cómo se sentía al dejar que sus hijos crecieran en una pobreza casi total, sin educación formal y con poca o ninguna atención médica. Sabía que ella estaba al tanto de los hijos de otros miembros que habían muerto porque no se les permitió ver a un médico.

Antes de que se fuera a dormir, le recordé que orara, y que lo hiciera con fervor.

—Ora como nunca antes has orado. Suplica a Dios que te muestre el camino. Pregúntale qué quiere que hagas.

Esa noche dejamos que los niños durmieran en la habitación de su hermana para que Margaret pudiera descansar sin interrupciones. A la mañana siguiente, nos contó sobre sueños increíbles, llenos de símbolos de una gran lucha y agitación. En uno de ellos, estaba perdida en un bosque de noche, sin saber cómo salir. En otro, estaba sola en un pequeño bote, siendo golpeada por las olas de un océano tormentoso. El tercer sueño la mostraba deambulando por un campo de flores silvestres en medio de un cálido y soleado día de primavera.

Durante el desayuno, le pregunté si había sentido la respuesta de Dios a su pregunta. Esbozó una sonrisa, que rápidamente se convirtió en un gesto de preocupación. Se levantó de la mesa y caminó hacia la ventana. Luego, después de mirar afuera por un rato, se volvió y dijo:

—En mi corazón, siento que debería regresar a Estados Unidos, pero no creo que pueda.

Sentí como si me hubieran quitado un peso de cien libras de encima, pero intenté no mostrar demasiada emoción. Sus hermanas comenzaron a llorar.

—¿Qué te detiene? —le pregunté.

Suspiró y pensó durante un largo rato. Finalmente, dijo:

—Tengo miedo.

Sus hermanas y yo nos acercamos, y los cuatro nos abrazamos fuertemente.

—No te preocupes —le aseguré—. Te ayudaremos en todo lo que podamos. Confía en Dios.

Actuamos como si el asunto estuviera resuelto. Ahora era el momento de ponernos en marcha.

En menos de dos horas, ya estábamos en camino al aeropuerto. Llamamos a sus padres con anticipación para darles la buena noticia. Margaret dejó una carta larga para Tom, en la que le decía que nos íbamos a Estados Unidos, que quería estar sola con los niños y su familia por unas semanas, y que ella misma lo contactaría para avisarle cuándo podría ir a visitarlos, si así lo deseaba. Le aseguró que había tomado la decisión por voluntad propia, que llevaba mucho tiempo sintiéndose infeliz y que sentía que Dios la estaba guiando a hacerlo.

No tuvimos ningún problema en el aeropuerto y abordamos sin inconvenientes. En situaciones como esta, siempre existe la posibilidad de que ocurra algo inesperado o caótico, pero esta vez tuvimos suerte. Ningún miembro del culto apareció en la puerta de embarque para llevarse a Margaret.

Durante el vuelo de regreso, le conté a Margaret que tenía algunos amigos que habían sido miembros de los Niños de Dios. Sin embargo, decidí no explicarle mi papel en todo esto hasta que pasaran un par de semanas, para darle tiempo de estabilizarse.

Cuando Margaret entró en la casa de sus padres por primera vez en diez años, vio globos y un enorme cartel que decía "¡BIENVENIDA A CASA!" colgado del techo. La casa estaba llena de familiares y amigos. Las lágrimas corrían por su rostro. Había olvidado lo maravillosa que había sido su vida allí.

Más tarde me dijo que se sentía como una prisionera de guerra que acababa de ser liberada tras diez años de cautiverio. Muchas personas habían crecido y cambiado. El vecindario era muy distinto. Además, estaba completamente desconectada de los acontecimientos nacionales e internacionales de la última década. Tenía mucho por ponerse al día.

En un par de días, organicé un encuentro para que Margaret pudiera hablar con algunos exmiembros de los Niños de Dios. Tuve la suerte de encontrar a alguien que ella había conocido mientras estaba en el grupo.

Margaret mejoró notablemente día a día. Recuperó peso, empezó a hacer bromas y volvió a tener color y expresión en el rostro. Sus hijos se adaptaron rápida y alegremente a su nueva vida. Más adelante, se hicieron arreglos para ayudar a su esposo, con el apoyo de su familia.

Nadie puede salir de una experiencia tan prolongada sin problemas emocionales, y Margaret no fue la excepción. Sin embargo, no todos los casos terminan en éxito. Especialmente en mis primeros años como consejero, trabajé con varios casos en los que no logré ayudar a la persona a salir del culto.

Con el tiempo, me di cuenta de que en algunos casos había demasiados factores en contra del éxito, pero aun así lo intenté. En algunos, la psicopatología del individuo dentro del grupo o de sus propios familiares jugaba un papel importante. En otros, las familias no me contaban toda la verdad sobre su historia familiar. Y en algunos más, un miembro de la familia saboteaba intencionalmente el proceso.

Alan Brown y la Fundación para la Comprensión Humana

El hijo de Herbert y Julia Brown, Alan, había estado involucrado durante más de dos años en el grupo de Roy Masters, la Fundación para la Comprensión Humana. Masters es un hipnotista profesional que, en 1961, inició uno de los primeros programas de radio de alcance nacional titulado *Cómo tu mente puede mantenerte sano*. Aún sigue en la radio e incluso ha publicado un libro.

Uno de los propósitos del programa es reclutar nuevos seguidores. Alan se involucró después de escucharlo una noche y envió dinero para pedir las cintas de audio de Masters sobre "meditación". Yo mismo he escuchado esas cintas, y no tratan sobre meditación. En realidad, son una poderosa inducción hipnótica a la voz de Masters, que hace que los oyentes se abran a su control.

Más tarde, al estudiar a Masters, descubrí que se había metido en el negocio del 'exorcismo': identificaba a personas en su audiencia a las que afirmaba que estaban poseídas y luego las 'liberaba'... por una tarifa. Su lugar de trabajo solía ser un salón de baile de hotel repleto de gente.

A diferencia de la mayoría de mis clientes, los Brown tenían serios problemas psicológicos. Lamentablemente, no me di cuenta de ello hasta que viajé a Míchigan para intentar rescatar a su hijo, poco antes de que se fuera a un curso residencial de un mes en el rancho de Masters, en Oregón.

Supe que algo andaba muy mal en cuanto crucé la puerta. El perro de la familia era prácticamente incontrolable: saltaba, ladraba y corría por todos los muebles. Los Brown se disculparon conmigo, pero era evidente que estaban al límite de su paciencia. Constantemente se contradecían con el perro: uno le ordenaba que se echara, y el otro lo animaba a subirse a su regazo. Como dueño y amante de los perros, me quedó claro que no tenían la más mínima noción sobre su cuidado. No sabían nada sobre perros ni sobre cómo educarlos. No entendían que la disfunción en sus propias vidas tenía un impacto negativo tanto en su perro como en su hijo.

Más tarde, cuando conocí a Alan, vi a un hijo único claramente consentido y sobreprotegido. También noté que poco a poco lo estaban volviendo loco, ya que recibía constantemente mensajes contradictorios de sus padres, sin que ellos se dieran cuenta. Un momento su madre lo elogiaba por cortar el césped, y al siguiente, su padre lo criticaba por haber tardado dos semanas en hacerlo. Su padre le decía que debía conseguir un trabajo, pero luego su madre le decía que esperara unas semanas más.

Me quedó claro que Alan intentaba desesperadamente alejarse de la influencia de sus padres. Quería ser independiente, pero no sabía por dónde empezar. Deseaba demostrarles que era capaz, pero su autoestima era tan baja que parecía estar siempre al borde de la depresión. No me sorprendió saber que tenía dificultades sociales y que no tenía amigos fuera del grupo de Masters.

En este caso, el verdadero Alan no era feliz ni exitoso. Se sentía miserable. Desde un enfoque terapéutico, había muy poco en su pasado que pudiera ayudarlo a reconectarse con su verdadero yo.

A pesar de los inquietantes aspectos del grupo de culto de Masters, mientras los padres de Alan siguieran relacionándose y comunicándose con él de manera disfuncional, me parecía que quedarse en el grupo, al menos por el momento, era la mejor opción para él. Al menos allí tenía la oportunidad de socializar con otras personas y la esperanza de mejorar siguiendo a su supuesto líder espiritual intachable, Roy Masters.

Claramente, entender el control mental y los cultos destructivos no era suficiente para Alan. Necesitaba un entorno alternativo, y toda la familia requería un proceso profundo de terapia individual y familiar.

Lamentablemente, aunque sus padres lo amaban, no estaban dispuestos a recibir la ayuda que necesitaban. Solo querían que yo lo sacara del culto, y nada más.

Para colmo, los Brown tampoco querían invertir el dinero necesario en un buen programa de rehabilitación para Alan. Él necesitaba con urgencia la experiencia de estar en un entorno saludable, lejos de su casa y del culto. Tristemente, nunca la tuvo.

Mis esfuerzos estaban condenados desde el principio. Los padres de Alan no comprendían a fondo los cultos ni el control mental, y tampoco estaban dispuestos a reflexionar sobre su propio comportamiento ni a tomar las medidas necesarias para cambiar. Mientras tanto, Alan recibía demasiado del culto—esperanza, atención y conexión con otras personas—como para siquiera considerar dejarlo.

Lamentablemente, personas como Alan rara vez prosperan dentro de un culto, incluso según sus propias reglas. Más a menudo de lo que se cree, llegan a su límite, se agotan y terminan yéndose o siendo expulsados. Esperaba que, cuando ese día llegara, Alan recordara algunas de las cosas que habíamos hablado.

Aprendí varias lecciones valiosas de este caso, allá por 1980. Primero, comprendí que evaluar la situación, reunirme con la familia, educarla y prepararla adecuadamente es fundamental. Si la familia no está dispuesta a invertir el tiempo, la energía y el dinero necesarios, no debo aceptar el caso.

En segundo lugar, si la familia no está dispuesta a afrontar sus propios problemas y a hacer un esfuerzo por cambiar y crecer, terminará saboteando cualquier intento de rescate, así como la posible salida y recuperación del miembro del culto.

Con los años, he llegado a comprender cuáles son los factores clave para el éxito. Solo acepto un caso si estoy seguro de que representará un avance positivo tanto para el miembro del culto como para su familia, incluso si no logramos su rescate de inmediato.

Además, he aprendido que para lograr el éxito son necesarios al menos tres días completos de asesoramiento. Las únicas personas con las que no he tenido éxito fueron aquellas que regresaron a sus cultos sin dedicarles esos tres días completos a sus familias, o las que estaban casadas o aún tenían familiares dentro del grupo.

Estos son solo tres ejemplos de los cientos de personas con las que he trabajado desde que salí de los Moonies. He aprendido hasta dónde puede llegar la gente por una causa que considera grande y justa. También he comprendido que nadie quiere sacrificar su tiempo, energía y sueños por una causa que sea dañina y falsa. Una vez que se supera la fobia a irse, puedo conectar con el verdadero yo de la persona y ayudarle a ver lo que le han hecho. En ese momento, casi siempre eligen ser libres, porque las personas, en el fondo, siempre eligen lo que creen que es mejor para ellas.

También es importante que los exmiembros de cultos y sus familias no vean todo lo que ocurrió dentro de un grupo de control mental como algo negativo. A veces, las personas adquieren habilidades valiosas. En otras ocasiones, conocen a personas que, con el tiempo, también abandonan el grupo, lo que puede dar lugar a relaciones positivas después de salir. Siempre animo a las personas a recordar lo bueno y llevarlo consigo cuando deciden irse.

Aun así, no hay duda de que pertenecer a un culto destructivo te cambia para siempre. Te das cuenta de cuántas cosas dabas por sentadas: la familia, los amigos, la educación, tu capacidad de tomar decisiones, tu individualidad y tu sistema de creencias.

Salir de un culto también ofrece una oportunidad única para enfrentarte a ti mismo, sin distracciones, y cuestionar todo lo que alguna vez supiste o en lo que creíste. Un proceso así puede ser tanto liberador como aterrador. Es una oportunidad para empezar de nuevo.

En un escenario clásico de desprogramación, se localizaba a un miembro de la secta y se le arrancaba físicamente de una esquina, se le empujaba a un vehículo esperando y se le llevaba a un lugar secreto, tal vez una habitación de motel. Allí, el equipo de seguridad vigilaba a la persona las 24 horas del día durante varios días, mientras el desprogramador, exmiembros de la secta y familiares presentaban información y discutían con ella. Las ventanas podían estar clavadas o bloqueadas, ya que era sabido que algunos miembros se lanzaban por ellas para evitar el llamado proceso de "romper la fe."

En ocasiones, se acompañaba al miembro incluso al baño, con el objetivo de prevenir intentos de suicidio. Podían ser retenidos durante varios días, hasta que salieran del control mental de la secta, o, como sucedió en algunos casos, fingieran haberlo hecho.

En el pequeño número de desprogramaciones en las que participé entre 1976 y 1977, el miembro de la secta generalmente era confrontado mientras visitaba su hogar, en lugar de ser capturado en la calle. Aun así, cuando se les decía que no podían irse, casi siempre reaccionaban violentamente.

En varias desprogramaciones, me golpearon, patearon y escupieron; me lanzaron café caliente a la cara; e incluso me arrojaron grabadoras. De hecho, si no hubiera tenido un yeso en la pierna durante mi propia desprogramación de los Moonies, habría hecho algo similar. Los miembros de las sectas son adoctrinados para comportarse de esa manera: para permanecer fieles al grupo, pase lo que pase.

Después de participar en un pequeño número de intervenciones, creí que era imperativo encontrar otro enfoque. El acceso legal y voluntario al miembro de la secta era esencial. La familia y los amigos son la clave. Pero necesitan adquirir conocimientos sobre las sectas y el control mental, y ser entrenados en cómo comunicarse de manera efectiva con un miembro de la secta.

El Enfoque Estratégico Interactivo (Strategic Interactive Approach), el enfoque no coercitivo que he desarrollado, logra con sutileza lo que la desprogramación intenta hacer con fuerza. Sin embargo, los familiares y amigos deben trabajar juntos como un equipo para planificar e implementar una estrategia que influya en el miembro de la secta. Aunque este enfoque—como cualquier enfoque—no funcionará en todos los casos, ha demostrado ser la mejor opción posible.

Este enfoque no coercitivo requiere información de excelente calidad para tener éxito. La recopilación y difusión de información comienza desde la primera llamada telefónica o reunión.

Caminemos juntos por una de estas historias, de una etapa relativamente temprana de mi carrera.

La familia O'Brien y la Iglesia Internacional de Cristo

En diciembre de 1987, Matthew O'Brien me llamó y expresó su preocupación por la participación de su hijo George con un grupo conocido como la Iglesia de Cristo de Boston. La iglesia también era conocida como Multiplying Ministries y las Iglesias Internacionales de Cristo. (No debe confundirse con la Iglesia de Cristo tradicional ni con la Iglesia Unida de Cristo, que es heredera de la tradición congregacionalista de Nueva Inglaterra).

O'Brien me dijo que había oído hablar de mí a través de Buddy Martin, un evangelista entonces asociado con la Iglesia de Cristo de Cape Cod (otra iglesia tradicional), quien denunciaba enérgicamente las tácticas autoritarias de pastoreo/discipulado utilizadas por la BCC.

O'Brien me contó que estaba cada vez más preocupado por la participación de su hijo. George había perdido mucho peso, estaba siempre exhausto y había abandonado sus planes de graduarse de una pequeña universidad de artes liberales en el norte del estado de Nueva York. También se estaba volviendo progresivamente incapaz de tomar decisiones simples; necesitaba el consejo de su compañero de "discipulado" antes de hacer casi cualquier cosa.

O'Brien me preguntó sobre mi experiencia personal y si creía que este grupo en particular era una secta destructiva. Le dije que había asesorado con éxito a muchas decenas de personas para que salieran de este grupo en particular. Estaba muy contento de escuchar esto.

Los O'Brien querían saber qué hace que un grupo sea una secta destructiva y me hicieron varias preguntas profundas sobre mis propios valores y ética. Les expliqué que fomentar que una persona piense por sí misma era primordial, y que siempre tenía cuidado de no imponer mi propio sistema de creencias a un cliente. Mi papel era presentar información, proporcionar asesoramiento individual y familiar según fuera necesario, y facilitar la comunicación familiar.

Hablamos durante aproximadamente media hora, y acordé enviarles información sobre mi enfoque, así como un cuestionario de antecedentes y fotocopias de artículos sobre la Iglesia de Cristo de Boston de Kip McKean. También les proporcioné números de teléfono de otras familias con las que había trabajado. Les dije que respondieran las preguntas de mi formulario tan completa y detalladamente como fuera posible. Cuanta más información pudieran proporcionar la familia y los amigos sobre ellos mismos, les expliqué, mejor sería.

Recopilar información escrita de una familia siempre es un buen punto de partida. Obliga a la familia a reflexionar sobre una variedad de temas relacionados con ellos mismos, con el miembro de la secta, la participación de este en la organización y cómo han respondido hasta ahora. También me proporciona un buen punto de partida para discusiones cara a cara.

Me importa cuánto esfuerzo haga una familia para realizar un trabajo completo. Algunas familias solo proporcionan respuestas de una línea; por otro lado, una familia me entregó una respuesta de 44 páginas a espacio sencillo. (Seis a ocho páginas de respuestas es lo típico).

Me interesan especialmente las respuestas a estas preguntas:

- ¿Cómo son las relaciones en la familia entre los hermanos, y entre el miembro de la secta y los padres?
- ¿Qué tipo de persona era el miembro de la secta antes de unirse al grupo?
- ¿Tenía el miembro muchos amigos?
- ¿Usaba drogas o alcohol?
- ¿Tenía metas claras en la vida?
- ¿Sufrió el miembro algún trauma o estrés inusual durante su vida, como la muerte de un amigo o familiar cercano, el divorcio de sus padres o una mudanza difícil a una nueva ciudad?
- ¿Tenía un sistema de valores religiosos, políticos o sociales bien formado?

Cuanto más saludables sean las relaciones familiares y más plenamente formada esté la identidad de una persona antes de ser reclutada por una secta, más fácil suele ser mi trabajo.

En el caso de George, quería saber quién era antes de unirse a la BCC y cómo había cambiado, aparte de la pérdida de peso y el desánimo. Quería saber con quién de la familia tenía una relación más cercana. También quería entender su estado mental justo antes de unirse. Además, me interesaba conocer su educación, intereses y pasatiempos, experiencia laboral y antecedentes religiosos.

Como en todos mis casos, también quería saber cuánto tiempo tomó para que lo reclutaran. ¿Se unió de inmediato después de que lo abordaron una tarde, o tomó meses o años antes de involucrarse completamente? ¿Qué pensó que estaba uniendo? ¿Guarda alguna similitud con el grupo al que pertenece ahora? ¿Cuánto tiempo ha sido miembro de la secta? ¿Dónde ha estado viviendo—con otros miembros, solo o con personas ajenas al grupo? ¿Cómo pasa su tiempo? ¿Alguna vez ha expresado dudas o dificultades sobre su membresía?

Además, como en todos mis casos, quería saber cómo han reaccionado sus familiares y amigos. ¿Qué han dicho o hecho sobre su pertenencia al grupo? ¿Qué libros o artículos ha leído la familia? ¿Con qué profesionales u otras personas se han puesto en contacto? También quería saber quién estaba dispuesto y quién no a ayudar a rescatar a George. Curiosamente, un hermano cercano que inicialmente puede mostrarse reacio a ayudar a menudo puede convertirse en el elemento más importante en un caso exitoso.

Con la familia O'Brien, seguí mis procedimientos habituales, que se desarrollan de la siguiente manera:

Después de estudiar el cuestionario completo, vuelvo a hablar con la familia por teléfono. Hago preguntas más específicas para completar la imagen y evaluar qué hacer a continuación. En la mayoría de los casos, también les pido a los familiares que recopilen más información de otras personas conocedoras del tema y, a veces, que busquen asesoramiento adicional.

Es muy importante que, durante este período de preparación, la familia se reúna y hable con otras personas que hayan tenido el mismo problema—especialmente con quienes hayan rescatado con éxito a un miembro de su familia. También es útil que la familia hable con exmiembros de la secta en cuestión, para obtener una perspectiva sobre la mentalidad de su ser querido.

Luego organizo una reunión con tantos miembros de la familia y amigos como sea posible, a menudo en la casa familiar. En esta reunión observo cómo se relacionan entre sí. Dedico mucho tiempo a enseñar sobre las sectas y el control mental, y a entrenar a las personas en los roles que deberán desempeñar. Es crucial que todos comprendan exactamente cuál es el problema y qué pueden (y no pueden) hacer para ayudar. Hablo sobre formas de conectar con el miembro de la secta y persuadirlo para que se abra. También podemos empezar a discutir la estrategia de rescate.

Una cosa que enfatizo es que todos deben trabajar juntos y ver el rescate como un esfuerzo de equipo. Esto alivia la carga de los hombros de cualquier persona en particular. También garantiza que el miembro de la secta será influenciado por la mayor cantidad de personas de apoyo posible.

Les insto a contactar a otros miembros de la familia y amigos, persuadirlos para que ayuden, estudiar libros, artículos y videos, y crear archivos o llevar un registro.

Si soy contactado dentro de los primeros meses de reclutamiento, el pronóstico para una salida exitosa dentro de un año es extremadamente bueno. Pero si la persona ha estado en una secta durante diez años o más cuando me contactan, podría pasar bastante tiempo antes de que se pueda intentar un rescate.

Dicho esto, los miembros a largo plazo no están en absoluto más allá de la esperanza. Simplemente requieren mucha paciencia y un esfuerzo continuo.

De hecho, en muchos aspectos es más fácil asesorar a alguien para que salga de una membresía a largo plazo, porque la persona ya conoce las duras realidades de la vida en el grupo: las mentiras, las manipulaciones, las promesas incumplidas de los líderes de la secta. En contraste, un nuevo miembro podría estar todavía en las nubes, como parte de la etapa de luna de miel.

Los O'Brien me contaron que George había estado involucrado durante dos años y medio. Vivía en un apartamento con otros creyentes. Todavía mantenía contacto con su madre y su padre, aunque menos con su hermana Naomi. Sus padres no eran muy religiosos. Ellos objetaban las rígidas creencias de George en la igualmente rígida interpretación de la Biblia del grupo. Por su parte, George había llegado a considerar las actitudes de sus padres como poco cristianas.

Como en tantas otras familias, la membresía de George en la secta había sacado a flote sentimientos de enojo y resentimiento en ambos lados. La familia estaba en un punto muerto.

Para cuando los padres de George me llamaron, hacía mucho tiempo que se habían dado cuenta de que un enfoque confrontativo no estaba funcionando. El padre de George decidió intentar el enfoque opuesto. Le pidió a George si podía asistir a un estudio bíblico e incluso fue a un par de servicios dominicales de la BCC. Por supuesto, George y sus compañeros de discipulado interpretaron la asistencia de su padre como una señal de que Dios estaba trabajando en la vida de su padre. Sin embargo, estratégicamente, fue un paso importante para reparar la relación de George con su familia.

O'Brien le explicó a George que quería aprender más sobre la iglesia de su hijo porque lo amaba y quería reconstruir su relación. Esto era cierto, pero O'Brien—y todos en la familia—también estaban tratando de aprender tanto como pudieran sobre el grupo.

Hay que reconocer que George nunca dudó del amor de sus padres hacia él, ni, en el fondo, de su amor hacia ellos. Pero le habían enseñado que las personas estaban, o bien del lado de Dios—es decir, miembros de la BCC—o del lado de Satanás. George no tenía idea de que su familia estaba en contacto conmigo o con Buddy Martin.

Después de muchas reuniones y llamadas telefónicas, la familia y yo comenzamos a hacer planes. El tema de si ser engañosos o no era, como siempre, tanto importante como complicado. Los O'Brien tenían que considerar una variedad de opciones. ¿Deberían simplemente decirle a George lo que habían aprendido y pedirle que se reuniera con Buddy y conmigo? Éticamente, eso era lo que querían hacer. Sin embargo, estaban tratando con una secta de control mental.

Si le decían que querían que conociera a personas que serían críticas con el grupo, ¿le contaría esto a sus superiores? ¿Le aconsejarían romper todo contacto con su familia?

Animé a la familia a hablar con varios exmiembros de la BCC y preguntarles cómo probablemente respondería un miembro del grupo a un enfoque directo. Sin excepción, los exmiembros dijeron a la familia que George consultaría de inmediato a su compañero de discipulado para pedir consejo. A partir de ese momento, el grupo estaría advertido y haría todo lo posible para convencerlo de evitar cualquier contacto con su familia, ya que, obviamente, estaría siendo controlada por el poder de Satanás.

Mi preferencia siempre es que alguien le pregunte al miembro de la secta si estaría dispuesto a escuchar un poco del otro lado de la historia y ver qué reacción genera esto. Sin embargo, dicha solicitud debe provenir de un hermano o un amigo, en lugar de un padre, para que parezca mucho menos amenazante. Si el miembro de la secta acepta la oportunidad, se debe acordar de inmediato un lugar y un momento para reunirse con exmiembros de la secta.

La persona que solicita la reunión también debe abordar directamente la cuestión de que, si otros miembros del grupo se enteran, intentarán convencer al miembro para que rompa su acuerdo. Necesitan preguntar: "¿Cumplirás tu promesa independientemente de la presión del grupo?" Si el miembro de la secta dice que sí, se establece un contrato verbal.

Este tipo de acuerdo abierto funciona mejor con personas que aún no están completamente adoctrinadas, tienen preguntas o dudas, o aún confían y tienen una relación cercana con sus familias. Pero sentí que George ya estaba completamente adoctrinado.

Pregunté si George había expresado alguna vez insatisfacción o desilusión con el grupo. Los O'Brien me dijeron que no, absolutamente ninguna. Estaba totalmente comprometido. Solo confiaba en las personas dentro del grupo. Estaba programado para pensar que todos los demás estaban "muertos," es decir, que eran personas no espirituales.

Aconsejé a la familia de George que, aunque la decisión era suya, había muy pocas posibilidades de que lograran acceder a él si intentaban el enfoque abierto.

Decidimos sacar a George del grupo invitándolo al cumpleaños número 86 de su abuela, en Cape Cod. Después de la fiesta, el domingo por la noche, sus padres encontrarían una excusa para quedarse a pasar la noche. Le dirían a George que regresarían a Boston por la mañana. A la mañana siguiente, en la mesa del desayuno, la familia le diría que lamentaban mucho no haberle contado antes, pero que habían arreglado pasar los siguientes tres días con un ministro de la Iglesia de Cristo, un consejero y un exmiembro de la BCC.

Entrené extensamente a la familia sobre qué decir y cómo decirlo de la mejor manera. Quería que se aseguraran de que George no llamara inmediatamente al grupo y que hicieran todo lo posible para convencerlo de no salir corriendo. Tendrían que tranquilizarlo, asegurándole que no estaban tratando de lastimarlo ni de alejarlo de Dios. Todo lo que querían era que tuviera acceso a información sobre la Iglesia de Cristo de Boston que, de otro modo, nunca escucharía.

Le pedirían que orara y le dirían que confiaban en que su fe en el poder de Dios era más fuerte que su miedo a Satanás.

Una vez que le explicaran todo esto, le pedirían a George que aceptara un período de tres días de investigación, durante el cual sería libre de entrar y salir, tomar todos los descansos que quisiera y decidir en qué temas quería concentrarse. Durante este tiempo, estaría de acuerdo en no estar en contacto con ningún miembro de la BCC. Lo más importante era que, si quería informar al grupo que no asistiría a los servicios, simplemente haría una llamada, les diría que estaba ocupado con un asunto familiar importante y que estaría incomunicado durante unos días.

El lunes por la mañana me encontré en una cafetería en Cape Cod con Buddy Martin y Ellen, una exmiembro a quien había asesorado para salir de la rama de París de la BCC el verano anterior. Nos sentamos alrededor de una mesa y esperamos durante cuatro horas. Mientras tanto, la familia estaba en su casa tratando de convencer a George de que aceptara sus condiciones. Me llamaron al menos media docena de veces para pedir apoyo y consejos. La familia hizo todo lo que les había entrenado para hacer. Pero George se mostró inflexible. No aceptaría nada más allá de reunirse con los tres durante unas pocas horas.

Decidimos seguir adelante y hacer lo mejor que pudiéramos. Antes de salir de la cafetería, un grupo de locales nos dijo que acabábamos de batir un récord por permanecer tanto tiempo en un solo lugar. Me reí y pensé: "¡Si tan solo supieran lo que está ocurriendo!"

George estaba sonrojado, enfadado y hostil cuando entramos y lo conocimos. Nos presentamos, y se sorprendió mucho al conocer a Buddy. Aquí estaba un ministro fundamentalista de la Iglesia de Cristo, con su Biblia en mano. Naturalmente, también estaba asustado y confundido. Hicimos todo lo posible por hacerlo sentir lo más cómodo posible y permitirle un cierto sentido de control.

George pidió hablar a solas con cada uno de nosotros: primero conmigo, luego con Ellen y después con Buddy. Aceptamos.

Sentado a solas con George, intenté ayudarlo a ver que esta situación era una oportunidad para él: para aprender, crecer y demostrarle a su familia que no estaba bajo control mental y que sabía lo que estaba haciendo.

George resultó estar tan adoctrinado como cualquier otra persona de la Iglesia de Cristo de Boston con la que había trabajado antes. Era extremadamente resistente a la idea de que pudiera beneficiarse de algo de lo que se estaba discutiendo.

La participación de Buddy Martin resultó ser clave. Durante su turno a solas con George, comenzó a citar versículos específicos de la Biblia y le preguntó a George qué pensaba que significaba cada uno. Dado que la BCC había programado a George para creer en una interpretación literal de la Biblia, difícilmente podía oponerse a examinarla.

Poco a poco, un pasaje a la vez, Buddy comenzó a mostrarle a George que, aunque el grupo afirmaba seguir la Biblia, en realidad estaban sacando pasajes de contexto e ignorando deliberadamente otros versículos que afectaban su significado. Esta fue la apertura por la cual George empezó a admitir la posibilidad de que el grupo pudiera no ser tan perfecto como creía.

Con ese punto de apoyo establecido, George estuvo dispuesto a escuchar a Ellen y a mí. Le di información sobre el líder de la secta, Kip McKean, incluyendo su propio reclutamiento y adoctrinamiento por parte de Chuck Lucas en Crossroads, una secta en Gainesville, Florida, en la década de 1970. Fue allí donde McKean probablemente aprendió a usar los métodos de control mental que ahora empleaba. George nunca había oído hablar de Crossroads.

Le mostramos una carta escrita por McKean en marzo de 1986 dirigida a los líderes de la Iglesia Crossroads, donde decía que "les debía su propia alma." George quedó impactado.

Luego presentamos una carta de 1977 escrita por los ancianos de la Iglesia de Cristo Memorial en Houston, Texas, donde McKean había sido ministro. En ella, los ancianos anunciaban que estaban despidiendo a McKean debido a sus enseñanzas contrarias a la Biblia.

Con eso como punto de partida, pudimos comenzar a hablar con George sobre las características de las sectas destructivas y el control mental. En este caso, sin las cartas de McKean y de los ancianos de la Iglesia Memorial como marco de referencia, habría sido imposible mostrarle a George lo que le había sucedido.

Luego hablé con George sobre los componentes específicos de comportamiento en el control mental, asegurándome de explicarle los ocho criterios de la reforma del pensamiento comunista chino de Lifton. Después, describí cómo fue para mí estar dentro de los Moonies. En aquel entonces, muchas personas tenían una opinión negativa de los Moonies (excepto los propios Moonies, por supuesto), por lo que contar mi propia historia generalmente ayudaba a minimizar cualquier pensamiento bloqueado y actitud defensiva.

Las similitudes entre los grupos se vuelven claramente evidentes, y la persona con la que hablo generalmente hace muchas conexiones por sí misma, sin necesidad de que yo las señale.

Esta información fue muy intensa e inquietante para George. Necesitaba regular el flujo de lo que estaba escuchando. Cada par de horas, se levantaba y anunciaba que necesitaba salir a caminar y orar. Esto ocurrió varias veces al día durante los tres días.

Por la noche, me alojaba en un bed and breakfast cercano, donde podía descansar y planificar la estrategia. Cada vez que George salía por la puerta, nunca estábamos completamente seguros de si regresaría. Le habría sido fácil levantar el pulgar y hacer autostop de regreso a Boston, o llamar al grupo para que lo recogieran. Pero intentar detenerlo habría garantizado que perdiera la confianza en nosotros de ahí en adelante.

Pero estábamos comprometidos a largo plazo. Si George se iba ahora, la familia simplemente tendría que seguir dándole información cada vez que lo viera o hablara con él. Teníamos que confiar en que George quería hacer lo correcto.

En un momento, George se quejó del engaño que sus padres habían usado para llevarlo a la casa de su abuela. Ellos se disculparon profusamente. Le pedí que se pusiera en su lugar y sugiriera cualquier otro curso de acción que pudieran haber tomado y que hubiera sido efectivo. No pudo pensar en ninguno. Sabía que, si hubiera recibido algún aviso previo, habría ido directamente con sus superiores, y ellos lo habrían disuadido de hacer el viaje.

Los padres de George le recordaron que ya había rechazado una oferta previa para reunirse con exmiembros y leer información crítica. Estaba sorprendido; ni siquiera lo recordaba. Le recordaron que había conocido a su prima Sally un mes antes. A petición de los O'Brien, ella le había hecho precisamente esa oferta, y George la había rechazado rotundamente. Sus padres le dijeron que sentían que no tenían otra opción.

Durante esos tres días, pude realizar una buena cantidad de asesoramiento con la familia sobre formas de comunicarse de manera más efectiva con George y entre ellos. También les ayudé a trabajar en algunos de sus propios problemas y preocupaciones, que estaban bastante separados de la participación de su hijo en la secta. De esta manera, George pudo ver que toda la familia estaba aprendiendo y creciendo junta, y que su renovada participación familiar podía ser un punto de partida para desarrollar relaciones más cercanas con todos.

Después de que terminaron los tres días, George no estaba dispuesto a decir que nunca regresaría a la BCC. Sin embargo, dijo que quería más tiempo para estudiar y reflexionar sobre lo que había aprendido. También decidió no regresar a su apartamento, sino quedarse con sus padres. Allí leería libros y artículos, vería grabaciones de programas sobre sectas y continuaría hablando y reuniéndose con otros exmiembros.

En el plazo de un mes, George declaró a su familia que nunca regresaría a la Iglesia de Cristo de Boston. Había asistido a servicios y estudios bíblicos en la Iglesia de Cristo de Burlington, una de las 18,000 iglesias tradicionales de Cristo, donde conoció a unas 65 personas que también habían dejado el grupo de Boston.

Ahora, George dice que se siente mucho más feliz que cuando estaba en la secta y que tiene una comprensión mucho mejor de la Biblia. Desde que salió, ha dedicado una gran parte de su tiempo a ayudar a otros a entender los aspectos destructivos de la BCC.

Aunque probablemente los padres de George preferirían que asistiera a su iglesia unitaria con ellos, respetan su derecho a elegir su propio camino. Durante años, después de la intervención, su padre asistió a un grupo semanal de estudio bíblico con su hijo para aprender y acercarse más a él.

Con sabiduría, los O'Brien estuvieron dispuestos a intervenir en la vida de George solo hasta el punto en que él pudiera reconocer y entender las prácticas de control mental de las sectas destructivas. No querían poner a George bajo su propio control ni intentar simplemente sentirse mejor ellos mismos. Su compromiso era ayudar a su hijo a pensar por sí mismo.

Las creencias que sustentan mi enfoque

Dado que las sectas atraen a las personas hacia lo que equivale a una trampa psicológica, mi trabajo como consejero es mostrarle a un miembro de la secta cuatro cosas:

Primero, les demuestro que están en una trampa—una situación en la que están psicológicamente incapacitados y no se sienten capaces de salir.

Segundo, les muestro que no eligieron originalmente entrar en una trampa.

Tercero, les señalo que otras personas en otros grupos de control mental también están atrapadas.

Cuarto, les digo que es posible escapar de la trampa.

Aunque estos cuatro puntos puedan parecer obvios para las personas fuera de una secta, no son inmediatamente evidentes para alguien que está bajo influencia indebida. A menudo, se necesita a alguien que haya estado atrapado en una situación similar para transmitir este mensaje con la fuerza y determinación necesarias.

Por esta razón, los exmiembros de sectas, especialmente los exlíderes de estas, suelen ser las personas más eficaces para ayudar en el proceso de salida.

Mi enfoque se basa en varios principios fundamentales (o, si lo prefieres, creencias) sobre las personas:

Una de ellas es que las personas necesitan y quieren crecer. La vida está en constante cambio, y las personas, de forma inherente, se mueven en una dirección que apoye y fomente su crecimiento.

Es importante que las personas se centren en el aquí y ahora. Lo que se hizo en el pasado ya quedó atrás. El enfoque no debe estar en lo que "hicieron mal" o "no hicieron," sino en lo que pueden hacer ahora. El pasado es útil solo en la medida en que proporciona información valiosa para el presente.

También he observado que las personas siempre eligen lo que creen que es mejor para ellas en cualquier momento dado, basándose en sus experiencias y la información que tienen.

Igualmente, me resulta evidente que cada persona es única y cada situación es diferente. Cada individuo tiene una manera especial de comprender e interactuar con la realidad. Por lo tanto, mi enfoque está totalmente centrado en el cliente. Me ajusto a las necesidades específicas de cada cliente, y mi cliente siempre es el miembro de la secta. No espero que ellos se adapten a mis necesidades o expectativas.

En mi enfoque, el trabajo del consejero es comprender a fondo a la persona: lo que valora, lo que necesita, lo que quiere y cómo piensa. Tengo que ponerme en su lugar—de alguna manera, convertirme temporalmente en ellos—para poder entenderlos y ayudarlos a hacer lo que quieren hacer.

Mi enfoque se basa en la fe de que, en lo más profundo, incluso el miembro más comprometido de una secta desea salir.

Por último, es esencial tener un enfoque centrado en la familia. Cuando alguien es reclutado por una secta destructiva, todos los que conocen y aman a esa persona se ven afectados. En cualquier esfuerzo exitoso por ayudarles a salir, los miembros de la familia y los amigos son fundamentales. Pueden ser entrenados para ser lo más efectivos posible cada vez que se comuniquen con el miembro de la secta, y pueden usar su influencia personal y emocional para obtener la cooperación del miembro.

Este modo de trabajar exige mucho de la familia. Deben estar dispuestos a aprender nuevas formas de comunicarse y a abordar los problemas existentes. Si hay problemas significativos en la familia, lo mejor es abordarlos—e idealmente resolverlos—antes de implementar cualquier estrategia de rescate.

Cuando el enfoque se mantiene en la familia, todos cambian. El miembro de la secta se da cuenta de que están ocurriendo cosas positivas más allá de la influencia de la secta. Los miembros de la familia aprenden a construir empatía y confianza, y a sembrar preguntas en la mente del miembro de la secta.

Cuando los miembros de la familia aprenden a interactuar de manera efectiva, hacen mucho para ayudar a la víctima de control mental a separarse del grupo. Durante cualquier esfuerzo de rescate, este factor a menudo se vuelve crucial.

El amor de una familia es una fuerza mucho más poderosa que el amor condicional otorgado por los miembros y líderes de una secta. El amor de una familia saludable apoya el derecho de una persona a crecer como un adulto autónomo y tomar sus propias decisiones de vida. En contraste, el amor de una secta intenta mantener a la persona como un adolescente dependiente—y ese amor puede retirarse si la persona toma sus propias decisiones o no sigue las órdenes del líder.

Cuando asesoro a un miembro de una secta, nunca intento quitarles el grupo, ni alejarlos permanentemente de este. Si lo hiciera, solo se sentirían amenazados, y con razón. En su lugar, siempre busco formas de que crezcan, ofreciéndoles diferentes perspectivas y posibilidades. Ayudo a las personas a ver opciones que no sabían que existían, y luego las animo a hacer lo que crean que es mejor para ellas mismas. A lo largo de este proceso, hago todo lo posible para que se sientan en control.

Como hemos visto, el control mental nunca logra borrar por completo el yo auténtico de una persona. Simplemente impone una identidad de secta dominante que suprime al yo real. La indoctrinación de la secta descarga un virus de control mental—un virus que puede curarse. Una vez que el virus desaparece, el hardware mental y emocional de una persona puede repararse, y su yo real puede volver a emerger e integrar las experiencias de la secta, con suerte de una manera saludable.

Como miembro de la Iglesia de la Unificación, pensé que había logrado "morir a mí mismo." Yo, Steve Moonie, creía que el viejo Steve Hassan estaba muerto. Sin embargo, mi verdadero yo despertó nuevamente durante mi desprogramación. Finalmente, pude recordar todas las contradicciones, conflictos y promesas incumplidas que había experimentado mientras era miembro. Esa realización me permitió salir. Mi yo auténtico había estado allí todo el tiempo.

Conectarme exitosamente con la identidad auténtica de una persona es lo que me permite ayudar a alguien a alejarse de una secta. Si la identidad central está feliz y satisfecha con su participación en la secta—un hecho muy poco común—hay poco que pueda hacer. Una persona así no estaría bajo influencia indebida; habría elegido genuinamente estar exactamente donde está.

Pero casi nunca encuentro a ese tipo de personas. Las familias me llaman porque observan que algo terrible está ocurriendo. Y he descubierto que, cuando a alguien en esclavitud se le da una elección verdaderamente libre, y logra superar la impotencia aprendida, no eligen quedarse esclavizados—no cuando podrían estar tomando decisiones sobre su propia vida, teniendo relaciones normales con otras personas y persiguiendo sus propios intereses y sueños.

El Enfoque Estratégico Interactivo tiene otras características distintivas. Primero, me enfoco en el proceso de cambio. Esto significa que *cómo* las personas llegan a cambiar es más importante que *qué* o *por qué* cambian.

Dado que creo que las personas están naturalmente interesadas en crecer y aprender, mi enfoque también es educativo. Enseño mucho—sobre psicología, comunicación, temas de control mental y otras sectas destructivas, así como una gran cantidad de información sobre la historia del grupo en cuestión, su liderazgo y las contradicciones doctrinales.

Casos difíciles

Cuando un miembro de una secta se niega a hablar con personas que pueden ofrecerles el otro lado de la historia, o simplemente abandona una intervención y regresa a la secta, no todo está perdido. Al menos se ha abierto la comunicación sobre temas clave. A menudo, el miembro de la secta se siente mal por cómo trató a sus seres queridos y accede a hablar en una fecha futura. Puede tomar semanas o meses para que la familia restablezca una relación con el miembro de la secta, pero generalmente aparece una oportunidad para la comunicación en algún momento posterior.

Cuando los esfuerzos de rescate fallan, a menudo se debe a que el momento no fue adecuado o a la mala suerte. Tal vez el miembro de la secta acababa de salir de una experiencia de readoctrinamiento intensivo, se había casado con alguien del grupo o había recibido un ascenso. Naturalmente, el mejor momento es cuando la persona está pasando por un período de bajón, pero, por supuesto, esos períodos son imposibles de predecir.

Después de un esfuerzo de rescate fallido, la familia tiene dos opciones:

1. Dar un paso atrás, diciendo al miembro de la secta que, cuando quiera mirar más información o hablar con exmiembros del grupo, la familia estará encantada de ayudar.
2. Intentar una nueva intervención con la ayuda de otras personas que puedan acercarse al miembro de la secta en otros contextos.

Esta segunda opción es más compleja y lleva más tiempo. Significa intentar ayudar al miembro de la secta sin que este sepa que la familia está intentando que reevalúe su participación en el grupo. Necesito encontrar un pretexto para reunirme con el miembro de la secta y disponer de suficiente tiempo con ellos para hacer algún progreso. Esto nunca es fácil.

Alguien que observe los preparativos para este tipo de esfuerzo podría recordar el antiguo programa de televisión o la franquicia cinematográfica protagonizada por el cienciólogo Tom Cruise, Misión: Imposible. Se reúne un equipo. Se analiza el perfil psicológico del objetivo en busca de vulnerabilidades, intereses y patrones de comportamiento. Se diseña una estrategia para encontrarse con ellos y lograr involucrarlos lo suficiente para llevar a cabo la misión.

Irónicamente, en algunos aspectos, estos preparativos tienen paralelismos con lo que hacen los reclutadores de sectas para atraer a víctimas desprevenidas a sus organizaciones. Sobre todo, estos esfuerzos de rescate implican una decepción inicial —justamente aquello por lo que las sectas son famosas. Sin embargo, no estoy tratando de convertir a alguien en mi seguidor; una vez que termino mi trabajo de presentar información, plantear alternativas y ofrecer asesoramiento, la decisión queda en manos del individuo.

Este tipo de enfoque puede ser necesario si la relación de un miembro de la secta con su familia o amigos ha sido gravemente dañada. Tales casos con frecuencia involucran a miembros de sectas a largo plazo cuyas familias, hace tiempo, llegaron al límite de su frustración y dolor, y dijeron o hicieron cosas que rompieron la relación.

Margaret Rogers y los Niños de Dios/La Familia

Margaret Rogers fue miembro de la secta Niños de Dios de Moses David Berg (más tarde renombrada como La Familia) durante diez años. Durante ese tiempo, sus dos hermanas y su hermano recibieron apenas media docena de cartas de ella. Margaret, quien entonces usaba un nombre que le dieron en la secta, viajó por todo el mundo con este peculiar grupo. Estuvo casada con otro miembro, y tuvieron tres hijos.

Su familia, en general, ni siquiera sabía cómo contactar a Margaret, excepto por una ocasión en la que lograron visitarla en Filipinas. Durante esa visita, todos los miembros de la familia presenciaron momentos en los que Margaret brevemente volvió a ser su yo auténtico. Su rostro y su actitud se relajaron, y volvió a ser la persona que ellos conocían. Esto ocurría con mayor frecuencia cuando su hermano y hermanas hablaban de recuerdos de la infancia, o de personas y eventos de su ciudad natal.

Su familia le solicitó encarecidamente que se tomara un tiempo fuera del grupo y que hablara con exmiembros. En un principio, Margaret mostró una disposición clara a hacerlo. Además, necesitaba con urgencia alimentación adecuada, descanso y un examen médico integral. Aunque no lo mencionaron directamente a Margaret, su familia sabía que el grupo la estaba obligando a participar en prácticas conocidas como *flirty fishing*—una táctica que involucraba el uso de relaciones sexuales para reclutar nuevos miembros. De hecho, Berg denominaba a sus seguidoras femeninas como "prostitutas felices para Jesús." Este método constituía una de las principales fuentes de ingresos para la organización, además de un mecanismo para atraer a hombres como nuevos adeptos. Berg, además, era conocido por su historial de pedofilia y por fomentar relaciones sexuales entre los miembros, incluidas personas menores de edad.

Asimismo, la familia de Margaret percibió que su esposo era un miembro profundamente adoctrinado, sin indicios visibles de su identidad previa. Además, era evidente que él tomaba todas las decisiones por ella. La familia regresó a casa con sentimientos encontrados: satisfechos de haber podido verla a ella y a sus hijos, pero firmemente comprometidos a continuar los esfuerzos por ayudarla.

Posteriormente, sus padres asistieron a uno de mis talleres de comunicación dirigido a familiares, en el que me solicitaron apoyo. Expresaron su deseo de haber contado con las herramientas del taller antes de su viaje a Filipinas, o incluso haberme llevado con ellos en ese momento. Les recomendé seguir profundizando en el conocimiento sobre el grupo, incluidos su lenguaje especializado, estilo de vida y sistema de creencias. Para facilitar esto, los puse en contacto con varios exmiembros. Asimismo, los alenté a continuar practicando las técnicas de comunicación aprendidas en el taller. En el plazo de un año, Margaret los contactó desde México y les pidió si podían visitarla nuevamente.

Me senté con la familia Rogers y discutimos las opciones. ¿Cómo podrían lograr que yo llegara a Margaret, mantener a su esposo alejado el mayor tiempo posible y al mismo tiempo evocar un mínimo de sospechas? Concluimos que los padres no debían hacer el viaje en absoluto. Ellos representaban la amenaza más evidente para la participación de Margaret en la secta. En su lugar, solo sus dos hermanas y su hermano viajarían durante una semana. Yo también iría, haciéndome pasar por el novio de su hermana Lisa.

Inventamos una historia en la que el padre de Margaret estaba bajo órdenes estrictas del médico de no realizar un viaje así debido a un problema cardíaco. Su esposa no podía tomarse tiempo libre en el trabajo y sentía la obligación de quedarse cerca de casa para atender a su esposo si era necesario.

El hermano de Margaret, Bob, llamó a la sucursal de su empresa en Ciudad de México y logró que ofrecieran una entrevista de trabajo al esposo de Margaret, quien, como sabía la familia, estaba buscando una forma de obtener ingresos legítimos y estables. Bob convenció al esposo de aceptar la oferta de la entrevista. Bob lo acompañaría a Ciudad de México durante unos días para darnos tiempo a solas con Margaret.

El plan era evaluar el estado mental de Margaret y tratar de convencerla de regresar a los Estados Unidos con sus hijos. Esperábamos que, después de la visita anterior, pudiera sentir nostalgia de su hogar. Además, si realmente no amaba a su esposo, como todos sospechábamos, teníamos una buena posibilidad de éxito.

Todo comenzó sin problemas. Cuando llegamos, Margaret y su esposo no mostraron signos evidentes de ansiedad. Pasamos el primer día juntos. Ninguno de nosotros dio a entender que nos incomodaba el estilo de vida de Margaret. Salimos a comer buena comida, fuimos de compras, compramos ropa nueva para toda la familia y, en general, la pasamos bien. Margaret y su esposo no intentaron en ningún momento promocionarnos su grupo.

Bob se fue con el esposo de Margaret al día siguiente, y nosotros invitamos a Margaret a nuestro hotel, donde reservamos una habitación para ella y los niños. Nos ofrecimos a llevarnos a los niños y le recomendamos que se acostara a descansar y recuperara algo de sueño mientras tanto.

Cuando regresamos cinco horas después, ella seguía dormida. Estaba claramente exhausta. Cuando se levantó, su rostro tenía mucho más color. Pedimos servicio a la habitación. Era evidente que no estaba acostumbrada a comer tan bien ni a ser atendida en un hotel tan bonito. Lo disfrutó enormemente.

Después de la cena, iniciamos una conversación. Comenzó con recuerdos agradables de la infancia. Luego, sus hermanas empezaron a hablar sobre cuánto la extrañaban y cómo sentían que les habían robado a la hermana que tanto querían. Las lágrimas comenzaron a fluir, y todos compartieron largos abrazos.

Luego, la conversación se centró en los niños y su futuro. ¿Era esta la forma en que Margaret siempre había imaginado criar a una familia? ¿Era Tom su idea de un esposo ideal?

El momento parecía propicio.

—Oye, escucha, Margaret —dijo una de sus hermanas—. ¿Qué te parecería volver con nosotras a Connecticut?

—¡Oh, Dios mío, me encantaría! —respondió Margaret con entusiasmo. Pero luego se hundió de nuevo en el sofá y dijo—: Oh, no puedo hacer eso.

—¿Por qué no? —preguntó Lisa.

—Porque simplemente no puedo.

Intervine.

—¿Es porque crees que a Dios no le gustaría que lo hicieras?

—Sí —respondió—. Además, Tom nunca lo haría, a menos que se lo dijera Elías.

Elías era su anciano. Esta fue la primera vez que Margaret mencionó este aspecto del grupo a sus hermanas.

—¿Qué te gustaría hacer? —le pregunté de nuevo.

—No lo sé. No creo que pueda —dijo con un tono de disgusto.

Le pregunté:

—¿Qué pasaría si Dios te dijera que regresaras a Connecticut?

—Él nunca haría eso —respondió.

—¿Pero qué pasaría si lo hiciera? —insistí—. ¿Y si te dijera con una voz fuerte y clara que Su voluntad es que tomes a los niños y vayas a Connecticut por unos meses? ¿Serías obediente? —Mi tono se elevó—. ¿Dónde está tu compromiso: con Dios o con el grupo?

Ella reflexionó por un momento. Luego respondió:

—Si Dios me dijera que fuera a Connecticut, entonces iría.

—¿Incluso si tu esposo u otro miembro te dijeran que te quedaras? —pregunté con insistencia. Estaba presionándola, pero quería ver hasta dónde podía llegar.

—Si Dios me dijera que fuera, iría, incluso si otros me dijeran que me quedara —declaró.

Muy bien, pensé. Ahora al siguiente paso.

Le pregunté:

—¿Cómo sabrías si Dios quiere que vayas, si no oras y le preguntas qué quiere que hagas? ¿Alguna vez le has hecho una pregunta como esta a Dios?

—No, pero lo haré esta noche. Aunque no creo que Él quiera que me vaya a Connecticut.

—Ah, entonces le vas a decir a Dios qué responder —dije—. ¿Por qué no profundizas en lo más hondo de tu alma y oras sin ninguna conclusión previa sobre lo que Dios quiere para ti y tus hijos? —Mi voz era intensa—. Ora fervientemente y con claridad, poniendo tu fe total en que lo que Él quiere será lo correcto para ti.

Margaret me preguntó si realmente creía en Dios con tanta fuerza. Le dije que sí.

Entonces me preguntó acerca de mi vida espiritual. Eso me dio toda la oportunidad que necesitaba para hablar de mi experiencia en los Moonies: cómo llegué a creer que Dios hablaba a través de mis líderes, y cómo no podía dudar, hacer preguntas críticas o incluso abandonar el grupo. Le expliqué la indoctrinación basada en fobias. Le conté cómo finalmente fui capaz de imaginar un futuro para mí fuera del grupo, solo porque conocí a muchos ex-Moonies que seguían siendo buenas personas, muy espirituales, después de haber dejado el grupo.

Margaret escuchaba atentamente. Le expliqué cómo había llegado a desconfiar de mi propia voz interior cuando estaba en los Moonies. Me enseñaron a creer que esa voz era malvada, cuando, en realidad, llegué a comprender que era un vínculo directo con Dios. Describí cómo me habían controlado mediante el miedo y la culpa, y cómo, tanto en los

Moonies como en los Niños de Dios, había un control absoluto sobre la información que recibíamos. En ambos grupos, los líderes se veían a sí mismos como el Elegido de Dios en la Tierra; ambos tenían autoridad absoluta; y ambos eran extremadamente ricos.

Luego le pregunté:

—¿Crees que Dios les dio a las personas el libre albedrío solo para quitárselo mediante el engaño y el control mental? Piénsalo: ¿crees en un Dios que quiere que Sus hijos sean robots o, en el mejor de los casos, esclavos? Si Dios quisiera eso, nunca habría dado a Adán y Eva el libre albedrío. ¿No es una enorme contradicción?

La boca de Margaret quedó abierta. Sus ojos estaban como platos. Le di un abrazo y me disculpé. Anuncié que iba a dar un paseo; sería bueno tomarse un descanso y reflexionar. Necesitaba tiempo para asimilar lo que le había dicho. Estaba seguro de que sus hermanas la ayudarían a comenzar a procesarlo y a lidiar con sus emociones a medida que surgieran.

Más tarde esa noche, hablé con ella durante unas horas más, principalmente tratando de empoderarla.

—Tienes una buena mente —le dije—. Deberías usarla.

Le dije que sabía que siempre había sido una persona ética. ¿Realmente creía que el fin justifica los medios? ¿Era cristiano usar el sexo para reclutar personas? Amaba a su familia. ¿Permitirá que sus miedos sean más fuertes que su amor?

También apelé a su instinto maternal. Le pregunté cómo se sentía al dejar que sus hijos crecieran en una pobreza virtual, sin educación formal y con poca o ninguna atención médica. Sabía que ella estaba al tanto de los hijos de otros miembros que habían muerto porque no se les permitió ver a un médico.

Antes de que se fuera a la cama, le recordé que orara, y que orara con todo su corazón.

—Ora como nunca antes has orado. Suplica a Dios que te muestre el camino. Pregúntale qué quiere que hagas.

Esa noche dejamos que los niños durmieran en la habitación de su hermana, para que ella pudiera descansar sin interrupciones. A la mañana siguiente, Margaret nos contó sobre unos sueños increíbles, llenos de símbolos de una gran lucha y agitación. En uno de ellos estaba perdida de noche en un bosque, sin saber cómo salir. En otro estaba sola en un pequeño bote, siendo golpeada por las olas de un océano tormentoso. El tercer sueño era deambular por un campo de flores silvestres en medio de un cálido y soleado día de primavera.

Durante el desayuno, le pregunté si estaba al tanto de la respuesta de Dios a su pregunta. Margaret esbozó una sonrisa, que rápidamente se convirtió en un gesto de preocupación. Se levantó de la mesa y caminó hacia la ventana. Luego, después de mirar afuera durante un rato, se dio la vuelta y dijo:

—En mi corazón creo que debería regresar a Estados Unidos, pero no creo que pueda.

Sentí como si me hubieran quitado un peso de cien kilos del pecho, pero traté de no mostrar demasiada emoción. Sus hermanas empezaron a llorar.

—¿Qué te detiene? —le pregunté.

Suspiró y reflexionó durante un largo tiempo. Luego dijo:

—Tengo miedo.

Sus hermanas y yo nos acercamos, y los cuatro nos abrazamos fuertemente.

—No te preocupes —la tranquilicé—. Te ayudaremos en todo lo que podamos. Confía en Dios.

Actuamos como si con eso el asunto quedara zanjado. Ahora era el momento de actuar.

En menos de dos horas, ya estábamos en camino al aeropuerto. Llamamos a sus padres para darles la buena noticia. Margaret dejó una carta extensa para Tom en la que le decía que estábamos en camino a Estados Unidos, que quería estar sola con los niños y su familia durante unas semanas, y que lo contactaría para decirle cuándo podría visitarlos, si él quería hacerlo. Le aseguró que había tomado esta decisión voluntariamente, que había estado muy infeliz durante mucho tiempo y que sentía que Dios quería que lo hiciera.

No hubo problemas en el aeropuerto, y abordamos sin incidentes. En situaciones como esta, podría pasar algo inesperado o loco. Pero esta vez tuvimos suerte. Ningún miembro de la secta apareció en la puerta para llevarse a Margaret.

Durante el vuelo de regreso, le dije a Margaret que tenía algunos amigos que eran exmiembros de los Niños de Dios. Pero decidí que no iba a explicarle mi papel en todo esto hasta que pasaran un par de semanas, para que tuviera tiempo de estabilizarse.

Cuando Margaret entró en la casa de sus padres por primera vez en diez años, vio globos y un enorme cartel de "¡BIENVENIDA A CASA!" colgando del techo. La casa estaba llena de familiares y amigos. Las lágrimas corrían por su rostro. Había olvidado lo maravillosa que había sido su vida allí.

Más tarde me dijo que se sentía como una prisionera de guerra que acababa de ser liberada tras diez años de cautiverio. Muchas personas habían crecido y cambiado. El vecindario había cambiado mucho. Y ella estaba completamente ajena a los eventos nacionales e internacionales de la última década. Tenía mucho que ponerse al día.

En unos pocos días, organicé una reunión para que Margaret hablara con algunos exmiembros de los Niños de Dios. Tuve la suerte de encontrar a alguien que ella había conocido mientras estaba en el grupo.

Margaret mejoró de forma notable, día a día. Subió de peso, empezó a hacer bromas y volvió a tener color y expresión en su rostro. Sus hijos se adaptaron rápidamente y con alegría a su nueva vida. Más adelante se hicieron arreglos para ayudar a su esposo, con el apoyo de su familia.

Nadie puede salir de una experiencia tan prolongada como esa sin problemas emocionales, y Margaret no fue la excepción. Sin embargo, no todos los casos son exitosos. Especialmente en los primeros años de mi trabajo como consejero, me enfrenté a varios casos en los que no logré ayudar a la persona a salir de la secta. En retrospectiva, algunos casos tenían demasiados factores en contra para que tuvieran éxito, pero de todos modos lo intenté. Algunos casos involucraban la psicopatología del individuo dentro del grupo, o incluso de los propios miembros de la familia. En otros casos, las familias omitieron contarme toda la verdad sobre su historia familiar. En otros más, hubo sabotaje intencional por parte de algún miembro de la familia.

Alan Brown y la Fundación para la Comprensión Humana

Herbert y Julia Brown tenían un hijo, Alan, que había estado involucrado durante más de dos años en el grupo de Roy Masters, la Fundación para la Comprensión Humana. Masters es un hipnotista profesional que, en 1961, inició uno de los primeros programas nacionales de radio llamado *Cómo tu mente puede mantenerte sano*. Masters todavía hace radio y, además, ha publicado un libro.

Uno de los propósitos del programa es reclutar nuevos seguidores. Alan se involucró al escucharlo una noche y envió dinero para pedir los audiocassettes de Masters sobre "meditación." He escuchado estos cassettes yo mismo, y no tratan sobre meditación. En realidad, son una poderosa inducción hipnótica hacia la voz de Masters, lo que hace que los oyentes se abran al control de Masters.

Más tarde, mientras estudiaba a Masters, descubrí que había incursionado en el negocio del "exorcismo": identificaba personas en su audiencia a quienes afirmaba que estaban poseídas y luego las "liberaba," por una tarifa. Su lugar habitual de trabajo era, por lo general, el salón de baile de un hotel lleno de gente.

A diferencia de la mayoría de mis clientes, los Browns tenían serios problemas psicológicos. Lamentablemente, no me di cuenta de eso hasta que llegué a Michigan para un intento de rescate con su hijo, poco antes de que Alan se fuera a un curso residencial de un mes en el rancho de Masters en Oregón.

Sabía que algo andaba terriblemente mal desde el momento en que crucé la puerta. El perro de la familia era prácticamente incontrolable: saltaba, ladraba y corría por todos los muebles. Los Brown se disculparon conmigo, pero era evidente que estaban al límite de sus capacidades. Constantemente se saboteaban mutuamente al intentar imponer autoridad sobre el perro: uno le decía que fuera a acostarse, y luego el otro lo animaba a sentarse en su regazo. Como dueño y amante de los perros, me quedó claro que carecían de conocimientos básicos. No sabían nada sobre perros ni sobre cómo entrenarlos. No entendían cómo la disfunción en sus propias vidas tenía consecuencias negativas tanto en su perro como en su hijo.

Más tarde, cuando conocí a Alan, observé a un hijo único que estaba obviamente consentido y sobreprotegido. También parecía estar volviéndose loco lentamente porque recibía constantemente mensajes contradictorios de sus dos padres—mensajes de los que ellos no eran conscientes. En un momento, su madre lo elogiaba por cortar el césped, y al siguiente, su padre lo criticaba por haber tardado dos semanas en hacerlo. El padre le decía a Alan que debía conseguir un trabajo; luego su madre le decía que esperara unas semanas más.

Era evidente para mí que Alan estaba tratando desesperadamente de alejarse de la influencia de sus padres. Quería ser independiente, pero no sabía cómo empezar. Quería demostrarles a sus padres que era capaz, pero su autoestima era tan baja que parecía estar siempre al borde de la depresión. No me sorprendió saber que Alan tenía dificultades sociales y no tenía amigos fuera del grupo de Masters.

En este caso, el Alan auténtico no era feliz ni exitoso. Era profundamente infeliz. Desde un punto de vista terapéutico, había poco en su pasado que pudiera usarse para ayudarlo a reconectarse con su yo auténtico.

A pesar de los rasgos perturbadores del grupo de culto de Masters, mientras los padres de Alan continuaran con su estilo disfuncional de relacionarse y comunicarse con él, me parecía que quedarse en el grupo, al menos por el momento, era la mejor opción para él. Al menos, el grupo le ofrecía una oportunidad de socializar con otras personas, así como la esperanza de que mejoraría siguiendo a su "salvador sin pecado," Roy Masters.

Claramente, entender el control mental y los cultos destructivos no era suficiente para Alan. Necesitaba un ambiente alternativo, y toda la familia necesitaba una buena cantidad de terapia personal y familiar. Desafortunadamente, aunque sus padres lo amaban, no estaban dispuestos a buscar la ayuda que necesitaban. Simplemente querían que yo sacara a Alan del culto, y nada más.

Además de eso, los Brown no querían invertir el dinero necesario en un buen programa de rehabilitación para Alan. Él necesitaba con urgencia tener la experiencia de estar en un lugar saludable—ni en su casa, ni en el culto. Lamentablemente, no lo consiguió.

Mis esfuerzos estaban condenados desde el principio. Los padres de Alan no comprendían a fondo los cultos ni el control mental, ni estaban dispuestos a examinar su propio comportamiento y tomar las medidas necesarias para cambiar. Mientras tanto, Alan obtenía demasiado del culto—esperanza, atención y conexión con otras personas—como para siquiera considerar dejarlo.

Lamentablemente, personas como Alan rara vez tienen éxito dentro de un culto, incluso bajo los propios estándares del grupo. Más a menudo, llegan a su límite, se queman y terminan saliendo o siendo expulsados. Tenía la esperanza de que, cuando llegara ese día, Alan recordara algunas de las cosas que discutimos.

Aprendí varias lecciones valiosas de este caso, allá por 1980. Primero, aprendí que es vital evaluar, reunirse, educar y preparar adecuadamente a la familia. Si la familia no está dispuesta a invertir el tiempo, la energía y el dinero necesarios, no debería aceptar el caso. Segundo, si la familia no está dispuesta a abordar sus propios problemas y hacer un esfuerzo por cambiar y crecer, socavará cualquier intento de rescate, así como el posible proceso de salida y recuperación del miembro del culto.

A lo largo de los años, he llegado a comprender las variables críticas para el éxito. Solo aceptaré un caso si estoy seguro de que será un paso positivo tanto para el miembro del culto como para su familia, incluso si no podemos rescatar al miembro del culto de inmediato.

Además, he aprendido que son necesarios tres días completos de asesoramiento para lograr el éxito. Las únicas personas con las que no he tenido éxito regresaron a sus cultos sin dedicar tres días completos a sus familias, o estaban casadas o tenían familiares que aún pertenecían al grupo.

Estos son solo tres ejemplos de los muchos cientos de casos con los que he trabajado desde que salí de los Moonies. He aprendido las increíbles medidas que las personas están dispuestas a tomar por una causa que creen grande y justa. También he aprendido que nadie quiere sacrificar su tiempo, energía y sueños por una causa que sea dañina y falsa. Una vez que se aborda la fobia a dejar el grupo, puedo conectarme con el verdadero yo de la persona y hacerle saber lo que se le ha hecho. En ese punto, casi siempre eligen ser libres, porque las personas eligen lo que creen que es mejor para ellas.

También es importante que los exmiembros de un culto y sus familias no vean todo lo que sucedió dentro de un culto de control mental como algo negativo. A veces, las personas adquieren habilidades importantes. A veces conocen a buenas personas, que eventualmente también dejan el grupo, y surge una buena relación post-culto. Siempre animo a las personas a recordar lo bueno y llevárselo consigo cuando deciden irse.

Aun así, no cabe duda de que pertenecer a un culto destructivo te cambia para siempre. Te das cuenta de cuántas cosas has dado por sentadas: la familia, los amigos, la educación, tu capacidad para tomar decisiones, tu individualidad y tu sistema personal de creencias.

Dejar un culto también brinda una oportunidad única para sentarte "desnudo" contigo mismo y analizar todo lo que alguna vez supiste o creíste. Un proceso así puede ser liberador, pero también bastante aterrador. Es una oportunidad para empezar tu vida de nuevo desde cero.

Capítulo 9 – Cómo ayudar

Si alguien que te importa se une a un culto destructivo, probablemente te enfrentes a una de las situaciones más difíciles de tu vida. Al intentar ayudar a esa persona a reconectarse con su verdadero yo, es fácil cometer errores que pueden hacer que tu tarea sea aún más complicada. Sin embargo, si afrontas el desafío de manera planificada y con equilibrio emocional, hay una buena posibilidad de que, al final, tus esfuerzos den fruto. La experiencia también será muy gratificante y llena de alegría. Eso es lo que he visto una y otra vez en las familias con las que he trabajado.

Este capítulo te dará algunas ideas básicas y prácticas sobre qué hacer y qué evitar cuando intentes ayudar a un miembro de un culto a salir de su grupo. También explicará qué puedes hacer por ti mismo y por otros miembros de tu familia mientras participas en este proceso. Tomar algunas precauciones básicas puede ahorrarte mucha frustración.

El mejor lugar para comenzar es con dos ejemplos contrastantes: uno que lleva al éxito y otro al fracaso. Las dos historias que siguen son composiciones basadas en personas reales a las que he asesorado. Para proteger su privacidad, se han cambiado los nombres de todas las personas.

La familia Johnson y Las Doce Tribus

Cuando Bill y Lorna Johnson notaron por primera vez que su hija Nancy estaba actuando de manera extraña, simplemente lo atribuyeron a las dificultades propias de una joven de 19 años que pasaba el verano lejos de casa. Su hermano mayor, Neil, también había tenido sus propios episodios de comportamiento extraño cuando tenía más o menos la misma edad.

Nancy estaba entonces en Milwaukee, vendiendo suscripciones a revistas de puerta en puerta para ganar dinero extra para la universidad. Bill y Lorna sabían que estaba pasando por una mala racha en las ventas. Sin embargo, cuando les habló por teléfono sobre las dificultades en su trabajo, los sorprendió al sonar emocionalmente distante, como si no tuviera ninguna preocupación en el mundo. Sabiendo que Nancy era una persona ambiciosa y perseverante, Bill y Lorna esperaban que sonara frustrada y ansiosa. Algo no estaba bien, pero no podían identificar exactamente qué era.

Varias semanas después, recibieron una llamada telefónica de Leslie, una de las amigas cercanas de Nancy. Leslie les contó a Bill y Lorna que acababa de recibir una carta inquietante de Nancy. Leslie había dudado antes de llamarles, ya que no quería traicionar la confianza de Nancy. Pero el contenido de la carta era tan distinto a lo que conocía de Nancy que sintió que debía arriesgarse a alienar a su amiga.

La carta decía, en parte:

"He encontrado verdaderamente mi lugar en el mundo, Leslie. Dios me ha llamado a ser parte de Las Doce Tribus, los únicos verdaderos cristianos en la Tierra. He tirado mis pantalones de mezclilla, porque ahora entiendo que formaban parte de mi pasado satánico… El lugar de una mujer está por debajo del hombre… La Palabra de Dios lo dice, y estoy aprendiendo a destruir este ego vanidoso mío que anhela ser parte de este mundo malvado… Ahora estoy viviendo con las personas más santas y maravillosas del planeta".

La prenda favorita de Nancy siempre habían sido sus jeans. Siempre había sido fácil llevarse bien con ella, ya que era muy poco crítica. Además, había sido algo feminista. Tales sentimientos de sumisión eran extremadamente poco característicos de ella. Todo esto inquietaba profundamente a Leslie.

Los padres de Nancy estaban aún más perturbados porque, aparentemente, Nancy había estado ocultándoles su participación con Las Doce Tribus. ¿Por qué Nancy ni siquiera les había mencionado a este grupo? Siempre había sido abierta y honesta con ellos. Cada vez que le preguntaban qué había de nuevo, ella respondía: "No mucho". Por su carta, parecía que había mucho nuevo en su vida.

Los Johnson llamaron inmediatamente a su ministro para pedirle consejo. Él fue a verlos de inmediato. Coincidió en que el comportamiento de Nancy era extraño y sugirió que quizá se había involucrado en una secta religiosa. Al escuchar la palabra "secta," los Johnson comenzaron a entrar en pánico. En ese momento, Bill estuvo a punto de cometer un error típico. Su primer impulso fue llamar a Nancy y confrontarla sobre el grupo, la carta que había enviado a Leslie y el hecho de que hubiera sido tan reservada. Afortunadamente, no lo hizo.

Lorna comenzó a sollozar incontrolablemente. Sentía que había fracasado como madre. Algo debía haber faltado en la vida de Nancy para que se uniera a una secta. Lorna comenzó a repasar mentalmente cada incidente significativo en la vida de Nancy que pudiera haberla hecho tan susceptible. Decidió pedirle a su hijo Neil que dejara lo que estuviera haciendo y fuera a su casa.

Cuando Neil entró en la sala una hora más tarde, su padre caminaba de un lado a otro, su madre seguía llorando, Leslie estaba sentada junto a ella en el sofá, con las manos entrelazadas en su regazo, mientras el ministro permanecía de pie junto al televisor, con una expresión de desconcierto en el rostro.

—¿Qué está pasando aquí? —preguntó Neil mientras se sentaba y rodeaba a su madre con un brazo.

—Creemos que Nancy se ha metido en algún tipo de secta religiosa —dijo Lorna.

—¿Nancy? Imposible. No puede ser. Ella nunca caería en algo así.

Entonces, sus padres le contaron todo lo que sabían. Neil estaba asombrado.

Afortunadamente, el ministro logró persuadir a los Johnson de no hacer nada por el momento. Les aseguró que haría todo lo posible por obtener más información sobre Las Doce Tribus y buscar asesoramiento sobre el mejor enfoque a seguir.

Gracias a la investigación y conexiones del ministro, encontró mi nombre y número de teléfono, y se los dio a la familia. Ellos me llamaron al día siguiente. Les pedí que completaran mi cuestionario, y tuvimos varias conversaciones telefónicas adicionales.

Tan pronto como obtuvimos suficiente información concreta, los Johnson pidieron a sus amigos y familiares que fueran a su casa el sábado siguiente para participar en un programa de asesoramiento y capacitación de dos días. Les aconsejé que trataran de conseguir toda la ayuda y el apoyo que pudieran encontrar. Pude organizar que un exmiembro de Las Doce Tribus, en otra ciudad, grabara un video describiendo todo lo que recordaba sobre el grupo, sus líderes, sus creencias y sus prácticas. Con esto como base, pudimos elaborar un plan.

Dado que Nancy y sus compañeros de Las Doce Tribus no sabían que su familia estaba al tanto de su participación en el grupo, fue relativamente fácil sorprenderla. La familia estuvo de acuerdo en que todos volaríamos a Milwaukee la semana siguiente, donde se nos uniría un exmiembro del grupo.

Vigilamos la casa del grupo la mañana siguiente a nuestra llegada y esperamos a que Nancy saliera. Supusimos que sería mucho más fácil hablar con ella si estaba fuera de la propiedad del grupo y lejos de otros miembros.

En un par de horas, ella y otra mujer subieron a una camioneta familiar y se dirigieron a un supermercado en un centro comercial cercano. Después de que entraron, les di a los Johnson instrucciones sobre qué decir y hacer. El plan era intentar esperar hasta que Nancy estuviera sola, si era posible. En ese momento, ellos debían acercarse directamente a ella, darle un gran abrazo e invitarla inmediatamente a almorzar. También le dirían que necesitaban discutir un asunto familiar muy urgente, y nada más. Contábamos con que Nancy estaría totalmente sorprendida. Dado que no le había contado a su familia sobre el grupo, le resultaría más difícil resistirse a su insistente invitación para salir a comer. Serían afectuosos y amigables, pero firmes. Neil se encargaría de asegurarse de que la otra mujer no interfiriera con su salida.

Observé desde una corta distancia. Nancy no mostró resistencia alguna. Parecía realmente feliz de ver a su familia, aunque visiblemente sorprendida y confundida. Cuando Nancy dijo:

—Déjame ir a decirle a Claire.

Neil se ofreció rápidamente:

—Yo lo haré —dijo mientras caminaba hacia la tienda.

—Creo que está en la sección de frutas y verduras —le indicó Nancy.

—No te preocupes —respondió Neil, mirando hacia atrás mientras sus padres caminaban hacia el coche, tomados del brazo con Nancy.

Neil esperó dentro de la tienda por un momento y luego salió corriendo:

—Dijo que está bien —informó mientras subía al coche.

Tomé un taxi de regreso al hotel y esperé en la segunda habitación que habíamos reservado, hasta que la familia estuviera lista para llamarme. Mientras tanto, informé lo sucedido a Alexis, la exmiembro de Las Doce Tribus que estaba colaborando con nosotros.

No tuvimos que esperar mucho. Tal como lo habíamos planeado, los Johnson esperaron a estar instalados en su habitación antes de decirle a Nancy que habían volado hasta Milwaukee porque estaban preocupados por el grupo con el que estaba involucrada. Al principio, Nancy negó cualquier relación con el grupo. Entonces, el Sr. Johnson sacó la carta que Nancy había enviado a Leslie. Según me contó Bill más tarde, el rostro de Nancy se puso completamente rojo y comenzó a llorar.

—¿Por qué nos mentiste? —preguntó Bill con severidad.

—Eso no es propio de ti, cariño —añadió la Sra. Johnson.

Nancy rompió a llorar aún más.

—Estamos aquí porque te queremos y estamos preocupados por ti —dijo Neil, limpiándose las lágrimas.

—¿Por qué no nos cuentas todo desde el principio? —preguntó Bill.

Nancy comenzó a relatar lo sucedido. Al principio, parecía ella misma, pero después de unos minutos su personalidad cambió: su rostro adoptó una expresión distante y empezó a citar versículos de la Biblia y las palabras de su líder.

Lorna le preguntó:

—¿En el fondo de tu corazón, nos amas y confías en nosotros?

Nancy pensó por un momento y respondió:

—Sí.

—¿Te quedarás con nosotros los próximos tres días, y no hablarás con Claire ni con nadie del grupo durante ese tiempo? —preguntó Lorna.

—¿Por qué? —quiso saber Nancy.

—Porque hay información importante que creemos que querrás escuchar. Hemos arreglado que algunas personas vengan a compartir contigo lo que saben. Queremos que pienses por ti misma sobre lo que discutiremos, sin interferencias.

Nancy lo pensó durante lo que debió parecer una eternidad. Quería saber quiénes eran esas personas y por qué tenía que ser por tres días.

Bill le dijo:

—Cariño, puedes averiguarlo tú misma. Están esperando en la habitación de al lado. Lo único que te pedimos es que confíes en nosotros y les des la oportunidad de contarte hechos que el grupo quizá no quiera que sepas.

Nancy escuchó con atención, al darse cuenta de que todos eran sinceros y de que no teníamos "cuernos en la frente". Se sintió profundamente agradecida por toda la preocupación y el amor que le estaban demostrando. Había tenido sus dudas sobre el grupo, pero, como la mayoría de los nuevos miembros de sectas, pensaba que simplemente no era lo suficientemente espiritual para cuestionar o analizar lo que los miembros más antiguos le decían.

En tan solo dos días, la influencia de Las Doce Tribus sobre ella se rompió, y Nancy regresó a su antigua vida.

Por qué los Johnson tuvieron éxito

Aunque su hija había sido reclutada por una secta destructiva, los Johnson tuvieron mucha suerte. En primer lugar, como hablaban con Nancy cada semana, pudieron notar algunos cambios en su voz y personalidad desde el principio. Instintivamente sabían que debían mantenerse en contacto cercano, ya que Nancy era joven, estaba al otro lado del país y experimentaba un gran estrés en su trabajo de ventas.

Aunque los Johnson podrían haberle hablado a Nancy sobre las sectas destructivas antes de que se fuera, no se habían dado cuenta de que este problema podía afectar a cualquiera, incluso a un miembro de su propia familia. Además, una vez que entendieron las técnicas y efectos del control mental, pudieron avanzar rápidamente hacia soluciones constructivas. No permitieron que su culpa inicial, ni el temor de haber fallado como padres, los debilitara.

Leslie resultó ser una heroína. Superó su temor de enfurecer a Nancy y actuó como una verdadera amiga al contactar a sus padres. Gracias a que lo hizo, los Johnson pudieron identificar y resolver el problema rápidamente. Tan pronto como Nancy salió del grupo, le agradeció profundamente a Leslie.

Los Johnson también tuvieron la fortuna de recibir un buen consejo de su ministro, quien acudió rápidamente en su ayuda. No solo los ayudó a identificar el problema, sino que también logró evitar que cometieran alguno de los errores clásicos. A diferencia de la mayoría de los clérigos, su ministro había asistido a un taller sobre sectas destructivas a principios de ese año. Sabía que la familia no debía hacer nada apresurado ni confrontacional. También sabía que no era prudente intentar debatir racionalmente sobre la secta con su hija sin la orientación de expertos en el tema. Comprendió que Lorna y Bill necesitaban calmarse y planificar junto a personas con la experiencia y las habilidades necesarias para llevar a cabo un esfuerzo exitoso.

Los Marlowe y The Way International

Roger y Kitty Marlowe no tuvieron tanta suerte como los Johnson. Su hijo Henry fue reclutado por *The Way*, una secta bíblica, mientras estaba en la universidad. Notaron cambios muy drásticos en su personalidad y comportamiento, pero, en su mayoría, pensaron que esos cambios habían sido bastante positivos. Henry había dejado de decir palabrotas y les comentó que también había dejado de fumar y beber. Cuando lo visitaron en el día de padres, se alegraron al ver su habitación del dormitorio tan ordenada, y que su revista favorita de antes, *Playboy*, estaba notablemente ausente.

Henry presentó a sus padres a varios de sus amigos del grupo. Les pareció extraño que se hubiera vuelto tan religioso, ya que nunca antes había mostrado interés en la religión. Sin embargo, en general, Kitty y Roger quedaron impresionados por muchas de las personas de la comunidad. Parecían estar bien arreglados, eran evidentemente inteligentes, aparentemente provenientes de buenas familias y eran muy amables. A los Marlowe ni siquiera se les ocurrió investigar sobre *The Way*. Superficialmente, todo parecía estar bien.

Comenzaron a preocuparse cuando vieron las calificaciones de su hijo al final de ese semestre. El promedio de A menos de Henry había caído a un C más. Cuando lo confrontaron sobre sus calificaciones, Henry se mostró muy a la defensiva. Les dijo que estaba haciendo lo mejor que podía, pero que había tenido muy profesores malos ese semestre. Además, les comentó que estaba pensando en cambiar su carrera. El marketing ya no le interesaba. Quería convertirse en estudiante de teología.

Henry siempre había sido un chico obstinado e independiente. Sus padres razonaron que sabía lo que estaba haciendo. Por supuesto, también querían que pudiera mantenerse por sí mismo. Sin embargo, si estaba sintiendo un llamado espiritual, ¿quiénes eran ellos para cuestionarlo? Ya era un adulto, casi de 20 años.

Pasó otro semestre, y los Marlowe seguían sin entender del todo lo que estaba ocurriendo. Henry logró mejorar sus calificaciones a un promedio de B, aunque seguían estando muy por debajo de lo que había conseguido en el pasado.

Ese verano, Henry les dijo a sus padres que planeaba ir a Kansas para asistir a una "reunión anual de creyentes". Sin embargo, una vez allí, los llamó para decirles que había sentido un "llamado del Señor" para tomarse un descanso de la universidad. Estaba decidido a comprometerse durante un año completo para ir a donde *The Way* lo enviara, conseguir un trabajo de medio tiempo para cubrir sus gastos y evangelizar al menos 20 horas a la semana.

Roger estaba furioso. —¿Por qué no terminas tu último año y luego evangelizas? —dijo con considerable irritación.

Henry se enfadó por el tono de voz de su padre. —Porque, papá, siento que esto es lo correcto para mí. Por favor, papá, quiero que me apoyes en esto.

La madre de Henry había estado escuchando en otro teléfono. Ella dijo: —¿Por qué no vuelves a casa y hablamos de esto?

—Mamá, confía en mí. Sé lo que estoy haciendo.

Roger y Kitty ahora podían oír murmullos en la línea. Parecía que alguien estaba de pie junto a Henry, indicándole qué decir.

—¿Hay alguien diciéndote qué decir? —exigió su padre.

—¿Qué? —preguntó Henry.

—¿Hay alguien ahí diciéndote qué decirnos? —repitió su padre.

—Eh, eh, no —tartamudeó Henry.

—Hijo, ¿te has dejado atrapar por uno de esos cultos religiosos?

—Somos una comunidad de estudio e investigación bíblica —dijo Henry con un tono defensivo, repitiendo las palabras como si las estuviera leyendo de un folleto.

—¡Quiero que vengas a casa ahora mismo, jovencito! —ordenó su padre—. Si no lo haces, nunca más te respetaré —amenazó.

—Tranquilízate, Roger. Henry, tu padre está muy alterado. Henry, no estás en un culto, ¿verdad?

—No, mamá, claro que no —respondió Henry.

—¿Ves, Roger? Henry no está en un culto —dijo Kitty, como si repetir estas palabras mágicamente las hiciera ciertas.

Henry no volvió a casa para discutir nada con sus padres. En cambio, se fue a St. Louis a trabajar para el grupo, reclutando a otros miembros para *The Way*. Les pidió a sus padres que empacaran algunas de sus pertenencias en cajas, y ellos se las enviaron como él solicitó. Incluso le enviaron $500 en efectivo para ayudarlo a comenzar.

El padre de Henry estaba disgustado. Fue a la biblioteca, empezó a hacer copias de artículos que describían a *The Way* como un culto y se los envió a Henry. Creía que estos artículos convencerían a Henry de dejar *The*

Way y volver a casa. El movimiento fue un fracaso. Henry simplemente aceptó la línea del culto: que sus padres estaban poseídos por el Diablo y no eran dignos de confianza.

Kitty creía que su hijo era demasiado inteligente para permanecer en un grupo así durante mucho tiempo. Se convenció a sí misma de que pronto vería su error y saldría del grupo.

Cuando pasaron los meses y él se volvió cada vez más distante, Kitty se volvió histérica, cargándose a sí misma y a su esposo de culpa.

La hermana adolescente de Henry, Amy, y su hermano menor, Bernie, quedaron atrapados en el torbellino emocional que dejó Henry. Día tras día, tuvieron que soportar la obsesión de sus padres con la participación de Henry en el culto. Eventualmente, se enfurecieron con Henry por someter a la familia a esta situación.

Una y otra vez, los padres de Henry se turnaron para confrontar a su hijo con nueva información que habían encontrado sobre *The Way*. Le dijeron que el fundador y líder del grupo era un plagiador que bebía y juraba en exceso. Esta información no disuadió a Henry.

A lo largo de este tiempo, los Marlowe permanecieron en silencio con sus amigos y familiares sobre la participación de Henry en el culto. Roger era un político estatal y estaba preocupado por su carrera. Kitty sentía que las personas pensarían que era una mala madre por tener un hijo tan perturbado como para unirse a un culto. Cada vez que amigos o familiares preguntaban por él, simplemente decían que Henry estaba bien, que había tomado un permiso de ausencia en la universidad y que había decidido trabajar por un tiempo. Tenían mucho miedo de lo que los demás pensarían si les contaban la verdad.

Con cada año que pasaba, Henry se fue alejando cada vez más de su familia. Rara vez hablaban por teléfono y solo se escribían de manera esporádica. Finalmente, Henry sintió que ya no había ninguna razón para mantener contacto con su familia. Para él, estaban bajo el poder de Satanás.

Lecciones que aprender

Aquí tenemos dos familias diferentes, los Johnson y los Marlowe, cuyas respuestas ante un problema de culto fueron muy distintas. Los Johnson pudieron darse cuenta rápidamente de que algo estaba mal y recibieron buenos consejos. Los Marlowe, en cambio, tardaron en identificar las señales, y cuando finalmente se dieron cuenta de que su hijo estaba en un culto, no buscaron ayuda.

Roger Marlowe perdió una posición estratégica potencialmente valiosa al confrontar a su hijo de manera abrupta y directa, lanzando lo que equivalía a un ultimátum. Algunas personas incluso llegan a desheredar a hijos que han caído víctimas de cultos destructivos. Por desgracia, los errores que cometieron los Marlowe son comunes y ocurren en la mayoría de las familias. En el caso de los cultos destructivos, las reacciones impulsivas de los padres frecuentemente causan más daño que beneficio.

Existen varias lecciones que se pueden extraer de este caso. En primer lugar, cualquier cambio repentino y poco característico en un amigo o ser querido debe ser investigado de manera rápida y exhaustiva. Si la persona empieza, de forma inesperada, a pasar mucho tiempo fuera, es importante averiguar la razón. Haga muchas preguntas, pero en un tono no amenazante y tranquilizador, por supuesto. Evite caer en pensamientos ilusorios. Recuerde: cuando las personas ingresan a cultos, suelen volverse engañosas o evasivas al ser cuestionadas sobre los cambios en sus vidas.

Si está preocupado, consulte con la mayor cantidad posible de amigos y familiares de la persona. No haga lo que hicieron los Marlowe: intentar mantener el problema oculto. Si lo hace, se privará de un valioso apoyo emocional, además de posibles ayudas prácticas. Retrasar el hablar con otros o buscar ayuda, con la esperanza de que la persona bajo control mental recupere el sentido por sí misma, puede tener consecuencias desastrosas.

Si alguien a quien aprecia parece haberse involucrado en un culto, asegúrese de ponerse en contacto con su familia. Sin embargo, pida a los familiares que, por el momento, no hablen directamente con la persona al respecto. Hacerlo podría poner en peligro la relación. Si la situación se maneja con cuidado y de manera estratégica, tanto la familia como la persona afectada, en última instancia, agradecerán su preocupación.

Respuestas clásicamente ineficaces

Dado que la mayoría de las personas no comprende el control mental ni las prácticas de los cultos destructivos, es fácil que actúen de manera ineficaz o incluso contraproducente.

El problema más común es que los familiares suelen experimentar un exceso de culpa y vergüenza. Muchas personas se culpan a sí mismas por la participación de su ser querido en un culto. Este sentimiento de culpa puede ser uno de los mayores obstáculos para tomar medidas positivas y efectivas. Es fundamental entender que no tienen la culpa. Los cultos existen. El control mental existe. Un "virus" de control mental puede afectar a cualquiera, de la misma manera que cualquiera puede contagiarse de gripe.

Otro problema frecuente es que las personas descuidan sus propias necesidades. La mejor manera de ayudar a alguien más es asegurarse primero de atender las propias. Es necesario dormir lo suficiente, alimentarse adecuadamente y tomarse un tiempo de descanso para mantenerse equilibrado y con claridad mental. Si no se toma el tiempo para descansar, relajarse y hacer actividades que ayuden a afrontar la situación, se corre el riesgo de perjudicar tanto a sí mismo como a la persona a la que intenta ayudar.

La participación de un ser querido en un culto debe situarse en una perspectiva manejable. Es importante reconocer que solo se puede hacer lo que está dentro de la capacidad de cada persona. La vida tiene que continuar. Los Marlowe, por ejemplo, castigaron involuntariamente a sus otros hijos al dedicar demasiado tiempo y energía a Henry, esfuerzos que, además, resultaron ineficaces.

Otro error frecuente es reaccionar de forma exagerada emocionalmente ante la participación en el culto. Esto puede ser incluso más peligroso que no hacer nada. Los arrebatos histéricos y el uso inapropiado de palabras como *"culto"* o *"lavado de cerebro"* pueden empujar aún más a la persona hacia el grupo. Adoptar una actitud emocionalmente agresiva con un miembro de un culto casi siempre tiene efectos contraproducentes.

Otro error común es intentar debatir o persuadir racionalmente a la persona para que abandone el culto, adoptando un enfoque condescendiente o confrontacional. Este enfoque directo está destinado al fracaso. La argumentación racional no es efectiva con alguien que ha sido adoctrinado mediante control mental. Si además se añade condescendencia o arrogancia, se facilita aún más la narrativa del reclutador del culto, quien utiliza estas reacciones para reforzar la desconfianza en el mundo exterior.

Igualmente, es importante no culpar a alguien por haber sido reclutado en un culto. En su lugar, es fundamental interpretar lo ocurrido como un caso de influencia indebida. La persona que te importa ha contraído un 'virus de control mental'. Si necesitas enojarte, enójate con el culto.

Enójate con todos los cultos que utilizan el control mental. Pero no te enfades con la persona que ha sido víctima. No es culpa suya.

Muchas personas que han salido de cultos me han dicho que se sintieron psicológicamente violadas. No les inflijas un segundo daño emocional al insinuarles que lo que les ocurrió es responsabilidad suya.

Si quieres tomar represalias contra cualquier grupo que ejerza control mental, está bien—pero primero trabaja para ayudar a la persona que te importa. Después, haz todo lo que puedas para exponer al grupo ante el público general. Lleva el caso a los tribunales, si tienes el tiempo, la energía y los recursos necesarios. Asegúrate de contar con un abogado competente, con experiencia específica en casos relacionados con el culto en cuestión. Además, escribe a tus representantes políticos, proporcionando un breve resumen sobre el culto. Evalúa si puedes usar la ley para garantizar la justicia.

Lo más importante es concentrarte en ayudar a la persona que te importa. Para ello, tus dos herramientas más importantes serán la información y la estrategia. Tu objetivo principal debe ser el siguiente: hacer todo lo que esté en tu poder para crear las condiciones necesarias que permitan al miembro del culto cambiar y crecer. Mantén este objetivo en mente en todo momento al decidir qué decir o hacer.

Fíjate que el objetivo no debe ser rescatar a la persona del grupo. Las personas abandonan los cultos destructivos como una consecuencia natural de cambiar y crecer. Si las personas se centran en un crecimiento positivo, habrá menos resistencia, y los esfuerzos de todos serán más efectivos.

Dicho esto, es fundamental adoptar una actitud consistente: la persona va a dejar el culto. Las únicas preguntas son cuándo lo hará y si la transición será fácil y fluida o difícil y dolorosa. Cada persona solo puede hacer aquello que está dentro de su capacidad. Lo que sí es posible es crear las condiciones positivas necesarias para ayudar a alguien atrapado en un culto a crecer lo suficiente como para romper las cadenas del control mental.

La mejor manera de ayudar al miembro del culto a salir del grupo es prepararte adecuadamente para asumir el reto. Aquí tienes algunas formas de asegurarte de que podrás manejar el estrés que inevitablemente enfrentarás. Una buena preparación es la clave del éxito.

Preparación para un esfuerzo exitoso

Cuida tus propias necesidades emocionales

No esperes resultados instantáneos. Avanza a tu propio ritmo y mantén una perspectiva equilibrada.

Tus esfuerzos por ayudar a la persona que te importa no deben hacerse a costa de tu salud o de la salud de nadie más. Esto es especialmente importante si el miembro del culto ha estado involucrado durante muchos años y los esfuerzos para ayudarlo son complejos y prolongados.

Uno de mis clientes de Alemania, voló a los Estados Unidos contra el consejo de su médico para intentar ver a su hijo en los Moonies. Tuvo un ataque al corazón y murió. Imagina la culpa que el hijo podría haber sentido al enterarse. Reprimir esa culpa podría, de hecho, haber prolongado su permanencia en el culto.

Recuerda que estás en una especie de guerra contra el culto. Como parte del proceso preparatorio, identifica y aborda las preocupaciones y necesidades emocionales de todos. Una buena terapia individual y familiar puede ser enormemente útil.

Los padres y otros miembros de la familia deben intentar mantener el problema del culto en una perspectiva equilibrada. La vida para ellos y para su familia tiene que continuar, especialmente si la persona ha sido miembro durante mucho tiempo.

Déjame repetirlo: la vida tiene que continuar.

Consolida tus recursos

Siguiendo el ejemplo de la familia Johnson, involucra en tus esfuerzos de rescate a tantos familiares y amigos como te sientas cómodo. Pero también asegúrate de educarlos. Invítalos a asistir a talleres sobre sectas, influencia indebida o control mental. Ponte en contacto con clérigos informados, profesionales de la salud mental, exmiembros de sectas, familias que hayan enfrentado problemas similares y cualquier otra persona que pueda brindar asistencia. Cuando se trata de ayudar a los miembros de sectas a salir de sus grupos, la gente suele ser extremadamente generosa y dispuesta a ayudar.

Si algún miembro de la familia tiene una relación muy cercana con la persona en la secta, haz todo lo posible por involucrarlo. En innumerables ocasiones, un hermano o hermana con una gran influencia sobre el miembro de la secta ha resultado ser una pieza clave. Sin embargo, con frecuencia, esa persona al principio no quiere participar en un esfuerzo de rescate. Tal vez no entienda lo que implica el control mental o sienta una lealtad mal dirigida hacia su hermano o hermana. Si es necesario, planea una mini-intervención con esa persona primero. Una vez que esté de tu lado, probablemente será mucho más fácil ayudar al miembro de la secta a salir del grupo.

Por último, no solo consolides tus recursos: úsalos de la manera más inteligente posible. La coordinación, el trabajo en equipo y una buena comunicación son elementos esenciales para el éxito.

Organízate y haz un plan

Aprende tanto como puedas. Estudia al enemigo: el grupo sectario específico, así como otras sectas similares. Aprende cómo piensan y operan. Familiarízate con el control mental. Cuanto más claro lo entiendas, más fácil será explicarlo a otros, incluyendo, cuando llegue el momento, a la persona que está en la secta. Empieza con el sitio web de Freedom of Mind, freedomofmind.com, que ofrece una amplia gama de recursos gratuitos y enlaces a otros sitios útiles.

Mantén archivos organizados. Haz copias de artículos importantes para compartir con todos los involucrados. Conserva copias de todas las cartas enviadas al miembro de la secta y de las recibidas de él o ella. Estas pueden resultar muy importantes durante o después de cualquier esfuerzo de rescate. Con frecuencia, he mostrado a miembros de sectas cartas que habían escrito, en las que les mentían a sus familias o hacían promesas que luego rompían.

Actualiza regularmente a todos los involucrados. Asegúrate de que todos estén en sintonía respecto al miembro de la secta.

La comunicación constante con la persona en la secta suele ser mejor que el contacto esporádico. Envía una tarjeta o nota breve una vez por semana, todas las semanas. Esto es mucho más efectivo que escribir una carta de 14 páginas una semana y no contactar el siguiente mes. Notas cortas, mensajes de texto, correos electrónicos y cartas sobre la casa o experiencias positivas compartidas también son útiles. Invita al miembro de la secta a llamar en cualquier momento y desde cualquier lugar, si desea hablar y no tiene su propio teléfono.

Seleccionar al consejero adecuado es un paso clave para organizarte y planificar. Un consejero puede ayudarte a elaborar estrategias, planificar y evitar errores. La mayoría de los consejeros especializados en sectas son personas muy dedicadas, que han ayudado a un gran número de personas a salir de grupos de control mental.

Por encima de todo, sé un consumidor informado. Después de la tragedia de Jonestown, surgió una docena de estafadores que se hacían llamar 'desprogramadores', quienes se aprovecharon de numerosas familias y les robaron dinero. Algunos de estos individuos eran, en realidad, miembros de sectas que intentaban desacreditar la desprogramación. Ten cuidado.

Que alguien diga ser consejero especializado en sectas no significa que lo sea. Verifica credenciales y referencias de múltiples fuentes. Habla con varias familias con las que la persona haya trabajado a lo largo de los años. Introduce su nombre en un motor de búsqueda y profundiza; no te limites a revisar lo que aparece en la primera página. Ten cuidado, ya que las sectas y otros con agendas negativas suelen publicar material engañoso sobre los consejeros. Confía también en tus instintos. Debes sentir que el miembro de la secta será capaz de confiar y relacionarse con el consejero como persona.

En mi opinión, los mejores consejeros para tratar con sectas son aquellos que han sido miembros de sectas ellos mismos. Ellos saben lo que se siente estar bajo control mental. Además, los mejores consejeros suelen tener una amplia experiencia.

No supongas que cualquier buen psicoterapeuta será útil. La mayoría de los profesionales de salud mental no saben cómo ayudar a alguien involucrado en una secta.

Los consejeros profesionales especializados en sectas cobran tarifas que van desde $500 hasta $2500 por día. Los exmiembros de sectas que les asisten reciben entre $100 y $300. Por lo general, todos los gastos razonables, como viajes y alojamiento, son adicionales. Aunque cada caso es único, la mayoría de los esfuerzos de rescate se logran en tres días. El costo suele oscilar entre $5,000 y $30,000. Después del esfuerzo inicial, normalmente se requiere un seguimiento. Esto puede incluir un programa en un centro de rehabilitación o algo tan simple e informal como presentar al exmiembro de la secta a tantos otros exmiembros como sea posible.

Una vez que hayas completado todos los preparativos preliminares, es importante establecer planes a uno, tres, seis meses y un año. Aunque los esfuerzos de rescate deben llevarse a cabo tan pronto como sea posible, tampoco deben apresurarse. La mayoría de ellos requieren semanas o meses de planificación previa. En algunos casos, los planes están listos, pero no pueden ejecutarse hasta que se presente una buena oportunidad.

Ten en cuenta que los arreglos para reservar un equipo profesional, idealmente, deben hacerse con varios meses de anticipación.

Cómo ayudar a un miembro de una secta a cambiar y crecer

Puede parecer que ayudar a un miembro de una secta a atravesar cambios personales es un camino largo y complicado para liberarlo de su grupo. Después de todo, ¿no es más importante alejarlo físicamente de las personas que ejercen control mental sobre él?

En realidad, no. Es fundamental reconocer que la única manera de lograr que alguien salga permanentemente de una secta destructiva es ayudarle a reconectarse con su verdadero yo. Este es tu objetivo a largo plazo. Solo entonces podrá comenzar a avanzar hacia nuevas metas personales que tengan significado para él.

Mientras mantienes este objetivo a largo plazo en mente, todos los involucrados en ayudar a un miembro de una secta también deben centrar su atención en tres objetivos a corto plazo:

Primero, construir un vínculo y generar confianza. Sin confianza, nada de lo que hagas será efectivo.

Segundo, recopilar información sobre cómo el miembro de la secta piensa, siente y percibe la realidad.

Tercero, sembrar dudas sobre la secta y fomentar una nueva perspectiva.

Veamos cada uno de estos aspectos más de cerca.

Construir Vínculos y Generar Confianza

Cuando te das cuenta de que alguien que te importa es miembro de una secta, actúa como si no supieras que están en una secta, a menos que, por supuesto, ellos mismos te lo hayan contado. No les digas que estás estudiando información sobre contracultos o que has contactado con expertos. Si lo haces, es probable que se rompa la confianza entre ustedes.

La postura más efectiva que puedes adoptar al relacionarte con un miembro de una secta es una actitud curiosa pero preocupada. Es relativamente fácil generar confianza y establecer un vínculo cuando muestras curiosidad genuina, ya que solo estás haciendo preguntas de manera no crítica. Como te importa esa persona, es natural querer saber todo lo que es importante para ellos.

Demuestra aprobación y respeto por la persona, sus ideales, sus talentos y sus intereses. Sin embargo, ten cuidado de expresar solo una aprobación condicional sobre su participación en la secta. Déjales saber que estás reservando tu juicio final sobre el grupo hasta tener todos los hechos. En algunos casos, podría ser apropiado decirles que tienes una sensación en el estómago de que algo no está bien con el grupo, pero que no estás seguro.

Si el miembro de la secta intenta atribuir al grupo aspectos positivos de su vida, como haber dejado de consumir marihuana o beber en exceso, diles que te parece estupendo, pero recuérdales que crees que ellos mismos merecen el crédito por esos cambios positivos, y no el grupo.

Pregunta al miembro qué puedes hacer para comprenderlos mejor o fortalecer tu relación. Pídeles que sean específicos. Esfuérzate por atender sus necesidades, pero hazlo de manera sensata. Si te piden que leas uno de los libros del grupo, sugiere hacer un intercambio: tú leerás su libro si ellos leen uno que tú les recomiendes. Si te dicen que quieren que dejes de criticar a su grupo, pregúntales cómo puedes expresar tus preguntas y preocupaciones sin parecer crítico.

Muchas personas han hecho cosas creativas para generar confianza y conexión. Han escrito poemas e historias breves, creado álbumes de fotos elaborados y pintado cuadros. También han enviado zapatos, chaquetas de invierno y entradas para eventos que saben que la persona disfrutará. Incluso conozco varios casos en los que alguien invitó a un miembro de una secta a un viaje al extranjero, durante el cual pudieron ofrecerle orientación y apoyo.

Recopila Información Valiosa

Una vez que hayas construido una relación de confianza con el miembro de la secta, será mucho más fácil obtener información sobre el grupo, su vida dentro de él y sus sentimientos al respecto. Cuanta más información recojas, mejor entenderás lo que ocurre en su mente. Comunícate con ellos con la mayor regularidad posible. Si puedes verlos en persona, hazlo, y procura que sea en un entorno uno a uno. A menos que tengas formación especializada, es muy difícil lograr avances significativos cuando hablas con dos o más miembros del grupo al mismo tiempo.

Es probable que, en algún momento, te inviten a hablar con miembros veteranos o líderes del grupo. No aceptes la invitación, pero tampoco te limites a rechazarla directamente. Intenta ganar tiempo. Diles que te importa la persona y que confías en ellos, pero que no estás interesado en hablar con desconocidos. Explícales que prefieres que ellos mismos te expliquen todo.

Si te dicen que no conocen las respuestas a algunas de tus preguntas, señala con tacto que eso te preocupa, ya que, si no tienen toda la información, podrían haber asumido un compromiso con el grupo antes de estar realmente preparados. Sugiéreles dar un paso atrás y dedicar unas semanas a investigar el grupo con mayor profundidad. Haz hincapié en que, si el grupo es legítimo, no tienen nada que perder.

La información también puede ayudarte a comprender qué tan profundamente adoctrinada está la persona. Cuando hablé con Bruce, pude determinar en qué nivel de implicación se encontraba, por lo que deduje que mencionarle el servicio de juramento de Moon sería una decepción para él. Saber lo que alguien conoce y lo que no conoce facilita mucho el trabajo del consejero y aumenta las probabilidades de éxito.

Desarrollar Habilidades Específicas para Promover una Nueva Perspectiva

Cuando logres establecer una buena relación y recopilar una cantidad significativa de información, el paso final es desarrollar las habilidades y estrategias necesarias para socavar o esquivar el control mental ejercido por el grupo. Muchas personas intentan saltar directamente a este paso antes de haber cumplido con los dos primeros, lo cual es un gran error. Solo cuando hayas preparado el terreno, podrás ser realmente efectivo.

Recuerda que tu objetivo es conectar y fortalecer el yo auténtico de la persona, no su yo adoctrinado por el culto. Recordarles experiencias positivas de su vida es la manera más efectiva de lograrlo. Por ejemplo, podrías llamar al miembro del culto y decir:

—Hola, soy Steve. He estado pensando en llamarte hace un tiempo. Sabes, hoy estuve visitando la vieja escuela y me acordé de cuando solíamos ir temprano para jugar a la pelota contra el muro del gimnasio. ¿Recuerdas aquella vez que el maestro de educación física nos persiguió por el campo pidiéndonos el balón porque, sin querer, rompimos su ventana? O, un padre podría llamar a su hijo y decir:

—Sabes, hijo, el otro día estaba cambiando canales en la televisión y vi un programa sobre pesca de lubinas. Hace años que no hacemos eso. Me encantaría volver al lago contigo este verano. Sería genial pasar un tiempo juntos, solo tú, yo y los peces.

Evocar estos sentimientos y recuerdos positivos puede ser una forma poderosa de debilitar el adoctrinamiento del culto. Sin embargo, ten cuidado de no abusar de esta técnica, ya que podría generar sospechas.

Mantener un contacto cercano con el miembro del culto, y reunir información proporcionada por otros miembros de la familia y amigos del equipo de rescate, puede ayudarte a crear mensajes estratégicos efectivos. Por ejemplo, si un miembro del culto le dice a un viejo amigo que extraña esquiar, y ese amigo informa al resto del equipo, la familia podría planear un viaje de esquí en familia e invitar tanto al miembro del culto como al amigo. El miembro del culto podría pensar que es una coincidencia, o incluso que está predestinado espiritualmente. Incluso si el culto no les permite ir, la invitación despertará un fuerte deseo en su interior.

Siempre que te comuniques con el miembro del culto, concéntrate en uno o dos puntos por vez. Es mejor abordar un punto a fondo que intentar abarcar muchos temas de manera superficial.

El seguimiento es crucial. Por ejemplo, supongamos que escuchas a uno de los líderes del grupo decir en televisión que los miembros pueden visitar su hogar siempre que quieran. Podrías enviarle un correo electrónico al miembro del culto con un mensaje como este:

"Oye, ¿recuerdas hace unos meses cuando te dijeron que sería malo pedir permiso para visitar? Acabo de ver al reverendo Josiah en televisión, y dijo que cualquiera puede ir a casa a visitar en cualquier momento. Estoy tan feliz de que lo haya dicho públicamente. ¿Cuándo puedes venir a visitarnos?"

Si no responden a este punto en su próxima llamada o carta, vuelve a preguntarles sobre ello. Señala la contradicción de manera gentil pero firme:

"¿El reverendo Josiah estaba mintiendo? ¿O lo entendiste mal? Ayúdame a entender, porque estoy confundido."

En un tono no amenazante, obliga al miembro del culto a reflexionar sobre la contradicción.

Demasiadas personas hacen buenos puntos, pero no hacen el seguimiento necesario. Tal vez les resulte difícil formular la pregunta de seguimiento en un tono que no sea amenazante, pero este enfoque puede ser crucial para que el miembro del culto piense por sí mismo sobre las inconsistencias en el grupo.

Por encima de todo, no envíes artículos no solicitados que sean críticos con el grupo, como lo hizo Roger Marlowe. Esto generalmente causa más daño que beneficio.

Recuerda ser tú mismo—mantente fiel a tu carácter. La persona sospechará si actúas de manera diferente a lo habitual. ¿Por qué actuar de otra forma? Estás recopilando información, pero también manteniendo una relación con alguien a quien quieres.

Haz tu mejor esfuerzo y no te preocupes demasiado por cometer errores. Si sientes que estás caminando sobre cáscaras de huevo o que debes medir cada palabra y acción, te paralizarás. Sé tú mismo la mayor parte del tiempo, mantén los ojos y oídos abiertos, y presta atención a lo que ves y escuchas. Si cometes errores, aprende de ellos y, con el tiempo, lograrás ser eficaz.

Dado que cada situación es diferente, ningún libro puede cubrir todas las necesidades particulares. En las mejores circunstancias, quien reconozca que un amigo o ser querido está entrando en un culto destructivo debería buscar ayuda profesional de inmediato.

Lo importante es esto: no demores.

Si conoces a alguien en un culto, empieza a planificar el proceso para ayudarlo ahora.

¿Qué harías si te llamaran esta noche y te dijeran que quieren hacer una visita larga mañana? Por sorprendente que parezca, esto sucede con bastante frecuencia. Usualmente, es un llamado de auxilio disfrazado. Lo ideal sería que estuvieras preparado para actuar tan pronto como cuelgues el teléfono.

Lo mejor que puedes hacer es comenzar a prepararte para esa posibilidad desde ahora.

Capítulo 10 – Liberando el control mental

Dondequiera que voy —al supermercado, al gimnasio, en un avión— me encuentro con personas involucradas en sectas destructivas. Me duele el corazón por ellas, porque yo mismo estuve atrapado en una situación similar. Con cada miembro de una secta que conozco, trato de recordar que son personas esclavizadas. También son el hijo o la hija de alguien, un hermano o una hermana. Cada vez que me cruzo con alguien en esa situación, siento una profunda gratitud por ser libre. Fui uno de los afortunados que tuvo la oportunidad de recibir asesoramiento para salir. Como hubo personas que me ayudaron, trato de compartir mi buena fortuna.

En estos encuentros fugaces, sé que solo tendré unos pocos minutos, pero intento decir o hacer algo que pueda ayudar. Por lo general, nunca vuelvo a saber de la persona, pero en ocasiones descubro que nuestra breve interacción tuvo un impacto a largo plazo.

En 1980, comencé a esforzarme deliberadamente por realizar mini-intervenciones improvisadas, que en realidad son pequeñas interacciones terapéuticas. Estaba ansioso por investigar y practicar enfoques no coercitivos para ayudar a liberar a alguien. Veía a cada miembro de una secta con el que me encontraba como una oportunidad para perfeccionar mis habilidades.

Estos encuentros me enseñaron formas más efectivas de comunicarme con miembros de sectas, métodos que sirven como claves para liberar el control mental sectario. Este capítulo presenta un resumen de esas claves, con algunos ejemplos de cómo las utilizo —y cómo tú también puedes usarlas.

En términos generales, estas son las tres claves más básicas para ayudar a un miembro de una secta:

Clave #1: Genera afinidad y confianza.

Clave #2: Usa una comunicación orientada a objetivos.

Clave #3: Desarrolla modelos de identidad.

Este capítulo presenta dos ejemplos de esfuerzos de rescate que he llevado a cabo, así como un mini-rescate que realizaron conmigo cuando aún era miembro de una secta. Estos ejemplos ayudarán a demostrar la importancia de las tres primeras claves y cómo pueden aplicarse de manera efectiva. En el resto de este capítulo, hablaré sobre las otras cinco claves, que permiten llevar un esfuerzo de rescate hasta una conclusión exitosa:

Clave #4: Accede a la identidad previa a la secta (auténtica).

Clave #5: Ayuda al miembro de la secta a ver la realidad desde múltiples perspectivas.

Clave #6: Evita el proceso de bloqueo del pensamiento proporcionando información de manera indirecta.

Clave #7: Ayúdalos a visualizar un futuro feliz fuera de la secta.

Clave #8: Ofrécele al miembro de la secta definiciones concretas sobre el control mental y las características específicas de una secta destructiva.

Clave #1: Generar afinidad y confianza

Ya he resaltado la importancia de generar afinidad; existen varias técnicas para establecer una conexión no verbal. La primera consiste simplemente en reflejar el lenguaje corporal de la persona con la que estoy hablando. También utilizo un tono de voz amigable y no amenazante, así como un estilo de preguntas que fomente la conversación sin parecer confrontativo. Además, procuro evitar comentarios que puedan parecer jazgadores. Al igual que andar en bicicleta o aprender un idioma extranjero, generar afinidad es una habilidad que cualquiera puede aprender y desarrollar.

Clave #2: Usa una comunicación orientada a objetivos

Utilizada principalmente en el mundo de los negocios, la comunicación orientada a objetivos representa la mejor manera de influir en las personas de forma deliberada. Este enfoque es radicalmente diferente al que solemos utilizar al interactuar con familiares o amigos. Cuando estamos con personas cercanas, normalmente decimos lo que pensamos o sentimos sin filtros, porque estamos siendo "nosotros mismos". No tenemos un propósito específico de influir en los demás.

En el ámbito empresarial, la mayoría de las personas deben reflexionar sobre sus metas y determinar la mejor manera de alcanzarlas. Los líderes empresariales comprenden que, en muchas ocasiones, necesitan establecer un plan paso a paso para convertir sus sueños en realidad.

Del mismo modo, para ayudar a alguien a liberarse de una secta destructiva, puede ser igual de útil definir con claridad tu objetivo y luego determinar la mejor estrategia para lograrlo.

Por supuesto, tu objetivo principal es ayudar a la persona que te importa a empezar a pensar por sí misma (y, con suerte, a salir de la secta). Para lograr esto, necesitas utilizar la comunicación para comprender exactamente a quién estás tratando de influir. Esto implica conocer y entender la nueva personalidad controlada mentalmente de tu ser querido. También significa, si es posible, descubrir más sobre la persona real que todavía está detrás de esa identidad impuesta. Luego, debes usar la comunicación para generar confianza y afinidad. Finalmente, debes emplearla para ayudar al miembro de la secta a comenzar a cuestionar, investigar y pensar por sí mismo.

Clave #3: Desarrollar modelos de identidad

A través de la recopilación de información, los familiares y amigos pueden investigar a fondo al miembro de la secta que esperan influenciar. Para que el proceso sea más efectivo, es necesario construir tres modelos o formas de pensamiento.

El primer modelo representa quién era la persona antes de unirse a la secta: cómo se veía a sí misma, cómo percibía el mundo, sus relaciones, sus fortalezas y sus debilidades. Es decir, la manera en que comprendía estos aspectos de su vida. La mejor forma de recopilar esta información es a partir de lo que la persona ha escrito o ha dicho a amigos y familiares.

El segundo modelo es el de un miembro típico de la secta. Cualquier exmiembro puede proporcionar un modelo general útil sobre cómo los integrantes de la secta perciben la realidad. Los exmiembros pueden actuar como mentores y enseñarte a pensar como lo haría un miembro de la secta.

Idealmente, las personas pueden hacer simulaciones para experimentar cómo se siente ser parte de la secta. Al igual que un actor ensaya sus líneas en personaje, aquí lo importante es la caracterización, incluso cuando las respuestas sean espontáneas.

Diferentes miembros de la familia pueden turnarse para interactuar con el "miembro de la secta" y también para asumir ese rol. Cuanto más practiquen estas dinámicas, mejor comprenderán la manera de pensar de un miembro de la secta.

El tercer modelo es el de la persona específica dentro de la secta, tal como es en la actualidad. Al contrastarlo con los modelos del miembro genérico de la secta y de su verdadero yo, puedes hacerte una buena idea de cuándo la persona está actuando bajo la influencia de la secta y cuándo está siendo su verdadero yo.

Sin embargo, recuerda que en cada miembro de una secta hay una lucha constante entre su identidad sectaria y su identidad real. En cualquier momento, podrías notar cómo la persona cambia de una a otra.

Muchos miembros de sectas intentan resistirse a su identidad sectaria siempre que pueden. Por ejemplo, en una secta, sus miembros eran vegetarianos y no consumían drogas ni alcohol. Sin embargo, conocí a varios integrantes de ese grupo que me confesaron que solían escaparse de la comunidad y conducir 35 millas solo para comerse una hamburguesa y tomar una cerveza.

Si logras generar una buena conexión con alguien dentro de una secta, podrías descubrir este tipo de información y aprovecharla de manera constructiva.

Cuando me llaman para ayudar en un esfuerzo de rescate, intento tener la comprensión más completa posible de los tres modelos de identidad antes de reunirme con el miembro de la secta. Luego, cuando estoy con la persona, refino los tres modelos haciendo preguntas específicas. En el transcurso de tres días, puedo desarrollar un conjunto sofisticado de mapas mentales.

Al igual que un actor, soy capaz de ponerme en el lugar de la persona a la que estoy asesorando e imaginarme en su situación. Me sumerjo en su realidad. Durante todo el proceso de asesoramiento, alterno entre los diferentes modelos de identidad.

Pongo a prueba el modelo de quién es la persona en la actualidad—es decir, su identidad sectaria—anticipando cómo respondería en una conversación imaginaria en mi mente. Luego, formulo la misma pregunta a la persona real y analizo qué tan acertada fue mi predicción. A medida que la interacción avanza, sigo refinando el modelo cada vez más.

Cuanto más rápido logre crear un modelo preciso de la identidad sectaria de la persona, más rápido podré "convertirme" en ella. Una vez que me pongo en su lugar, puedo determinar qué es necesario decir o hacer para ayudarla a recuperar el control de su vida.

En última instancia, es la identidad real de la persona la que me

316

muestra cómo abrir las puertas. Ella misma me indica qué claves debo usar, dónde encontrarlas y en qué orden utilizarlas.

Este proceso de descubrimiento se puede ilustrar con la siguiente interacción con un joven miembro de una secta que enfatiza la meditación, liderada por un hombre llamado Guru Maharaj Ji, también conocido como Prem Rawat.

Un esfuerzo de rescate: Gary y la Divine Light Mission

Un joven y yo estábamos esperando el autobús. Noté algunos folletos que llevaba en la mano.

—Tengo curiosidad —dije—. ¿Cuánto tiempo llevas en la Divine Light Mission?

—Aproximadamente siete años —respondió. Sus ojos se alzaron lentamente hasta encontrarse con los míos.

—Es mucho tiempo —comenté—. ¿Cuántos años tenías cuando entraste? —Intenté sonar casual, como si fuera un viejo amigo.

—Tenía 20.

—Hola, soy Steve —dije, extendiendo la mano para estrechar la suya—. Perdón si te estoy molestando. ¿Cómo te llamas?

—Me llamo Gary —dijo, algo desconcertado. Parecía no saber qué pensar de mí.

—Gary, solo tengo curiosidad: ¿qué hacías en ese momento de tu vida?

—¿Por qué quieres saberlo? —preguntó con expresión de desconcierto.

—Me encanta hablar con personas que han tomado decisiones poco convencionales en su vida. Me interesa entender por qué la gente hace lo que hace —me encogí de hombros ligeramente.

—Oh. Bueno, en aquel entonces trabajaba para una empresa de construcción, levantando edificios.

—¿Algo más? —pregunté.

—Sí, bueno, me gustaba pasar el rato con mis amigos. También me interesaban mucho los animales. Tenía dos perros, un gato, algunos peces tropicales y un conejo.

Una cálida sonrisa iluminó su rostro mientras recordaba a sus amigos y a sus mascotas.

—Vaya, realmente te gustaban los animales. ¿Tenías algún favorito?

—pregunté.

—Bueno, mi perro Inferno era muy especial. Él y yo éramos como mejores amigos.

—¿Qué lo hacía tan especial? —pregunté.

—Tenía un espíritu independiente. Le encantaba la aventura. Amaba acompañarme al bosque.

Era evidente que extrañaba mucho a su perro. Compartí con él que yo también crecí con perros y que los amo. Esto fortaleció nuestra conexión.

—Entonces, te gusta el espíritu independiente. ¿Admirabas a alguien que se mantuviera firme y siguiera lo que creía correcto sin importar lo que dijeran los demás?

Estaba haciendo mi mejor esfuerzo por empoderar a Gary, recordándole las cualidades que solía admirar.

—Así es. Inferno hacía lo que quería hacer. Y por eso lo amaba tanto.

El tono de Gary era algo defensivo y con un aire de autosuficiencia.

—Dime, Gary, ¿qué fue lo que te hizo decidir que la Divine Light Mission era el grupo en el que querías pasar tu vida?

—Nunca lo había pensado de esa manera —dijo, con el rostro ensombrecido.

—Bueno, entonces, ¿qué fue lo que te llevó a involucrarte? —pregunté con un tono animado.

—En ese momento, mi novia Carol empezó a ir a *satsang*, ya sabes, reuniones en grupo, y yo la acompañé. Escuchábamos a la gente hablar maravillas sobre su experiencia con el *Conocimiento* y lo increíble que los hacía sentir.

Seguí indagando.

—¿Decidiste iniciarte primero tú o Carol?

—Ella. Al principio, me pareció un poco extraño todo el asunto. Pero después de que empezó a meditar, me entró curiosidad y decidí hacerlo también.

—¿En qué año fue eso? —pregunté.

—En 1973.

—Y en ese momento, ¿qué pensabas de Guru Maharaj Ji?

—Pensaba que era un joven indio que iba a traer una era de paz mundial —dijo con un toque de sarcasmo.

—¿Estuviste en aquella gran reunión en el Astrodome de Houston? —pregunté.

—Sí —respondió.

—¿Y qué fue de Carol?

—No lo sé —dijo Gary, con el rostro ensombrecido de nuevo—. Nos separamos unos meses después de habernos unido al grupo.

—¿Cuándo fue la última vez que hablaste con ella? —pregunté.

—Hace unos cuatro años me escribió para decirme que había decidido volver a la escuela y que ya no iba a practicar el *Conocimiento*.

—¿Por qué dijo que ya no sería parte del grupo?

—No lo recuerdo —respondió, mirando fijamente al suelo.

—¿Así que la persona que te introdujo al grupo lo dejó hace cuatro años? —repetí.

—Ajá.

—¿Y nunca te sentaste con ella para averiguar por qué se fue, después de haber estado en el grupo durante tres años?

—¿Por qué me miras así? —preguntó Gary, levantando la vista hacia mí.

Sonreí, bajé la mirada y luego lo miré directamente a los ojos.

—Bueno, no lo entiendo, Gary. Si mi exnovia dejara el grupo al que ella misma me introdujo, sin duda querría sentarme con ella y averiguar todo lo que pudiera. Debió de tener muy buenas razones para irse después de tres años. Y, obviamente, se preocupaba lo suficiente por ti como para contactarte y hacerte saber su decisión.

Hice una pausa. Gary se quedó allí, en silencio. Esperé un poco más. Luego continué:

—Supongo que ya no hay forma de que puedas ponerte en contacto con ella.

—En realidad, sus padres probablemente sigan viviendo en la misma dirección. Estoy seguro de que podría encontrarla.

Mi autobús llegó a la parada.

—Podría ser una buena idea. Bueno, te deseo mucha suerte, Gary. Fue un gusto hablar contigo. Gracias.

Se despidió de mí con la mano mientras mi autobús se alejaba.

La conversación anterior demuestra cuánto se puede hacer para ayudar a alguien atrapado en una secta de control mental en solo unos minutos. Durante ese breve tiempo, pude establecer rápidamente una conexión con Gary, recopilar información muy valiosa sobre él y usar lo que aprendí para ayudarlo a dar un paso importante fuera del grupo.

Si hubiera usado un tono amenazante o condescendiente, nunca habría logrado nada con Gary. Sin embargo, como adopté un tono de curiosidad e interés genuino, él estuvo dispuesto a pasar el rato y charlar con un extraño amigable.

Una vez que supe cuánto tiempo llevaba en la secta, pude determinar rápidamente que no estaba particularmente entusiasmado con el grupo. Me resultó relativamente fácil ayudarlo a recordar su vida antes de unirse. Al rememorar lo que hacía en aquel entonces, pudo reconectar con su identidad real y recordar cómo pensaba, sentía y actuaba antes de ser adoctrinado. No solo recordó a su perro favorito, sino que también habló de cuánto valoraba el espíritu independiente y aventurero.

Esto era un recurso valioso—uno que necesitaría para ayudarlo a dejar atrás un compromiso de siete años con Guru Maharaj Ji.

Gary también recordó lo que había pensado del grupo antes de involucrarse. Retrocedió en el tiempo y lo miró con los ojos que tenía antes de entrar en la secta, dándose cuenta de que en su momento le había parecido algo extraño. En aquel entonces, ciertamente nunca tuvo la intención de unirse al grupo de por vida.

Una estrategia importante para poner a prueba la realidad es retroceder en el tiempo y preguntarse: "Si hubieras sabido entonces lo que sabes ahora, ¿habrías tomado la misma decisión?" Para Gary, aparentemente la respuesta habría sido no.

Luego, mientras intentaba obtener más información, Gary me sorprendió al decirme que Carol, quien originalmente lo había reclutado, había dejado el grupo. Dado que toda persona bajo control mental desarrolla un miedo irracional a dejar la secta, no me sorprendió que Gary no supiera por qué ella se había ido. Cuatro años atrás, probablemente no habría podido ni siquiera considerar hablar con ella.

Sin embargo, me quedó claro que Gary seguía sintiendo curiosidad por saber por qué Carol había dejado el grupo. Ahora estaba en un punto de su vida en el que era más receptivo a esta posibilidad. Le di un pequeño empujón para que fuera a hablar con ella.

Mi propia experiencia con una mini-interacción

Cuando salí de los Moonies por primera vez, busqué en mi memoria momentos en los que hubiera tenido preguntas o dudas sobre la organización. Recordé varias ocasiones en las que, por un instante, pensé fuera del marco mental de los Moonies. Aunque esas experiencias no fueron suficientes para hacerme salir en ese momento, resultaron significativas cuando fui desprogramado.

Una de esas experiencias involucró a una persona amable que conocí por casualidad. Durante mi primer año como miembro de la secta, estaba recaudando fondos en un sofocante día de verano en Manhattan. Me acerqué a un hombre que debía tener unos sesenta años y le pregunté si quería comprar flores.

—¿Para qué estás vendiendo flores, joven? —me preguntó con una cálida sonrisa.

—Para programas juveniles cristianos —respondí, con la esperanza de venderle una docena de claveles.

—Vaya, vaya, pareces estar acalorado —dijo.

—Sí, señor. Pero esta causa es muy importante, así que no me importa.

—¿Qué te parecería si te llevo a esta cafetería y te invito a algo frío para beber? —preguntó.

Pensé: 'Este hombre es amable, pero tiene que comprar algunas flores; de lo contrario, no tendrá una conexión con el Padre'. Luego recordé que Jesús dijo que cualquiera que le dé agua a una persona sedienta está haciendo la voluntad de Dios.

—Solo cinco minutos —dijo con un brillo en los ojos—. Te refrescará y así podrás vender aún más flores.

—Está bien. Muchas gracias.

Entramos en la cafetería con aire acondicionado. Se sentía tan bien estar fuera del sol.

Cuando nos sentamos en una mesa, dijo:

—Cuéntame un poco sobre ti.

—Bueno, crecí en una familia judía en Queens.

—Oh, así que eres judío —dijo con una cálida sonrisa—. Yo también.

Pensé que quizás Dios me había enviado a esta persona para que le "diera testimonio" (un término que usábamos para reclutar). Nos habían instruido que, mientras recaudábamos fondos, nunca debíamos pasar más de un par de minutos con una sola persona. Pero dado que mi trabajo principal era reclutar y que me habían enviado a recaudar fondos un sábado, tal vez estaba bien pasar unos minutos extra con él.

Al final, debí haber pasado al menos media hora con él. Logró que yo llevara la mayor parte de la conversación. Durante ese tiempo, me invadió una nostalgia increíble—no solo por mi familia y mis amigos, sino por jugar baloncesto, escribir poesía y leer libros.

Antes de irme, insistió en que llamara a casa y me acompañó hasta el teléfono. Él mismo puso la moneda de diez centavos. Recuerdo que aquel hombre me hizo pensar en mi abuelo, alguien a quien quería profundamente. No tuve la fuerza de voluntad para negarme. Además, habría dado una mala imagen del grupo si me negaba a hablar con mis padres.

Hablé con mi madre durante unos minutos. Después de eso, sentí que tenía que arrancarme de aquel hombre. Mi identidad sectaria se estaba imponiendo con fuerza. Empecé a sentirme culpable por no haber estado recaudando dinero y permitiendo que las personas "pagaran indemnización" y se conectaran con el Mesías.

Pero estaba atontado y no pude vender nada por el resto del día.

Eventualmente, un líder Moonie me dijo que había creado una "mala condición" al entrar a la cafetería para tomar una bebida fría; que Satanás me había tentado y que había fallado. Me dijo que, en mi debilidad, había crucificado a Jesús en la cruz una vez más.

Esa noche recé, me arrepentí y traté de suprimir cualquier recuerdo de lo sucedido. Nunca volví a pensar en esa experiencia hasta después de haber sido desprogramado.

Ahora, echemos un vistazo a otra intervención a gran escala, esta vez con un devoto de Krishna.

Phil y los Hare Krishna/ISKCON

Aunque la mayoría de los estadounidenses no lo saben, la secta Hare Krishna, también conocida como ISKCON (Sociedad Internacional para la Conciencia de Krishna), sigue muy activa a pesar de que su fundador falleció en 1977.

A continuación, relato mis esfuerzos con Phil, quien había sido miembro de la secta Hare Krishna durante más de tres años. Phil se unió al grupo unos seis meses después de que su hermano gemelo, Tom, muriera en un accidente automovilístico mientras caminaba hacia una tienda del vecindario. La muerte fue un golpe duro para su familia y sumió a Phil en una profunda depresión. Incluso llegó a contemplar el suicidio. Recibió medicamentos y terapia, pero nada parecía ayudarlo. Hasta que un día, mientras caminaba por el centro de la ciudad, un miembro de los Krishna se le acercó. Poco tiempo después, se convirtió en miembro del grupo.

Conocí a Phil durante una de sus pocas visitas a su familia y fui presentado como un consejero familiar que había estado trabajando con sus padres y sus dos hermanas durante varios meses. Le dije a Phil que sentía que necesitaba hablar con él a solas antes de hacer cualquier sesión con toda la familia. Le expliqué que, en mi opinión, él era un miembro muy importante de la familia y que su participación era fundamental.

Después de presentarme, le sugerí que saliéramos a dar un paseo para conocernos mejor. Vestía con la ropa típica de los Krishna, incluidas las sandalias. Pasé los primeros minutos explicándole mi experiencia como consejero especializado en estrategias de comunicación y dinámicas familiares, comprometido en ayudar a las personas a crecer y a mejorar sus relaciones con sus seres queridos. Me dijo que ahora se hacía llamar Gorivinda.

—Entonces, Gorivinda—Phil (siempre es mejor usar el nombre previo a la secta)—, ¿te importaría contarme cómo te sientes ahora con respecto a tu familia? —Mantuve las manos en los bolsillos y dirigí la mirada hacia el suelo.

—No lo sé —respondió, encogiéndose ligeramente de hombros.

—Bueno, ¿estás contento con la relación que tienes actualmente con tu madre? ¿Tu padre? ¿Tus hermanos?

—Las cosas han mejorado mucho desde que dejaron de criticar mi compromiso religioso —contestó.

—¿Cómo te sientes cuando vienes de visita a casa? —pregunté con la mayor delicadeza posible.

—Para ser honesto, es un poco extraño —dijo.

Me alegró su respuesta.

—¿A qué te refieres? —indagué en busca de más información.

—Bueno, es como llegar a otro mundo. Es muy diferente de la vida devocional en el templo.

—¿Hay algún sentimiento positivo cuando vuelves a casa?

—Sí —dijo con calidez—. Amo mucho a mis padres, a mis hermanas y a mi hermano.

Luego, se corrigió a sí mismo y añadió:

—Pero ellos viven en el mundo material.

—Ya veo —dije, un poco desanimado al notar que se había corregido e incorporado la perspectiva de la secta—. ¿Te importaría contarme sobre tu hermano gemelo y lo que significó para ti su muerte?

Esperaba dirigirlo de nuevo hacia su identidad previa a la secta.

—¿Por qué? —preguntó con desconfianza.

—Porque, como profesional de la salud mental, creo que toda tu familia sigue sufriendo por esa tragedia —comenté, esperando que aceptara mi sinceridad.

Al escuchar eso, Phil empezó a llorar y se le hizo un nudo en la garganta. Me impactó la intensidad de sus emociones. Luego se detuvo, juntó las manos y comenzó a mecerse de un lado a otro. Estaba cantando para bloquear sus pensamientos: una técnica de detención del pensamiento. Después de unos minutos, logró recomponerse.

—Tom y yo éramos muy unidos —dijo, ya comenzando a perder el control otra vez.

—Háblame de él cuando estaba vivo. ¿Cómo era? ¿Qué le gustaba hacer?

El rostro de Phil se iluminó al recordar a su hermano.

—Tom era brillante, enérgico y tenía un gran sentido del humor. De los dos, él era el más decidido. Siempre me motivaba a hacer cosas.

—Dime, Phil, ¿qué crees que estaría haciendo hoy si no hubiera tenido el accidente?

Esperaba hacer que Phil pensara en la vida que Tom habría tenido.

—Esa es difícil —respondió Phil.

—¿Crees que se habría unido a los Krishna? —pregunté con una sonrisa.

—No, nunca —dijo Phil con firmeza—. Tom nunca se interesó demasiado por la religión, aunque sí era una persona muy espiritual.

—Entonces, ¿qué crees que estaría haciendo hoy? —repetí.

— Siempre decía que quería entrar al mundo de los medios y trabajar en televisión. Su objetivo era ser presentador del noticiero de las seis.

—Entonces, le gustaban las noticias. ¿También le interesaba el periodismo de investigación?

Sabía que si decía que sí, tendría otro ángulo con el que trabajar más adelante.

—¡Era su favorito! —respondió.

Bingo. Decidí explorar otro ángulo primero.

—En aquella época, ¿qué te imaginabas haciendo?

—¿En aquel entonces? Quería ser músico —dijo con entusiasmo.

—Eso es —dije—. Tu hermana me mencionó que tocabas la guitarra eléctrica. También componías canciones.

—Sí.

Sentí que Phil empezaba a hacer algunas de las conexiones importantes que esperaba que hiciera.

—Entonces, ¿querías tener tu propia banda y grabar discos, todo el paquete?

Quería que Phil recordara la mayor cantidad de detalles posible.

—Claro. Me encantaba la música. Recuerdo cantar mis canciones con Tom. A veces él me ayudaba con la letra —dijo con evidente orgullo.

—¿Así que podrías imaginarte siendo un músico exitoso, viviendo una vida feliz y espiritualmente plena? —pregunté, asintiendo con la cabeza.

Quería que creara una imagen mental lo más vívida posible.

—¡Por supuesto! —dijo Phil, con la mirada desenfocada. Se notaba que estaba disfrutando lo que imaginaba.

—¿Puedes imaginar lo increíble que se siente estar en el escenario, cantando tus canciones, conmoviendo a la gente con tu creatividad, haciéndolos felices? —pregunté.

Quería que Phil se conectara con lo bien que se sentiría siendo músico.

—¡Sí! Es una sensación maravillosa —dijo.

—Genial. Ahora imagina disfrutar de tu música, y tal vez ver a tus amigos allí también. Seguro que admiran y respetan mucho tu talento. Quizás incluso estés felizmente casado, tal vez con hijos.

Sabía que estaba corriendo un riesgo, pero parecía disfrutar al incluir a la esposa y los hijos en su fantasía. Esperé unos minutos en silencio hasta que Phil regresó de su agradable viaje imaginario.

—Ahora tengo otra pregunta.

Hice una pausa y tomé una respiración profunda.

—¿Qué crees que diría Tom si te viera ahora en los Hare Krishna?

Tengo que admitir que me tomó por sorpresa cuando Phil rompió en un llanto intenso que duró al menos cinco minutos. Para ese momento, ya estábamos sentados juntos en un parque tranquilo. Phil se sujetaba el pecho y se mecía de un lado a otro. Sus sollozos resonaban desde lo más profundo de su ser.

Dudé por un momento si debía rodearlo con el brazo para consolarlo, pero decidí no interrumpir. Finalmente, se calmó y se recompuso.

Lo miré con compasión y decidí intentarlo de nuevo.

—De verdad, ¿qué le dirías a Tom? —pregunté.

Phil se secó los ojos y respondió con firmeza:

—No quiero hablar más de esto, ¿de acuerdo?

Asentí y guardé silencio por un momento. Decidí dejar que reflexionara sobre la pregunta un poco más, esperando que encontrara la respuesta dentro de sí mismo. Luego le sugerí que nos pusiéramos de pie y siguiéramos caminando. Quería que cambiara su estado de ánimo.

—Hay algunas cosas más que me gustaría hablar contigo antes de que volvamos a la casa —dije, retomando la conversación—. Si pudieras ponerte en el lugar de tus padres, ¿cómo crees que se sentiría perder un hijo?

—¿Qué? —preguntó, levantando la vista hacia mí.

—Imagina que eres tu madre —continué—. Ella llevó en su vientre a Tom y a ti, les dio a luz, los amamantó, los cambió, los bañó. Los cuidó cuando estaban enfermos. Jugó con ustedes, les enseñó, los vio crecer hasta la adultez. ¿Puedes imaginar lo que debió haber sentido al perder a Tom?

—Sí. Fue horrible —respondió. En ese momento, realmente estaba hablando como si fuera su madre.

—¿Y tu padre? ¿Puedes detenerte a pensar en lo que significó para él? —agregué.

Phil respondió:

—Papá siempre fue el más cercano a Tom. Le afectó muchísimo.

—Sí —asentí—. Ahora, ¿puedes imaginar lo que debió haber sentido al ver que su otro hijo caía en una depresión suicida y que, unos meses después, cambiaba su nombre, se afeitaba la cabeza y se iba a vivir con un grupo controvertido?

—Debe haber sido horrible —repitió—. Me sentiría enojado. Sentiría que perdí a dos hijos.

—Eso es exactamente lo que me dijeron que sintieron —le dije—. ¿Puedes verlo ahora? Por eso fueron tan críticos con el grupo cuando te involucraste.

Hice una pausa y lo dejé reflexionar unos momentos antes de continuar.

—Tengo curiosidad por saber qué pasaba por tu mente cuando conociste al miembro del grupo por primera vez. ¿Qué fue lo que llamó tu atención y te hizo querer saber más?

Phil miró al cielo por un instante, luego bajó la vista al suelo, suspiró profundamente y dijo:

—Bueno, cuando me preguntó por qué me veía tan deprimido, le conté sobre la muerte de Tom. Le dije que no podía entender por qué algo así le había pasado a una persona tan maravillosa. Simplemente no tenía sentido. Entonces me empezó a explicar las leyes del karma y cómo este mundo material es solo una ilusión, y que debería estar feliz porque Tom había dejado su conciencia material, para poder regresar como un ser más evolucionado en su próxima vida.

—Ya veo. Así que el devoto te ayudó a comprender lo que le había sucedido a Tom de una manera que disipó tu miedo y confusión —dije.

—Y mi culpa —añadió.

—¿Y tu culpa? —indagué.

—Sí, verás, yo le pedí a Tom que fuera a la tienda ese día a comprarme una cuerda de guitarra. Estaba de camino cuando murió —dijo Phil.

—Entonces, ¿te culpaste por su muerte porque pensaste que, si no le hubieras pedido que fuera a la tienda, nunca habría tenido el accidente? —pregunté.

—Supongo que sí —respondió Phil, con tristeza.

Se me ocurrió que debía intentar ofrecerle otras perspectivas sobre el incidente. Comencé diciendo:

—Si Tom hubiera muerto en un accidente de natación, en el otro extremo del lago, ¿te habrías culpado por no haber estado más cerca de él?

Phil pensó por un momento.

—Tal vez.

—¿Puedes imaginar alguna manera en la que Tom hubiera muerto y que no hubiera sido tu culpa? —pregunté.

Phil hizo una pausa antes de responder.

—Supongo que no. Pero el hecho es que iba a la tienda por mí.

—¿Es posible que también tuviera otras cosas que comprar o algún otro recado que hacer? ¿Es posible que decidiera tomar una ruta diferente a la habitual para ir a la tienda y que fuera ahí donde ocurrió el accidente? —pregunté.

Phil pareció desconcertado.

— ¿Cómo crees que se sentiría Tom ahora si hubieras sido tú quien fuera a la tienda ese día y muriera en un accidente de coche? —pregunté—. ¿Se deprimiría, pensaría en suicidarse y luego se uniría a los Hare Krishnas?

Phil soltó una carcajada.

Supe que había dado en el blanco. A los pocos minutos, fue él quien empezó a hacerme preguntas.

—Steve, ¿qué opinas de los Krishnas? —preguntó Phil.

Pensé que realmente estaba tratando de poner a prueba su "realidad", no solo buscando fallos en mis palabras para descartarme.

—Vaya, esa es difícil —dije, rascándome la cabeza.

Entonces dijo:

—Quiero saberlo.

—Mi papel como profesional, Phil, es brindar asesoramiento, no hacer juicios de valor sobre lo que las personas hacen con sus vidas. Aunque, claro, tengo mis propias opiniones —respondí.

—Quiero saber qué piensas personalmente —dijo Phil en voz baja.

—Bueno, para ser honesto, estoy muy preocupado. Verás, hace catorce años yo mismo me uní a un grupo religioso del que mi familia desaprobaba. También estaba deprimido antes de conocer a sus miembros y no estaba completamente seguro de lo que quería hacer con mi vida. En ese momento, pensaba que mi familia estaba tratando de interferir con mi derecho como adulto a elegir mi propio camino.

—¿Qué grupo? —preguntó Phil con curiosidad.

Decidí darle primero el nombre formal.

—La Asociación del Espíritu Santo para la Unificación del Cristianismo Mundial. También es conocida como la Iglesia de la Unificación —dije—. De cualquier manera, fui un miembro devoto del grupo durante más de dos años. Dormía tres horas por noche e incluso hice varios ayunos de siete días, bebiendo solo agua.

—Eso es un ayuno muy largo —dijo Phil con admiración. Podía notar que estaba escuchando cada palabra que decía.

—Sí. Perdía un promedio de quince libras al final de la semana. En mi grupo, venerábamos al líder como uno de los más grandes maestros espirituales que habían existido. De hecho, creíamos que se había reunido con Jesús, Buda, Mahoma, Krishna y todos los grandes líderes espirituales.

—¿Ustedes creían eso? —preguntó asombrado.

—Sí. Creíamos en un mundo espiritual. De hecho, creíamos que cuando alguien moría, como Tom, era para pagar una indemnización por algún pecado cometido en su linaje. De este modo, otro miembro de la familia podía unirse al grupo, servir al hombre que venerábamos como el Mesías viviente y, posteriormente, intervenir para salvar a la persona que había pasado al mundo espiritual. De esta manera, Dios no solo restauraría el mundo entero a su estado original de bondad, sino que también restauraría a todos los seres espirituales en el mundo espiritual, quienes no podían avanzar sin los "elementos de vitalidad" proporcionados por aquellos en la Tierra.

La mandíbula de Phil quedó levemente abierta.

—¿De verdad creías eso? —preguntó.

—En ese momento, absolutamente —respondí—. Verás, en la Iglesia, los miembros no podían hacer preguntas críticas sobre nada de lo que el líder decía o hacía. Nos enseñaban a creer que cualquier cosa que desafiara al líder o las creencias del grupo era "negativa" y que era causada por espíritus malignos. Nos enseñaban a hacer "bloqueo del pensamiento" para apagar nuestras mentes. En mi grupo, lo hacíamos rezando intensamente y también cantando cada vez que empezábamos a dudar o cuando sentíamos nostalgia de nuestro hogar.

—¿Cómo se llamaba el grupo otra vez? —preguntó.

—La Iglesia de la Unificación —dije—. Probablemente la conozcas como los Moonies.

—¿Estuviste en los Moonies? No... ¡No lo puedo creer! —exclamó Phil.

—Es cierto. De hecho, fui un seguidor devoto de Sun Myung Moon. Habría estado dispuesto a morir sin dudarlo si él me lo hubiera ordenado —respondí.

—¡Eso es increíble! —dijo Phil.

—Y no solo eso —continué—. Nos hacían sentir, literalmente, que si alguna vez dejábamos el grupo, nuestras vidas se desmoronarían. Nos decían que estaríamos traicionando a Dios, al Mesías, a diez generaciones de nuestros ancestros... de hecho, a todo el mundo. Nos aseguraban que todos nuestros familiares en el mundo espiritual nos acusarían por la eternidad de haber traicionado a Dios. Era un peso enorme. También nos decían que evitáramos a todos los exmiembros, porque estaban controlados por el mal. Si alguien cercano a nosotros dejaba el grupo, nos hacían sentir que era un traidor, un "Benedict Arnold", y que estaba poseído por espíritus demoníacos. ¿Puedes ponerte en mi lugar e imaginar cómo me sentía estando ahí dentro?

—Sí —dijo Phil—. Increíble. ¿Cómo lograste salir?

—Bueno, tuve un accidente de auto en el que casi muero —dije—. Después de dos semanas en el hospital y una operación en la pierna, logré obtener permiso para visitar a mi hermana. Ella había dado a luz a mi sobrino más de un año antes, pero nunca lo había visto. Nunca había conseguido permiso de mi líder central. De cualquier manera, mis padres contrataron a algunos exmoonies para que vinieran a hablar conmigo.

—¿No intentaste resistirte? —preguntó Phil.

—Por supuesto. En el grupo me habían enseñado sobre la desprogramación —respondí—. Me dijeron que me torturarían y tratarían de romper mi fe en Dios. Por supuesto que intenté escapar, pero con una pierna rota y sin muletas, no podía llegar muy lejos.

—Entonces, ¿qué fue lo que te hizo decidir irte? —dijo Phil. Podía ver que realmente quería saberlo.

Le expliqué todas las cosas que había aprendido durante mi intervención. Le conté que me había dado cuenta de que los exmiembros seguían amando a Dios y eran personas genuinamente buenas. Le describí cómo habían decidido dejar el grupo porque ya no querían seguir a un demagogo que buscaba crear un mundo en el que todos fueran idénticos en pensamiento, sentimiento y acción.

Los exmiembros me dijeron que creían que Dios les había dado libre albedrío para que pudieran elegir hacer lo correcto, en lugar de ser forzados mediante el control mental a hacer lo que el líder consideraba correcto. Le dije que cualquier grupo que les dijera a sus miembros que no pensaran, sino que obedecieran ciegamente a sus líderes, era peligroso. También le expliqué que cualquier organización que les prohibiera a sus miembros hablar con exmiembros o leer información crítica estaba ejerciendo control de la información, un componente esencial del control mental.

Le conté que, durante mi proceso de consejería, comencé a recordar preguntas específicas que había enterrado y contradicciones concretas que había observado, pero en las que nunca había tenido tiempo de pensar mientras estaba rodeado de miembros. Como un "buen" miembro, tenía que usar el bloqueo del pensamiento casi todo el tiempo.

Una vez que me animaron a reconectar con quien realmente era y a replantearme toda mi experiencia de manera objetiva, pude ver que, en realidad, había sido muy infeliz en el grupo: había renunciado a mi individualidad, mi creatividad y mi autonomía.

—También participé en reclutar a otras personas para el grupo y en forzarlas a ser de la misma manera. Sentía mucha culpa por las cosas que hice mientras era miembro, Phil.

Hablamos durante mucho tiempo antes de regresar a la casa. Le dije a la familia que quizá deberíamos tomarnos unas horas antes de comenzar la terapia familiar. No me sorprendió que Phil quisiera estar solo un rato para pensar.

La sesión de consejería familiar que tuvo lugar más tarde se basó en el trabajo que había hecho con Phil. Para cuando terminamos esa noche, la familia le había expresado a Phil su intenso deseo de que se diera la oportunidad de escuchar realmente "toda la historia".

Phil aceptó pasar varios días hablando con exmiembros y reevaluando su participación en el grupo Hare Krishna. Se trajeron varias personas para ayudarlo en este proceso. Pude ayudar a la familia a resolver parte de su dolor y conflictos, y Phil finalmente tomó la decisión de dejar la secta.

Me alegra mucho informar que, en la actualidad, Phil está siguiendo una carrera en la música.

Para Cada Cerradura Hay una Llave

En mi intervención con Phil, establecí una conexión, utilicé técnicas de comunicación orientadas a objetivos y desarrollé modelos de su identidad. También intenté deliberadamente que viera su situación desde otra perspectiva. Luego, apliqué intencionalmente las claves para desbloquear los últimos mecanismos de su control mental, y él respondió de manera positiva.

Estas claves pueden alcanzar los niveles más profundos de una persona, más allá de cualquier "virus" de control mental, hasta la esencia de su verdadero ser. La repentina ruptura emocional de Phil en un llanto catártico, al enfrentarse al dolor y la culpa por la muerte de su hermano gemelo, fue su llave. Los cambios que estas claves pueden desbloquear son profundos.

Clave #4: Reconectar a la Persona con su Identidad Real

Cuando una persona empieza a recordar quién era antes de unirse a la secta, puedo ayudarla a anclarse nuevamente en una época en la que no existía su identidad sectaria y, por lo tanto, no había control mental. Le permito revisar lo que pensaba y sentía en cada etapa del proceso de reclutamiento. Casi siempre, la persona tuvo dudas o preguntas significativas en ese momento, pero estas fueron suprimidas hace mucho tiempo.

Es dentro de esta identidad previa a la secta donde puedo identificar exactamente qué necesita ver, escuchar o sentir para alejarse del grupo. Para algunas personas, esto puede significar descubrir cómo su líder tergiversa la Biblia. Para otras, puede ser conocer los antecedentes criminales y negocios turbios del líder. En otros casos, se trata de evidenciar contradicciones específicas dentro de la doctrina del grupo. También pueden ser clave las inconsistencias en la biografía del líder.

Por ejemplo, el creador de la Cienciología, Ron Hubbard, afirmó en *My Philosophy*, publicado en 1965, que al final de la Segunda Guerra Mundial había quedado 'lisiado con lesiones físicas en la cadera y la espalda' y 'ciego por daños en los nervios ópticos'. Sin embargo, esto se contradice con una conferencia de 1957, en la que afirmó haber vencido en una pelea contra tres suboficiales solo dos semanas antes de que terminara la guerra.

La pregunta "¿Cómo sabrás cuándo es el momento de dejar el grupo?" puede ayudar a revelar el criterio fundamental de la persona. ¿Se irá si Dios se lo dice? ¿Se irá si descubre que le han mentido? Tan pronto como un miembro puede decirme explícitamente qué necesitaría saber para dejar el grupo, entonces puedo hacer todo lo posible por encontrarle la prueba que requiere.

En el caso de Phil, antes de unirse a los Hare Krishnas era una persona deprimida, con tendencias suicidas y consumida por la culpa de sentirse responsable de la muerte de su hermano. Si no hubiera podido ayudarlo a enfrentar sus emociones y reformular la percepción del accidente fatal de su hermano, jamás habría podido dejar el grupo. *(Se podría especular que, a un nivel inconsciente, estaba castigándose a sí mismo por su "pecado" al involucrarse en el grupo.)* Hasta que no pudiera replantear las circunstancias de la muerte de su hermano y verbalizar lo que sentía, nunca podría dar un paso adelante con una nueva perspectiva.

En este y otros casos similares, si la persona no estaba feliz ni saludable justo antes de unirse al grupo, es fundamental encontrar algún punto de referencia positivo que pueda servirle como ancla de identidad. Si no existen experiencias positivas lo suficientemente fuertes para cumplir esta función, entonces hay que crearlas o cultivarlas.

La imaginación puede utilizarse para generar experiencias positivas. Por ejemplo, se podría preguntar: "Si hubieras tenido una familia cálida y amorosa, ¿cómo crees que se sentiría?" o "Si tu padre hubiera sido todo lo que necesitabas mientras crecías, ¿qué cualidades tendría y qué cosas te hubiera gustado hacer juntos?"

Para que Phil pudiera siquiera considerar dejar a los Hare Krishnas, necesitaba reconectar con su yo auténtico y recordar lo bien que se sentía tocar la guitarra, escribir canciones y disfrutar con sus amigos y su familia. También necesitaba recordar a Tom como una persona llena de vida, y no solo como una víctima. En su mundo interior, Phil pudo "revivir" a Tom: su deseo de ser periodista de investigación, su rechazo a la religión organizada y su actitud decidida ante la vida.

Dado que los gemelos casi siempre tienen un vínculo extremadamente cercano, era fundamental que Phil restableciera su conexión emocional positiva con Tom.

Clave #5: Hacer Que el Miembro del Culto Vea la Realidad Desde Distintas Perspectivas

Durante mi interacción con Phil, le pedí que se viera a sí mismo desde distintas perspectivas. Cuando le propuse que cambiara su punto de vista y pensara como Tom, ocurrió un cambio drástico. Le pregunté qué haría Tom si la situación hubiera sido al revés, si Phil hubiera sido el que murió. ¿Se habría unido Tom a los Hare Krishnas? Phil estaba tan paralizado por el dolor que nunca había considerado su pérdida desde otra perspectiva. Luego, le pregunté qué diría Tom si supiera que Phil se había unido a los Krishnas. Su respuesta fue clara: Tom se habría reído de él y le habría dicho que volviera al mundo real.

Otra perspectiva importante que quería que Phil adoptara era la de sus padres. Necesitaba conectar con su dolor y su sentimiento de pérdida. Phil había estado tan inmerso en su propio sufrimiento que no se había dado cuenta de cuánto habían sido afectados los demás. De hecho, sus padres se habían mantenido fuertes para apoyar a sus hijos y, como resultado, nunca habían podido atravesar adecuadamente todas las etapas del duelo.

Ayudar a Phil a recordar y procesar su experiencia de reclutamiento en la secta también fue fundamental. Cuando le pedí que verbalizara lo que pensó y sintió al conocer al devoto por primera vez, sus sentimientos de culpa, largamente reprimidos, por haberle pedido a Tom que le comprara la cuerda de guitarra, salieron a la superficie por primera vez en años. Además, al recordar su reclutamiento, Phil también pudo revivir algunas de las preguntas y dudas que tuvo en ese momento. También recordó que cuando empezó a cantar mantras, el dolor desapareció. Recordó haber pensado en ese momento: "Esto es mucho mejor que sentirme suicida."

En todo esfuerzo de rescate, es crucial introducir diferentes perspectivas. Cada vez que un miembro de una secta adopta una nueva perspectiva, el control del grupo sobre él se debilita.

Además de pedirle a la persona que recuerde quién era antes de unirse al grupo, también puede ser muy útil invitarla a imaginar su futuro. ¿Cómo se ve en un año, dos años, cinco años o incluso diez años? ¿Qué cree, de manera realista, que estará haciendo entonces? ¿Vendiendo flores en las esquinas? Y si no, ¿cómo se sentiría si en diez años no pudiera hacer otra cosa más que vender flores en la calle?

Otra perspectiva valiosa puede ser la del propio líder del culto. En un esfuerzo de rescate, le pregunté a una seguidora de Moon: "Si fueras el Mesías, ¿vivirías como Sun Myung Moon, en una mansión lujosa, con dos yates personales de $250,000, limusinas y toda clase de lujos extravagantes?" Ella respondió: "Definitivamente no. Donaría todo mi dinero para ayudar a los pobres. Viviría de manera sencilla." Entonces le pregunté por qué creía que Moon vivía de esa manera. Me dijo: "Me inquieta. Siempre me ha inquietado." La realidad es que la mayoría de los líderes de sectas llevan vidas opulentas, mientras que sus seguidores suelen vivir en condiciones relativamente precarias.

Cuando le conté a Phil cómo se sentía ser parte de los Moonies, intenté transmitir especialmente lo que se sentía estar cerca de Moon: la emoción, el honor, la reverencia. Podría haberle pedido que imaginara lo que siente un Moonie que cree que Moon es diez veces más grande que Jesucristo—el increíble honor de vivir en la Tierra y conocer al Mesías en persona. Cuando Phil se puso en los zapatos de un Moonie, su experiencia como devoto de Krishna cambió para siempre.

Cada vez que un miembro de una secta es capaz de ponerse en el lugar de otra persona—ya sea un miembro de otro grupo, sus propios padres o incluso su líder—está debilitando su rigidez psicológica. De hecho, animar a un miembro de una secta a adoptar otra perspectiva le permite poner a prueba su propia realidad. En este proceso, el virus del control mental al que ha sido sometido se expone a la luz curativa de la verdad. La manera de deshacer la fe ciega es introducir nuevas perspectivas.

Clave #6: Esquivar el Proceso de Bloqueo del Pensamiento Dando Información de Manera Indirecta

Toda persona dentro de una secta ha sido programada para detener cualquier pensamiento negativo sobre el líder, la doctrina o la organización del grupo. Este proceso de bloqueo del pensamiento se activa cada vez que la persona percibe que alguien está cuestionando la validez del grupo. De esta manera, el bloqueo del pensamiento funciona como un escudo contra cualquier persona o información percibida como una amenaza. Además, los miembros han sido adoctrinados para creer que su grupo es superior y único, totalmente diferente de otras organizaciones.

Sin embargo, un miembro de una secta no activa este bloqueo si no percibe peligro. Como no creen que están en una secta, pero sí piensan que otros grupos sí lo son, es relativamente fácil mantener conversaciones largas y detalladas sobre sectas sin que sientan que estás atacando a su líder o a su grupo.

Por lo tanto, la forma más efectiva de comunicarse con un miembro de una secta es de manera indirecta. Si la persona pertenece a *The Way International*, no se sentirá amenazada en lo más mínimo si le hablas sobre los *Moonies*. Del mismo modo, si estás hablando con un miembro de los *Moonies*, no se sentirá atacado si le hablas sobre *The Way International*.

Este enfoque permite explicar los procesos y técnicas de control mental de una manera sutil y no confrontacional. Mientras tanto, estarás proporcionando a su inconsciente—su yo real— marcos de referencia esenciales para que comience a analizar por sí mismo lo que le ha sucedido.

En el caso de Phil, me aseguré de no atacar directamente a los Hare Krishnas. Si lo hubiera hecho, probablemente se habría puesto a la defensiva y comenzado a cantar. Si hubiera persistido en mi ataque, es probable que se hubiera alejado de la conversación. En cambio, toda la información que le di estaba basada en los *Moonies* y en otros grupos. Este método indirecto de transmitir información permite esquivar el mecanismo de bloqueo del pensamiento y hacer que el miembro de la secta pueda reflexionar sin sentirse amenazado.

Clave #7: Ayudar a la Persona a Visualizar un Futuro Feliz Fuera de la Secta

La doctrina del miedo (phobia indoctrination)—el temor a dejar el grupo—suele inculcarse a un nivel inconsciente. La identidad sectaria nunca se plantea abandonar la organización; de hecho, siempre parece feliz, entusiasta y obediente a sus superiores. Sin embargo, es el yo auténtico el que ha sido esclavizado.

Para ayudar a Phil a comenzar a liberarse de este adoctrinamiento basado en el miedo, le pedí que imaginara un futuro que realmente disfrutara: tocando música, rodeado de amigos, con una esposa, hijos y cerca de su familia. Luego, le pedí que se sumergiera en esa imagen mental y disfrutara la experiencia. Al hacer esto, le estaba abriendo una puerta de salida de los Hare Krishnas. Esta simple técnica de visualización comenzó a desmantelar su adoctrinamiento y se convirtió en un puente hacia otra posible vida.

En otros casos, a menudo les pregunto a los miembros de una secta: "Si nunca hubieras conocido a este grupo y estuvieras haciendo exactamente lo que quieres hacer, ¿qué sería?" Por lo general, tengo que repetir la pregunta varias veces.

"De verdad, imagina que estuvieras haciendo exactamente lo que deseas, que fueras completamente feliz, espiritualmente y personalmente realizado, y que nunca hubieras sabido de la existencia del grupo. ¿Qué estarías haciendo?"

Las respuestas varían: "Sería médico y trabajaría en una clínica atendiendo a personas de escasos recursos." "Sería tenista profesional." "Estaría navegando alrededor del mundo."

Una vez que la persona verbaliza su fantasía, trato de persuadirla para que se introduzca en su visualización de una nueva vida y se involucre emocionalmente en ella. De este modo, puedo empezar a neutralizar los miedos negativos programados sobre hacer algo fuera de la secta.

Cuando se establece un punto de referencia personal positivo, la imagen generada por la secta—un mundo exterior oscuro y lleno de desastres—empieza a cambiar.

Con una imagen positiva en su mente, se abre un puente hacia otras posibilidades. Las personas fuera del grupo pueden ser cálidas y amorosas. Se pueden aprender muchas cosas interesantes fuera de la secta. Hay muchos placeres y experiencias enriquecedoras esperándolos. La plenitud espiritual y religiosa también puede encontrarse fuera del grupo.

Una vez que el mundo exterior se percibe como un lugar lleno de experiencias positivas, la secta pierde parte de su control sobre la percepción de la realidad de la persona. En este punto, el individuo está en mejor posición para decidir si quiere quedarse en la secta o hacer algo más valioso y gratificante con su vida.

Clave #8: Ofrecer al Miembro de la Secta Definiciones Concretas del Control Mental y las Características Específicas de una Secta Destructiva

Mi intervención con Phil demuestra la importancia de proporcionar información específica sobre las sectas a un miembro de una de ellas. Como establecí una buena conexión y confianza con Phil, pude obtener información personal valiosa para ayudarlo mejor. En el proceso, Phil comenzó a sentir curiosidad por mí y quiso conocer mi opinión.

En ese momento, pude transmitir información específica sobre las sectas y el control mental a través de mi propia historia en los Moonies. Pude explicar lo que ocurrió durante mi desprogramación y demostrar cómo eso me permitió comprender que había sido sometido a control mental y que, en realidad, estaba en una secta destructiva.

En mi propio caso, hasta que mis consejeros me enseñaron lo que hacían los comunistas chinos en la década de 1950, no llegué a comprender realmente el proceso de "lavado de cerebro". Hasta que me mostraron cómo otras sectas destructivas, como los Hare Krishnas, estaban estructuradas de la misma manera autoritaria que la Iglesia de la Unificación, yo creía que los Moonies eran diferentes a cualquier otro grupo.

También le pude mostrar a Phil que, por extrañas que parecieran, algunas de las creencias de los Moonies podían tener sentido si uno creía en Moon y, por lo tanto, en toda la doctrina. Me aseguré de incluir la visión que tenían los Moonies sobre las muertes accidentales, para que pudiera ver que existían otros sistemas de creencias que ofrecían explicaciones alternativas. También era importante que entendiera que hay muchos otros grupos dirigidos por personas que afirman tener una superioridad espiritual. Finalmente, le dije que había más de 3000 grupos sectarios y que, si uno de ellos estuviera realmente liderado por el único gran líder legítimo (lo cual dudaba seriamente), las probabilidades de que él hubiera encontrado el correcto en su primer intento eran de 3000 a 1. No eran muy buenas probabilidades.

También le mostré que yo había sido un miembro devoto de la secta y que había elegido salir del grupo por las "razones correctas". Quería desafiar su adoctrinamiento, que le hacía creer que quienes abandonaban la secta lo hacían por ser débiles, indisciplinados o por querer entregarse al materialismo. Quería que supiera que dejé la Iglesia de la Unificación por fortaleza e integridad. Llegué a ver objetivamente lo que había estado haciendo. Me había entregado por completo a una fantasía creada en los talleres de adoctrinamiento de los Moonies. Creía que estaba siguiendo al Mesías, la persona que acabaría con la guerra, la pobreza, las enfermedades y la corrupción, y que establecería un Reino del Cielo en la Tierra. No me importaba sacrificarme por estas nobles causas. Pensaba que, como miembro, estaba enseñando a las personas el estándar supremo del amor y la verdad, y que estaba llevando una vida ejemplar.

En cambio, me di cuenta de que había aprendido a comprometer mi integridad en nombre de Dios. Comprendí que, cuanto más ascendía en la organización y más cerca estaba de Moon, más obsesionado me volvía. El poder se había convertido casi en una adicción, y empecé a tomar decisiones basadas en lo que protegería y fortalecería mi posición, en lugar de en lo que era moralmente correcto.

Me fui cuando comprendí que el engaño y el control mental nunca pueden formar parte de un movimiento espiritual legítimo y que, a través de su uso, el grupo había creado un verdadero infierno en la Tierra, un reino de esclavos. Una vez que entendí que, por mucho que quisiera creer que Moon era el Mesías y que el Principio Divino era la Verdad, mi creencia no lo hacía real. Me di cuenta de que, incluso si permanecía en el grupo otros 50 años, la fantasía por la que me estaba sacrificando nunca se haría realidad.

Al recibir definiciones claras sobre el control mental, pude ver con claridad cómo había sido víctima y cómo había aprendido a victimizar a otros. Tuve que confrontar mis propios valores, creencias e ideales. Una vez que lo hice, a pesar de haber invertido tanto de mí en el grupo, haberme convertido en líder y haber desarrollado lazos cercanos con muchos miembros, tuve que alejarme. Nunca podría volver a ser un "creyente verdadero" otra vez.

Capítulo 11 – Estrategias para la Recuperación

Las personas pueden salir de un grupo de control mental de tres maneras básicas: se van por su cuenta; son expulsadas (a menudo en una condición muy deteriorada, tanto psicológica como físicamente); o reciben asesoramiento para salir.

Aunque todas son afortunadas por haber dejado sus sectas, adaptarse a la vida en el mundo real puede ser extremadamente difícil para ellas. Si no reciben información adecuada, apoyo y asesoramiento después de salir, las fobias inculcadas por la secta pueden convertir a algunas personas en "bombas de tiempo" psicológicas. Además, muchos miembros de sectas han vivido durante tanto tiempo sin una vida social o laboral normal que el proceso de readaptación a la vida adulta se convierte en una lucha cuesta arriba.

Como resultado, algunas personas dejan las sectas solo para regresar una y otra vez, porque extrañan a familiares y amigos que aún están dentro, pero que han recibido la orden de evitarlas. Aunque estas personas son una minoría, demuestran la vulnerabilidad de quienes han salido de un entorno de control mental.

Salidas voluntarias (Walk Outs)

Sin duda, la mayoría de los exmiembros pertenece a la primera categoría: los que se van por su cuenta. Estas son las personas que han logrado alejarse físicamente de la secta, pero no han recibido asesoramiento sobre el control mental sectario. Ocasionalmente, me encuentro con ellos socialmente y descubro que algunos, incluso años después de su involucramiento con la secta, todavía lidian con los efectos de la indoctrinación.

Por ejemplo, una vez conocí a una mujer en una cena que había "salido" de los Moonies. Durante nuestra conversación, comentó que, aunque había estado felizmente casada por más de seis años, tenía un profundo miedo de tener hijos. Me dijo que no entendía por qué, ya que, desde niña, siempre había querido ser madre. Ahora, a sus treinta y pocos años, sentía el deseo de tener hijos, pero no podía superar su miedo.

Mientras hablábamos, supe que había sido reclutada por los Moonies en 1969, más de doce años antes, y que solo había permanecido en el grupo durante tres meses.

—Cuando empezaron a exigirme demasiado, me fui —me dijo.

Estaba claro que había minimizado su experiencia como si hubiera sido solo un encuentro cercano.

—¿Alguna vez se te ocurrió que tu miedo a tener hijos podría estar relacionado con tu experiencia en los Moonies? —le pregunté.

Ella me miró confundida.

—¿Qué quieres decir?

—¿Recuerdas haber escuchado algo sobre tener hijos cuando estabas en los Moonies?

Levantó un poco la cabeza, como si estuviera escaneando el techo con la mirada. Después de unos momentos, su rostro se sonrojó y soltó un grito.

—¡Sí! ¡Sí recuerdo algo! —Para mi sorpresa, me agarró por los hombros y me sacudió ligeramente—. Recuerdo que nos decían que si alguien traicionaba al Mesías y dejaba el movimiento, sus hijos nacerían muertos.

Su emoción al recordar el origen de su miedo era tremenda, y no pude evitar compartir su alivio. Era como si pudiéramos escuchar cómo caían al suelo las cadenas psicológicas que habían mantenido su mente atrapada.

En ese momento, me di cuenta de que tenía que explicarle la indoctrinación basada en fobias. Le dije que, aunque solo había estado en los Moonies durante unos meses, sus reclutadores y entrenadores habían logrado implantar en su mente inconsciente una fobia al nacimiento de un hijo muerto.

—¿Incluso si ya no creo en Moon? —preguntó.

—La mente es capaz de aprender nueva información y retenerla para siempre —le respondí—. Esto se aplica tanto a cosas dañinas como a cosas beneficiosas. Puede que hayas pensado que terminaste con los Moonies cuando saliste por la puerta, pero te ha llevado doce años localizar y eliminar esa "bomba de miedo" que implantaron en tu mente.

Por supuesto, es raro tener una conversación como esta con un exmiembro de una secta, una situación social en casa de un amigo que de repente lleva a un avance sobre la indoctrinación basada en el miedo. Sin embargo, muchas personas, al igual que esta mujer, lidian de alguna manera con los efectos dañinos de la influencia indebida. Sus problemas, a menudo, se agravan por el hecho de que muchos profesionales de la salud mental no están familiarizados con el control mental y no saben cómo ayudar eficazmente a las personas que sufren sus consecuencias persistentes.

Las personas pueden escapar de la secta si están expuestas a demasiada doctrina interna antes de estar listas para aceptarla. Por ejemplo, una mujer a la que estaba reclutando se enteró de que Moon pronto le asignaría un esposo. Esto la enfureció tanto que salió corriendo. Otro hombre, a quien también estaba reclutando, descubrió que en la secta creíamos que Moon era el Mesías antes de que tuviéramos tiempo suficiente para prepararlo para esa conclusión. Se dio la vuelta y se fue.

Otras personas se marchan cuando se convierten en víctimas de la política interna o de conflictos personales. Por ejemplo, muchos se cansan y deciden irse porque no logran llevarse bien con su superior inmediato o no pueden seguir sus órdenes con facilidad. Los miembros a largo plazo suelen marcharse cuando sienten que la política del grupo no se aplica de manera justa y uniforme o cuando hay una lucha por el poder.

A lo largo de los años, he conocido a muchas personas que abandonaron su grupo porque simplemente no podían soportarlo más, pero que aun así seguían creyendo en el líder. Hay miles de exmiembros de los Moonies que aún creen que Moon es el Mesías, pero que no pueden tolerar la forma en que se dirige la secta. En sus mentes, esperan el día en que el grupo reforme sus políticas para poder regresar. No comprenden que el grupo está estructurado y dirigido de esa manera precisamente por Moon. Lo mismo ocurre con los ex-Scientologists que dejan la organización, pero que aún piensan que Ron Hubbard era un genio y que su "tecnología" funciona. Estas personas se llaman a sí mismas "independientes" o miembros de la "Zona Libre". Si aún creen que Hubbard fue un gran humanitario y que descubrió cómo alcanzar la "libertad", siguen bajo la influencia indebida de la secta.

Durante décadas, he conocido a miles de personas que nacieron en sectas y lograron salir por su cuenta. Incluso cuando eran niños, algunos nunca pudieron aceptar las creencias extrañas del grupo, especialmente si asistían a una escuela pública y tenían relaciones positivas con sus abuelos, tíos, primos, maestros, entrenadores y otras personas que les brindaban cariño y apoyo.

Expulsados (Kick Outs)

He conocido a cientos de personas que fueron "expulsadas" de sus grupos de control mental porque desafiaron la autoridad y hacían demasiadas preguntas. Otras fueron abusadas hasta el punto de quedar dañadas y ya no ser productivas para la secta. Algunas más desarrollaron problemas físicos o psicológicos graves que costaban demasiado dinero tratar, por lo que se convirtieron en una carga para el grupo.

Las personas que han sido expulsadas suelen estar en peor estado que aquellas que se fueron voluntariamente o que recibieron asesoramiento para salir. Se sienten rechazadas por el grupo y sus miembros. En el caso de las sectas religiosas, también sienten que han sido rechazadas por el mismo Dios. Muchas de ellas dedicaron su vida a la secta, entregaron su dinero y propiedades, y fueron convencidas de que el grupo era su nueva familia, que los cuidaría por el resto de sus vidas. Sin embargo, años después, se les dijo que no estaban cumpliendo con los estándares del grupo y que debían marcharse. Estas personas, llenas de fobias inculcadas sobre el mundo exterior, se sienten arrojadas a la oscuridad total.

Para muchos de los expulsados, el suicidio parece una alternativa realista a su sufrimiento. Nadie sabe cuántas personas se han quitado la vida debido al control mental de una secta. Personalmente, he conocido a varias que lo hicieron. Se necesita más investigación sobre este tema, ya que es un problema importante de salud pública.

Aquellos que intentan suicidarse sin éxito suelen ser evaluados psiquiátricamente. En muchos casos, se les diagnostica erróneamente con esquizofrenia, trastorno esquizoafectivo, trastorno bipolar o trastorno límite de la personalidad. Por supuesto, algunas personas realmente padecen estos trastornos, pero, en mi experiencia, las sectas evitan reclutar a personas que no pueden ser controladas y convertidas en dependientes y obedientes. La mayoría de estos exmiembros están sufriendo una psicosis aguda inducida por el control mental.

No se puede culpar completamente a los profesionales de la salud mental por estos diagnósticos erróneos. ¿Cómo podrían saber que la persona que grita para que Satanás salga de su cuerpo había pasado horas realizando cánticos silenciosos a alta velocidad, lo que la había dejado tan desconectada de la realidad que parecía catatónica?

Un caso con el que trabajé involucró a un joven que fue expulsado de una secta después de que su padre amenazara con demandar al gurú del grupo y exponerlo públicamente. Durante seis años, este joven había sido condicionado para creer que salir del grupo significaba volverse loco instantáneamente. Cuando lo echaron, ¡sorpresa!, enloqueció. Sus padres lo llevaron a un hospital psiquiátrico, donde los médicos le diagnosticaron esquizofrenia. Para él, esto era la prueba definitiva de que su líder tenía razón: cualquiera que dejara al gurú se volvería loco.

En el hospital, comenzó a golpearse la cabeza con fuerza contra la pared. Lo pusieron en una camisa de fuerza y bajo vigilancia constante, pero nadie le preguntó por qué se comportaba de esa manera.

Al trabajar con él, descubrí que, durante su tiempo en la secta, había visitado la India y le habían mostrado una roca contra la que el gurú supuestamente se había golpeado la cabeza repetidamente hasta alcanzar la "conciencia suprema". El joven intentaba replicar el camino espiritual de su líder y casi se mató en el proceso. Para colmo, esto solo convenció aún más a los médicos de que tenía un trastorno esquizoafectivo o esquizofrenia.

Solo cuando comencé a trabajar con él, pudo empezar a desprogramar su mente. Descubrió cómo él mismo reforzaba su adoctrinamiento cada vez que repetía el lenguaje de la secta, seguía sus prácticas o pensaba en las enseñanzas de su líder sin cuestionarlas.

Este joven también tuvo que lidiar con años de "ayuda" negativa que recibió de los profesionales de la salud mental mientras estaba en tratamiento. Algunos de sus médicos incluso le dijeron que su involucramiento con la secta había sido una de las cosas más saludables que había hecho en su vida. Un trabajador social llegó a animarlo a leer literatura de la secta. Mientras tanto, estaba fuertemente medicado y le decían a diario que era esquizofrénico.

Otra exmiembro de un grupo ocultista con la que trabajé estaba convencida de que su cuerpo espiritual se estaba desintegrando y que estaba muriendo. Sufría ataques de ansiedad intensos, especialmente en medio de la noche, y sentía dolores en el pecho. Los médicos le hicieron todo tipo de pruebas y determinaron que su problema era completamente psicológico. En realidad, había sido programada por el grupo para autodestruirse si alguna vez lo dejaba. Una vez que salió, eso fue exactamente lo que comenzó a suceder, hasta que aprendió sobre sectas y control mental.

Cuando las personas que han salido voluntariamente o han sido expulsadas no reciben asesoramiento especializado, su sufrimiento suele prolongarse. Sin embargo, muchas logran, con la ayuda de familiares y amigos, recomponer su vida y seguir adelante. No obstante, si nunca llegan a comprender el control mental y cómo se usó para reclutarlas y adoctrinarlas, en mi opinión, nunca podrán vivir una vida tan plena como podrían haberlo hecho. Es posible que hayan logrado poner temporalmente su experiencia en la secta en un segundo plano y olvidarla, pero en algún momento podría resurgir en sus vidas.

Rick fue una de estas personas. Salió de la secta *Children of God* junto con su esposa y sus tres hijos después de seis años. Cinco años después, encontró en su buzón un folleto de la secta. Solo ese documento fue suficiente para activar todo su adoctrinamiento. Su mente comenzó a correr sin control. Una voz en su cabeza le ordenó subir las escaleras y estrangular a sus hijos.

Afortunadamente, Rick buscó ayuda y logró mantener a sus hijos a salvo. Hoy en día, es un exitoso consultor informático.

Es fundamental que los profesionales de la salud mental reciban capacitación para abordar estos casos. Fui invitado a dar una charla para la psiquiatra Judith Herman, una de las principales expertas en trauma y autora del libro *Trauma and Recovery*. En 2014, se agregó un curso de dos horas sobre sectas a su programa de estudios sobre trauma, y tuve la oportunidad de impartirlo. Me sentí agradecido de que una mujer con la que había trabajado estuviera dispuesta a compartir su experiencia de once años dentro de la secta *International Churches of Christ* con otros profesionales de la salud mental. Sus terapeutas anteriores no habían reconocido que su participación en la secta de la Biblia era la causa de su depresión y pensamientos suicidas.

Más tarde, Laura participó en un episodio del pódcast del Dr. Drew para hablar sobre la necesidad de que los profesionales de la salud mental aprendan a identificar y ayudar correctamente a las víctimas del control mental. Un video de mi presentación y un enlace al pódcast del Dr. Drew están disponibles en el sitio web *Freedom of Mind* (freedomofmind.com).

Salidas asistidas (Counseled Outs)

Las personas que han recibido asistencia para salir de una secta constituyen el grupo más pequeño de exmiembros. La mayoría de quienes han sido asesorados para abandonar estos grupos logran encontrar la ayuda y la información que necesitan. Sin embargo, algunos aún cargan con un importante peso psicológico relacionado con la secta. El hecho de que una persona haya salido de un grupo durante años no significa que todos sus problemas estén resueltos. Esto es especialmente cierto para aquellos que fueron sometidos a una desprogramación forzada. Algunos de ellos reportan síntomas persistentes de trastorno de estrés postraumático (TEPT) debido a la experiencia de la desprogramación en sí misma.

Si bien estaré eternamente agradecido con mi familia por haberme sometido a una desprogramación, he necesitado mucho trabajo personal de sanación y también apoyo de expertos. Aquellos que han recibido un asesoramiento de salida voluntario o han pasado por una intervención menos coercitiva suelen recuperarse mucho mejor. No obstante, la recuperación completa requiere tiempo y un buen sistema de apoyo. Si la familia y los amigos del exmiembro no comprenden el control mental y la psicología sectaria, esto puede dificultar un proceso de recuperación fluido. Algunas personas son presionadas demasiado pronto para encontrar un trabajo o iniciar una carrera, sin considerar el tiempo necesario para sanar. Contar con un terapeuta consciente de las dinámicas de las sectas puede ser de gran ayuda.

Actualmente, se sabe mucho más sobre la influencia indebida y las sectas que en el pasado. Además, hoy en día hay muchos más exmiembros que se han convertido en consejeros especializados en sectas.

Sin embargo, desafortunadamente, los exmiembros no siempre terminan en manos de los profesionales adecuados. A menudo, pasan años frustrantes trabajando con terapeutas que desconocen por completo el control mental. Es poco ético que un terapeuta sin formación en adicciones se encargue del tratamiento de una persona con una adicción. De la misma manera, un terapeuta con talento en otras áreas, pero que carece de conocimiento sobre la influencia indebida, no debería asesorar a exmiembros de sectas.

Los terapeutas deben comprender que lo más importante es hacer un diagnóstico preciso mediante una entrevista exhaustiva. Luego, el cliente debe ser derivado a un profesional con la formación y experiencia adecuadas. Después de todo, es responsabilidad del terapeuta asegurarse de que su cliente reciba la ayuda correcta.

Problemas psicológicos de los exmiembros de sectas

Los exmiembros de sectas reportan una variedad de dificultades psicológicas después de dejar el grupo.

El problema más común es la depresión, especialmente durante los primeros meses tras su salida. Es difícil describir el dolor que se siente al darse cuenta de que has sido engañado y mentalmente esclavizado, que tu sueño en realidad era una pesadilla. Muchas personas que dejan estos grupos tras décadas de pertenencia deben enfrentarse a los años perdidos y las oportunidades desaprovechadas. Algunos no tienen pareja, hijos, educación, relaciones con sus familiares ni amigos.

Muchos exmiembros describen su experiencia en la secta como si hubieran estado profundamente enamorados, entregando cada gramo de amor, confianza y compromiso a alguien, solo para descubrir que esa persona era un falso amante que simplemente los estaba usando. El dolor y el sentimiento de traición son enormes.

Otros describen su despertar en términos aún más gráficos: sienten como si hubieran sido violados espiritual y psicológicamente. La sensación de violación personal es indescriptible. Yo mismo llegué a darme cuenta de que todo el amor y devoción que sentía hacia Sun Myung Moon y Hak Ja Han, a quienes consideraba mis "Padres Verdaderos", era completamente unilateral. Tras salir de la secta, me di cuenta de que en realidad no les importaba en absoluto. En cambio, fui automáticamente etiquetado como "satánico" y un traidor, y fui rechazado.

Cuando las personas están deprimidas, tienden a enfocarse únicamente en lo negativo. Su dolor puede ser tan intenso que oscurece cualquier esperanza de un futuro positivo. Es fundamental que los exmiembros reconozcan y procesen su dolor, pasando por el necesario período de duelo.

Dos ideas parecen ayudar mucho a los exmiembros en este proceso: primero, que a pesar de todo, su experiencia en la secta les dejó algunas enseñanzas positivas, y segundo, que ahora son (o pueden llegar a ser) mucho más fuertes gracias a lo que han vivido. También ayuda enmarcar su experiencia desde una perspectiva más manejable y esperanzadora. Siempre hay ejemplos de personas cuya experiencia fue aún más difícil y que, sin embargo, lograron salir adelante.

Otro problema común es la tendencia abrumadora a la dependencia continua (lo que se conoce como indefensión aprendida), es decir, confiar en otros para recibir dirección y autoridad. En los grupos donde los miembros vivían en comunidad, la mayoría de las decisiones de la vida cotidiana eran tomadas por los líderes. Se alentaba a los miembros a ser desinteresados y obedientes. Este tipo de dependencia genera una baja autoestima y dificulta el deseo y la capacidad de desarrollo personal.

Cuando dejé los Moonies, aparentemente no tuve ese problema. Mis desprogramadores le dijeron a mis padres que esperaran que tuviera dificultades para tomar decisiones. Mis padres se sorprendieron cuando fuimos a un restaurante y yo elegí mi comida sin problemas. Más tarde me dijeron que, en cierto modo, pensaban que esto significaba que no había sido desprogramado. Lo que no tomaron en cuenta fue que yo no había sido un miembro raso, sino un líder, y estaba acostumbrado a tomar ciertas decisiones, tanto para mí como para los demás. Las decisiones del día a día eran fáciles para mí; las más importantes, como qué universidad elegir, me resultaban mucho más difíciles.

Como la mayoría de las habilidades, la toma de decisiones mejora con la práctica. Con el tiempo, las personas aprenden a retomar el control de sus vidas. Este proceso puede acelerarse si familiares y amigos insisten de manera firme pero amable en que el exmiembro tome sus propias decisiones sobre qué comer o qué hacer. Al fortalecer la autoestima y la confianza del exmiembro, el problema de la dependencia suele superarse con éxito.

Fluctuación: lidiando con la identidad sectaria después de salir

Un problema más complejo es un fenómeno conocido como fluctuación (*floating*). El exmiembro, de repente, comienza a experimentar un estado mental en el que regresa a la mentalidad que tenía dentro de la secta, comenzando a pensar y reaccionar como lo hacía cuando aún estaba en el grupo. Esto se activa cuando la persona ve, escucha o siente algún estímulo que estaba relacionado con su proceso de adoctrinamiento. Este estímulo puede hacer que, por un momento, vuelva a entrar en la mentalidad de la secta.

Aquí hay un ejemplo:

Margot, una estudiante universitaria de 19 años, fue reclutada en *Lifespring* durante un trabajo de verano en 1987. *Lifespring* es un programa de entrenamiento de concienciación en grupos grandes (*Large Group Awareness Training*). Ella completó el curso básico y estaba a solo un fin de semana de terminar el curso de liderazgo. Su madre, una ministra metodista ordenada, notó cambios en la personalidad de su hija y se preocupó lo suficiente como para pedir prestado dinero e iniciar un esfuerzo de rescate. La intervención fue exitosa y Margot rompió con el grupo.

(Como parte de una investigación sobre *Lifespring*, el programa *20/20* de ABC entrevistó al psiquiatra y experto en sectas Dr. John Clark, de la Escuela de Medicina de Harvard. Aunque *Lifespring* insiste en que no es una secta, el Dr. Clark declaró que, en su opinión, sí practica el control mental).

Para Margot, uno de los mayores problemas después de la intervención era que, al escuchar ciertas canciones en la radio, como *Higher Love* de Steve Winwood, tenía recuerdos intensos de su entrenamiento en *Lifespring*. Grupos como *Lifespring* utilizan música popular en sus procesos de adoctrinamiento precisamente por esta razón: crea una fuerte asociación inconsciente en la persona, que sin la orientación adecuada, puede tardar meses o incluso años en superarse. La música es una herramienta poderosa en muchas sectas, ya que forma una conexión emocional profunda con la memoria y el estado mental de los seguidores.

Este mecanismo de estímulo-respuesta que provoca la fluctuación o los recuerdos automáticos puede ser un problema significativo para los exmiembros. La experiencia se activa cuando un exmiembro ve, oye o siente un estímulo interno o externo que formaba parte de su proceso de condicionamiento. Esto puede hacer que, momentáneamente, vuelva a entrar en la mentalidad de la secta.

Durante el primer año después de haber dejado los Moonies, cada vez que escuchaba la palabra "Moon" (*Luna* en inglés), inmediatamente pensaba: *Padre* y recordaba estar sentado a los pies de Sun Myung Moon. Otro ejemplo ocurrió aproximadamente un mes después de haber salido del grupo. Mientras conducía hacia la casa de un amigo, tuve un pensamiento repentino: *Este sería un excelente lugar para recaudar fondos*. Tuve que recordarme a mí mismo que ya no era un Moonie. Ese pensamiento se activó porque, durante los últimos cinco meses de mi membresía, pasaba entre quince y veinte horas al día conduciendo por la ciudad, buscando lugares donde dejar miembros para recolectar dinero.

Para las personas que pasaron mucho tiempo en un grupo que exigía prácticas como meditación excesiva, cánticos repetitivos, *decretos*, *hablar en lenguas* u otras técnicas de trance, los episodios de fluctuación pueden ocurrir durante al menos un año después de haber salido de la secta. Muchos de mis clientes me han dicho que, de repente, en medio de una conversación normal, se daban cuenta de que estaban murmurando frases sin sentido o recitando cánticos que habían practicado durante años. Esto puede ser especialmente peligroso cuando están conduciendo un automóvil.

Una exmiembro de una secta cristiana me dijo:

—Es muy frustrante darme cuenta, una y otra vez, de que mi mente está fuera de control. En situaciones estresantes, de repente descubro que estoy murmurando palabras y sílabas sin sentido (hablando en lenguas) dentro de mi cabeza y me desconecto por completo de lo que estaba haciendo.

Si la fluctuación no se entiende y se maneja adecuadamente, puede llevar a que un exmiembro que se siente deprimido, solo y confundido regrese a la secta.

Las personas que tienen la suerte de recibir un buen asesoramiento sobre sectas rara vez experimentan problemas graves con la fluctuación. Sin embargo, para quienes no comprenden el control mental, puede ser una experiencia aterradora. De repente, vuelven a pensar como si estuvieran dentro del grupo y son invadidos por una intensa sensación de miedo y culpa por haber "traicionado" al líder y la secta. Pueden volverse irracionales y empezar a interpretar los eventos personales y mundiales desde la perspectiva de la secta. Por ejemplo, podrían pensar: *No conseguí ese trabajo porque Dios quiere que regrese al grupo*, o *el avión de Korean Air que fue derribado por los rusos es una señal de que dejé los Moonies*.

Cuando comiences a experimentar la fluctuación, simplemente recuérdate a ti mismo, de manera firme pero tranquila, que esa experiencia ha sido activada por algún estímulo y que pronto pasará. Si puedes, trata de contactar lo antes posible con alguien que comprenda el control mental y habla sobre lo que sucedió de manera racional.

La técnica más poderosa y efectiva para manejar la fluctuación es identificar el detonante. Puede ser una canción, ver a alguien que se parece a un miembro del grupo o ver a una persona haciendo un gesto que los miembros de la secta solían hacer. Una vez que identificas qué es lo que te detona, repítelo deliberadamente, pero asociándolo con algo nuevo y positivo. Piensa en algo no relacionado con la secta. Haz esto repetidamente hasta que el estímulo se convierta en una nueva respuesta aprendida.

En mi caso, cuando escuchaba la palabra *Moon*, imaginaba una hermosa luna llena en el cielo y me decía a mí mismo: *La Tierra tiene un solo satélite natural, la Luna*. Durante aproximadamente una semana, repetí esta imagen mental cada vez que escuchaba la palabra, hasta que se quedó fija en mi mente. También me aseguré de referirme al líder de mi antigua secta como *Sr. Moon*, en lugar de llamarlo *Reverendo*, ya que ese título era autoimpuesto. Además, lo visualizaba con un traje de prisionero tras las rejas.

De manera similar, los ex-Scientologists deben evitar referirse a L. Ron Hubbard como *LRH* o *Ron*, ya que esos nombres cargan con la jerga sectaria. Tampoco deberían llamar *la Iglesia* a la Cienciología, porque ese término está diseñado para manipularlos psicológicamente. Este tipo de lenguaje es un detonante importante.

Una exmiembro de *est* (el grupo de entrenamiento de Werner Erhard) me dijo que, aunque le encantaba la playa, había evitado ir porque el sonido de las olas siempre le recordaba su adoctrinamiento en el grupo. Aunque llevaba cinco años fuera de la secta, esa asociación todavía le impedía disfrutar de algo que siempre le había gustado. La animé a cambiar esa asociación. Le sugerí que escuchara el sonido del mar y, deliberadamente, programara en su mente una nueva asociación placentera. Le pedí que repitiera la nueva asociación hasta que sobreescribiera el condicionamiento de la secta. En pocos días, pudo volver a disfrutar de la playa.

Las técnicas de exposición son los métodos más efectivos para desprogramar los recuerdos implantados y crear nuevas asociaciones saludables.

Superando el lenguaje sectario

Sustituir el lenguaje de la secta por un lenguaje real y neutral puede acelerar significativamente la recuperación de una persona. Al eliminar la jerga implantada en mi mente por la secta, pude comenzar a ver el mundo sin los "lentes" que me habían impuesto. El lenguaje cargado de la secta había creado compartimentos en mi mente, y cuando era miembro, toda la realidad pasaba por esos filtros. Cuanto más rápido un exmiembro recupera las palabras y su verdadero significado, más rápido avanza su recuperación.

Cuando estaba en los Moonies, todas las relaciones entre personas se clasificaban en dos categorías: *problema de Caín-Abel* o *problema del capítulo 2*. La expresión *problema de Caín-Abel* se usaba para dividir a las personas en superiores y subordinados, según la historia bíblica de Caín y Abel. Los *problemas del capítulo 2* se referían a todo lo relacionado con la sexualidad, incluyendo la atracción entre miembros. Como resultado, todas las relaciones personales quedaban reducidas a estos dos términos.

El error más común que cometen los exmiembros es decirse a sí mismos que no deben pensar en las palabras de la secta. Pero la mente no sabe cómo *no* pensar en algo. El lenguaje está estructurado de manera que funciona con asociaciones positivas. Así que, si eres un exmiembro, en lugar de luchar contra una palabra de la secta, crea una nueva asociación para ella. Esto es similar a la técnica que expliqué para manejar la *fluctuación*.

Si eras un Moonie y tienes dificultades con alguien, en lugar de pensar en un *problema de Caín-Abel*, llámalo *un conflicto de personalidad* o *un problema de comunicación*. Para los ex-Scientologists, es absolutamente esencial dejar de usar la extensa terminología de Hubbard, que está registrada en dos diccionarios de más de mil páginas. Mientras sigan usando esa jerga, seguirán atrapados en los compartimentos mentales creados por la secta.

Este problema es particularmente grave entre los ex-Scientologists, porque, a menos que hagan un esfuerzo consciente e intenso para erradicar la terminología de la secta de su mente, inevitablemente seguirán usándola al hablar con otros exmiembros, lo que refuerza los disparadores psicológicos. Recomiendo revisar el significado real de las palabras en un diccionario convencional y rodearse de personas que no usen la jerga de la secta. Recuperar el lenguaje cotidiano es una de las formas más rápidas de sanar.

Pérdida de habilidades cognitivas y concentración

Otro problema común entre los exmiembros de sectas es la pérdida de concentración y memoria. Antes de involucrarme con los Moonies, solía leer libros de una sola vez y promediaba tres libros por semana. Sin embargo, durante los dos años y medio que pasé en el grupo, prácticamente todo lo que leí fue propaganda de la secta.

Cuando dejé la secta, me sentí frustrado al intentar leer literatura convencional. Al principio, me resultaba casi imposible terminar un solo párrafo sin distraerme. Tenía que releer repetidamente el material para lograr que mi mente volviera a funcionar correctamente. También tuve que comprar un diccionario de 400,000 palabras para reaprender los significados de términos que antes conocía. Necesité revisar viejas fotografías, leer ensayos universitarios que había escrito y recordar a personas y eventos de mi vida antes de la secta.

Afortunadamente, el cerebro es como un músculo: aunque se atrofia por falta de uso, con esfuerzo puede fortalecerse nuevamente. Me tomó casi un año recuperar completamente mi nivel de concentración previo a la secta. Fue un proceso largo que requirió mucha determinación y horas de práctica, pero lo logré.

Cuando fui desprogramado, sabía que quería volver a la universidad, pero también sabía que necesitaba fortalecer mi mente antes de poder funcionar con normalidad. Me tomó un año entero recuperar mi capacidad de lectura y concentración.

Pesadillas, culpa, duelo y remordimiento

Las pesadillas son un claro indicador de que un exmiembro de secta necesita recibir apoyo adicional para procesar su experiencia. Estas experiencias oníricas provienen del inconsciente, que sigue luchando con los traumas del adoctrinamiento. Las pesadillas son una señal de conflictos internos sin resolver.

Entre los sueños más comunes que experimentan los exmiembros de sectas están los siguientes:

- Sentirse atrapados o perseguidos.
- Soñar que personas de la secta intentan hacerlos regresar.
- Ver a familiares y amigos tratando de convencerlos de que vuelvan.
- Ser parte de una guerra o tormenta caótica.

Otro tema recurrente para algunos exmiembros es la culpa por las acciones que llevaron a cabo mientras estaban en la secta. Algunas personas participaron en actividades ilegales como fraude, robo, acoso a críticos, incendios provocados o incluso tráfico sexual. He conocido personas que desertaron del ejército después de ser reclutadas por sectas y luego enfrentaron enormes dificultades para limpiar su historial.

Afortunadamente, la mayoría de los exmiembros no han cometido delitos. Sin embargo, incluso si no fueron forzados a violar la ley, muchos deben lidiar con el daño emocional que causaron a sus seres queridos durante su tiempo en la secta. Por ejemplo, algunos exmiembros tenían padres enfermos a quienes se les prohibió visitar. En algunos casos, sus padres murieron y la secta no les permitió asistir al funeral, aunque este tuviera lugar a solo unos kilómetros de distancia.

Salir de una secta y enfrentarse al caos emocional que su membresía causó puede ser extremadamente doloroso. Esto es aún más difícil para quienes nacieron dentro de una secta. Cuando dejan el grupo, la política habitual de las sectas es excomulgarlos o hacer que sus familiares los rechacen. Para estas personas, abandonar la secta significa perder a su familia y amigos de toda la vida, a quienes probablemente nunca volverán a ver o escuchar. Otras veces, los familiares que siguen dentro del grupo intentan presionar al exmiembro para que regrese.

Cuando dejé los Moonies, sentí una profunda culpa por mi rol como líder. Me culpaba por haber mentido y manipulado a cientos de personas. Sentía que me habían usado como un títere estadounidense para servir a los coreanos y japoneses que realmente controlaban la organización. Para mí, hablar en público y ayudar a otros a salir fue una forma de hacer las paces con lo que había hecho mientras estaba dentro.

Otro gran dilema es cómo lidiar con los amigos que aún permanecen en la secta. Cuando dejé la Iglesia de la Unificación, lo que más quería era rescatar a las personas que yo mismo había reclutado. Sin embargo, los líderes de la secta fueron astutos: inmediatamente enviaron a esas personas lejos de Nueva York y les dijeron que yo estaba en una "misión secreta". Mis *hijos espirituales* no se enteraron de que había dejado el grupo hasta tres meses después. Creo que solo se les informó porque ya había comenzado a aparecer en televisión denunciando a la secta.

Seis meses después de haber salido, volví a Queens College, donde había fundado un capítulo de *C.A.R.P.* (un frente de los Moonies), y di una conferencia sobre sectas y control mental para el departamento de psicología. Entre la audiencia estaban tres de mis reclutas más cercanos: Brian, Willie y Luis. Durante más de una hora, les expliqué cómo los había engañado para que se unieran a la secta.

Cuando terminó la conferencia, me acerqué a ellos y, con ansiedad, les pregunté qué pensaban. Willie sonrió y me dijo:

353

—Steve, no deberías olvidar el corazón del *Principio Divino* ni el corazón del *Padre*.

Me sentí devastado. Parecía que no habían escuchado nada de lo que dije.

Afortunadamente, muchos años después, los tres lograron salir del grupo. Espero que algún día me perdonen y vuelvan a hablar conmigo.

Muchas personas que han estado en sectas de sanación por fe tienen que lidiar con la muerte de un hijo u otro ser querido a quien se le impidió recibir tratamiento médico. El remordimiento que sienten al salir de estos grupos no debe convertirse en culpa autodestructiva. Es importante que comprendan que también fueron víctimas y que, en su momento, hicieron lo que creían correcto.

Otros exmiembros deben enfrentar el resentimiento y la ira de sus propios hijos, quienes, en algunos casos, fueron golpeados, descuidados o incluso abusados sexualmente dentro de la secta. Muchos de estos niños fueron privados de una educación adecuada y de una infancia normal. Algunos fueron separados de sus padres; ciertas sectas, como los Hare Krishna, sistemáticamente apartaban a los niños de sus familias y solo les permitían verlos en contadas ocasiones. En la secta de Yogi Bhajan, 3HO, algunos niños eran enviados a la India a estudiar en internados de la organización. Separar a los niños de sus padres aseguraba que la lealtad de ambos se mantuviera únicamente hacia la secta.

Por años, dentro de la *Sea Organization* de la Cienciología, los padres solo podían ver a sus hijos una hora al día, y solo si su rendimiento en la organización era lo suficientemente alto. Con el tiempo, David Miscavige, líder de la Cienciología, directamente prohibió que los miembros de la *Sea Org* tuvieran hijos, y muchas mujeres fueron obligadas a abortar.

En algunas sectas menos extremas, la carga emocional sobre los niños sigue siendo significativa. Mi clienta, Bárbara, lo experimentó de primera mano. Creció creyendo que estaba "loca", hasta que, hablando con un amigo, descubrió que el grupo en el que sus padres habían estado involucrados durante una década era en realidad una secta destructiva.

Bárbara pasó gran parte de su infancia en una comuna del grupo junto con su hermano Carl. Desde pequeños, les enseñaron que todas las emociones negativas eran dañinas. La tristeza, la ira, los celos, la vergüenza, la culpa y el miedo eran considerados emociones prohibidas que no debían "ser alimentadas". Por supuesto, todas estas emociones son completamente normales, pero Bárbara y Carl aprendieron a reprimirlas.

Ya en la universidad, cuando finalmente comprendieron que el grupo era una secta, tomaron acción. Buscaron ayuda, recibieron asesoramiento y lograron sacar a sus padres de la secta.

Sus padres eran personas brillantes y exitosas. Su padre era abogado y su madre, maestra de primaria. Él había sido reclutado por un viejo amigo de la universidad. Al principio, se mostró escéptico, pero con el tiempo fue atrapado por la retórica del grupo y terminó involucrando a su esposa. Ambos llegaron a ser líderes de nivel medio y dirigían reuniones de la secta en su ciudad.

El esfuerzo para sacarlos del grupo fue un éxito total. No solo dejaron la secta, sino que toda la familia fortaleció su relación. Años después, ambos padres ayudaron a otros miembros a salir del grupo.

Acoso y amenazas

Otro problema que enfrentan algunos exmiembros es el hostigamiento, las amenazas, los allanamientos, las demandas judiciales, el chantaje e incluso el asesinato, especialmente si deciden hablar públicamente sobre su experiencia. Como las sectas consideran a cualquiera que se va como un "enemigo", siempre existe el riesgo de que se tomen represalias contra los desertores.

Personalmente, he sido amenazado muchas veces por miembros de sectas, generalmente por teléfono o correo, aunque también en persona, especialmente cuando participo en protestas o denuncio públicamente sus actividades. Sin embargo, solo una vez fui físicamente agredido: un Moonie me golpeó en la cara para provocarme a que le devolviera el golpe. Lo miré a los ojos y le pregunté:

—¿Así será el Reino de los Cielos? ¿Silenciando a los críticos con violencia?

Lo llevé a juicio y se declaró culpable. El juez lo condenó a pagarme un par de anteojos nuevos y le advirtió que se mantuviera alejado de mí. Años después, dejó la secta y me contactó. Me pidió disculpas y me explicó que solo había hecho lo que sus superiores le habían ordenado: "encargarse de Steve Hassan".

Aunque la violencia física contra exmiembros es relativamente rara, el miedo a represalias ha impedido que muchas personas hablen públicamente sobre sus experiencias. Lo que no comprenden es que, una vez que sus historias son de conocimiento público, sería un error estratégico que la secta tomara represalias, ya que solo generaría más pruebas en su contra.

Cuando fundé *Ex-Moon Inc.* en 1979, lo hice porque entendí que hay más fuerza y seguridad en los números. Y esa estrategia funcionó.

Algunas de las sectas más grandes y agresivas, como la Cienciología, practican la política de atacar a sus críticos en lugar de defenderse de las acusaciones. La Cienciología ha presentado cientos de demandas contra exmiembros y críticos, incluyendo a Paulette Cooper, autora de *The Scandal of Scientology*, y Gabe Cazares, exalcalde de Clearwater, Florida. La mayoría de estas demandas no buscan ganar en los tribunales, sino acosar y arruinar financieramente a sus oponentes.

Hasta cierto punto, esta estrategia ha sido efectiva: la mayoría de los ex-Scientologists tienen miedo de hablar públicamente contra la organización. Sin embargo, cuando el FBI allanó la sede de la Cienciología en los años 70, se encontraron documentos que probaban actividades ilegales. Como resultado, la esposa de L. Ron Hubbard y otros diez altos miembros de la organización fueron enviados a prisión. La Cienciología también ha enfrentado veredictos de culpabilidad en Canadá y Francia.

Problemas en las relaciones íntimas

Dentro de las sectas, los miembros rara vez tienen la oportunidad de desarrollar relaciones íntimas sanas y satisfactorias. Pueden ser obligados a la celibacia, emparejados con personas que nunca habrían elegido, o incluso coaccionados a una vida de explotación sexual. Cuando salen de la secta y comienzan a vivir en el mundo real, tarde o temprano deben enfrentarse al hecho de que, durante años, sus necesidades afectivas no fueron satisfechas.

Sin embargo, la experiencia de haber sido manipulados por tanto tiempo hace que sea difícil para los exmiembros confiar en otras personas o establecer relaciones saludables. Algunos han reprimido su sexualidad durante tanto tiempo que tienen dificultades para expresarla. En otros casos, los exmiembros tuvieron relaciones sexuales con entrenadores o líderes que los manipularon emocionalmente sin preocuparse por sus sentimientos.

Dicho esto, he conocido a varias personas que se casaron dentro de una secta, criaron hijos, salieron juntos del grupo y lograron reconstruir sus vidas en pareja. Sin embargo, esto es la excepción, no la norma. La mayoría de las relaciones dentro de las sectas se desmoronan tras la salida de uno o ambos miembros.

Aprender a confiar en uno mismo y en los demás es un gran desafío para los exmiembros. Es fundamental que aprendan a reconocer y expresar sus sentimientos de manera saludable. También deben reaprender a respetarse a sí mismos y a sus parejas como individuos independientes.

En muchas sectas cristianas fundamentalistas, las mujeres son subordinadas a los hombres, y desaprender esa dinámica puede ser un proceso largo y difícil.

En todos estos casos, lo mejor es buscar terapia con un profesional de la salud mental que comprenda la influencia indebida y el impacto del control mental.

Formas de sanar

El apoyo emocional más efectivo y la información más útil suelen provenir de otros exmiembros de sectas que han avanzado en su proceso de recuperación. Sin embargo, la verdadera sanación es responsabilidad del exmiembro.

Un gran paso hacia la recuperación es encontrar y participar en un grupo saludable. Me tomó un año entero, después de haber dejado los Moonies, involucrarme con cualquier grupo. Finalmente, en 1977, me uní a una organización de consejería entre pares en la universidad.

En 1986, fui coordinador nacional de un grupo de exmiembros de sectas que querían apoyarse entre sí. No fue fácil coordinar un grupo de personas que habían sido dañadas por la participación en sectas, pero mi experiencia me demostró que sí es posible.

Los grupos de apoyo para exmiembros de sectas pueden ser increíblemente beneficiosos. Una mujer, Deborah, me contactó después de escucharme en un programa de radio en Boston. Había estado involucrada con una secta política durante diez años. Un día, rompió una de las reglas del grupo: almorzó sola con una persona ajena a la secta. En lugar de enfrentar la humillación de ser interrogada públicamente por el líder, llamó a sus padres y les pidió un boleto de avión. Sin embargo, después decidió que tenía demasiado miedo de volver a casa y terminó viviendo en las calles de Boulder durante varios meses, hasta que finalmente pudo reinsertarse en la sociedad.

Cuando la conocí, ya era una empresaria exitosa. Sin embargo, aunque había salido de la secta hacía ocho años, nunca había hablado de su experiencia con nadie.

—Siento que toda esa parte de mi vida está en una caja cerrada, y tengo miedo de abrirla —me confesó.

Pero, poco a poco, con la ayuda de un grupo de apoyo, empezó a hablar.

—Sé que mi dificultad para confiar en mi pareja y comprometerme con él está relacionada con lo que viví en la secta —dijo en una reunión.

Nos sorprendió ver cómo había logrado compartimentar su experiencia sectaria durante tanto tiempo. Pero a medida que empezó a compartir sus recuerdos, muchas lagunas en su memoria comenzaron a llenarse.

Con el tiempo, su historia dejó de ser un cúmulo de emociones confusas y se convirtió en un relato coherente. A medida que recuperaba más recuerdos, pudo procesar su experiencia y avanzar en su sanación.

Si bien los grupos de apoyo pueden ser muy beneficiosos, también pueden ser perjudiciales si no están bien gestionados por profesionales con experiencia. Aunque la mayoría de las personas que participan en estos grupos tienen buenas intenciones, pueden terminar revictimizando a los demás si no existen reglas y límites claros de respeto y seguridad.

Si estás buscando un grupo de apoyo, sé un consumidor inteligente. Investiga antes de unirte a cualquier grupo. Algunas sectas operan "grupos de apoyo" como una estrategia encubierta para atraer de vuelta a los ex-miembros o reclutar personas vulnerables que acaban de dejar otras sectas.

Si buscas apoyo en línea, verifica que el grupo sea legítimo antes de compartir información personal. Una estrategia segura es unirte a un grupo con un alias y esperar hasta que estés seguro de que se trata de un espacio seguro y confiable antes de revelar tu identidad. Si no hay un grupo de apoyo en tu área, puedes explorar opciones en línea que se adapten a tus necesidades.

En el primer año después de dejar una secta, muchas personas se dan cuenta de que los problemas que tenían antes de unirse nunca fueron resueltos mientras estuvieron dentro del grupo. Esto puede ser muy desalentador, especialmente para quienes dedicaron muchos años a la secta creyendo que estaban "creciendo espiritualmente" o "sanando sus traumas".

Este despertar es aún más difícil para los exmiembros de largo plazo.

Imagina ingresar a una secta a los 18 años y salir a los 30. Has perdido años clave de autodescubrimiento, educación, desarrollo de habilidades, crecimiento profesional y formación de relaciones significativas. A los 30 años, puedes sentirte como si aún tuvieras 18 en términos de madurez emocional y experiencia de vida.

Mientras tanto, tus amigos de la infancia han construido carreras, formado familias y adquirido bienes. En una reunión social, te das cuenta de que solo puedes hablar de tu experiencia en la secta, lo que hace que te sientas aún más aislado.

Muchos exmiembros describen esta sensación como la de un prisionero de guerra que regresa a casa después de un largo cautiverio. De hecho, muchos exmiembros cumplen con los criterios del trastorno de estrés postraumático (TEPT), y sus síntomas son muy similares a los de veteranos de guerra.

En los años 70, trabajé con una persona que había estado en una secta durante más de una década. Al salir, no sabía nada del escándalo de Watergate, nunca había oído hablar de James Taylor y no sabía que el hombre había llegado a la Luna.

Paradójicamente, aunque muchas personas sienten una necesidad urgente de recuperar el tiempo perdido, es crucial tomarse el tiempo necesario para sanar.

Un padre cuyo hijo salió de una secta me lo explicó de manera brillante:

—Si alguien es atropellado por un camión, es obvio que necesitará tiempo para recuperarse. No esperarías que se levante de la cama y vaya a buscar trabajo la semana siguiente, ¿verdad?

Su hija vivió con él durante un año y medio después de salir de la secta. No la presionó para que se mudara ni buscara empleo de inmediato. Entendió que estaba haciendo lo mejor que podía y que necesitaba tiempo para recuperar su vida.

Cada persona que ha estado en una secta es diferente y tiene necesidades distintas. Algunos logran adaptarse rápidamente al mundo exterior. Otros, especialmente los que han sufrido un trauma más severo, necesitan mucho más tiempo.

Lo más importante es que los exmiembros aprendan a confiar nuevamente en sí mismos. Deben convertirse en sus propios mejores amigos y mejores terapeutas. Deben comprender que no fueron culpables de lo que les ocurrió. No eligieron ser engañados ni abusados.

Con el tiempo, aprenderán que no todas las comunidades son dañinas. De hecho, participar en un grupo saludable —ya sea religioso, social o político— puede ser una experiencia positiva si se hace con autonomía y sin coerción.

Un exmiembro debe recordar siempre que:

- Tiene derecho a cuestionar cualquier cosa.
- Puede retirarse de cualquier grupo en cualquier momento.
- No tiene que sentirse avergonzado si no entiende algo.

Otros desafíos y problemas

Otro aspecto fundamental en el crecimiento de cualquier exmiembro de una secta es aprender a conectarse con sus emociones y canalizarlas de manera efectiva.

Cuando una persona deja un grupo de control mental, muchas de sus emociones pueden permanecer reprimidas al principio. Sin embargo, a medida que se adapta al mundo exterior, es común que empiece a sentir vergüenza y culpa, seguidas de enojo e indignación. Este proceso es normal y saludable.

En algún momento, muchas personas se embarcan en una búsqueda intensa para investigar todo lo posible sobre su antigua secta y responder cada una de sus preguntas. Esto también es un paso terapéutico muy positivo.

Para la mayoría de las personas que dejan una secta, su mayor pesar es perder el contacto con los amigos que hicieron dentro del grupo. Puede ser desgarrador descubrir que esas amistades, que parecían tan profundas y auténticas, en realidad eran condicionales a la pertenencia a la secta.

Cuando un exmiembro intenta contactar a un amigo que sigue dentro del grupo y este se niega a hablar con él a menos que otro miembro esté presente, se vuelve evidente el poder del control mental.

Con el tiempo, cuando todas sus preguntas han sido respondidas y han procesado su experiencia dentro del grupo, los exmiembros llegan a un punto de saturación. Es aquí cuando declaran:

—No permitiré que la secta me quite el resto de mi vida.

Y comienzan a hacer planes para el futuro.

En algunos casos, es necesario realizar un proceso de recuperación más profundo con la ayuda de un terapeuta. Sarah, una exmiembro de la *Church Universal and Triumphant*, había sido sometida a una desprogramación forzada más de cinco años antes, pero todavía experimentaba dificultades relacionadas con la secta. Me comprometí a trabajar con ella durante diez sesiones.

Como primer ejercicio, le pedí que escribiera toda su experiencia dentro de la secta. Esto es algo que recomiendo a todos los exmiembros. En el caso de Sarah, debido al tiempo que había estado en la secta, le sugerí que organizara su historia en una línea de tiempo.

Le pedí que tomara diez carpetas y las numerara del año 1973 al 1983. Dentro de cada carpeta, debía colocar doce hojas de papel, etiquetadas con los meses del año. A partir de ahí, le sugerí que escribiera todo lo que recordara de cada período, tanto lo positivo como lo negativo. Le dije que no se preocupara si había grandes lagunas en su memoria; con el tiempo, esas piezas del rompecabezas se llenarían.

Para ayudarla a recordar, le pedí que pensara en lugares específicos donde había vivido o visitado. También le sugerí que recordara personas significativas y eventos que marcaron su experiencia.

A medida que avanzaba en su proceso de escritura, Sarah pudo reconstruir su historia. Documentó cómo fue reclutada, qué le gustaba y qué no del grupo, sus altibajos como miembro y los momentos en los que se sintió infeliz o atrapada, sin saber cómo salir.

En uno de sus recuerdos, narró cómo, en cierto punto, había regresado a casa de sus padres, desesperada por salir de la secta. Sus padres la llevaron a un psicólogo, pero, desafortunadamente, el profesional no reconoció que su problema estaba relacionado con el control mental. Después de dos meses en casa, Sarah volvió a la secta, pensando que su infelicidad no tenía solución.

Al escribir su historia, Sarah pudo organizar sus pensamientos y obtener una mayor perspectiva de su experiencia. Ya no tenía que cargar con un cúmulo de emociones y recuerdos desordenados en su mente; ahora estaban documentados y podía analizarlos de manera objetiva.

Como parte de su terapia, le expliqué a Sarah que la persona cuya historia estaba plasmada en esas carpetas ya no existía. Le sugerí que imaginara a esa versión más joven de sí misma como una persona que había hecho lo mejor que pudo con la información que tenía en ese momento.

Le propuse un ejercicio de visualización:

—Imagina que eres una viajera en el tiempo —le dije—. Viaja al pasado y enséñale a tu yo más joven sobre el control mental, para que pueda evitar ser reclutada por la secta.

Le pedí que imaginara cómo habría sido su vida si nunca hubiera ingresado a la secta. Este ejercicio la ayudó a comprender que, con la información adecuada, habría tomado decisiones distintas y habría evitado la manipulación.

Luego, le sugerí que reviviera mentalmente las experiencias más traumáticas que tuvo dentro de la secta, pero esta vez imaginando que respondía de manera diferente.

—Imagínate a ti misma enfrentando al líder de la secta y diciéndole que deje de manipularte —le dije—. Imagina que sales por la puerta por tu cuenta y nunca vuelves.

Aunque era un ejercicio de visualización, le permitió canalizar su enojo de una manera constructiva y recuperar su sentido de dignidad y poder personal.

Sarah sabía que, en la realidad, su familia necesitó rescatarla. Sin embargo, este ejercicio le permitió reescribir la historia en su mente desde una perspectiva en la que ella tenía el control. Esto fue clave para su recuperación.

Como todos los exmiembros, Sarah necesitaba integrar su pasado en su nueva identidad. Al hacerlo, descubrió que su experiencia, aunque dolorosa, la había convertido en una persona más fuerte y resiliente.

Al igual que las personas que han sido víctimas de abuso o trauma, los exmiembros de sectas deben aprender a reconstruir su confianza en sí mismos y en los demás.

Es un proceso gradual. Primero, deben aprender a confiar en sus propios pensamientos y emociones. Luego, pueden empezar a probar poco a poco la confianza en los demás.

No tienen que apresurarse a entablar relaciones o tomar decisiones importantes. Pueden ir paso a paso, tomando pequeños riesgos y observando los resultados.

Con el tiempo, los exmiembros se dan cuenta de que ya no son las mismas personas que fueron engañadas y manipuladas. Han aprendido a detectar las señales de advertencia y pueden confiar en que no volverán a caer en la misma trampa.

Además, descubren que, a diferencia de lo que les enseñaron en la secta, equivocarse es parte de la vida. Cometer errores no significa que sean "malos" o "fallidos"; significa que son humanos.

Centros de recuperación para exmiembros de sectas

Lamentablemente, existen muy pocos centros especializados en la recuperación de exmiembros de sectas. Uno de ellos es *Wellspring Retreat*, fundado por Paul y Barbara Martin en Athens, Ohio. Paul, quien falleció, era un psicólogo licenciado y exmiembro de la secta *Great Commission International* durante ocho años.

Otro centro es *MeadowHaven*, fundado por el reverendo Robert y Judy Pardon en Lakeville, Massachusetts. Ambos centros brindan apoyo y terapia especializada para exmiembros de sectas, con un equipo de consejeros entrenados y otros sobrevivientes.

Para algunas personas, la oportunidad de pasar semanas o meses en un lugar seguro, donde puedan recibir apoyo intensivo y asesoramiento, es invaluable.

El problema es que estos centros son costosos y la mayoría de las personas que salen de sectas no tienen recursos financieros. Se necesita urgentemente una solución para que los exmiembros puedan recibir la ayuda que necesitan sin preocuparse por el dinero.

Capítulo 12 – Próximos Pasos

"Sólo conozco una libertad, y es la libertad de la mente."
—Antoine de Saint-Exupéry

El uso indebido del control mental ha alcanzado niveles tan graves que se ha convertido en un problema social importante, no solo en los Estados Unidos, sino a nivel mundial. Los traficantes de personas esclavizan a cientos de miles de personas en este país y millones en todo el mundo. Organizaciones como la Iglesia de la Unificación, la Cienciología, los Testigos de Jehová y muchos otros están afectando las vidas de millones de personas en todo el mundo. Cultos destructivos como ISIS/Daesh y otros grupos terroristas extremos han ganado atención política (si no poder) al mostrar sus actividades espantosas en el escenario mundial. Algunos grupos, como Al Qaeda, han logrado invadir nuestras costas al influir en terroristas nacionales, como aquellos que cometieron el atentado en el maratón de Boston. Los *Freeman-On-The-Land*, también conocidos como *Sovereign Citizens*, están en la lista de vigilancia de terror doméstico del FBI.

Estos grupos están ejerciendo su influencia económica, a través de sus "cursos de formación" para empresarios en puestos clave dentro de las corporaciones de Estados Unidos. Los cultos también están ganando terreno entre las oleadas de inmigrantes asiáticos e hispanos a los Estados Unidos, lo que va más allá de su reclutamiento tradicional de la clase media blanca, lo que les permite ampliar su base financiera. Las personas de otras partes del mundo, que están fascinadas con el "sueño americano", están cayendo víctimas de cultos religiosos con base en EE. UU. y grupos de marketing multinivel (MLM).

Muchos cultos se han vuelto tan hábiles en su trabajo de relaciones públicas que han ganado una alta aceptación social, incluso entre profesionales destacados. Una táctica empleada por los grupos más ricos es atraer a profesionales respetados—científicos, abogados, políticos, académicos y clérigos—para que hablen en conferencias patrocinadas por los cultos, ofreciéndoles honorarios elevados, a menudo en conferencias celebradas en lugares exóticos, con todos los gastos pagados. Es posible que estos ponentes invitados no sepan o no les importe la implicación del culto, pero su mera presencia en estas conferencias da una aprobación tácita al grupo. Por ejemplo, el ex primer ministro británico Edward Heath asistió a conferencias de los Moonies. La socióloga Eileen Barker, que escribió *The Making of a Moonie: Choice or Brainwashing* y que hizo su carrera profesional diciendo que su trabajo había sido un error, admite haber asistido a 14 de estas conferencias, pero asegura que esto no ha afectado su objetividad.

Mi preocupación por los cultos es amplia y urgente. Sus actividades, si no se detienen, seguirán causando daños psicológicos e incluso físicos incalculables a miles, si no millones, de personas que no entienden lo que constituye el control mental indebido. A menos que se tomen medidas legislativas para hacer que los cultos destructivos rindan cuentas por violar los derechos de sus miembros, estos grupos seguirán engañando al público general, haciéndoles creer que no hacen nada fuera de lo común.

Hablando de manera práctica, me doy cuenta de que muchos serán reacios a agregar otro tema más a su lista de preocupaciones serias. Todos los días, cuando leemos un periódico o vemos las noticias, nos enfrentamos a la amenaza de guerra nuclear, el cambio climático global, la destrucción masiva de los recursos naturales del planeta, el hambre en África, la corrupción política generalizada, los microbios mortales como el virus del Ébola y tantas otras preocupaciones. ¿Por qué agregar otra más? Porque, al igual que el Ébola, los virus del control mental de los cultos enferman y drenan la vida de los seres humanos. A menos que se contengan, seguirán propagándose, infectando a cada vez más personas.

Además, al igual que los virus biológicos, los cultos se adaptan para aprovechar las debilidades humanas. Explotan lagunas legales para evadir el enjuiciamiento. Manipulan y subvierten los motores de búsqueda de Internet para enterrar las críticas que podrían alertar a la gente sobre su comportamiento poco ético. Desprecian y difaman a los exmiembros. Utilizan las redes sociales para reclutar nuevos miembros.

Miles de historias sobre cultos han aparecido en los medios de comunicación en los últimos años, pero pocas abordan el problema del control mental directamente. Generalmente, se presentan como historias sobre "religiones extrañas" en lugar de sobre personas que han sido reclutadas y controladas engañosamente mediante control mental. La atención de los medios generalmente disminuye después de los grandes titulares—Charles Manson, la masacre de Jonestown, Waco, Heaven's Gate y el ataque con gas sarín en el metro de Tokio por parte de Aum Shinrikyo. Puede parecer que hay menos cultos debido a que ha habido menos grandes historias, y como he mencionado, muchas personas con las que converso casualmente sobre el tema de los cultos destructivos se sorprenden cuando les cuento que tales grupos siguen siendo un problema importante en la sociedad estadounidense.

Imagina entonces su reacción cuando les cuento que esta falta de conciencia es el resultado de campañas de desinformación, no solo por parte de los cultos, sino también por las mismas instituciones que se supone deben proteger nuestras libertades constitucionales.

Cultos y el Gobierno de Estados Unidos

La reacción pública ante la masacre de Jonestown el 18 de noviembre de 1978 fue de shock e incredulidad. El asesinato de un congresista de Estados Unidos demostró que algunos líderes de cultos estarían dispuestos a llegar hasta donde fuera necesario para evitar que alguien—especialmente alguien con autoridad legítima—los expusiera ante la opinión pública.

Me entristeció profundamente la noticia del asesinato del congresista Leo Ryan. Sabía que él estaba muy informado y preocupado por los cultos destructivos. Había sido un miembro destacado de la investigación del Congreso sobre las relaciones entre Corea y Estados Unidos, dirigida por el congresista Donald Fraser. El 31 de octubre de 1978, apenas unas semanas antes de la tragedia de Jonestown, se publicó el Informe Fraser, que recomendaba la creación de un grupo de trabajo interinstitucional del Poder Ejecutivo para investigar las actividades ilegales de la organización Moon.

No se tomó ninguna acción en respuesta a esa recomendación. (Moon fue condenado cuatro años después por fraude fiscal y cumplió trece meses en una prisión de mínima seguridad en Danbury, Connecticut).

Parecía que se estaba haciendo algo sobre el problema de los cultos, dado el movimiento en el Capitolio a finales de los años 70. Después de Jonestown, el Congreso lanzó una investigación formal. El 15 de mayo de 1979, el Comité de Asuntos Exteriores de la Cámara emitió su informe, detallando las tácticas de lavado de cerebro de Jim Jones y el Templo del Pueblo. Concluyeron recomendando que el Instituto Nacional de Salud Mental recibiera fondos para investigar más a fondo el control mental y los cultos destructivos.

Sin embargo, nunca se dio seguimiento a esa recomendación.

El senador Bob Dole organizó una audiencia sobre cultos después de Jonestown, a la que fui invitado a testificar. La mañana de la audiencia, de repente nos informaron que ningún exmiembro de culto podría hablar. Nos dijeron que esto era para evitar que los cultos pudieran hablar. Pero cuando llegamos a la sala de audiencias, llena de exmiembros que sostenían carteles que decían "Elijan a Bob Dole Presidente, Deroguen la Primera Enmienda", descubrimos que Neil Salonen, el portavoz de los Moonies, sí había sido autorizado a presentar una declaración. Comencé a darme cuenta del poder político de los cultos, pero aún me quedaba mucho por descubrir.

Lo que la "investigación" sobre Jonestown mostró—para mí y muchos otros—fue que ante un acto tan atroz y perverso, lo mejor que el gobierno pudo hacer fue organizar una audiencia pública muy censurada. Un espectáculo que no llegó a abordar los detalles de lo que realmente sucedió ni a tomar medidas para garantizar que tales eventos no se repitieran.

Pero lo peor estaba por llegar. Resultó que la CIA había estado realizando sus propios experimentos de control mental. Estaba llevando a cabo investigaciones con técnicas similares—y algunas mucho más crueles— que las que causaron la muerte de más de 900 personas en Jonestown. Además, estaba llevando a cabo estos experimentos de manera encubierta en un grupo de ciudadanos estadounidenses, muchos de ellos sin su conocimiento, desde finales de la década de 1940. El gobierno estaba siendo culpable de la misma práctica que afirmaba protegernos.

El crédito por sacar a la luz esta información es para el autor John Marks, quien en 1975 leyó una sola frase en un informe gubernamental que lo llevó a investigar las actividades secretas de la CIA. En 1979, publicó *The Search for the Manchurian Candidate*, que causó una gran atención nacional. Impulsados por los hallazgos iniciales de Marks, Alan W. Scheflin y Edward M. Opton Jr. realizaron investigaciones complementarias, que culminaron también en 1979 con la publicación de *The Mind Manipulators*.

Ambos libros documentan en detalle los experimentos de la CIA sobre control mental desde finales de los años 40 hasta principios de los 60, que involucraron a subcontratistas en más de 80 instituciones estadounidenses. Bajo el nombre de *MK-ULTRA*, el programa clandestino e ilegal de la

CIA tenía como objetivo identificar métodos para su uso en interrogatorios y torturas. *MK-ULTRA* dejó de lado cualquier ética en su búsqueda por manipular los estados mentales de las personas, alterar sus funciones cerebrales y controlar su comportamiento.

Las técnicas utilizadas en los experimentos de *MK-ULTRA* variaban desde métodos químicos—como el LSD y otras drogas psicotrópicas (incluyendo el infame BZ, que nunca se elimina del cuerpo y fue administrado a cientos de soldados estadounidenses sin su conocimiento)—hasta métodos físicos—cirugía cerebral, electroshock—y psicológicos—privación sensorial, aislamiento, hipnosis, abuso verbal y sexual, entre otros. Scheflin y Opton descubrieron incluso un discurso de 1953 por Allen Dulles, entonces director de la CIA, en el que admitía abiertamente la existencia de estos experimentos. El Dr. Ewan Cameron, presidente de la Asociación Psiquiátrica Canadiense, Estadounidense y Mundial, supervisó investigaciones de control mental en un hospital psiquiátrico canadiense.

Esto significaba que, al mismo tiempo que el gobierno no hacía nada sobre la investigación de Jonestown, estaba encubriendo un programa mucho más grande y profundo.

Otros investigadores intentaron continuar con este trabajo, pero para entonces, la CIA—en violación de muchas leyes federales—había destruido casi todos sus archivos relevantes. Los registros de *MK-ULTRA* fueron prácticamente todos destruidos, salvo unas pocas cajas de registros financieros, lo que hizo imposible que los investigadores descubrieran lo que realmente ocurrió. ABC emitió un excelente documental sobre el programa secreto titulado *Mission Mind Control*.

En 1975, un comité del Congreso, dirigido por el senador Frank Church, decidió investigar. El Comité Church trató de desenterrar el alcance completo de la investigación, pero, en sus audiencias, quedó claro que no había podido ir más allá de los descubrimientos realizados por los investigadores privados. El comité fue desviado por las mismas dos estrategias de la CIA, manteniendo al público en la oscuridad.

Primero, la CIA filtró información sobre sus intentos de asesinatos de líderes mundiales, lo que hizo que el Comité—y los medios—se enfocaran en esa historia. Luego, la CIA afirmó que *MK-ULTRA* era un "elefante desbocado"—el invento de algunos agentes excesivamente entusiastas que trabajaban en él, sin el conocimiento de sus superiores. Los miembros del comité compraron estas explicaciones, ignorando el hecho, que fue declarado explícitamente en el discurso de Dulles de 1953, de que el conocimiento de—y la responsabilidad por—el programa llegaba hasta la cúpula de la CIA. Miles de personas fueron sometidas a experimentos, lo que hace imposible creer que esto no era un programa significativo. También es cierto que en ese momento casi toda la investigación en psicología social estaba siendo financiada por el gobierno de EE. UU. Afortunadamente, Milgram y Zimbardo publicaron sus resultados. Yo sabía de primera mano que las técnicas de control mental eran reales—había vivido en un entorno de control mental y las había practicado en otros. Había investigado sobre el control mental y tuve la gran suerte de hablar con los principales expertos sobre el tema, como Robert Jay Lifton y Margaret Singer. Sabía que ningún psicólogo que se respetara a sí mismo negaría que había información útil en la investigación sobre control mental—información que podría usarse para afectar a las personas, para bien o para mal. Pero las revelaciones sobre *MK-ULTRA*—y su encubrimiento—me obligaron a enfrentar otro conjunto de preguntas que exigían respuestas.

¿Por qué el gobierno federal no informaba al pueblo estadounidense sobre los peligros del control mental? ¿Por qué se trataba este tema continuamente dentro del contexto de la libertad religiosa y la Primera Enmienda? Hasta el día de hoy, no ha habido ninguna declaración oficial del gobierno sobre la existencia—y mucho menos los peligros—del control mental.

Recientemente, países europeos, incluidos Alemania, Francia y Bélgica, han reconocido los peligros que representan los cultos de control mental y han creado fuerzas especiales para investigarlos. Aparentemente, no existe tal iniciativa por parte del gobierno de EE. UU.—ni por parte del FBI, la CIA, Seguridad Nacional o cualquier otra agencia de recopilación de inteligencia—pese a la amenaza que representan para nuestra seguridad nacional. Ya es hora de que el Cirujano General, o algún otro funcionario gubernamental de alto rango, haga tal declaración.

Tal vez haya otras explicaciones políticas sobre por qué el gobierno no admite tener conocimiento de las técnicas de control mental. Cualesquiera que sean las razones, ahora hay poca duda de que, durante esas décadas, el pueblo estadounidense gastó sin saberlo millones de dólares en investigaciones sobre control mental. Ese dinero habría sido mucho mejor invertido investigando los efectos devastadores del control mental en los cultos. Los exmiembros presentan una oportunidad tremenda para los investigadores, pero no hay voluntad política para tal investigación.

No estoy en contra de la investigación sobre control mental. Al contrario, como profesional de la salud mental, estoy totalmente a favor de la investigación ética, que aumenta nuestro conocimiento sobre nosotros mismos y el funcionamiento de la mente. Tampoco, dicho sea de paso, me opongo a la clasificación de cierta información en interés de mantener la seguridad nacional. Pero si el gobierno ha estado llevando a cabo investigaciones sobre control mental, entonces tiene la responsabilidad de informar al pueblo estadounidense de que el control mental existe.

En la ausencia de un reconocimiento por parte del gobierno de que el control mental existe y que el control mental no ético está mal, el silencio del gobierno, indirectamente, tolera la práctica de la influencia indebida por parte de personas y organizaciones poco éticas sobre el resto de la sociedad. Basta con mirar a nuestro alrededor para ver los efectos de ese silencio: los grupos de control mental están proliferando a un ritmo sin precedentes. Los principios de libertad y democracia exigen que la realidad del control mental sea expuesta al escrutinio público.

Cultos, control mental y la profesión de la salud mental

El gobierno de los Estados Unidos otorga licencias a los profesionales responsables de restaurar el bienestar mental de las personas. Los profesionales de la salud mental hacen esto desarrollando técnicas y terapias específicas para abordar los problemas que pueda tener un paciente o cliente.

Una población que no puede contar con que se satisfagan sus necesidades de salud mental es la de las víctimas de cultos y otras víctimas de influencia indebida. Esto es particularmente extraño porque, durante años, el *Manual Diagnóstico y Estadístico de los Trastornos Mentales* (DSM)—que es publicado por la Asociación Estadounidense de Psiquiatría (APA) y en el que confían clínicos, investigadores, compañías farmacéuticas, compañías de seguros de salud, los tribunales y los encargados de hacer políticas—ha incluido una categoría para las víctimas de lavado de cerebro en cultos y reforma del pensamiento.

La versión más reciente, el *DSM-5*, identifica a este grupo de pacientes bajo una categoría especial: Otro Trastorno Disociativo Especificado 300.15 (F44.9). Si vas a la página 305, número 2, leerás: "Alteración de la identidad debido a una persuasión coercitiva prolongada e intensa: Las personas que han sido sometidas a una persuasión coercitiva intensa (por ejemplo, lavado de cerebro, reforma del pensamiento, adoctrinamiento mientras estaban cautivas, tortura, encarcelamiento político prolongado, reclutamiento por sectas/cultos o por organizaciones terroristas) pueden presentar cambios prolongados en, o cuestionamientos conscientes sobre, su identidad."

Me gustaría decir que la mayoría de los profesionales de la salud mental lo han leído. Al contrario, debe ser una de las categorías menos conocidas del *DSM-5*. Los terapeutas y otros profesionales generalmente desconocen que se puede realizar un diagnóstico de control mental y, ciertamente, no están familiarizados con los enfoques especializados que se han desarrollado para abordarlo. Mientras tanto, un subconjunto de sus pacientes sigue sufriendo como resultado de su involucramiento en cultos—es decir, a menos que recurran a un pequeño número de personas que han reconocido sus necesidades y están dispuestas a tratarlos.

Hubo un momento en el que esto podría haber cambiado. En 2002, el profesor Philip Zimbardo, quien realizó el ahora famoso estudio de la prisión de Stanford, era presidente de la *Asociación Estadounidense de Psicología* (APA). Vio con claridad que la APA no había servido a los intereses de esta población que sufre. Le pidió a Alan W. Scheflin, entonces profesor de la Facultad de Derecho de la Universidad de Santa Clara, que presidiera un panel titulado *Cults of Hatred* en la convención anual de la APA.

En sus comentarios iniciales, Scheflin dijo que la comunidad de salud mental no ha abordado las necesidades de dos poblaciones diferentes: aquellas que creen de manera precisa que sus mentes han sido controladas en situaciones de cultos u otras situaciones coercitivas; y aquellas que creen erróneamente que son víctimas de control mental y pueden estar sufriendo de delirios o paranoia. El evento reunió a académicos como Scheflin y Zimbardo; terapeutas, como yo, que trabajamos en el área de control mental; y exmiembros de grupos como *El Templo del Pueblo*. Para mí y para muchos otros, fue una ocasión trascendental.

Zimbardo intentó aprovechar ese momento escribiendo sobre ello en la columna presidencial de la *APA Monitor*. Sus palabras fueron tan elocuentes que decidí reproducirlas:

"Un valor básico de la profesión de psicología es promover la libertad humana de acción responsable, basada en la conciencia de las opciones de comportamiento disponibles, y apoyar los derechos del individuo para ejercerlas. Sea lo que sea que queramos decir con 'control mental', se opone a esta orientación positiva de valor.

El control mental es el proceso mediante el cual la libertad de elección y acción, ya sea individual o colectiva, se ve comprometida por agentes o agencias que modifican o distorsionan la percepción, motivación, afecto, cognición y/o resultados conductuales. No es ni mágico ni místico, sino un proceso que involucra un conjunto de principios básicos de la psicología social.

La conformidad, la obediencia, la persuasión, la disonancia, la reactancia, la culpa y la excitación por el miedo, el modelado y la identificación son algunos de los ingredientes básicos de la influencia social que han sido bien estudiados en experimentos psicológicos y estudios de campo. En algunas combinaciones, crean un potente crisol de manipulación mental y conductual extrema cuando se sintetizan con varios otros factores del mundo real, como líderes carismáticos y autoritarios, ideologías dominantes, aislamiento social, debilitamiento físico, fobias inducidas y amenazas extremas o recompensas prometidas que suelen estar orquestadas de manera engañosa, a lo largo de un período de tiempo extenso en entornos donde se aplican intensamente.

Un cuerpo de evidencia en ciencias sociales muestra que cuando se practica sistemáticamente por policías sancionados por el estado, militares o cultos destructivos, el control mental puede inducir confesiones falsas, crear conversos que torturan o matan "enemigos inventados", involucrar a miembros adoctrinados para trabajar incansablemente, entregar su dinero—y hasta sus vidas—por "la causa."

Zimbardo esperaba que los miembros de la junta de la APA se despertaran ante la realidad del control mental. Eso no sucedió.

Los esfuerzos previos de otras personas tampoco tuvieron éxito. En 1983, la Dra. Margaret Singer presidió un grupo de trabajo sobre Métodos Deceptivos e Indirectos de Persuasión y Control a solicitud de la APA. A pesar de sus esfuerzos, el problema no fue considerado lo suficientemente serio como para que la APA lo tomara en cuenta. Parecían estar en juego políticas internas para mantener este cuerpo de conocimiento fuera de la atención pública.

La promesa contenida en ediciones anteriores del *DSM* y en la sección actual del *DSM-5* sigue sin cumplirse y, de hecho, sigue sin ser reconocida.

El hecho de que ni el gobierno ni la psicoterapia organizada hayan intervenido para ayudar a aquellos que han sido afectados por el control mental es aterrador. Pero tengo la esperanza de que esto cambiará pronto, gracias a los esfuerzos de profesionales de la salud mental iluminados y, lo más importante, al creciente número de exmiembros que están tomando acción y contando sus historias a terapeutas y a cualquiera que quiera escuchar.

Investigación sobre Control Mental y su Aplicación

A pesar de la falta de atención por parte del gobierno y de la profesión de salud mental, muchas personas han estado trabajando arduamente para investigar el control mental y cómo afecta a las personas. Han escrito numerosos libros y cientos de artículos.

Después de la publicación de su clásico de 1961, *Thought Reform and the Psychology of Totalism*, el psiquiatra Robert Jay Lifton continuó explorando el fenómeno del control mental. En 1986, publicó *The Nazi Doctors*, en el que describe el proceso psicológico de "doblamiento" que los médicos alemanes atravesaron para poder realizar actos de crueldad inimaginables al servicio de Hitler. Lifton luego escribió en 1999 sobre el culto japonés Aum Shinrikyo en *Destroying the World to Save It*, aplicando su modelo de control mental para explicar cómo los miembros del culto fueron manipulados para matar personas inocentes con el objetivo de causar un "apocalipsis" que supuestamente borraría todo el karma negativo de la población japonesa.

Margaret Singer escribió dos libros junto a Janja Lalich: *Cults in Our Midst* y *Crazy Therapies*. En *The Lucifer Effect*, Philip Zimbardo detalló su famoso experimento de la prisión de Stanford y aplicó las lecciones obtenidas a las horribles acciones cometidas por soldados estadounidenses en la prisión de Abu Ghraib. Louis Jolyon West y Paul Martin escribieron un artículo considerado clásico sobre el *trastorno de identidad pseudoinducido*. El psicólogo social Robert Cialdini, en su libro más vendido *Influence*, describió seis leyes clave mediante las cuales las personas pueden ser manipuladas para cambiar su comportamiento y creencias. Anthony Pratkanis y Elliot Aronson, en *Age of Propaganda*, explicaron cómo las relaciones públicas y la publicidad manipulan al público.

Los exmiembros de cultos también han escrito sobre sus experiencias, como Deborah Layton (de *El Templo del Pueblo*), Nori Muster (de *Hare Krishna*), Alexandra Stein (de *The O*), y Richard E. Kelly (de *Testigos de Jehová*). A través de sus relatos personales, proporcionan una visión valiosa sobre el proceso de control mental dentro de estos grupos. Algunos, como yo, se convirtieron en profesionales de la salud mental para aplicar su experiencia de vida y ayudar a otras personas a superar el comportamiento depredador de los líderes de cultos y otros victimarios.

La investigación ha demostrado que los líderes de cultos, dictadores, proxenetas y traficantes de personas tienen uno o ambos de los siguientes trastornos de personalidad: trastorno narcisista de la personalidad (TNP) o trastorno antisocial de la personalidad (también conocido como psicopatía o sociopatía). El sociólogo canadiense Stephen Kent presentó un artículo excelente en una reciente reunión de la *International Cultic Studies Association* (ICSA), titulado *La grandiosidad narcisista en la vida de Sun Myung Moon*, en el que se citan extensamente frases de Moon que encajan en los nueve criterios del TNP establecidos en el *DSM-5*. El exmiembro de un culto y respetado terapeuta, Daniel Shaw, escribió un libro importante titulado *Traumatic Narcissism: Relational Systems of Subjugation*, que realmente vale la pena leer. Sam Vaknin, Ph.D., escribió un libro llamado *Malignant Self Love: Narcissism Revisited*, y ha publicado varios videos informativos en su canal de YouTube, *samvaknin*. La psicóloga Anna Salter escribió lo que creo que es el mejor libro sobre abusadores sexuales (y, no sorprendentemente, sobre la mayoría de los líderes de cultos), *Predators: Pedophiles, Rapists, and Other Sex Offenders*. Por otro lado, en el lado opuesto de la ecuación de los cultos, el Dr. Flavil Yeakley, un psicólogo respetado de la Universidad Cristiana de Abilene, ha realizado una investigación considerable sobre los perfiles psicológicos de los miembros de cultos. El Dr. Yeakley administró el *Indicador de Tipos de Personalidad Myers-Briggs* (MBTI), un dispositivo de investigación de perfiles de personalidad, a más de mil miembros de diferentes grupos religiosos, tanto tradicionales como de culto. Les pidió a los miembros que completaran el cuestionario tres veces. La primera vez, les pidió que respondieran las preguntas desde su estado mental actual. La segunda vez, les pidió que respondieran las preguntas desde el estado mental que tenían antes de unirse al grupo. Finalmente, el Dr. Yeakley les pidió a los sujetos de su prueba que respondieran las preguntas como pensaban que lo harían dentro de cinco años. Administró esta prueba a miembros de la *Iglesia de Cristo de Boston*, la *Iglesia de la Cienciología*, los *Hare Krishnas*,

Maranatha, los *Hijos de Dios*, los *Moonies* y *The Way International*. Los resultados mostraron un alto nivel de movimiento hacia ciertos tipos de personalidad estándar definidos por el test. En otras palabras, las personas en ciertos cultos parecían estar moviéndose hacia tener los mismos tipos de personalidad, distintos para su grupo particular, independientemente de las personalidades originales que trajeron consigo al grupo.

En comparación, cuando este test fue administrado a miembros de las iglesias bautista, católica, luterana, metodista y presbiteriana, no hubo cambios significativos en los perfiles psicológicos a lo largo del tiempo. En resumen, no hubo indicios de presión para conformarse a un tipo específico de personalidad. Las personalidades fundamentales de las personas—su ser auténtico—permanecieron intactas.

Le escribí a Yeakley que pensaba que estos hallazgos respaldaban mi idea de que los cultos en realidad dan nuevas personalidades a sus miembros—Yeakley lo llama "clonación"—al suprimir las identidades originales de los miembros. Como el Dr. Yeakley explicó en una carta que me envió:

"En la *Iglesia de Cristo de Boston* y en tres de los cultos, el cambio de personalidad fue hacia el tipo ESFJ (Extrovertido, Sensorial, Sentimental, Juicioso). En dos cultos se movió hacia el tipo ESTJ (Extrovertido, Sensorial, Pensante, Juicioso) y en uno hacia el tipo ENTJ (Extrovertido, Intuitivo, Pensante, Juicioso). No hay nada malo con ninguno de estos tres tipos. El problema es con la presión para conformarse a un tipo en particular. Es el cambio el que es negativo, no el tipo hacia el que se dirige el cambio." Los expertos en control mental, como Lifton, Singer, West, Zimbardo, John Clark, Edgar Schein, Michael Langone, Carmen Almendros, Rod Dubrow-Marshall, Bill y Lorna Goldberg, Steve Eichel y otros asociados con la *International Cultic Studies Association* (ICSA), han investigado, escrito y abogado por más conciencia sobre el control mental.

Es especialmente necesario llevar a cabo estudios epidemiológicos para investigar los efectos del control indebido en la salud pública. Los colapsos psicóticos, los actos violentos de exmiembros de cultos, los suicidios, el abuso de drogas y alcohol, la depresión y los trastornos de ansiedad son cuestiones de salud pública que pueden estar causadas por el control mental, ya sea de manera intencionada o como efectos secundarios.

Existen posibilidades emocionantes en la tecnología emergente de la resonancia magnética funcional (fMRI), que podría ayudarnos a entender si la función cerebral cambia como resultado de la influencia indebida. Sospecho que sí. Las *fMRI* ya han mostrado una firma distinta cuando alguien está en estado hipnótico: la *corteza cingulada anterior* (ACC) se ilumina de manera distintiva. También han mostrado que el *trastorno de identidad disociativo* (DID) produce una firma cerebral característica cuando una persona cambia de identidad. Cada día, en contextos de la vida real, los cultos realizan esencialmente experimentos sociales poco éticos. Una forma de detenerlos es exponer los efectos biológicos de sus manipulaciones. Creo que podría surgir un bien increíble de este tipo de investigación.

También se necesita más investigación sobre el uso potencialmente beneficioso de las técnicas de control mental ético (por ejemplo, para la pérdida de peso, la motivación, dejar de fumar, etc.). El uso de la tecnología del control mental no es inherentemente maligno. Como cualquier otra tecnología, puede usarse para servir o dañar, para empoderar a las personas o para esclavizarlas.

La depresión severa afecta a millones de estadounidenses y les roba la capacidad de disfrutar de la vida. Podría ser posible enseñar a estas personas algunas técnicas útiles de control mental (como las estrategias esenciales que enseña el psiquiatra David Burns en su libro seminal *Feeling Good*) para apoyar o acelerar su recuperación. Una técnica simple implica imaginar repetidamente un futuro mejor. Tal técnica es efectiva y ética, pero solo cuando la persona elige libremente usarla y el locus de control está dentro de sí misma.

Las técnicas de control mental también podrían utilizarse para ayudar a las personas que actualmente están atrapadas en el sistema de justicia penal. Hay una gran necesidad de una reforma masiva en nuestro sistema penitenciario. A los reclusos se les pueden enseñar formas más efectivas de romper su ciclo de baja autoestima y comportamientos delictivos. El uso voluntario de las técnicas de control mental podría ayudarlos a cambiar su forma de pensar, su comportamiento y su relación con la sociedad.

Creo que las personas que saben cómo opera el control mental tienen una ventaja distinta, siempre y cuando usen su conocimiento con fines éticos, para generar un cambio positivo en ellos mismos y en los demás, y para protegerse a sí mismos y a otros del uso indebido del control mental por personas u organizaciones sin escrúpulos.

Debe adoptarse un enfoque medido, guiado por la moralidad y la sabiduría, al usar cualquier herramienta poderosa para alterar la mente humana. Espero que estos temas sean ampliamente debatidos y que se implementen protecciones para evitar cualquier abuso de esta tecnología.

Estas consideraciones representan solo el comienzo del entendimiento social del control mental. Mucho más debe hacerse para educar a los profesionales de la salud mental y empoderarlos para ayudar a las personas que aún están sufriendo las consecuencias del control mental.

Proteger a los niños del abuso en los cultos

Los niños ocupan un lugar único y desafiante en el espectro de problemas relacionados con la influencia indebida. Existen abundantes investigaciones que muestran los efectos dañinos del abuso—físico, sexual, emocional y verbal—en el cerebro en desarrollo de un niño. (La buena noticia es que también hay investigaciones que muestran que el cerebro es notablemente resiliente y mantiene su plasticidad bien entrada la adultez, e incluso a lo largo de toda la vida).

Los niños que crecen en cultos aislados y totalitarios pueden ser adoctrinados para odiar a quienes están fuera del grupo o para creer que el Armagedón está por suceder. Se les dice que si se alejan del grupo, ocurrirán cosas terribles: sus familias sufrirán, perderán su conexión con Dios y pasarán la eternidad en el infierno. Los grupos extremistas enseñan a los niños incluso cómo matar. Estas son formas de abuso mental y emocional. Cualquier país que permita que tales actividades ocurran debe ser responsabilizado. El Tribunal Internacional de Crímenes de Guerra en Núremberg sugirió que este tipo de abuso infantil constituyó un crimen contra la humanidad.

David Cooperson, un veterano trabajador social especializado en protección infantil, ha escrito un libro de vital importancia: *The Holocaust Lessons on Compassionate Parenting and Child Corporal Punishment*, en el que demuestra cómo el castigo físico, como azotar, golpear o usar paletas contra los niños, tiene efectos perjudiciales en su desarrollo. Cooperson tiene un sitio web, *stoplegalchildabuse.com*, y está en una misión para hacer ilegal el abuso físico infantil en los Estados Unidos. Cuarenta países ya han promulgado legislación en este sentido, incluidos los países escandinavos y el Reino Unido.

Cualquier país que otorgue exención fiscal a organizaciones que abusan de niños—no solo físicamente, sino también mental, emocional o espiritualmente—debería ser considerado responsable de esos abusos. Organizaciones exentas de impuestos, como los Testigos de Jehová, que han mantenido políticas durante décadas que protegen a los pedófilos de la persecución criminal y que excomulgan a las víctimas y sus familias por hablar, deberían perder su estatus de exención. Los líderes deberían ser procesados por conspiración para encubrir actividades ilegales. La tragedia es que muchos niños o adultos jóvenes que huyen de cultos totalitarios, como los Testigos de Jehová, terminan en la calle, bajo el control de proxenetas que los explotan sexualmente para obtener dinero.

Los pornógrafos infantiles están siendo identificados y procesados, pero no se está haciendo lo suficiente para proteger a los niños del secuestro o la venta a los traficantes de seres humanos. Como primer paso, los hombres tienen la obligación absoluta de averiguar la edad real de cualquier persona con la que tengan relaciones sexuales. Si alguien parece menor de edad, lo más probable es que lo sea. Deben llamar a la policía y rescatar a ese menor. Debería haber leyes que exijan a las personas denunciar el tráfico infantil.

Algunos estados aún permiten exenciones religiosas para el tratamiento médico de los niños. La Ciencia Cristiana continúa presionando a los gobiernos estatales para que permitan a los padres mantener a sus hijos sin tratamiento médico. Los Testigos de Jehová prohíben las transfusiones de sangre y esperan que los miembros rechacen las transfusiones y otros tratamientos médicos para sus hijos cuando están enfermos o hospitalizados. Solicitan con frecuencia exenciones religiosas basadas en la creencia de que se puede negar la atención médica.

Algunos estados todavía tienen leyes que permiten que las personas soliciten una exención religiosa en lo que respecta al tratamiento médico. La Ciencia Cristiana continúa haciendo lobby ante los gobiernos estatales para permitir que los padres mantengan a sus hijos alejados del tratamiento médico. Los Testigos de Jehová prohíben a los miembros recibir transfusiones de sangre y esperan que los miembros rechacen transfusiones y otros tratamientos médicos para sus hijos enfermos o hospitalizados. De manera rutinaria, solicitan una exención religiosa basándose en sus creencias. Estas leyes pueden y deben ser modificadas para proteger la salud y la vida de los niños.

La trágica historia del fracaso de la curación por fe de Gretchen Callahan en el capítulo 6 es desgarradora, pero hay incontables niños que sufren de manera similar y sin necesidad. No todos estos niños mueren o pierden una extremidad o un órgano debido a la negligencia médica. Pero a menudo están en dolor físico y también pueden sufrir emocionalmente, especialmente si se les hace sentir que su enfermedad es culpa suya o se les dice que su enfermedad es espiritual y que todo lo que ellos, o sus padres, necesitan hacer es rezar para que Dios intervenga.

Quizá lo más preocupante de todo es la situación de aquellos grupos, como los Doce Tribus y Followers of Christ, que no registran a sus niños al nacer. Los niños enfermos, a quienes a menudo se les niega el tratamiento médico, pueden morir y ser enterrados en terrenos del culto, sin que el mundo exterior sepa siquiera que existieron alguna vez. Linda Martin, una exmiembro de *Followers of Christ*, está tratando de llamar la atención sobre la gran cantidad de niños que han muerto debido a las prácticas de curación por fe del grupo. El *Child Friendly Faith Project* de Janet Heimlich es una extensión de su importante libro, *Breaking Their Will: Shedding Light on Religious Child Maltreatment*. Me uní gustosamente a su junta asesora y la organización ha llevado a cabo dos conferencias muy importantes en Austin, Texas. Otro aspecto de la vida en un culto—y de la vida fuera de cultos—que es devastador de ver ocurre durante y después de una separación o divorcio, cuando los niños son adoctrinados contra un padre por el otro padre. La alienación parental es un fenómeno muy real. Ocurre constantemente cuando un padre deja un culto. El padre que se queda en el culto puede realmente creer que su exesposo es malvado por "dejar a Dios" (y por dejar a la familia). Algunos de estos grupos realmente instruyen a los padres del culto para que fabriquen mentiras que hagan que el niño crea que el padre exmiembro los abusó sexualmente, con el fin de influir en un juez para que detenga el contacto. La psicóloga del desarrollo Amy Baker ha escrito, junto con Paul Fine, varios libros excelentes sobre este enorme problema, incluyendo *Surviving Parental Alienation* y *Co-Parenting with a Toxic Ex*. Baker ha desarrollado un currículo para que los consejeros escolares de secundaria lo utilicen con los niños cuyos padres están atravesando un divorcio, para protegerlos de los abusos. Entender el modelo BITE ha demostrado ser vital para los niños que han sido programados para odiar a su padre. Les ayuda a entender lo que les ocurrió, para que puedan dar los primeros pasos hacia la reconciliación con ese padre.

Sería un error de mi parte si no mencionara la educación en casa. Aunque puede funcionar maravillosamente en el mundo exterior, la realidad es que muchos cultos destructivos insisten en educar a sus hijos para evitar que entren en contacto con ese mundo, que a menudo consideran "el mundo de Satanás". Si bien existen currículos legítimos de educación en casa, es imperativo que haya mecanismos de control para proteger a los niños.

Por otro lado, si un niño llega a la escuela pública con moretones visibles o muestra una reacción traumática severa, los maestros y consejeros deben investigar y hacer todo lo posible para proteger al niño del abuso. Del mismo modo, si un niño parece aislado y desconfiado o evita interactuar con niños y adultos fuera de su comunidad insular, esto puede ser muy perjudicial para su desarrollo. La responsabilidad recae en la escuela para investigar.

Los cultos y la ley

Las leyes actuales ni siquiera reconocen que el control mental exista, excepto cuando hay uso de fuerza física o la amenaza de tal fuerza.

Existen leyes sobre influencia indebida que protegen a los niños y adultos vulnerables—como ancianos, personas moribundas, personas con ciertas enfermedades mentales, personas con discapacidades—de ser aprovechados por lo que la ley de California solía llamar "personas astutas y deshonestas". Aparte de los ancianos, es muy difícil, si no imposible, que los tribunales reconozcan que un individuo sano y funcional pueda ser sometido a influencia indebida y experimentar un cambio radical de personalidad.

Este no es un fenómeno nuevo. Hace años, los jueces tenían una actitud algo similar hacia las mujeres que eran físicamente maltratadas por sus parejas. Esos jueces decían: "Simplemente déjalos". Se necesitó mucho tiempo y muchos expertos para convencerlos de que las dinámicas psicológicas detrás de los abusos no eran para nada tan simples.

Cuando las víctimas de abuso en cultos se presentan en los tribunales buscando una solución para los daños que se les han causado, generalmente las probabilidades están en su contra. Parte del problema es que los tribunales generalmente prefieren no involucrarse en lo que consideran "disputas interpersonales", especialmente en ausencia de algún tipo de abuso físico o coacción. Las teorías legales que podrían proteger a las víctimas de cultos no existen o no se han aplicado a este tipo de situación. Cuando los expertos testifican en los tribunales, la literatura en la que se basan trata sobre lavado de cerebro y control mental. Algunos jueces consideran que estos términos son fantasiosos o absurdos—algo sacado de Hollywood—y ciertamente carecen de base científica. La ley requiere que, para que un experto testifique, primero debe demostrarse que está hablando sobre temas científicos. Los jueces no consideran el control mental o el lavado de cerebro como temas científicos.

Existen causas legales que podrían ser utilizadas por las víctimas de cultos, como el fraude o la causa intencional de angustia emocional. Pero la ley sobre estos dos temas no se ha aplicado ni desarrollado en relación con situaciones de cultos. Los tribunales y jueces podrían no estar dispuestos a extender estas doctrinas legales, ya de por sí antiguas, a este terreno más controvertido.

Mientras tanto, los mismos principios de influencia que se usan para reclutar personas en cultos están siendo utilizados por pedófilos para preparar a los niños y convertirlos en víctimas de tráfico sexual. La definición que usa la ONU para el tráfico laboral y sexual incluye el uso de fraude, fuerza y coacción. Los agentes de la ley y otros profesionales que tratan rutinariamente con estas víctimas están comenzando a entender finalmente que esto se resume en control mental.

Las leyes para proteger a las víctimas de tráfico sexual también están comenzando a cambiar. Varios estados ahora cuentan con lo que se llama leyes de Puerto Seguro, que protegen a los menores arrestados por prostitución (debería llamarse "tráfico" pero aún no lo es). En lugar de ser encarcelados, estos jóvenes son protegidos por trabajadores sociales que abogan por su seguridad, salud y bienestar. Existe una creciente comprensión de que los jóvenes que ejercen la prostitución no están ejerciendo su libre albedrío; están bajo el control mental de proxenetas o traficantes sexuales (esto también es cierto para muchas víctimas adultas de tráfico). La profesora de derecho de Loyola, Kathleen Kim, ha escrito varios artículos, incluyendo *The Coercion of Trafficked Workers*, en los que argumenta la necesidad de que la ley se aplique de manera justa y apoye los derechos de las víctimas. Lo mismo es cierto para todas las víctimas de control mental.

Parte del problema que enfrentan los legisladores y los tribunales es que los cultos han intentado esconderse detrás de la garantía constitucional de la libertad religiosa. En este país, el derecho de las personas a creer lo que deseen es absoluto, como debe ser. Lo que no es absoluto es el derecho de un grupo a actuar de cualquier manera que quiera. Por ejemplo, un culto puede creer que es un acto sagrado manejar serpientes venenosas, pero la ley prohíbe los rituales de manejo de serpientes porque demasiadas personas han muerto como consecuencia. Los abogados de los cultos hacen todo lo posible por ignorar esta diferencia y tratan de convertir los problemas de control mental en temas de creencias, en lugar de temas de comportamiento. El excelente libro de la abogada Marci Hamilton, *God vs. the Gavel: The Perils of Extreme Religious Liberty*, revela cómo los grupos que tienen influencia sobre los legisladores disfrutan de un trato especial bajo la ley.

Otra forma de abordar este tema es pensar en libertad de versus libertad de no ser manipulado. La Constitución garantiza a los estadounidenses el derecho de adorar, pensar y hablar como deseen. Pero, ¿hasta qué punto debemos ser protegidos de los intentos de otros para hacernos adorar, pensar y hablar como ellos desean que lo hagamos? Los legisladores y los tribunales todavía están luchando con esto.

El reclutamiento y la conversión en cultos son particularmente difíciles de analizar. ¿Realmente tiene un grupo el derecho de engañar a los posibles conversos que se habrían mantenido alejados si supieran la verdad? Igualmente, ¿tiene un grupo el derecho de manipular los pensamientos, sentimientos y el entorno de una persona para crear una experiencia de conversión? Si es así, ¿dónde se debe trazar la línea entre la manipulación legal e ilegal? Pronto hablaré más sobre esto.

Hasta ahora, ha sido difícil determinar científicamente si una persona está bajo control mental. Cualquier evaluación ha tenido que ser subjetiva. Los expertos en control mental han estado buscando un vehículo legal que les permita cumplir con el requisito de la ley de que deben testificar con datos científicos.

Ahora lo tienen. Alan W. Scheflin, quien es Profesor Emérito en la Facultad de Derecho de la Universidad de Santa Clara, en un importante artículo, argumenta que todos los seres humanos tienen derecho a protección contra la influencia indebida, un concepto que la ley ha reconocido durante al menos cinco siglos. Con este precedente legal en su lugar, el siguiente paso es calificar a los expertos para testificar con base en la ciencia.

En su artículo, *"Supporting Human Rights by Testifying Human Wrongs"*, publicado en el *International Journal of Cultic Studies*, Scheflin describe lo que él llama el Modelo de Influencia Social, o SIM, para determinar si ha ocurrido una influencia indebida. Este modelo proporciona una estructura para la presentación de datos científicos. Involucra un análisis de seis elementos: la influencia en sí misma; los motivos del influenciador; los métodos del influenciador; las circunstancias bajo las cuales ocurrió la influencia; la receptividad o vulnerabilidad del influenciado (sin importar si es menor, adulto vulnerable o adulto no vulnerable); y las consecuencias para ambas partes. Para cada uno de estos elementos, existe abundante evidencia en ciencias sociales que un experto puede usar para darle al juez y al jurado una imagen clara de por qué las comunicaciones que ocurrieron deben ser etiquetadas como influencia indebida.

Actualmente, la ley tiende a proteger más a los cultos que a sus víctimas. En parte, esto se debe a la enorme riqueza de algunos grupos de control mental, lo que les permite contratar a los mejores abogados y presentar demandas por acoso (imposibles de ganar, pero muy problemáticas para la persona u organización demandada). Además, está el tema de la Primera Enmienda. Tristemente, algunos de los líderes de la Unión Estadounidense por las Libertades Civiles (ACLU, por sus siglas en inglés) históricamente se han aliado con los cultos, invocando la Primera Enmienda y desestimando la investigación sobre control mental.

Aún así, valientes exmiembros de muchos cultos diferentes han iniciado demandas civiles contra sus grupos. Los resultados han sido mixtos. Pero cuando los Moonies demandaron al periódico *London Daily Mail* por difamación debido a dos artículos que publicaron en 1978, perdieron. En la demanda por difamación más larga en la historia de Inglaterra, el tribunal concluyó que los Moonies "lavaron el cerebro a sus miembros e intentaron aislar a las personas de sus familias". Debido a que la ley británica exige que la parte que pierda la demanda sea responsable de los gastos de ambas partes, los Moonies tuvieron que pagar alrededor de 2 millones de dólares en gastos.

Ha habido una tendencia en las últimas décadas en la que se sostiene que los críticos de los cultos que describen a un grupo como un "culto" y lo acusan de usar "control mental" o "lavado de cerebro" están protegidos bajo la Primera Enmienda de la responsabilidad por difamación. Por lo tanto, los exmiembros deberían sentirse alentados a hablar sobre sus experiencias. Hay un pequeño número de abogados en los Estados Unidos que han ofrecido ayudar a las víctimas de cultos en este tipo de demandas a tarifas bajas o de forma pro bono. El abogado Paul Grosswald (quien él mismo es un ex-cientólogo) es una de esas personas pioneras. Él realmente ha dado un paso al frente en cuanto a una reciente demanda por difamación presentada por la "Dios la Madre" de la *World Mission Society Church of God* (WMSCOG) contra la exmiembro Michele Colon por escribir en el sitio web *examiningthewmscog.com* que el grupo era un culto y que destruyó su matrimonio.

No cabe duda de que, si la economía estadounidense se tambalea, los negocios propiedad de cultos florecerán. Muchos de estos negocios pueden reducir sus precios y socavar la competencia porque tienen trabajo gratuito. También pueden evitar pagar impuestos porque sus sistemas contables muestran el pago de salarios completos, pero esos cheques de pago en realidad se entregan a la organización exenta de impuestos. Por lo tanto, parece que el negocio está obteniendo una ganancia marginal en comparación con el dinero que realmente está recibiendo.

En otros casos, se espera que los nuevos empleados asistan a todos los "talleres" y "seminarios" patrocinados por la empresa. Incluso ahora, los ejecutivos de negocios acuden en masa a programas que pueden enseñarles cómo influir y controlar mejor a las personas. Los cultos han tomado el control de algunas empresas de esta manera.

A pesar de los avances, aún queda mucho trabajo por hacer. La amenaza de demandas por parte de los cultos intimida a muchas personas y les hace abstenerse de expresarse. También ha hecho que los medios de comunicación—que tienen la responsabilidad de informar las verdades difíciles—se abstengan o se alejen por completo. Heather Kavan, de la *Massey University* en Nueva Zelanda, escribió un artículo importante titulado *"Falun Gong en los medios: ¿Qué podemos creer?"* He visto personalmente cómo el miedo a las demandas de los cultos puede afectar a los medios de comunicación. A principios de 1988, el editor de una revista popular me vio en televisión y me pidió que escribiera una reseña del libro entonces nuevo *L. Ron Hubbard—Messiah or Madman?* de Bent Corydon, un ex-cientólogo de 22 años. Como había terminado el libro la semana anterior, acepté encantado. Sin embargo, la reseña nunca fue publicada. La editora me dijo más tarde que tenía miedo de ser demandada por la *Iglesia de la Cienciología*. Lamentaba no haber podido publicarla, pero dijo que simplemente no les parecía una decisión de negocio adecuada hacerlo. Antes de su publicación, once editoriales le dijeron a Jon Atack que les gustaría publicar su libro, *A Piece of Blue Sky*, pero que temían las demandas del culto de la Cienciología.

Con la creación de Internet y la llegada de muchos exlíderes de cultos, la información está más disponible que nunca. Ha habido muchos libros, sitios web, documentales e historias publicadas. A los cultos les resulta difícil controlar la información cuando el Internet es abierto.

Cultos destructivos y negocios:

el caso de las redes de marketing multinivel

El 24 de octubre de 2013, un comité ad hoc compuesto por aproximadamente cuarenta defensores del consumidor, blogueros, abogados, economistas y otros—incluidos Douglas Brooks, Robert L. Fitzpatrick y Bruce Craig—presentó una petición formal ante la Comisión Federal de Comercio (FTC) solicitando que investigara la industria del marketing multinivel (MLM) y que formulase regulaciones para proteger a los consumidores de oportunidades de negocio injustas y engañosas. El 12 de marzo de 2014, la FTC anunció que estaba investigando a la compañía de suplementos *Herbalife*. Con el paso de los años, otras compañías de MLM, como *Amway*, han sido demandadas por la FTC, la Comisión de Bolsa y Valores y los fiscales generales de varios estados. Cualquier empresa que le diga a las personas que pueden hacerse millonarias comprando y vendiendo sus productos y reclutando a otros para hacer lo mismo puede ser considerada un esquema piramidal por los reguladores gubernamentales, y debe ser vista con sospecha por cualquier persona que esté siendo reclutada por ellas.

Según el grupo de consumidores *Pyramid Scheme Alert* (pyramidschemealert.org), la industria de MLM podría estar enfrentando su mayor desafío. Fitzpatrick, Brooks y Craig han lanzado un informe técnico que desglosa toda la industria de MLM. En el informe, Brooks y Craig—dos de los principales expertos legales en el área de esquemas piramidales— investigaron y evaluaron cuidadosamente los casos federales que definen

385

y prohíben los esquemas de venta piramidal. (Estos casos se encuentran en la Sección 5 de la Ley de la Comisión Federal de Comercio). Aplicaron estos casos a las prácticas extendidas de las MLM de hoy en día para ver si son legales. Su informe técnico es la evaluación más profunda y actual de la legalidad de las MLM que se haya producido. El análisis se ha vuelto especialmente importante ahora que la FTC ha iniciado una investigación sobre la legalidad de *Herbalife*.

Como parte crucial del informe técnico, Fitzpatrick realizó un análisis estadístico del desempeño económico de las MLM y del modelo de negocio de las MLM para determinar su valor financiero para los consumidores y la sociedad, lo cual se incluye en el informe. El informe técnico es de lectura obligatoria para abogados, reguladores, periodistas, analistas financieros y cualquier consumidor interesado que quiera determinar cómo la investigación de la FTC podría afectar no solo a *Herbalife* sino a todas las MLM, sus accionistas y sus distribuidores.

Si bien han dado un paso importante, Brooks, Craig y Fitzpatrick pasan por alto un aspecto crítico del fenómeno MLM. Lo que no informan es cómo algunos reclutadores de MLM engañan y mantienen a las personas dependientes y obedientes siguiendo el modelo BITE. A los nuevos reclutas se les presiona para que asistan a concentraciones y conferencias donde se les influye para comprar materiales, como libros y CDs; mantener una actitud mental positiva e inquebrantable; y, lo más importante, no ceder ante las dudas de la familia y amigos preocupados que hacen preguntas. Se les dice que nunca hablen negativamente sobre la empresa y, si tienen dudas, que solo le pregunten a su reclutador, conocido como su *upline*.

El costo de involucrarse, a menos que la persona esté en el uno por ciento superior de los que ganan más, es muy alto, en parte porque sus ganancias son muy bajas. Las cuentas bancarias se agotan, los matrimonios se resienten y se rompen. Las relaciones con la familia y amigos terminan destruidas. Las personas a menudo terminan dejando el grupo, avergonzadas, confundidas, deprimidas y, a veces, incluso suicidas.

Estos grupos no deberían estar en los negocios. Es responsabilidad de nuestro gobierno asegurarse de que el público esté protegido.

Hasta ese momento, caveat emptor: que el comprador se proteja.

Cultos y la libertad religiosa

La principal defensa que los cultos utilizan cada vez que se les critica es que se trata de un ataque a su derecho a la libertad de creencias religiosas. Este derecho es uno de los principios más fundamentales reconocidos por la ley y ha sido consagrado en todos los principales pactos internacionales sobre derechos humanos. Cuando los peregrinos huían de la persecución en Europa y otros lugares, buscaron refugio en los EE. UU. para practicar sus creencias sin represión gubernamental. Los Padres Fundadores fueron sabios al colocar la libertad religiosa en la Primera Enmienda de la Constitución. Es tan importante.

La fuerte protección legal que se otorga a la libertad religiosa se refiere a las creencias religiosas. No necesariamente protege los comportamientos. Por ejemplo, el sacrificio humano a los dioses puede ser parte del sistema de creencias de una persona, como lo era en tiempos antiguos, pero si se realiza en la Boston moderna o en cualquier parte de los EE. UU., se considera homicidio. Los tribunales han prohibido rutinariamente los rituales de manejo de serpientes debido a las numerosas muertes que han resultado de esa práctica. Famosamente se ha dicho, por jueces y otros, "Tu derecho a mover tus brazos termina justo donde comienza la nariz del otro hombre". La Constitución de EE. UU. enfatiza el derecho del individuo a la libertad de expresión, pero también tiene límites. La ley no me permite tomar un megáfono a las 3 de la mañana y despertar a mis vecinos con discursos religiosos o de otro tipo. De hecho, la ley puede regular el contenido del discurso bajo lo que se llama la doctrina de peligro claro y presente. El discurso que está diseñado o es probable que cause un disturbio o daño grave a otras personas no está protegido. La religión no goza de inmunidad frente a estas limitaciones legales.

Frederick Clarkson, en su libro de 1997, *Eternal Hostility: The Struggle Between Theocracy and Democracy*, mostró cómo los hombres que dieron forma al enfoque de nuestra nación sobre la libertad religiosa estaban bien conscientes de que incluso los derechos de la religión tenían limitaciones. A medida que escuchamos los gritos de persecución religiosa por parte de grupos que se especializan en violar los derechos de los demás, vale la pena considerar cómo los creadores de la Constitución pensaban sobre estos temas.

Clarkson señala que James Madison, al escribir sobre la libertad religiosa en uno de los ensayos más influyentes de su época, denunció la "invasión" de la "conciencia" de un individuo por parte de otras "sectas". La conclusión de Madison fue simple. El papel del gobierno debería ser "proteger a cada ciudadano en el disfrute de su religión con la misma mano igual que protege su persona y su propiedad; sin invadir los derechos iguales de ninguna secta, ni permitir que ninguna secta invada los derechos de otra". Clarkson señala que Madison no fue el único Padre Fundador que sostuvo tal punto de vista. Cita a Thomas Jefferson, quien escribió que una iglesia es una "sociedad voluntaria" de la cual una persona "debería ser tan libre de salir como lo era de entrar".

En los últimos años, ha habido un giro interesante en la discusión sobre la libertad religiosa. Mientras que existe una aceptación general del concepto de libertad religiosa, también hay una creciente preocupación por la adopción de libertad de la religión. De manera similar a como mi libertad para mover mi puño se detiene en tu nariz, también existe la creencia de que tu libertad para adorar se detiene en mi cabeza, o más específicamente, en mi mente. La Constitución garantiza a los estadounidenses el derecho a adorar, pensar y hablar como deseen. Pero, ¿hasta qué punto debemos ser protegidos de los intentos de otras personas de hacernos adorar, pensar y hablar como ellos quieren que lo hagamos?

Le parecía a Clarkson, como le parecía a Madison—y como me parece a mí—que si existen leyes que protegen a las personas de ser estafadas y perder sus propiedades, deberían existir leyes que protejan a las personas de ser estafadas y perder sus creencias, pensamientos y opiniones. El punto no es disminuir o menospreciar una religión en particular, sino mostrar un respeto igual por los derechos de los demás para creer o no creer como elijan. La protección de la religión no debería requerir el sacrificio de las libertades individuales ni de los valores sociales.

En cuanto a los cultos, el punto podría expresarse de manera más directa de la siguiente forma: no son tus creencias las que requieren regulación—son tus prácticas. No es lo que logras que las personas crean. Es cómo logras que lo crean.

Clarkson declara que "inducir a las personas a lugares aislados y deteriorar deliberadamente sus facultades críticas de los reclutas y miembros con el propósito de adoctrinarlos y continuar su membresía está muy lejos de la definición de asociación voluntaria propuesta por Jefferson—o cualquier otra definición de asociación voluntaria."

Según Clarkson, "el respeto por la libertad religiosa significa respetar la integridad de la conciencia del individuo." Y continúa: "Los grupos que usan el engaño y las formas coercitivas de persuasión para inducir a las personas a abandonar su propia conciencia y adoptar las creencias de otro, ciertamente violan la libertad religiosa de los individuos, incluso si los gobiernos y los apologistas de los cultos cierran los ojos ante tales abusos y la lenta corrosión de esta área de derechos constitucionales."

Se necesita un conocimiento significativo, así como madurez, de nuestra parte para navegar en nuestra sociedad religiosa y pluralista. Las protecciones que cada uno de nosotros disfruta bajo la Constitución también son disfrutadas por las personas con las que no estamos de acuerdo. A menos que seamos capaces de abrazar este concepto de manera que informe nuestra reflexión sobre todos los aspectos del trabajo contra cultos, corremos el riesgo de socavar nuestra propia causa.

Podemos tomar ejemplo de nada menos que George Washington, quien escribió de manera célebre a la sinagoga Touro en Newport, Rhode Island, en 1790, sobre el significado de la libertad religiosa y la ciudadanía. "Porque afortunadamente," escribió, "el Gobierno de los Estados Unidos no da sanción a la intolerancia, ni asistencia a la persecución, solo requiere que aquellos que viven bajo su protección se comporten como buenos ciudadanos, dándole en todas las ocasiones su apoyo efectivo." A la intolerancia no se le da sanción y a la persecución no se le da asistencia. Ese es un buen principio para guiarnos en nuestro trabajo.

Nada me dolería más que enterarme de que este libro ha causado que alguien se vuelva intolerante religiosamente. Recuerdo cómo me sentí al ser escupido, pateado, golpeado y verbalmente abusado por ser un Moonie. Ese trato, siempre injustificado, solo sirvió para reforzar mis sentimientos de que estaba siendo perseguido por mi fe en Dios. Y también tuvo el efecto contrario al que la gente deseaba. Al reforzar las afirmaciones de los líderes de los cultos sobre la persecución, me hizo profundizar más en mi identidad de culto. Me hizo menos dispuesto a dialogar con las personas que querían insultarme y, en consecuencia, con aquellos que querían ayudarme.

Pude reconectarme con mi fe judía después de dejar el culto, pero fue mi libertad de elección hacerlo. No todos toman la misma decisión. Para algunos, la experiencia en el culto arruinó su capacidad de tener fe en cualquier tipo de religión organizada.

Mi punto es que la discriminación hacia cualquiera por sus creencias—o por la falta de creencias—es ilegal.

En principio, estoy en contra de prohibir los cultos. Eso solo los forzaría a operar en la clandestinidad. Por más que aborrezca sus prácticas, también creo que tienen derecho a existir, por lo que no apoyaría una legislación que los prohíba. Por otro lado, me encantaría ver al gobierno apoyando un programa de vacunación contra el control mental destructivo y los cultos, en el cual se proporcionara a los ciudadanos, tanto jóvenes como adultos, un entendimiento que los mantuviera libres de influencia indebida.

El Futuro

Mucho se puede hacer para detener la propagación de los cultos y la influencia indebida. Aquí tienes una lista breve de pasos prácticos que las personas pueden tomar:

Todos

- Aprende más sobre cultos, control mental e influencia indebida. Se han hecho muchos documentales maravillosos recientemente, incluyendo *Going Clear* (de HBO sobre la Cienciología), *Truth Be Told* (sobre los Testigos de Jehová) y *Prophets Prey* (sobre el culto de los Santos de los Últimos Días Fundamentalistas [FLDS] de Warren Jeffs). ¡Míralos! Visita sitios web como openmindsfoundation.org (Open Minds Foundation), icsahome.com (International Cultic Studies Association) y *Families Against Cult Teachings* (familiesagainstcultteachings.org). Por favor, visita mi sitio web, freedomofmind.com. Lee ampliamente. Tal vez te interese leer mis otros libros *Releasing the Bonds* y especialmente el más reciente *Freedom of Mind: Helping Loved Ones Leave Controlling People, Cults and Beliefs*.
- Mantente actualizado con nuestras redes sociales. Síguenos en Twitter (@CultExpert) y Facebook (facebook.com/FOMinc).
- Lee la *Declaración Universal de los Derechos Humanos* de las Naciones Unidas y compártela ampliamente. Comparte estos re-

cursos con otros. Discútelos en tu grupo de lectura o de cine. Haz tuits sobre ellos. Publica artículos relevantes en tu blog. Escribe reseñas en Amazon.com y Goodreads.com.

- Protégete a ti mismo - Investiga cuidadosamente cualquier organización potencial antes de aceptar asistir a sus eventos. Cuando tengas dudas sobre una organización, haz las preguntas que se proporcionan en el Capítulo 7. No compartas información personal de ningún tipo con nadie hasta que demuestre que es de confianza. No pongas información personal en Internet. Si alguien entra en tu vida con poderes "psíquicos", debes suponer que encontraron tu información personal en línea.

- Haz lobby a tus políticos—locales, estatales y federales. Haz citas para contarles tus preocupaciones. Pídeles que defiendan los derechos humanos.

- Si sospechas que alguien que conoces está bajo la influencia de un grupo o individuo y podría ser víctima de influencia indebida, no mires hacia otro lado. Actúa rápidamente. Expresa tus preocupaciones a los amigos y familiares de esa persona.

- Si conoces a un exmiembro de un culto cuya participación les impidió obtener una educación formal o empleo, por favor, haz todo lo posible para ayudarles a encontrar un trabajo o reingresar al sistema educativo. Haz todo lo que puedas para ayudarlos a integrarse a la sociedad.

- Si eres un exmiembro, ayuda a desestigmatizar toda el área de participación en cultos. Cuenta tu historia. Ayuda a que la gente entienda que los que estuvimos en un culto no tenemos algo "equivocado" con nosotros. Ayuda al público a ver que fuimos influenciados indebidamente.

- Si estás en una posición para ayudar en los esfuerzos para asistir a los miembros actuales a reevaluar su vida y salir hacia la libertad, ¡por favor, hazlo! Si es prudente no hacerlo públicamente, hay mucho que se puede hacer entre bastidores para ayudar a las personas que están activamente creando sitios web, campañas en redes sociales, contactando a las autoridades, contratando abogados e investigadores privados para obtener información de fondo vital.

Gobierno: Federal y Estatal

- Pide al Cirujano General —o a otro funcionario gubernamental de alto rango y con credibilidad— que declare de manera definitiva que la influencia indebida existe y que el control mental destructivo de los cultos es perjudicial para la salud pública.
- Educa a las fuerzas del orden y a las agencias de inteligencia, para que puedan combatir de manera más eficaz el tráfico de personas y el terrorismo.
- Aprueba leyes de lobby e impón fuertes sanciones a aquellos que subviertan la Constitución y abroguen los derechos humanos.
- Considera cuidadosamente cualquier organización "religiosa" que solicite el estatus de exención de impuestos. Toma medidas contra aquellos que actualmente tienen dicho estatus, como la Cienciología. ¡Los ciudadanos cumplidores de impuestos no deberían ser forzados a subsidiar tales organizaciones!
- Crea una agencia especial donde las personas puedan reportar infracciones y/o denunciar grupos cuestionables. Contrata investigadores experimentados para investigar y recolectar pruebas. A los grupos cuestionables se les debería pedir que reformen sus políticas y paguen daños, o perderán su exención fiscal. Los grupos que sean hallados culpables deberían ser despojados de su estatus de exención de impuestos y obligados a vender propiedades y otros activos para compensar a las víctimas.

Medios de Comunicación

¡Asuman la responsabilidad de apoyar el periodismo de investigación orientado a proteger el bien público!

No oculten la verdad al público debido a la amenaza de demandas que puedan afectar los "beneficios económicos". Tal vez debería crearse una agencia federal para financiar abogados que defiendan a los periodistas de investigación que hayan sido demandados o amenazados. El gobierno podría considerar financiar un recurso de medios independiente diseñado para el bien público.

Despidan a los reporteros y editores que están en la nómina —o bajo la influencia ideológica— de cultos totalitarios conocidos, especialmente aquellos que participan sistemáticamente en comportamientos criminales o que tienen agendas explícitas de tomar control del mundo y violar los derechos civiles y humanos de los no miembros.

¡Sus archivos están llenos de documentales y programas que han expuesto grupos destructivos de cultos! ¡Ábranlos al público! Muchos de estos programas—como *60 Minutes*, *Dateline*, *Nightline*, *20/20* y programas como *Donahue* y otros—deberían estar disponibles en línea para el bien público, ya sea de manera gratuita o por una tarifa razonable.

Las palabras importan, al igual que los nombres. Usar el término "ISIS" no solo es engañoso—es una afrenta para los musulmanes. El grupo destructivo no es un "Estado" ni representa a la abrumadora mayoría de los musulmanes, la mayoría de los cuales no desean volver a la ley sharia del siglo VII. Cambien al término que muchos musulmanes usan: Daesh. Como inicio, utilicen ISIS/Daesh o Daesh/ISIS. A medida que la gente se familiarice con Daesh, dejen de usar ISIS por completo. Sean precisos al etiquetar un grupo islamista. No llamen a la pequeña secta wahabita, a la que pertenecen los miembros de Al Qaeda y Daesh/ISIS, "sunitas". Esto sería como llamar a los Branch Davidians en Waco "cristianos". La mayoría de los musulmanes no tienen nada que ver con el terrorismo. No es parte de su fe.

Escriban más historias sobre influencia indebida, control mental, exmiembros, denunciantes y cualquier otra persona que se enfrente a la injusticia. Ensáyense como héroes valientes.

Circula la idea de recaudar un dólar de cada ciudadano de los Estados Unidos para financiar una entidad de periodismo de investigación verdaderamente independiente, cuyo trabajo será velar por el bien público y que no esté subordinada a políticos, anunciantes o grupos de intereses especiales. Donde los hechos que son indiscutibles puedan ser publicados en línea para que todos los vean. Tal institución es vital para mantener nuestra democracia funcionando, ya que el sistema actual está declinando rápidamente. Hay un informe reciente que indica que los anunciantes ahora están influyendo en algunas redacciones para hacer historias que incluyan "colocación de productos" dentro de sus reportajes. Esto es muy perturbador y confuso.

Educadores

Si tienes suficiente conocimiento sobre control mental e influencia indebida, ofrece un programa, unidad, clase o plan de estudios. Si no es así, invita a un ponente calificado.

Crea una atmósfera en tu aula que fomente el cuestionamiento, la discusión abierta y el respeto por una amplia gama de creencias y opiniones.

Enseña a los estudiantes a pensar de manera crítica y analítica. En lugar de enseñar solo para el examen, enseña a los jóvenes a pensar por sí mismos. Enséñales a preocuparse por los demás, a ser ciudadanos responsables.

Abogados

Estudia y utiliza el modelo SIM de Alan W. Scheflin sobre influencia indebida.

Por favor, considera representar a exmiembros sin cargo o bajo una base de contingencia sin ganancias/sin honorarios.

Educa a los jueces.

Haz presentaciones en reuniones de la *American Bar Association*.

Contacta a Steven Hassan y *Freedom of Mind* para estrategias legales, investigaciones y trabajo como testigo experto.

Profesionales de la Salud Mental

Asiste a una clase o taller sobre los fundamentos del control mental y la dinámica de los cultos. Encuentra formación o supervisión de un experto calificado.

Cuando comiences a trabajar con nuevos clientes, haz preguntas para ayudar a determinar si han sido víctimas de influencia indebida. Si no tienes la formación adecuada, refiéreles a profesionales que sí la tengan o capacítate tú mismo.

Líderes Espirituales

Habla sobre influencia indebida y cultos con tus feligreses y tus redes.

Invita a ponentes sobre el tema de cultos, control mental e influencia indebida.

Practica, fomenta, demuestra y habla sobre el discernimiento espiritual.

Si sospechas que un feligrés es víctima de control mental, actúa rápidamente. Habla con sus familiares y amigos. Habla con un experto en cultos.

Insiste en que las escuelas y seminarios ofrezcan cursos sobre cómo asesorar a las víctimas de influencia indebida. El clero suele ser el primer respondedor en situaciones de crisis, y muchos no están bien preparados para responder de manera efectiva.

Practica la tolerancia y organiza programas que reúnan a personas de diferentes religiones, así como a humanistas. Menos aislamiento y más ecumenismo.

Firma y participa en el *CharterforCompassion.org* de Karen Armstrong.

Filántropos

Los cultos tienen el dinero. ¡Nosotros no! Si las personas hicieran contribuciones de dinero, podría utilizarse para:

- Financiar a aquellos académicos y profesionales establecidos que no tienen los recursos para investigar y escribir sobre cultos, control mental e influencia indebida.
- Establecer un importante centro de investigación donde esta investigación pueda ser recopilada y analizada, y donde los recursos para ayudar a las víctimas y sus familias puedan centralizarse.
- Desarrollar programas educativos que exploren la vulnerabilidad y la fortaleza de la mente humana.
- ¡Apoyar el Heroic Imagination Project de Philip Zimbardo (heroicimagination.org)! Es una de las herramientas de enseñanza más inspiradoras que conozco. Con nuevos módulos sobre cultos, tráfico de personas y terrorismo que espero ayudar a crear, será uno de los mejores métodos para inmunizar a las personas contra el control mental y la influencia indebida en todo el mundo.

- Desarrollar instalaciones que ayuden a las víctimas de tráfico humano y otras situaciones de control mental de cultos a entender y recuperarse de la influencia indebida.
- Apoyar el Child Friendly Faith Project (CFFP) (childfriendlyfaith. org) y Against Violent Extremism (AVE) (againstviolentextremism.org)—dos organizaciones sin fines de lucro con las que estoy involucrado.
- Espero encontrar algún ángel (o alguna fundación) que me ayude con los recursos necesarios para capacitar, junto con otras personas que respeto en el campo, como Jon Atack y Joe Szimhart, a la próxima generación de personas que puedan ayudar a entender cómo salir de los "sistemas de auto-cierre" hacia la libertad de la mente.
- Hablen a otros filántropos sobre esta causa. La necesidad es enorme, pero también lo es la recompensa.
- ¡Crowdsourcing! Elijan proyectos que les interesen y consigan que otros les ayuden a apoyarlos.

Pensamientos Finales

Escribir este libro es la realización de mi largo deseo de contribuir con una guía práctica e informativa sobre los problemas del control mental, la influencia indebida y los cultos destructivos.

Ha sido un camino largo, a menudo difícil, pero también increíblemente rico y gratificante. No me imagino haber seguido otro camino. A pesar de las muchas dificultades, estoy agradecido de haber podido hacer este trabajo, y, si tuviera que elegir, no seguiría ninguna otra carrera. He tenido una vida muy gratificante.

A través de mi escritura y mi trabajo de consejería, he tenido el privilegio de ayudar a personas a liberarse de situaciones de control mental de todo tipo, así como de algunas que son inimaginables. Mi esperanza es que este libro permita que muchos, muchos más entiendan más claramente cómo opera la influencia indebida dentro de grupos destructivos de cultos y otras situaciones que podrían estar ocurriendo en sus propias vidas o en las de sus seres queridos.

Creo que era importante contar toda la historia, e incluir mis métodos para ayudar a las personas a dejar los cultos y otras situaciones de control mental, aunque me haya preocupado que esto pueda hacer que estos grupos destructivos sean más sofisticados en su programación. Al desmitificar mi trabajo—y el de ellos—espero que innumerables personas se sientan motivadas y capaces de comenzar a trabajar para ayudar a sí mismas y a aquellos que aman.

También espero que este libro ayude a crear un movimiento público de conciencia del consumidor sobre el control mental y los cultos destructivos. Espero que el gobierno finalmente reconozca el problema y tome medidas para proteger al público. Mientras tanto, espero que los lectores de este libro se unan a OMF, ICSA y otros grupos contra cultos y se suscriban a sus boletines y revistas. Además, animo a las personas que han pasado por una experiencia de control mental de cultos a involucrarse y tomar una postura. ¡Necesitamos su ayuda! Compartir su conocimiento y experiencia—contar su historia—puede ser increíblemente poderoso. Es liberador y empoderante contarla. Y puede ser liberador y empoderante escucharla. Pueden salvar vidas.

A medida que los cultos destructivos y el control mental se comprendan mejor, el estigma social asociado con la membresía en cultos comenzará a desvanecerse. Los exmiembros se darán cuenta de que no fuimos culpables de nuestra participación. La gente verá que tenemos mucho que devolver a la sociedad, si se nos da la oportunidad. Muchos de mis exclientes y amigos han seguido adelante con sus vidas y se han convertido en ciudadanos felices y productivos. Son médicos, abogados, dentistas, quiroprácticos, psicólogos, arquitectos, artistas, maestros, padres y activistas sociales. Los grupos de apoyo pueden ayudar mucho, pero se necesita participación activa. Ya sea que necesiten ayuda, tengan algo que dar, o ambas cosas, les insto a que den un paso positivo. Pueden hacer una enorme diferencia.

En palabras de Edmund Burke: "Lo único necesario para que triunfe el mal es que los hombres buenos no hagan nada."

O como dijo Margaret Mead: "Nunca dudes que un pequeño grupo de ciudadanos pensantes y comprometidos puede cambiar el mundo; de hecho, es lo único que alguna vez lo ha logrado."

Apéndice: Los Ocho Criterios de Control Mental de Lifton

El siguiente extracto de *The Future of Immortality and Other Essays for a Nuclear Age* (Nueva York, Basic Books, 1987) de Robert Jay Lifton ofrece una explicación concisa de sus ocho criterios para definir el control mental.

Estos son:
1. Control del entorno
2. Manipulación mística (o espontaneidad planificada)
3. Exigencia de pureza
4. Culto a la confesión
5. Ciencia sagrada
6. Carga del lenguaje
7. Doctrina sobre la persona
8. Dispensación de la existencia

El ensayo del que se extrae esta selección se titula *Cults: Religious Totalism and Civil Liberties* (*Sectas: Totalismo Religioso y Libertades Civiles*). En él, Lifton analiza estos conceptos en el contexto de lo que él denomina totalismo ideológico. Este fue el entorno en el que se practicó la reforma del pensamiento en China, según lo documentado por Lifton a raíz de la Guerra de Corea y en los años posteriores.

Totalismo ideológico

La fenomenología que utilicé al escribir sobre el totalismo ideológico en el pasado sigue siendo útil para mí, a pesar de que escribí aquel libro en 1960. La primera característica es el "control del entorno", que consiste esencialmente en el control de la comunicación dentro de un ambiente determinado. Si este control es extremadamente intenso, se convierte en un control interiorizado: un intento de gestionar la comunicación interna de un individuo. Esto nunca puede lograrse por completo, pero puede llegar bastante lejos. A veces se ha denominado "visión divina", una convicción de que la realidad es posesión exclusiva del grupo. Claramente, este tipo de proceso genera conflictos en relación con la autonomía individual: si se busca o se alcanza en un entorno así, la autonomía se convierte en una amenaza para el control del entorno.

El control del entorno dentro de las sectas suele mantenerse y expresarse de diversas maneras: a través del proceso grupal, el aislamiento de otras personas, la presión psicológica, la distancia geográfica o la falta de acceso al transporte, y, en ocasiones, mediante la presión física. A menudo hay una secuencia de eventos—como seminarios, conferencias y encuentros grupales—que se vuelven progresivamente más intensos y aislantes, dificultando enormemente, tanto física como psicológicamente, que alguien pueda marcharse.

Estas sectas difieren de los patrones de totalismo en otras sociedades. Por ejemplo, los centros utilizados para la reforma en China estaban más o menos alineados con la ética de la sociedad en evolución de esa época. Por lo tanto, cuando alguien salía de ellos o transitaba entre ellos, aún encontraba cierto refuerzo en el exterior. En contraste, las sectas tienden a convertirse en islas de totalismo dentro de una sociedad más amplia que, en su conjunto, es hostil hacia ellas. Esta situación puede generar una dinámica propia y, en la medida en que se debe mantener el control del entorno, los requisitos para sostenerlo se ven amplificados por esta estructura. Los líderes de las sectas suelen verse obligados a profundizar su control y gestionar el entorno de manera más sistemática y, a veces, con mayor intensidad, con el fin de preservar esa isla de totalismo dentro de un mundo exterior que les resulta hostil.

La imposición de un control del entorno intenso está estrechamente vinculada al proceso de cambio. *(Esto explica, en parte, por qué la identidad sectaria puede disolverse repentinamente cuando una persona que ha permanecido en una secta durante un tiempo es expuesta de manera abrupta a influencias externas y alternativas).* En algunos casos, se puede observar casi directamente cómo algunos jóvenes experimentan un cambio drástico en su identidad previa—cualquiera que haya sido—hacia una adhesión intensa al sistema de creencias y la estructura grupal de una secta.

Considero esto una forma de duplicación: se forma un segundo yo que coexiste con el yo anterior, manteniendo cierta autonomía con respecto a él. Obviamente, debe haber algún elemento de conexión que integre ambas identidades—de lo contrario, la persona no podría funcionar—pero la independencia relativa de cada una es impresionante. Cuando se levanta el control del entorno, ya sea al extraer al recluta del ambiente totalista por cualquier medio, algo del yo anterior vuelve a afirmarse. Este proceso de salida puede ocurrir de manera voluntaria o por la fuerza (o simplemente, como en un caso judicial, cuando un miembro de la secta se aparta físicamente, moviéndose al otro lado de la mesa y alejándose de otros miembros). Los dos yoes pueden coexistir de manera simultánea y confusa durante un tiempo considerable, y es posible que los períodos de transición sean los más intensos y psicológicamente dolorosos, así como los más potencialmente dañinos.

Una segunda característica general de los entornos totalistas es lo que llamo "manipulación mística" o "espontaneidad planificada". Se trata de un proceso sistemático, diseñado y gestionado desde arriba (por el liderazgo), pero que aparenta haber surgido espontáneamente dentro del entorno. El proceso no siempre se percibe como manipulación, lo que plantea importantes cuestiones filosóficas. Algunos aspectos, como el ayuno, los cánticos y la restricción del sueño, tienen una tradición histórica y han sido practicados por grupos religiosos a lo largo de los siglos.

Actualmente, existe un patrón sectario en el que un ser humano "elegido" es visto como un salvador o una fuente de salvación. La manipulación mística puede adquirir una cualidad especial en estas sectas, ya que los líderes se presentan como mediadores de Dios. Los principios centrados en Dios pueden ser impuestos de manera coercitiva y reclamados en exclusividad, de modo que la secta y sus creencias se convierten en el único camino verdadero hacia la salvación. Esto puede intensificar la manipulación mística y justificar tanto a quienes la promueven como a quienes la reciben.

Cuando un líder específico se convierte en el centro de la manipulación mística (o en la persona en cuyo nombre se lleva a cabo), se produce un doble proceso. Por un lado, el líder puede parecer más real y tangible que un dios abstracto, lo que lo vuelve atractivo para los miembros de la secta. Por otro lado, también puede convertirse en una fuente de desilusión. Si se descubre, como se ha afirmado, que Sun Myung Moon (fundador de la Iglesia de la Unificación, cuyos miembros son conocidos como Moonies) tenía vínculos con la Agencia Central de Inteligencia de Corea, y esta información llega a los seguidores, su relación con la secta puede verse amenazada por la desilusión con su líder. Nunca es un patrón de causa y efecto tan simple, pero sugiero que este estilo de liderazgo tiene tanto ventajas como desventajas en términos de lealtad sectaria.

Mientras que la manipulación mística genera en los miembros lo que llamo la psicología del peón, también puede incluir la legitimación del engaño hacia los de afuera—lo que la Iglesia de la Unificación denomina "engaño celestial", aunque hay patrones análogos en otros entornos sectarios. Si alguien no ha visto la luz y está fuera del ámbito de la secta, se le considera parte del mal y, por lo tanto, se justifica engañarlo en nombre de un propósito superior. Por ejemplo, cuando miembros de ciertas sectas han recaudado fondos, en algunos casos se ha considerado legítimo que nieguen su afiliación cuando se les pregunta. También ha habido jóvenes que han permanecido en centros controlados por una secta durante un tiempo sin que se les informara de su verdadera naturaleza. La ideología totalista no solo permite, sino que a menudo justifica tales engaños.

Las siguientes dos características del totalismo, la exigencia de pureza y el culto a la confesión, son bien conocidas. La exigencia de pureza puede crear una visión maniquea en las sectas, al igual que en algunos grupos religiosos y políticos. Esta exigencia impone una separación radical entre lo puro e impuro, el bien y el mal, tanto dentro del entorno como en el propio individuo. La purificación absoluta se convierte en un proceso continuo, a menudo institucionalizado, que genera culpa y vergüenza para ejercer control y manipular los cambios internos de la persona dentro de la secta.

Uno podría profundizar más en la ambigüedad y complejidad de este proceso. Camus observó que "los autores de confesiones escriben especialmente para evitar la confesión, para no decir nada de lo que saben." Puede que Camus haya exagerado, pero tiene razón al sugerir que las confesiones contienen una mezcla variable de revelación y ocultamiento.

Un joven que confiesa diversos pecados de su existencia previa a la secta o a la institución puede tanto creer en esos pecados como estar encubriendo otras ideas y sentimientos que desconoce o que le cuesta expresar. En algunos casos, esos pecados incluyen una identificación persistente con su vida anterior, si esta no ha sido completamente desacreditada mediante el proceso de confesión. Por lo tanto, la confesión repetitiva suele ser una expresión de extrema arrogancia disfrazada de humildad.

De nuevo, Camus: "Practico la profesión de penitente para poder terminar como juez", y "cuanto más me acuso a mí mismo, más derecho tengo a juzgarte." Este es un tema central en cualquier proceso de confesión continua, especialmente cuando se exige dentro de un grupo cerrado.

Los siguientes tres patrones que describo en relación con el totalismo ideológico son la ciencia sagrada, la carga del lenguaje y el principio de doctrina sobre la persona. Las expresiones son casi autoexplicativas.

Destacaría especialmente la ciencia sagrada, porque en nuestra época, para que algo tenga un impacto significativo en las personas, debe presentarse tanto como científico como espiritual. La ciencia sagrada puede ofrecer una sensación de seguridad a los jóvenes porque reduce la complejidad del mundo de manera extrema. La Iglesia de la Unificación es un buen ejemplo—aunque no el único—de la necesidad contemporánea de combinar un conjunto sagrado de principios dogmáticos con la afirmación de una ciencia que supuestamente encarna la verdad sobre el comportamiento humano y la psicología. En el caso de la Iglesia de la Unificación, esta pretensión de poseer una ciencia humana integral se refuerza al invitar a académicos prominentes (quienes reciben honorarios inusualmente elevados) a grandes simposios que enfatizan la unificación del pensamiento. Aunque los participantes expresan libremente sus opiniones, de algún modo contribuyen a la atmósfera de legitimidad intelectual que la organización busca proyectar.

El término "carga del lenguaje" se refiere a la literalización del lenguaje, en la que ciertas palabras o imágenes se convierten en dogmas inamovibles. Un lenguaje excesivamente simplificado puede parecer lleno de clichés, pero su simplicidad le confiere un enorme atractivo y poder psicológico. Cuando todos los aspectos de la vida de una persona—especialmente en el caso de jóvenes cuyas vidas suelen ser complejas— pueden reducirse a un conjunto de principios aparentemente coherentes, uno puede "experimentar la verdad" y sentirla de manera tangible. Las respuestas parecen estar siempre al alcance. Lionel Trilling ha llamado a esto el "lenguaje del no-pensamiento", ya que permite reducir preguntas extremadamente complejas a simples eslóganes o clichés.

El patrón de doctrina sobre la persona ocurre cuando hay un conflicto entre lo que una persona experimenta y lo que la doctrina o el dogma dicta que debería experimentar. En los entornos totalistas, el mensaje interiorizado es que uno debe encontrar la verdad en la doctrina y subordinar sus experiencias personales a esa verdad.

A menudo, experimentar contradicciones—o simplemente admitir que se tienen—puede generar un sentimiento inmediato de culpa. Además, para evitar que alguien cuestione la doctrina, otros miembros pueden condenarlo de una manera que refuerce ese sentimiento de culpa. Se inculca la idea de que dudar es señal de corrupción interna o maldad. Sin embargo, las dudas surgen inevitablemente y, cuando los conflictos internos se vuelven demasiado intensos, algunas personas terminan por abandonar la organización. Este es uno de los mayores desafíos que enfrentan muchas sectas: no solo se trata de captar nuevos miembros, sino de evitar que se marchen, lo que a menudo resulta más difícil que recaudar dinero.

Por último, el octavo y quizás más general y significativo de estos criterios es lo que llamo "la dispensación de la existencia". Este principio suele aplicarse de forma metafórica, pero en un sistema totalista, donde se afirma poseer una verdad absoluta, aquellos que no la han aceptado se consideran espiritualmente "muertos". Quienes no han visto la luz, no han abrazado esa verdad, son percibidos como parte de la oscuridad, están corrompidos y, en algunos casos, se les niega incluso el derecho a existir.

Aquí opera una dicotomía entre el ser y la nada. Todo obstáculo para la existencia legítima debe ser eliminado o destruido. Una persona situada en la segunda categoría —aquellos que no tienen derecho a existir— puede experimentar un profundo miedo psicológico a la extinción o al colapso interno. Sin embargo, cuando alguien es aceptado dentro del grupo, puede experimentar una gran satisfacción al sentirse parte de una élite.

Bajo condiciones más extremas, la dispensación de la existencia —es decir, la negación del derecho a vivir— puede volverse literal. Las personas pueden ser asesinadas por supuestas deficiencias doctrinales, como ha sucedido en demasiados lugares, incluidos la Unión Soviética y la Alemania nazi. En el suicidio/asesinato en masa del Peoples Temple en Guyana, un solo líder sectario ejerció el poder de decidir quién vivía y quién moría —o, más precisamente, de imponer la no-existencia— mediante una ideología suicida que él mismo instauró como parte central de la doctrina del grupo. *(Informes posteriores, basados en autopsias, revelan que probablemente hubo tantos asesinatos como suicidios).*

El impulso totalista de trazar una línea tajante entre quienes tienen derecho a vivir y quienes no —aunque se manifieste en distintos grados— puede convertirse en un enfoque letal para resolver problemas humanos fundamentales. Además, cualquier ideología basada en el totalismo o el fundamentalismo se vuelve aún más peligrosa en una era nuclear.

Debo decir que, a pesar de estos problemas, ninguno de estos procesos es completamente hermético. Uno de mis propósitos al escribir sobre estos temas es contrarrestar la tendencia cultural a negar que tales fenómenos existen; otro propósito es desmitificarlos y comprenderlos a la luz de nuestro conocimiento sobre el comportamiento humano.

El Dr. Lifton escribió *Witness to an Extreme Century: A Memoir* (Free Press, 2011). Tuve la fortuna de entrevistarlo en dos ocasiones en video, y ambos materiales están disponibles en freedomofmind.com.

Agradecimientos

A Misia Landau—antropóloga, escritora científica, artista, fotógrafa y mi amada ex-esposa—, quien tiene la fortaleza para enfrentar junto a un activista todos los desafíos de la vida, gracias por todo tu increíble apoyo en múltiples niveles. Me has ayudado a escribir, a planificar estrategias y a sobrellevar las dificultades. Has sido mi número uno. Un agradecimiento especial por haber dejado de lado tus propios proyectos de escritura y clases de arte para ayudarme a preparar este libro para su publicación, editando y asesorándome en cada paso del camino. Te agradezco de un modo que las palabras no pueden expresar.

A nuestro hijo Matthew, quien es la alegría de nuestras vidas: qué regalo has sido. Gracias por ser tú.

Con profunda gratitud, agradezco a mis padres, Milton y Estelle Hassan, por todo su amor y apoyo. Siempre que los necesité, estuvieron allí para mí. Arriesgaron todo para rescatarme de los Moonies, y siempre les estaré eternamente agradecido por ello.

Quiero agradecer a mis hermanas, Thea y Stephanie, así como a mis cuñados, Doug y Ken, por todo lo que han hecho a lo largo de los años. Thea y Doug me ayudaron a salvarme más de una vez. También hicieron mucho para cuidar de nuestros padres en sus últimos años.

A sus hijos, Michael y Scott, y sus familias: gracias.

Mi tía y mi tío, Phyllis y Mort Slotnick, y sus hijos Debbie y Mark, con quienes crecí, siempre me han brindado un gran apoyo.

A las hermanas de Misia, Lauren Broch y Ricki Grossman; sus esposos, Danny y Dennis; y mi sobrina Sarah y mis sobrinos Ben, Noah y David: gracias por ser mi familia extendida.

Quiero agradecer a Gary Rosenberg, Michael Strom, Néstor García y Gladys González por su disposición a pasar cinco días muy difíciles en 1976 ayudándome a recuperar la realidad. Sin su ayuda, podría haber pasado muchos más años en los Moonies. Recientemente volví a encontrarme con Néstor en LinkedIn; ahora es psiquiatra en Florida. Gladys también vive en Florida y es trabajadora social. Lamentablemente, Gary falleció. Mike, ¿dónde estás?

Mención especial a mi primera esposa, Aureet Bar-Yam, con quien estuve casado siete años y que vivió el proceso de creación y la publicación original de este libro. Falleció en un trágico accidente en 1991, tratando de rescatar a nuestro Golden Retriever de un estanque helado. Siempre la recordaré por su amor, talento, inteligencia y disposición para ayudar a los demás. Sus padres, los doctores Zvi y Miriam Bar-Yam, y sus hijos Sageet y Yaneer, junto con sus familias, han seguido siendo fuentes de mucho amor, inspiración y apoyo en innumerables formas.

Un agradecimiento especial a Eric Rayman y su esposa, Sue Horton. Como abogado, Eric tiene todo el mérito por ayudarme a recuperar los derechos de este libro para que pudiera tener una segunda vida. También me ha brindado apoyo legal y asesoramiento a lo largo de los años para llevar mi trabajo al público en general. Susan, gracias por ser una amiga.

También quiero agradecer a algunos amigos: Marc y Elyse Hirschorn, Monica Weiss y Dan Hanson, Elissa Weitzman, Shepherd Doeleman, Karen Magarian, Gary Birns, Russell Backer y Susan Mayer, Michael Stone, Ron Cooper, Steve Morse, Chris Kilham, Hoyt Richards, Taryn Southern, Josh Baran, Masoud Banisadr y muchos otros demasiado numerosos para mencionar aquí. Ellos saben quiénes son.

Algunas personas han sido mis maestros y, en ocasiones, mi inspiración. Quiero agradecer a Robert Jay Lifton, M.D., Alan W. Scheflin, Daniel Brown, Ph.D., Bill y Lorna Goldberg, y Stephen Lankton.

Gracias, Christopher Sonn, por tu enseñanza, sanación y orientación en temas web, y por tu amistad.

También quiero agradecer a Jorge Carballo, Cathy Colman, Karen Kaplan y Rebecca Johnston por todo su apoyo. Me ayudaron a transformar mi dolor en creatividad, flexibilidad y energía creativa.

Un agradecimiento especial al Dr. Philip Zimbardo, mi héroe, quien enseñó un curso en la Universidad de Stanford llamado *La Psicología del Control Mental* durante 15 años. La clase utilizaba dos capítulos de la edición original de *CCMC* como parte de su lectura obligatoria. Zimbardo ha sido mi mentor y uno de mis mayores apoyos. Su *Heroic Imagination Project* debería ser parte del currículo estándar en todo el mundo.

Muchas gracias a mi consejo asesor personal: Hank Greenberg, Richard E. Kelly—quien dedicó muchas horas a ayudarme con este libro—, Jay Livingston y Ellen Krause Grossman, quienes me han asesorado en mi negocio.

Jon Atack ha sido un amigo y una fuente de enorme ayuda. Me ayudó mucho con este libro. Gracias a mi maestro en psicología forense durante décadas, Daniel Brown. Gracias, Alan Scheflin, por tu amistad y asesoramiento a lo largo de los años, y por tus ideas para fortalecer el capítulo final. Gracias, Fred Clarkson, por toda tu ayuda y claridad sobre el tema de la libertad religiosa y los Moonies. Cell Whitman merece un reconocimiento especial por enviarme material sobre los Moonies.

Mi trabajo en el *Freedom of Mind Resource Center* me ha llevado a muchas fuentes de ayuda a lo largo de los años. Mi investigador privado, Larry Zilliox, me ha ayudado en muchos casos y mantiene la lista de grupos fachada de los Moonies. Mi amiga y asociada en Los Ángeles, Rachel Bernstein. También quiero agradecer a Greta Ioug, mi asistente, quien trabajó incansablemente para ayudarme a llevar a cabo el proyecto de este libro en 2015. Gracias a Jane y Kimmy por ayudarme tanto con *FOM*. Gracias a los artistas de *Artists for Humanity* por ayudarme a diseñar mi logotipo y la portada del libro. Agradezco también a mi esposa, Misia, quien supervisó el desarrollo del diseño. Gracias, *Artists for Humanity*, por ayudar a hacer el tráiler del libro.

Gracias a Mike White y *Ghost River Images* por su ayuda en la edición y publicación del libro.

Un agradecimiento especial a Sue Hall por su asistencia en relaciones públicas, y a Terri VandeVegte, Elise Hirschorn y Jefferson Hawkins, quienes me ayudaron a corregir las pruebas del libro.

Gracias a James Elliott, P.I., quien leyó la edición original de *Combating Cult Mind Control* hace años y me pidió que volara a California para ayudar en un caso de trata de personas. También me presentó a Carissa Phelps, quien me llevó a participar en dos entrenamientos organizados por *Runaway Girl* para más de 600 agentes de la ley. Fue en esos entrenamientos en el verano de 2013 cuando conocí a Rachel Thomas, D'lita Miller y muchas otras maravillosas mentoras y sobrevivientes de trata. Ese encuentro evolucionó hasta mi primer taller con Lisa Goldblatt Grace y el increíble equipo de *My Life, My Choice*, que ahora usa mi trabajo para ayudar a sobrevivientes de trata.

Gracias también a la *International Cultic Studies Association (ICSA)*, donde organicé un panel sobre la trata de personas como fenómeno sectario comercial.

A amigos, colegas y clientes que han compartido sus historias de implicación en sectas, enriqueciendo este libro, les estoy profundamente agradecido por su ayuda y aliento.

En los muchos años que he trabajado en el campo de la concienciación sobre las sectas, he conocido a algunas de las personas más talentosas y compasivas del mundo. Gracias a todos.

Sobre el Autor

Steven A. Hassan, Ph.D., MA, M.Ed., LMHC, NCC, es una de las principales autoridades en sectas, control mental e influencia indebida. Exmiembro de la Iglesia de la Unificación de Sun Myung Moon, Hassan escapó después de 27 meses y convirtió su experiencia en una misión de vida para ayudar a otros a liberarse del control coercitivo.

Es consejero de salud mental licenciado en el estado de Massachusetts y posee una maestría en psicología del asesoramiento por Cambridge College. En 2021, obtuvo su doctorado en la Fielding Graduate University, donde realizó una investigación cuantitativa sobre el modelo BITE de control autoritario, examinando la influencia indebida, la reforma del pensamiento y la persuasión coercitiva como herramientas forenses. También es miembro del Programa de Psiquiatría y Derecho de Harvard, donde continúa investigando la influencia indebida.

Hassan fue pionero en el desarrollo del Enfoque Estratégico Interactivo (Strategic Interactive Approach, SIA), un método no coercitivo para ayudar a las personas a salir de grupos de alto control. Ha escrito varios libros aclamados, entre ellos *Combatiendo el control mental de las sectas: La guía más vendida para la protección, el rescate y la recuperación de sectas destructivas* (1988, 1990, 2015). *Liberando a los Cautivos: Empoderando a las Personas para que Piensen por sí Mismas* (2000). *Libertad de Pensamiento: Ayudando a los que Amas a Abandonar Personas, Sectas y Creencias Controladoras.* (2012, segunda edición en 2013). *La Secta de Trump: Experto en Sectas Explica cómo el Presidente usa el Control Mental* (2019, 2024, Simon & Schuster) y *Entendiendo las Sectas, Libro de Trabajo Oficial*, que acompaña al libro Combatiendo el Control Mental de las Sectas, la guía de protección número uno de rescate y recuperación de las sectas (2025).

Su perspectiva aguda y su análisis experto lo han convertido en una fuente de referencia para cientos de medios de comunicación nacionales, internacionales y locales, incluyendo *The New York Times, The Washington Post, Los Angeles Times, Newsweek, People Magazine, USA Today, The Wall Street Journal, CNN, 60 Minutes, Dateline, Nightline, The Today Show* y *Good Morning America*. También ha aparecido en *The Oprah Winfrey Show, Dr. Phil, Larry King Live, Dr. Drew* y muchos otros programas.

Desde 1976, el Sr. Hassan ha ayudado a miles de personas que han sido víctimas del control mental de sectas. Ha dirigido numerosos talleres y seminarios para profesionales de la salud mental, educadores y agentes de la ley, así como para familias de miembros de sectas.

El Sr. Hassan fue reclutado de manera engañosa en la Iglesia de la Unificación de Sun Myung Moon a los 19 años, mientras estudiaba en Queens College. Pasó los siguientes 27 meses reclutando y adoctrinando nuevos miembros, recaudando fondos y participando en campañas políticas. Se reunió personalmente con Sun Myung Moon en múltiples ocasiones en sesiones de liderazgo y llegó a ocupar el cargo de Director Asistente de la Iglesia de la Unificación en su sede nacional.

Tras sufrir un grave accidente automovilístico, fue sometido a un proceso de desprogramación por varios exmiembros de la Iglesia Moon, a petición de sus padres. Una vez que comprendió la naturaleza insidiosa de la organización, autorizó a las autoridades a tomar posesión de sus pertenencias personales, que incluían una extensa colección de discursos privados en los que Moon detallaba su plan secreto para tomar el control mundial.

Durante la investigación del Subcomité del Congreso de los EE.UU. sobre las actividades de la CIA surcoreana en el país (1977-78), el Sr. Hassan fue consultado como testigo experto y entregó estos discursos privados al comité.

En 1979, tras la tragedia de Jonestown, el Sr. Hassan fundó ExMoon Inc., una organización educativa sin fines de lucro compuesta por más de 400 exmiembros del grupo Moon. Aunque ahora extinta, fue una de las primeras y más grandes organizaciones de exmiembros en el mundo.

En 1999, el Sr. Hassan fundó Freedom of Mind Resource Center, Inc. (*freedomofmind.com*), una organización de consultoría, asesoramiento y publicación dedicada a defender los derechos humanos, promover la conciencia del consumidor y exponer los abusos de la influencia indebida, el control mental y las sectas destructivas.

Ha co-creado un innovador programa educativo llamado *Ending The Game*, diseñado para ayudar a las víctimas de la trata sexual a comprender la coerción psicológica utilizada por proxenetas y traficantes. También imparte capacitaciones para profesionales de la salud mental y grupos de aplicación de la ley, incluido el Joint Regional Intelligence Organization (JRIC.org). Además, ha escrito para *The Huffington Post* y es citado con frecuencia en artículos de periódicos y revistas. Ha dado conferencias a cientos de grupos religiosos, profesionales y académicos en todo el mundo.

El Sr. Hassan es miembro del Programa de Psiquiatría y Derecho de Harvard, un grupo de investigación forense. También fundó la organización sin fines de lucro Freedom from Undue Influence, una división de Dare Association, donde investiga la influencia indebida bajo la supervisión del Dr. Michael Commons. Completó su doctorado en Fielding Graduate University y realizó una investigación cuantitativa sobre el modelo BITE de control mental como posible herramienta forense.

Comprometido con la lucha contra las sectas destructivas, el Sr. Hassan dedica gran parte de su tiempo y energía a asesorar activamente a individuos y organizaciones.

Para obtener información actualizada, visite sus sitios web en freedomofmind.com, o sígalo en Youtube, Substack and @cultexpert en otras plataformas.

Referencias

Nota del traductor: Las fuentes citadas a continuación se presentan en su idioma original, ya que corresponden a publicaciones, artículos o documentos que no siempre tienen traducción oficial al español. Se mantienen en el formato original para preservar la fidelidad y precisión del contenido.

Capítulo 1

1. Report of the Subcommittee on International Relations, U.S. House of Representatives, Oct 31, 1978 (also known as Fraser Report), 338-348.

2. Fraser Report, 316.

3. Steve Kemperman, *Lord of the Second Advent* (Ventura, California: Regal Books, 1982), 13.

4. Gary Scharff, "Autobiography of a Former Moonie," *Cultic Studies Journal* (Vol. 2, No. 2, 1986), 252.

5. Frederick Clarkson, *Eternal Hostility: The Struggle for Theocracy and Democracy*, Common Courage Press, 1997. 65-66.

6. Moon's original name is Yung Myung Moon, which means "Thy Shining Dragon." Cited in "Honor Thy Father Moon," *Psychology Today* (Jan 1976).

7. "Jury Finds Rev. Moon Guilty of Conspiracy To Evade Income Tax," *The Wall Street Journal* (May 19, 1982). Lyda Phillips (UPI), "Rev. Moon free after year in prison for tax evasion," *The Boston Globe* (July 5, 1985).

8. Frank Greve, in "Seeking Influence, Rev. Moon Spends Big on New Right," *Philadelphia Inquirer* (Dec 20, 1987), states the numbers to be even lower.

9. Sun Myung Moon, "On Witnessing," *Master Speaks,* (January 3, 1972). James and Marcia Rudin, *Prison or Paradise*, (Fortress

Press, 1980), 25. Robert Boettcher, *Gifts of Deceit–Sun Myung Moon, Tongsun Park and the Korean Scandal* (Holt, Rinehart and Winston, 1980), 175-176.
Gary Scharff, "Autobiography of a Former Moonie," *Cultic Studies Journal* (Vol. 2, No. 2, 1986), 252.

10. Michael Warder, "Bribemasters," *Chronicles,* June 1988. Gary Scharff, "Autobiography of a Former Moonie," *Cultic Studies Journal* (Vol. 2, No. 2, 1986). Douglas Lenz, "Twenty-two Months as a Moonie," Lutheran Church of America Partners, February 1982. Barbara Dole, "Former Member's Story," *The Advisor,* Feb/March 1981. Michael Lisman, statement about his membership, 1981.

11. Sun Myung Moon, "Completion of Our Responsibility," *Master Speaks* (October 28, 1974, 8.

12. Sun Myung Moon, "Relationship Between Men and Women," *Master Speaks,* (May 20, 1973).

13. Sun Myung Moon, "Moon Tells How He Regulates Sex," *San Jose Mercury*, (May 27, 1982).

14. Fraser Report, 338-348. Fred Clarkson, "The New Righteous Plan a Third Party," *The Washington Herald,* (February 8, 1988).

15. Laura Knickerbocker, "Mind Control: How The Cults Work," *Harper's Bazaar,* (May 1980).

16. Fraser Report, 311-390.

17. Fraser Report, 354.

18. Fred Clarkson, "Moon's Law: God is Phasing Out Democracy," *Covert Action Information Bulletin,* (Spring 1987).

19. Ibid., 36.

20. See Frederick Clarkson, *Eternal Hostility: The Struggle Between Theocracy and Democracy*, Common Courage Press, 1997; Jon Lee Anderson and Scott Anderson, *Inside the League: The Shocking Expose of how Terrorists, Nazis, and Latin American Death Squads Have Infiltrated the World Anti-Communist League*, Dodd

Mead, 1986; David E. Kaplan, Alec Dubro, *Yakuza: Japan's Criminal Underworld,* (University of California Press, 1986).

21. Douglas Lenz, "Twenty-two Months as a Moonie," (Lutheran Church of America Partners, February 1982), 13-15. Josh Freed, *Moonwebs,* (Dorset Publishing, Inc., 1980), 191.

22. Fraser Report, 326, 366.

23. (UPI) "Ousted Editor Says Church Controls *Washington Times*," *The Boston Globe,* (July 18, 1984).

24. Fred Clarkson, "Behind the Times: Who Pulls the Strings at Washington's #2 Daily," *Extra!*, (Aug/Sept 1987).

25. James Ridgeway, "Bush Sr. To Celebrate Rev. Sun Myung Moon — Again: Ex-president's keynote speech at Washington Times bash this month is latest link between Bush and Unification Church founder," Mother Jones magazine, (April 29, 2007). http://www. motherjones.com/politics/2007/04/bush-sr-celebrate-rev-sun-myung-moon-again

26. Sun Myung Moon, "The Significance of the Training Session," *Master Speaks* (May 17, 1973).

27. Frank Greve, *The Philadelphia Inquirer*, *Knight-Ridder News Service* (December 20, 1987).
"Moon/Mormon Conference for Legislators," *City Paper* (Washington DC July 25-31, 1986).

28. Andrew Ferguson, "Can Buy Me Love: The Mooning of Conservative Washington," *The American Spectator,* (September 1987).

29. Frank Greve, *The Philadelphia Inquirer*, (syndicated by *Knight-Ridder News Service*, December 20, 1987).

30. James Ridgeway, "Bush Sr. To Celebrate Rev. Sun Myung Moon — Again: Ex-president's keynote speech at *Washington Times* bash this month is latest link between Bush and Unification Church founder," *Mother Jones* magazine, April 29, 2007. http://www.motherjones. com/politics/2007/04/bush-sr-celebrate-rev-sun-myung-moon-again

Capítulo 2

31. Douglas Lenz, "Twenty-two Months As a Moonie," Lutheran Church of America Partners (Feb 1982), 13-15. Josh Freed, *Moonwebs* (Toronto: Dorset Publishing, Inc., 1980), 191.

32. "Jacob's Curse and Our Life in Faith," (May 27,1973), 3. Robert Boettcher, *Gifts of Deceit–Sun Myung Moon, Tongsun Park and the Korean Scandal* (New York: Holt, Rinehart and Winston, 1980), 343-344.

33. Kamiyama was co-convicted with Moon for conspiracy to defraud the U.S. government of tax revenues. U.S. vs. Sun Myung Moon and Takeru Kamiyama: Kamiyama accused of aiding/abetting filing of false returns, obstruction of justice, and perjury.

34. Michael Warder, "Bribemasters," *Chronicles* (June 1988). Fraser Report, 313.

35. "The Seven Day Fast," *Master Speaks* (Oct 20, 1974), 19.

36. "Children's Day," *Master Speaks* (Aug 4, 1974), 12.

37. Moon and Hak Ja Han, his third wife, were regarded by members to be the perfect Adam and Eve. Moon's theology says that the original Eve was tempted into sexual intercourse by Satan before she had grown to perfection, and then she seduced Adam. Therefore, all mankind were the offspring of tainted blood. The kingdom of heaven will be established when God sends a perfect man again in order to establish the "pure" lineage. Jesus was killed before he had a chance to marry and have perfect children. Therefore, Moon (being 'perfect' himself) can spiritually "adopt" members into his "true family" and assign them marriage partners in order to redo their spiritual lineage. Moon married more than 2,000 such couples in Madison Square Garden in 1984.

38. Vernon Scott, "Controversy Shrouds Obscure Movie, 'Inchon,' " *Santa Barbara News– Press* (Oct 10, 1982). "Times Kill Review," *Washington Post* (Sept 18, 1982), C1. "Stars Tricked into Making Cult Movie," *Globe* (June 8, 1982).

39. Fred Clarkson. "The Messiah Who Bilked IRS," *The Sacramento Bee* (Sept 15, 1985). Herbert Rosedale, "Moon's Conviction Justi-

fied by the Record," The Cult Observer (Nov 1984).

40. Douglas Lenz, "Twenty-two Months as a Moonie," Lutheran Church of America Partners (Feb 1982).,12. Steve Kemperman, *Lord of the Second Advent* (Ventura, California: Regal Books, 1982), 14.

41. Christopher Edwards, Crazy for God (Englewood Cliffs, New Jersey: Prentice-Hall, Inc., 1979), 144-145.

42. Douglas Lenz, "Twenty-two Months As a Moonie," Lutheran Church of America Partners (Feb 1982), 12. Jerry Carroll and Bernard Bauer, "Suicide Training in the Moon Cult," *New West* (Jan 29, 1979), 62.

43. "God's Plan for America," Sun Myung Moon (Dec 18, 1975).

44. Marcia R. Rudin, "The Cult Phenomenon: Fad or Fact?" *New York University Review of Law and Social Change* (Vol. IX, No. I), 31.

45. Fraser Report, 311-392.

46. To learn more about Aureet's life and her important contributions, please see http://bar-yam.org/aureet/ Aureet Bar-Yam Hassan's (index all) Theory of Interpersonal Development, which deserves much wider attention, please see http://bar-yam.org/aureet/Psychologist/Theory/index.html

Capítulo 3

47. Kidnappedforchrist.com is the web site of a powerful documentary made about such a boot camp in the Dominican Republic.

48. Glenn Collins, "The Psychology of the Cult Experience," *The New York Times* (March 15, 1982).

49. Fraser Report, 326, 351-53, 368. "The Outline of Rev. Moon's Hand in Central America: The Unification Church, the World Anti-Communist League, CAUSA and John Singlaub," (Ford Greene, 1987), 13-17.
"Moonie Interests Said to Choose Montevideo as Centre," *Latin America Regional Reports* (Oct 14, 1983).

Tim Cain, "Moonie Recruiting Groups Have Ties to Contras in Central America," *Sandpaper* (Oct 16, 1987).

Jean Francois Boyer and Alejandro Alem, "Moon in Latin America: Building Bases of a World Organization," *Manchester Guardian Weekly* (March 3, 1985).

50. Fraser Report, 345.

"The Way International," Anti-Defamation League Report (Spring 1982).

"Government Probe of The Way Disclosed Political Activism, 'Pattern' of Harassment of Witnesses," *CAN News* (July-July 1987), from "Religious Group's Political Activities Subject of Probe," *Bangor Daily News* (Nov 21, 1986).

51. Louis Trager, "Evidence Points Toward North Tie to Rev. Moon," *San Francisco Examiner* (July 20, 1987).

52. "Moonie Interests on the Rise: The Empire Consolidates" *Latin America Regional Reports* (April 1984).

53. "Significance of the Training Session," *Master Speaks* (May 17, 1973).

54. John Marks, *The Search for the Manchurian Candidate* (New York: Times Books, 1979), 72, 133, 182-192.

55. Patricia C. Hearst with Alvin Moscow, *Patty Hearst: Her Own Story* (New York: Avon Books, 1982).

56. Ted Patrick with Tom Dulack, *Let Our Children Go* (New York: E. P. Dutton and Company, Inc., 1976).

57. Allan Maraynes, producer, "Scientology," *60 Minutes* (Volume XII, Number 51), aired Aug 31, 1980.

Eugene H. Methvin, "Scientology: Anatomy of a Frightening Cult," *Reader's Digest* (May 1980), and "Scientology: The Sickness Spreads," *Reader's Digest* (Sept 1981).

Bent Corydon and L. Ron Hubbard, Jr., *L. Ron Hubbard: Messiah or Madman?*

(Secaucus, New Jersey: Lyle Stuart, 1987).

Russell Miller, *Bare Faced Messiah: The True Story of L. Ron Hubbard* (Great Britain: Penguin Books Ltd., 1987).

58. Patricia Ward Biedernan, "$1.5 Million Award to Former C.U.T. Member," *Los Angeles Times* (April 3, 1986).
Karen Kenney, "Church Universal and Triumphant: Of Church business, Public and Private," *The Valley News* (Feb 1, 1980).
"Fear of Church Grips Montana Town," *Daily News* (Feb 4, 1982).
Mark Reiter, "One Man's Story: Why Would a Man in His 50s Join a Cult? Listen to Gregory Mull's Tale," *50 Plus* (Oct 1981).
Kerry Webster, "Her Will Be Done: Elizabeth Claire Prophet and the Church Universal and Triumphant," *Herald Examiner* (Jan 27, 1985) (six-part series).
Jim Robbins, "A Question of Good Neighbors," *Boston Globe Magazine* (Aug 9, 1987).

59. Wendy B. Ford, "Way Seduction 'Invisible,'" *The Journal Herald* (Jan 13, 1981).
Jan Pogue, "The Mysterious Ways of the Way: Victor Paul Wierwille has quietly built a huge religious following. He believes that if people would just listen to what God told him 40 years ago, he could 'remake the world.' Some who know him well are afraid he's right." *Today, The Philadelphia Inquirer* (Aug 1, 1981).
Anne Cocroft Cole, "Janney Lost Career Dreams as Follower of 'The Way,'" *Loudoun Times-Mirror* (Dec 10, 1981), and "Janney's Life in the Way: Sacrifice and Obedience," (Dec 17, 1981), and "Now Out of 'The Way' Janney Warns Others," (Dec 24, 1981).

60. Win McCormack, "Bhagwan's Bottom Line: Rajneesh's Far-flung Empire is More Material than Spiritual," *Oregon Magazine Collector's Edition/The Rajneesh Files* (1981-86), 91.

61. "The LaRouche Network–A Political Cult," *ADL/Civil Rights Report* (Spring 1982, Vol. 27, No. 2).
Howard Blum and Paul Montgomery, "U.S. Labor Party: Cult Surrounded by Controversy," *The New York Times* (Oct 7, 1979), and "One Man Leads U.S. Labor Party on its Erratic Path," (Oct 8, 1979).
John Mintz, "Lyndon LaRouche: From Marxist Left to Well-Connected Right," *The Washington Post National Weekly Edition* (Feb 25, 1985).

62. "MOVE Leader Wanted 'Absolute Control,' *The Boston Globe* (May 15, 1985 and May 16, 1985).

"New Life for 'Move' Child in Wake of Philadelphia Disaster," *The Cult Observer* (Jan/Feb 1986), from the *Wall Street Journal* (Nov 1, 1985).

63. Chip Berlet, "White, Right, and Looking for a Fight: Has Chicago Been Targeted by a New Alliance of White Supremacists?" *Reader* (June 27, 1986, Vol. 15, No. 39). "Idaho Bombings Part of Race War Planned by Neo-Nazi Splinter Group," *CAN News* (Oct 1986), from *Couer d'Alene Press*, Idaho.
    Press Oct 8, 1986, and the *Spokane Spokesman-Review* Oct 9, 1986.
    "Racist Groups Meet," *The New York Times* (July 14, 1986).
    "Two Neo-Nazis Convicted in Slaying," *The Cult Observer* (Jan/Feb 1988) from "Two Convicted in Radio Host's Death," *The Fort Wayne News-Sentinel* (Nov 18, 1987).

64. Peter Siegel, Nancy Strohl, Laura Ingram, David Roche, and Jean Taylor, "Leninism as Cult: The Democratic Workers Party," *Socialist Review*. 58-85.

65. Marcia R. Rudin, "The Cult Phenomenon: Fad or Fact?" *New York University Review of Law and Social Change* (Vol. IX, No. 1), 18-19.

66. Scientology, Transcendental Meditation and the Moonies all have fortunes in excess of a billion dollars.

67. For instance, Hill and Knowlton were employed by Scientology to improve its image. The cult later employed Jack Trout of Reiss and Trout.

68. For more information on treatment of phobias, contact the Anxiety Disorders Association of America, 600 Executive Blvd., Suite 200, Rockville, MD 20852-3801, (301) 231-9350.

69. James and Marcia Rudin, *Prison or Paradise* (Philadelphia: Fortress Press, 1980), 103.
    Lorraine Ahearn, "Mind Control Called the Way of The Way," *The Capital* (Annapolis, April 2, 1986), 12.

70. Diane Salvatore, "The New Victims of Cults," *Ladies Home Journal* (Aug 1987)

Andree Brooks, "Cults and the Aged: A New Family Issue," *The New York Times* (April 26, 1986).

71. Webpage of the largest Christian Apologetic Site on Followers of Christ.
http://www.apologeticsindex.org/2459-followers-of-christ-church

72. "Public Hearing on the Treatment of Children by Cults," The Assembly of the State of New York (Aug 9-10, 1979).
Shirley Landa, "Hidden Terror: Child Abuse in 'Religious Sects and Cults,'" *Justice for Children* (Fall 1985, Vol. I, No. 5).

73. Routledge 2013.

Capítulo 4

74. Robert Jay Lifton, *Thought Reform and the Psychology of Totalism* (New York: W.W. Norton & Company, 1961).

75. I, Louis Jolyon West, Jon Atack and others believe that the personality is formed of a continuum of many identities, so the authentic *personality* is overtaken by the cult *identity. These "parts" are also referred to by therapists who do "ego-state" therapy.*

76. "Jury Indicts 9 Linked to Synanon," *The Cult Observer* (Oct 1985), from *The New York Times* (Oct 2, 1985).
"Point Reyes Light Wins $100,000 settlement from Synanon," *The Cult Observer* (March/April 1987).
Steve Allen, *Beloved Son* (Indianapolis, New York: The Bobbs-Merrill Company, Inc., 1982), 187-194.
Myrna Oliver, "Two Synanon Members Get Year in Jail," *Los Angeles Times* (November 22, 1980).

77. Moon made this speech to an audience of several hundred people during the summer of 1975 in upstate New York.

78. See Adorno, Frenkel-Brunswik, Levinson, Sanford, *The Authoritarian Personality* (New York: Harper & Brothers, 1950).

79. Solomon Asch, "Effects of Group Pressure Upon the Modification and Distortion of Judgment," in *Groups, Leadership, and Men*, ed. M.H. Guetzkow, (Pittsburgh: Carnegie, 1951).

Solomon Asch, "Studies of Independence and Conformity: A Minority of One Against a Unanimous Majority," *Psychological Monographs*, 70 (1956).

80. Stanley Milgram, Obedience to Authority (New York: Harper & Row, 1974), xii.

81. He used this chapter and the preceding one of this book in the course materials. I conducted a videotaped interview with Dr. Zimbardo on mind control which is on the freedomofmind.com site.

82. The original edition of *Combatting Cult Mind Control* used the four components, but it was Rev. Buddy Martin who suggested that I change the order and use the acronym BITE instead. Many thanks!

83. Leon Festinger, Henry W. Riecken, and Stanley Schachter, *When Prophecy Falls* (Harper & Row, 1964).

84. Ibid.

85. Fred Clarkson, "Moon's Law: 'God is Phasing Out Democracy,'" *Covert Action Information Bulletin No. 27* (Spring 1987), 38.

86. The appendix to George Orwell's *Nineteen Eighty-Four* gives an excellent description of the use of language to restrict thought.

87. Michael Mahoney and Carl Thoreson, *Self-Control: Power to the Person*. (Monterey, California: Brooks/Cole, 1974).

88. Kurt Lewin, "Frontiers in Group Dynamics: Concept, Method, and Reality in Social Science," *Human Relations*, 1947.

89. Edgar H. Schein, *Coercive Persuasion*, 1961 (The Massachusetts Institute of Technology, W.W. Norton, 1971).

90. One of the best books I've read on linguistic double binds is Milton Erickson's *Hypnotic Realities* (New York: Irvington Publishers, 1976).

Capítulo 5

91. Eric Hoffer, *The True Believer* (New York: Harper & Row, 1951), 77.

92. Yeakley, Flavil. *The Discipling Dilemma*, (1988), Gospel Advocate Co, Nashville TN.

93. For instance, Ron Hubbard: "A handful of us are working our guts out to beat Deadline Earth. On us alone depends whether your kid will ever see sixteen or your people will ever make it at all. A few of us see the world has got a chance if we don't dawdle along the way. Our chance is a thin chance at best. We are working as hard as we can in Scientology. And, the only slim chance this planet has rests on a few slim shoulders, overworked, underpaid and fought —the Scientologist. Later on, if we make it, what will be your answer to this question? Did you help? ... The world has an optimistic five years left, a pessimistic two. After that, Bang or just a whimper. On us alone depends whether your kids will ever see sixteen or your people will ever make it at all. Our chance is a thin chance at best. We are working as hard as we can in Scientology." *Auditor Magazine*, (1967), 9.

94. Michael Warder, "Bribemasters," *Chronicles* (June 1988), 31.

95. "Central Figure," *Master Speaks* (Feb 13. 1974), 6.
    "Untitled," *Master Speaks* (Jan 3. 1972).
    "Parents' Day," *Master Speaks* (March 24. 1974).

Capítulo 6

96. One amazing thing is that with the Internet and some dedication to searching for them, their information and their efforts can be found. The Wayback Machine is a valued resource of past Internet sites, especially of former members who were eventually silenced by cult harassment.

97. *Enquiry into the Practice and Effects of Scientology*, Sir John G. Foster, KBE, QC, MP; Her Majesty's Stationery Office, by order of the House of Commons, 21 December 1971.

98. http://web.randi.org/the-million-dollar-challenge.html

99. Hubbard Communications Office Policy Letter, 18 October 1967, issue IV, *Penalties for Lower Conditions*.

100. Video of Trafficking Panel (2014) at ICSA is at https://freedomof-

mind.com//HumanTrafficking/HumanTrafficking.php

101. Why *Ending the Game*? Pimps call what they do—enslaving people to sell sex—"The Game." So we chose our course name to let people know they can only win by leaving the game. The web site for the program is endingthegame.com.

102. The Video of the Press Conference In London about Cults and Terrorism is on https://freedomofmind.com//Info/terrorism.php

103. See Dennis King's book *Lyndon LaRouche and the New American Fascism* (1989) for LaRouche's connections to neo-Nazis and the KKK.
Regarding "physical force may be justified" I can safely refer to his 1973-74 "Operation Mop-Up" use of violence against CPUSA: http://www.publiceye.org/larouche/Mop-Up.html
On Kenneth Kronberg's suicide: http://www.kennethkronberg.com/kk/
On Jeremiah Duggan's death: http://justiceforjeremiah.yolasite.com/
On the Youth movement massive departure in 2012, here is their (long) document http://laroucheplanet.info/pmwiki/pmwiki.php?n=Library.LYMwhyweleft "Why we left"
BITE model applied to LaRouche http://laroucheplanet.info/pmwiki/pmwiki.php?n=Cult.Bite
Yves's role in the aid convoy to Sarajevo : http://artwithconscience.blogspot.co.uk/2014/02/my-story-of-1992-93-alsace-sarajevo-aid.html

104. http://messer-art-design.com/

105. Scientology is also notorious for enforcing abortions on live-in members.

106. A thorough article was published about the cult. See *East Side Alien* by Marie Brenner, *Vanity Fair*, (March 1990, Volume 53, Number 3).

107. White Anglo-Saxon Protestants. WASP is sometimes considered to be a detrimental term but it was one Hoyt used to describe the cult's recruitment focus.

108. Doug Johnson, "Former Truth Station Member Tells of Secret

Practices," *Victor Valley Daily Press* (March 5, 1981), A1.
"TV Producer Charges Kin Abused by Religious Cult," *Oxnard Press Courier* (March 5, 1981), 2.

109. Michael Kelly, "A Couple Still Hearing the Chant," *Cult Awareness Network News* (Jan-Feb 1985), 3.

110. *Take Back Your Life*, (Bay Tree Publishing1994, 2006) by Lalich and Tobias is a very helpful text on recovery.

111. Miriam Williams, *Heaven's Harlots: My Fifteen Years in a Sex Cult*, Eagle Books, 1998 and *Something Somebody Stole* by Ray Connolly (2011) and ex-member resource page is at http://www.xfamily.org/index.php/Main_Page

112. Cult or Benign Cure-all? Life in Transcendental Meditation's Hidden Society - http://www.commonwealthclub.org/events/2014-10-20/cult-or-benign-cure-all-life-transcendental-meditation%E2%80%99s-hidden-society
http://www.papermag.com/2015/03/fairfield_iowa_maharishi_transcendental_meditation.php

113. 2010 ICSA Conference handbook is online at https://drive.google.com/file/d/0B4dmoPK1tYNjanFOQkZ6azg5UjA/edit?usp=sharing

114. Yagyas http://www.maharishiyagya.org/ Maharishi Ayurvedic Products (MAPI) latest site(2015): http://www.mapi.com Scientific basis under "Our Story" section: Maharishi was unyielding when it came to the authenticity of these ancient formulations and their purity. In the early days of Maharishi Ayurveda, Maharishi, surrounded by the greatest Ayurvedic experts in India, rejected formulas due to minor deviations from the ancient original texts or due to lack of purity in the formula. This is the foundation of vpk® by Maharishi Ayurveda: Authentic, Pure, Effective and Safe. - See more at: http://www.mapi.com/our-story/our-story.html#sthash.iCxtzXMk.dpuf
Wikipedia references show lack of science on MAPI products. Wikipedia has a senior editor assigned to TM-related pages to keep the pro-cult trolls in check:
http://en.wikipedia.org/wiki/Maharishi_Vedic_Approach_to_Health

115. Source of Swiss palaces and private enclave in The Netherlands — my life. But here are the links:
http://www.meru.ch/index.php?page=kurse-in-seelisberg
http://www.ayurveda-seelisberg.ch/index.php?page=home&hl=fr_FR
http://www.globalcountry.org/wp/full-width/links/
http://en.wikipedia.org/wiki/Maharishi_Peace_Palace
http://www.peacepalaces.com/home.htm

116. David Lynch Foundation: http://www.davidlynchfoundation.org

117. Center for Wellness and Achievement in Education: http://cwae.org/

118. links TM-Sidhi program :
https://www.mum.edu/about-mum/consciousness-based-education/tm-sidhi-program/
https://www.mum.edu/core-skill-departments/development-of-consciousness/learning-the-tm-sidhi-program/
http://www.amazingabilities.com/amaze9a.html
Expose links TM-Sidhi Program :
http://minet.org/www.trancenet.net/secrets/sutras/
http://www.suggestibility.org/sidhi.shtml

119. MACLEANS January 5th, 2015 *Against Their Will: Inside Canada's Forced Marriages* by Rachel Browne http://www.macleans.ca/news/canada/against-their-will/
(Courtois, *Healing the Incest Wound.* 1988)

120. Walter Martin's book, *The Kingdom of the Cults*, Bethany House (1965), has a chapter on Jehovah's Witnesses and the Watch Tower Society and critiques them theologically. It was important for me to understand that the Bible JWs use deviates substantially from those commonly endorsed by scholars. For example, the New Testament in their Bible has "Jehovah" inserted where the Greek text would have said "Lord." As Bible scholar Bart Ehrman notes: "The divine name 'Jehovah' doesn't belong in either Testament, old or new, in the opinion of most critical scholars, outside the ranks of the Jehovah's Witnesses. That's because Jehovah was not the divine name." http://ehrmanblog.org/

121. The Hebrew Bible does direct people to observe the dietary law

of *Kashrut* and drain the blood of animals they cook and eat. See http://www.myjewishlearning.com/practices/Ritual/Kashrut_Dietary_Laws.shtml
However, I have asked numerous Christian and Jewish scholars about the Watch Tower policy. Not one thinks there is a shred of legitimacy to the Governing Body's policies on blood transfusion. In fact, the Jewish religion is always in favor of saving life! Please see http://ajwrb.org/ for detailed information about the changing policies on blood by the JW Governing Body over the years. http://ajwrb.org/children/my-child-is-dead is a heartbreaking story. For a summary of the blood issue, explaining the Watch Tower history of the doctrine, and why it is not based on sound Scriptural reasoning, please visit http://www.jwfacts.com/Watch Tower/blood-transfusions.php.

122. The talk I heard at that conference given by Ken Clark: https://www.youtube.com/watch?v=gKt7ozdKeBk&list=PLA92A1F6C FEA252A2. Richard Packham's 2013 talk, "Truth Will Prevail: All About Proof, Evidence, Fallacies and Lies" is worth your time https://www.youtube.com/watch?v=SXl1FjwSMBQ

123. https://en.wikipedia.org/wiki/Fundamentalist_Church_of_Jesus_Christ_of_Latter-Day_Saints

124. (Grand Central Publishing, 2014). The Witness Wore Red: The 19th Wife Who Brought Polygamas Cult Leaders to Justice.

125. BBC's *Emperor of the Universe* is online at http://www.democraticunderground.com/discuss/duboard.php?az=view_all&address=364x2967341

126. Kate Bornstein, *A Queer and Pleasant Danger: The true story of a nice Jewish boy who joins the Church of Scientology, and leaves twelve years later to become the lovely lady she is today*, (Beacon Press, 2012).

127. Larry Brennan, *The Miscavige Legal Statements: A Study in Perjury, Lies and Misdirection*. Self-published. Posted on WhyWeProtest.net Activism Board.   Please watch my video interview with Denise when she came out and her final interview before passing away: https://freedomofmind.com//Media/video.php?id=53.

Capítulo 7

128. Andrea Estes, "Cult Attracts Trouble in Travels: The Ex-Carnival Barker Turned Church Apostate," *The Boston Herald* (June 23, 1984).
Mark Starr, "The Kingdom at Island Pond," *Newsweek* (Nov 29, 1982).
Joan Guberman, "Another Jonestown: The Kingdom at Island Pond," *The Advisor* (Feb/March 1983).

129. Mark Brewer, "We're Gonna Tear You Down and Put You Back Together," *Psychology Today* (Aug 1975), 82.
Richard Behar and Ralph Kina, Jr., "The Winds of Werner: The IRS, The Order of Malta and a Swiss Banker Have a Problem: A One—time Used Car Salesman from Philadelphia," *Forbes* (Nov 18, 1985).

130. Dianne Dumanoski, "The Gospel According to Stevens: Evangelist Carl Stevens Started Out as a Bakery Driver. Now he's a shepherd in the Berkshires, with a flock of born-again Christians—and newly acquired fields," *Boston Phoenix* (May 24, 1977).

131. Robert Lindsey, "L. Ron Hubbard Dies of Stroke; Founder of Church of Scientology," *The New York Times* (Jan. 29, 1986).

132. Phil Garber, "The Way: Religious Sect a Center of Controversy," *Daily Record* (March 30, 1986).
Wendy B. Ford, "Way Seduction 'Invisible,'" *The Journal Herald* (Jan 13, 1981).

133. Erhard, Da Free John, Paul Twitchell and Harvey Jackins were all Scientologists, as was the leader of the UFO cult studied by Leon Festinger. Over 200 cults have been started by ex-members of Scientology, according to Jon Atack's research.

134. See Ira Chaleff, *The Courageous Follower,* to understand how followers can better limit a leader's narcissism.

135. Robert Boettcher, *Gifts of Deceit–Sun Myung Moon, Tongsun Park and the Korean Scandal* (New York: Holt, Rinehart and Winston, 1980), 35.
Moonwebs, 50.

136. Lyda Phillips (UPI), "Rev. Moon Free After Year in Prison for Tax Evasion," *The Boston Globe* (July 5 , 1985).

137. Bent Corydon and L. Ron Hubbard, Jr., L. Ron Hubbard: Messiah or Mad-Man? (Secaucus, New Jersey: Lyle Stuart, 1987).
Russell Miller, Bare Faced Messiah: The True Story of L. Ron Hubbard (Great Britain: Penguin Books, 1987).
Richard Behar, "The Prophet and Profits of Scientology," *Forbes 400* (Oct 27, 1986), 314-315.
"Penthouse Interview: L. Ron Hubbard, Jr." *Penthouse* (June 1983), 111, 174-175.

138. Fraser Report, 387.

139. Hubbard instructed his recruiters, 'You tell him that he is going to sign up right now and he is going to take it right now ... One does not describe something, one commands something. You will find that a lot of people are in a more or less hypnotic daze ... and they respond to direct commands in literature and ads. Hard Sell means insistence that people buy.' (HCO PL 26 September 1979, Issue III).

140. All Scientologists are considered 'field staff members' and 'professional FSMs' are given specific recruitment targets.

141. Ibid., 313, 316, 333-334.

142. Eugene H. Methvin, "Scientology: The Sickness Spreads," *Readers Digest* (Sept 1981), 5.
"Penthouse Interview: L. Ron Hubbard, Jr." *Penthouse* (June 1983), 113.

143. "This technique is labeled 'buy now' in Scientology."

144. Raw meat: 'One who has never had Scientology processing.' Hubbard, HCOB, *Starting of Preclears* (16 January 1968).

145. Rachel Martin, *Escape: The True Story of a Young Woman Caught In the Clutches of a Religious Cult* (Denver, Colorado: Accent Books, 1979)

146. Deborah Berg Davis, *The Children of God: The Inside Story* (Grand Rapids, Missouri: The Zondervan Publishing House, 1984).

Herbert J. Wallerstein, Final Report on the Activities of the Children of God to Honorable Louis J. Lefkowitz, Attorney General of the State of New York. Charity Frauds Bureau (Sept 30, 1974).
Una McManus, *Not for a Million Dollars* (Impact Books, 1980).

147. Steve Allen, *Beloved Son: A Story of the Jesus Cults* (New York: Bobbs-Merrill Company, Inc., 1982), 192-193.

148. Lindsey Gruson, "Two Hare Krishna Aides Accused of Child Molesting," *The New York Times* (Feb 18, 1987).
"Murders, Drug and Abuse Charges Shake Krishnas," *Akron Beacon Journal* (June 22, 1986).
Eric Harrison, "Crimes Among the Krishnas: The world wouldn't listen to Stephen Bryant's charges against his religion's leaders, until he was murdered," *The Philadelphia Inquirer Magazine* (April 15, 1987).
John Hubner and Lindsay Gruson, "Dial Om for Murder: The Hare Krishna church, once brimming with youthful idealism, has became a haven for drug traffickers, suspected child molesters—and killers," *The Rolling Stone* (April 9, 1987), 53.
"Krishna Killer Ordered Extradited," *CAN News* (Sept-Oct 1987) from "Dreschner Ordered Extradited," *The Intelligencer* (Aug 14, 1987).
"Hare Krishna Leader Reported to be Linked to Murder of His Critic," *The New York Times* (June 17, 1987), 9.

149. "Scientology's 'Campaign of Harassment," *The Cult Observer* (Nov/Dec 1987) from "Scientologists In Dirty Campaign to Stop Book," *The Sunday Times* (London, Oct 18, 1987).
"Scientologists Try to Block Hubbard Biography," *The Cult Observer* (July/Aug 1987), from "New Hassle over Scientology Book," *The New York Post* (Aug 4, 1987) and "Lawsuits Surround Book on L. Ron Hubbard," *Publishers Weekly* (Aug 1987).

150. Robert Lindsey, "Two Defectors from People's Temple Slain in California," *The New York Times* (Feb 28, 1980), A 16.

151. Peter Siegel, Nancy Strohl, Laura Ingram, David Roche and Jean Taylor, "Leninism as Cult: The Democratic Workers Party," *Socialist Review*, 58-85.

152. "Center for Feeling Therapy Founder Fights to Keep License,"

The Cult Observer (Jan/Feb 1987) from the *Los Angeles Times* (Sept 21, 1986).
"Center for Feeling Therapy Psychologists Lose Licenses," *The Cult Observer* (Nov/Dec 1987) from "Psychologists In Feeling Therapy Lose Licenses," *The Los Angeles Times* (Sept 29, 1987).

153. Darrell Sifford, "Psychiatrist Probes the Effects of Transcendental Meditation," *Philadelphia Inquirer* (June 19, 1988).
The Various Implications Arising from the Practice of Transcendental Meditation (Bensheim, Germany: Institute for Youth and Society), 80.

154. Marc Fisher, "I Cried Enough to Fill a Glass," *The Washington Post Magazine* (Oct 25 ,1987), 20.
Alfrieda Slee, Administratrix to the Estate of Jack Andrew Slee, vs. Werner Erhard, et al. Civil Action #N-84-497- JAC, United States District Court for the District of Connecticut.
Evangeline Bojorquez vs. Werner Erhard, et al, Civil Action #449177, Superior Court of the State of California in and for the County of Santa Clara.
Nancy Urgell vs. Werner Erhard and Werner Erhard Associates, Civil Action
#H-85-1025 PCD, United States District Court, District of Connecticut.

155. Teresa Ramirez Boulette and Susan M. Anderson, "Mind Control and the Battering of Women," *Community Mental Health Journal* (Summer 1985, Vol. 21, No. 2).

Capítulo 8

156. Alan MacRobert, "Uncovering the Cult Conspiracy," *Mother Jones* (Feb/March 1979, Vol. 4, No. 2), 8.

157. The names of the cult member and his family have been changed to protect their identities.

158. For a complete listing of all of the groups affiliated with the Boston Church of Christ, see the appendix of *The Discipling Dilemma* by Flavil Yeakley (Nashville, Tennessee: Gospel Advocates, 1988).

159. Buddy Martin has put together information packets on the Multiplying Ministries. Videotapes of his lectures are available through the Memorial Church of Christ in Houston, Texas.

160. Daniel Terris, "Come, All Ye Faithful," *Boston Globe Magazine* (June 6, 1986).
Linda Hervieux, "The Boston Church of Christ: Critics Call It a Cult, but Members Maintain Their Church's Legitimacy," *Muse Magazine*, Boston University (Feb 18, 1988).
Gregory L. Sharp, "Mind Control and 'Crossroadism'," *Gospel Anchor* (March 1987), 23.
Jeanne Pugh, "Fundamentalist Church Gathers Campus Converts... and Critics," *St. Petersburg Times* (July 21, 1979), 1.

161. Letter published in the Crossroads bulletin (March 16, 1987).

162. Letter from Memorial Church of Christ elders, (March 1977), firing McKean.

163. The names of the cult member and her family have been changed to protect their identities.

164. See Deborah Berg Davis, *The Children of God: The Inside Story* (Grand Rapids, Michigan: The Zondervan Publishing House, 1984).

165. Kathy Mehler, "Published Preachings: Even Prostitution Can Attract Converts to Cults," *The Daily Illini* (April 16, 1981).

166. The names of the cult member and his family have been changed to protect their identities.

167. Larry Woods, "The Masters Movement, Puns I and II," Turner Broadcasting Systems, CNN (Jan 13, 1986).

168. Ray Richmond, "Masters–A Healer in Bluejeans?" *Los Angeles Times* (Dec 1, 1985), 90.
Paul Taublieb, "Masters' Touch," *US Magazine* (April 23, 1984), 39-41.
Lauren Kessler, "Roy Masters: 'I Can Do No Wrong'", *Northwest Magazine* (Sept 4, 1983).

Capítulo 9

169. Also known as Messianic Communities. One of their popular businesses is the Yellow Deli restaurants. Former members complain of child labor trafficking, corporal punishment and lack of adequate medical treatment, especially during childbirth. See web site by former members at http://www.twelvetribes-ex.com/ and http://www.twelvetribes-ex.org/whyileft.html
and
http://www.independent.co.uk/news/uk/home-news/twelve-tribes-community-nspcc-demands-police-inquiry-into-christian-sect-that-canes-children-8847622.html

Capítulo 10

170. Elan Vital, Inc. is a newer name than Divine Light Mission. See Michael Finch's *Without the Guru: How I took my life back after thirty years*, (Babbling Brook Press 2009). http://www.MikeFinch.com
http://www.ex-premie.org/pages/hinduismtoday83.htm
http://www.apologeticsindex.org/r23.html
http://arthurchappell.me.uk/cults-divine.light.mission.htm

171. Steven J. Gelberg's, *India In A Mind's Eye: Travels and Ruminations of an Ambivalent Pilgrim,* (Spiraleye Press, 2012) and http://surrealist.org/betrayalofthespirit/gelberg.html
Ex-Krishna Nori Muster's Betrayal Files http://surrealist.org/betrayalofthespirit/betrayalfiles.html And her book, *Betrayal of the Spirit: My Life behind the headlines of the Hare Krishna Movement*. Urbana: U of Illinois, 1997. Print.

172. Indemnity and Unification," *Master Speaks* (Feb 14, 1974), 11-12. Christopher Edwards, *Crazy for God* (Englewood Cliffs, New Jersey: Prentice Hall, Inc., 1979), 173-174.

173. Douglas Lenz, "Twenty-two Months as a Moonie," Lutheran Church of America Partners (Feb 1982). 14.

174. Steve Kemperman, *Lord of the Second Advent* (Ventura, California: Regal Books, 1982), 87.

175. Ibid.

176. Hubbard, PAB No. 124, (15 November 1957), *Communication and Isness*.

177. John Hubner and Lindsay Gruson, "Dial Om for Murder," *The Rolling Stone* (April 9, 1987), 53.

Capítulo 11

178. Cf. "Relationship Between Men and Women," *Master Speaks* (May 20, 1973), 2.
Although this is a dramatic example of the things members are told by the Moonies, I have heard many similar tales from ex-members.

179. Gary Scharff, "Autobiography of a Former Moonie," *Cultic Studies Journal* (1986). Vol. 2, No. 2, 254.

180. See Marcia R. Rudin, "The Cult Phenomenon: Fad or Fact?" *New York University Review of Law and Social Change* (1979-80). Vol. IX, No. 1, 31-32.

181. Dr. Drew's podcast with Steve Hassan and former 15 year ICC member is at: https://freedomofmind.com//Media/videos.php

182. See Steve Kemperman, *Lord of the Second Advent* (Ventura, California: Regal Books, 1981), 87.

183. Floating has also been linked to "Post Traumatic Stress Disorder," from which many Vietnam veterans suffer.

184. Geraldo Rivera, "Lifespring Part 2," ABC's "20/20" (Nov 6, 1980).

185. Decreeing is used by only one group that I am familiar with: Elizabeth Claire Prophet's Church Universal and Triumphant. It is a high-speed recitation of the group's "prayers." It is done so fast that anyone listening will not understand what a member is saying. In my opinion, it is a highly effective technique for trance induction and thought-stopping.

186. During my time in the Moonies, I had personally recruited fourteen people and influenced hundreds of people to join.

187. Francine Jeane Daner, *The American Children of Krishna: A Study of the Hare Krishna Movement* (New York: Holt, Rinehart, and Winston, 1976).
Hillary Johnson, "Children of Harsh Bliss: In a West Virginia Commune, An Extraordinary Look at Life and Love Among the Krishnas," *Life Magazine* (April 1980).
Eric Harrison, "Crimes Among the Krishnas: The world wouldn't listen to Stephen Bryant's charges against his religion's leaders, until he was murdered," *The Philadelphia Inquirer Magazine* (April 5, 1987).

188. See 3HO/Sikh Dharma Publication, *Beads of Truth*, Preuss Road, Los Angeles, California.

189. Richard Behar, "The Prophet and Profits of Scientology." *Forbes Magazine (*October 27th, 1986).

190. Tony Ortega wrote a wonderful book entitled, *The Unbreakable Miss Lovely* (Silvertail Books, 2015) about Paulette Cooper and Scientology's harassment of this pioneering writer. I became friends with Paulette in 1976 when I first exited the Moonies and was declared an SP. I have a 2013 video interview with her on my web site, freedomofmind.com.

191. Flo Conway and Jim Siegelman, *Snapping* (New York: Dell Publishing Co., 1978), 249.
"Penthouse Interview: L. Ron Hubbard, Jr." *Penthouse* (June 1983), 112.

192. Jim Healey, Sharry Ricchiardi, and D. Vance Hawthorne, "ISU Bible Study Group: Wonderful or a Cult?" *Desmoines Sunday Register* (March 9, 1980), 1B.
Michelle M. Bell, "I think I was Brainwashed: Religious Group Criticized as Cult-like is now al KSU," *Daily Kent Stater* (Dec 3, 1982), 1.

Capítulo 12

193. Words matter in 'ISIS' war, so use 'Daesh". http://www.boston-globe.com/opinion/2014/10/09/words-matter-isis-war-use-daesh/V85GYEuasEEJgrUun0dMUP/story.html

194. http://www.fbi.gov/?came_from=http%3a//www.fbi.gov/stats-services/publications/law-enforcement-bulletin/september-2011/ sovereign-citizens and Stephen A. Kent 2003 paper for the Europe-an Federation of Centres of Research and Information on Sectari-anism FECRIS.org "FREEMEN, SOVEREIGN CITIZENS, AND THE THREAT TO PUBLIC ORDER IN BRITISH HERITAGE COUNTRIES" online at http://griess.st1.at/gsk/fecris/copenhagen/ Kent_EN.pdf

195. CBS *60 Minutes* flew me to Tokyo right after the sarin gas terrorist attack to be their "in the field" expert for the segment they aired. Dr. Robert Jay Lifton's *Destroying the World to Save It* applies his 8 criteria in this book and is an excellent account of the Aum Shinrikyo mind control cult.

196. Fraser Report: https://freedomofmind.com//Info/docs/fraserport. pdf

197. US Navy Intelligence launched the first mind control program, Operation Bluebird, in the 1940s. There were various other pro-grams, including MK Naomi. Curiously, the first mention of these sinister experiments was made by cult founder, Ron Hubbard, in his 1951 book *Science of Survival*, where he spoke of "pain-drug-hypnosis." It is not impossible that Scientology itself was part of such a program. It would certainly explain the reluctance of the U.S. government to curtail its activities.

198. See Professor Christopher Simpson, *Science of Coercion, Com-munication Research & Psychological Warfare 1945-1960*, (1994), OUP, NY: 'Military, intelligence, and propaganda agen-cieś such as the Department of Defense and Central Intelligence Agency helped to bankroll substantially all of the post-World War II generation's research into techniques of persuasion, opinion measurement, interrogation, political and military mobilization, propagation of ideology, and related questions. The persuasion studies, in particular, provided much of the scientific underpin-ning for modern advertising and motivational techniques. This government-financed communication research went well beyond what would have been possible with private sector money alone and often exploited military recruits, who comprised a unique pool of test subjects.' pp.3-4.

199. Studying destructive cult behavior and its effects on human beings is a window into what should be impermissible scientific research experimentation.

200. http://dsm.psychiatryonline.org/doi/book/10.1176/appi.books.9780890425596

201. *Mind Control: Psychological Reality or Mindless Rhetoric?* By Dr. Philip G. Zimbardo (November 2002, Vol. 33, No. 10).

202. http://en.wikipedia.org/wiki/APA_Task_Force_on_Deceptive_and_Indirect_Methods_of_Persuasion_and_Control

203. Janja Lalich is professor of sociology at California State University, Chico and has authored many important books, including *Bounded Choice: True Believers and Charismatic Cults* (University of California Press, 2004).

204. Stephen Kent, *Narcissistic Grandiosity and the Life of Sun Myung Moon*, (July 5, 2014, International Cultic Studies Association, Silver Spring, Maryland).

205. Routledge Press, 2014.

206. Basic Books, 2003. Sam Vaknin, Ph.D., *Malignant Self Love: Narcissism Revisited*.

207. Flavil R. Yeakley, *The Discipling Dilemma* (Nashville: Gospel Advocate Press, 1982).

208. *The Discipling Dilemma* is now available online at http://www.somis.org/tdd-01.html

209. Guochuan Tsai, Donald Condie, Ming-Ting Wue, and I-Wen Change. "Functional Magnetic Resonance Imaging of Personality Switches in a Woman with Dissociative Identity Disorders." *Harvard Review of Psychiatry* 7 (1999): 119-22.

210. Dr. Burns' web site is http://feelinggood.com/ He has an excellent and statistically valid set of measurement tools for evaluating people's progress and for teaching people how to develop control over their thoughts, emotions and behavior. This is a totally ethical mind control approach emphasizing that people's locus of control

should be within themselves, not with some external authority figure.

211. There are videos of the CFFP annual conference in 2013 for free and the 2014 is available for purchase. I moderated an amazing panel of survivors of child abuse in 2013 and the video of that program is at http://childfriendlyfaith.org/conference-2013/videos-from-cffp-conference-2013/. Bethany Brittain, a board member, spoke about being a victim of extreme corporal punishment by her Christian parents who were followers of Roy Lessing's guidelines. Joel Engleman was a victim of a pedophile in the Satmar Hasidic group in New York. He is involved with an organization, Footsteps, which helps people leave the orthodox Jewish groups. Liz Heywood lost her leg as a member of Christian Science. Rev. Jaime Romo was a victim of a priest pedophile in the Catholic Church.

212. Alan W. Scheflin, "Supporting Human Rights by Testifying Against Human Wrongs," 6 *International Journal of Cultic Studies 69-82* (2015).

213. Loyola Law School Legal Studies Paper No. 2010-53 96 Iowa L.R. 409 (2011).

214. Alan W. Scheflin, *Supporting Human Rights by Testifying Against Human Wrongs, International Journal of Cultic Studies 69-82* (2015).

215. William Borders, "Moon's Church Loses a Libel Suit in London over Recruiting Tactics," *The New York Times* (April 1, 1981). George Greig and Ted Oliver, "Daily Mail Wins Historic Libel Action: The Damning Verdict on the Moonies," *Daily Mail* (April 1, 1981), London. Otto Friedrich, "Om... The New Age, Starring Shirley Maclaine, Faith Healers, Channelers, Space Travelers and Crystals Galore," *Time* (Dec 7, 1987).

216. See, e.g., NXIVM Corp. v. Sutton, 2007 U.S. Dist. LEXIS 46471 (D.N.J. June 27, 2007) (the word "cult" is not actionable, nor is an article which compares the scholarly work of Robert Jay Lifton on cults and their common, shared characteristics with the materials distributed by NXIVM to its enrollees, because such statements constitute protected opinions); Nicosia

v. De Rooy, 72 F. Supp. 2d 1093 (N.D. Cal. 1999) (statements accusing someone of being a manipulative "Svengali," with "Napoleonic aspirations," who carried on an "exploitative business relationship" are not actionable because they are protected opinion); Church of Scientology v. Siegelman, 475 F. Supp. 950 (S.D.N.Y. 1979) (statements in Snapping, a book about cults, are not actionable where they are "replete with opinions and conclusions about the methods and practices used by the Church of Scientology and the effect such methods and practices have . . . ."); Beaverton Grace Bible Church v. Smith, No. C1121174CV (Or. Cir. Ct. July 23, 2012) (blog posts saying that a pastor is a "cult leader" who "destroy[s] relationships" are not actionable because they constitute protected opinions); Harvest House Publishers v. Local Church, 190 S.W.3d 204 (Tex. App. 2006) (being labeled a "cult" is not actionable because the truth or falsity of the statement depends upon one's religious beliefs); Sands v. Living Word Fellowship, 34 P.3d 955 (Alaska 2001) (statements that a group is a "cult" and that a person is a "cult recruiter" are not actionable because they are pronouncements of religious belief and opinion). But see Landmark Education Corporation v. Conde Nast Publication, No. 114814/93, 1994 WL 836356 (N.Y. Sup. Ct. July 7, 1993) (an allegation that a group is a "cult" can be actionable when presented as hard news by a reporter in a publication known for journalism). See World Mission Society, Church of God A NJ Nonprofit Corporation. v. Colón, No. BER-L-5274-12 (N.J. Sup. Ct. Feb. 9, 2015) (statements alleging that World Mission is a "cult" that uses "mind control" and "destroys families" are protected opinions and are not actionable).

217. Heather Kavan is a lecturer in the Department of Communication, Journalism and Marketing at Massey University. Her paper, "Falun Gong in the Media: What can we believe?" ANZCA08 Conference, Power and Place, Wellington, July 2008 online at https://www.massey.ac.nz/massey/fms/Colleges/College of Business/Communication and Journalism/ANZCA 2008/Refereed Papers/Kavan_ANZCA08.pdf

218. Available at http://pyramidschemealert.org/wordpress/wp-content/uploads/2014/03/The-Pyramid-Scheme-Industry-FINAL.pdf

219. http://quoteinvestigator.com/2011/10/15/liberty-fist-nose/

220. Touro Synagogue National Historical Site, "George Washington and His Letter to the Jews of Newport," http://www.tourosyna-gogue.org/history-learning/gw-letter

221. When Scientology was banned in two Australian states in the 1960s, it merely changed its name to The Church of the New Faith

222. The Documentary about the Jehovah's Witnesses can be found at: http://buy.hereliesthetruth.com/

223. The U.N. Universal Declaration of Human Rights is online at: http://www.un.org/en/documents/udhr/

224. ISIS Is a Cult That Uses Terrorism: A Fresh New Strategy http://www.huffingtonpost.com/steven-hassan/isis-is-a-cult-that-uses-_b_6023890.html

225. It's Time to End the Church of Scientology's Tax-Exempt Status by Steven Hassan http://www.huffingtonpost.com/steven-hassan/its-time-to-end-the-churc_b_555843.html

Bibliografía

Nota del traductor: Las fuentes aquí listadas se mantienen en su idioma original, tal como aparecen en la obra publicada, para preservar la precisión bibliográfica.

Allen, Charles. *God's Terrorists: The Wahhabi Cult and the Hidden Roots of Modern Jihad*. Cambridge, MA: Da Capo, 2007. Print.

Atack, Jon. *Let's Sell These People a Piece of Blue Sky*. Worthing, England: Richard Woods, 2013. Print.

Atack, Jon. *SCIENTOLOGY - The Cult of Greed*. Worthing, England: Richard Woods, 2014. Print.

Baker, Amy J. L., and Fine, Paul R. *Co-parenting with a Toxic Ex: What to Do When Your Ex-spouse Tries to Turn the Kids Against You*. Oakland, CA: New Harbinger Publications, 2014. Print.

Baker, Amy J. L., and Fine, Paul R. *Surviving Parental Alienation: A Journey of Hope and Healing*. Rowman and Littlefield, 2014. Print.

Banisadr, Masoud. *Destructive and Terrorist Cults: A New Kind of Slavery: Leaders, Followers, and Mind Manipulation*. Research Institute on destructive Cults. CreateSpace Independent Platform, 2014. Print.

Banisadr, Masoud. *Masoud: Memoirs of an Iranian Rebel*. London: Saqi, 2004. Print.

Blass, Thomas. *The Man Who Shocked the World: The Life and Legacy of Stanley Milgram*. New York: Basic, 2004. Print.

Brown, Daniel P., Alan W. Scheflin, and D. Corydon. Hammond. *Memory, Trauma Treatment, and the Law*. New York: W.W. Norton, 1998. Print.

Buonomano, Dean. *Brain Bugs: How the Brain's Flaws Shape Our Lives*. New York: W.W. Norton, 2011. Print.

Cialdini, Robert B. *Influence: The Psychology of Persuasion*. New York: Morrow, 1994. Print.

Clarkson, Frederick. *Eternal Hostility: The Struggle between Theocracy and Democracy*. Monroe, ME.: Common Courage, 1997. Print.

Collier, Peter, and Horowitz, David. *Second Thoughts: Former Radicals Look Back at the Sixties*. Lanham, MD: Madison, 1989. Print.

Cooperson, David A. *The Holocaust Lessons on Compassionate Parenting and Child Corporal Punishment*. N.p.:

CreateSpace Independent Platform, 2014. Print.

Doidge, Norman. *The Brain That Changes Itself: Stories of Personal Triumph from the Frontiers of Brain Science*. New York: Viking, 2007. Print.

Falk, Geoffrey D. *Stripping the Gurus: Sex, Violence, Abuse and Enlightenment*. Toronto, Ont.: Million Monkeys, 2009. Print.

Farley, Melissa. *Prostitution and Trafficking in Nevada: Making the Connections*. San Francisco, CA: Prostitution Research & Education, 2007. Print.

Feldman, Deborah. *Unorthodox: The Scandalous Rejection of My Hasidic Roots*. New York: Simon & Schuster, 2012. Print.

Finch, Michael. *Without the Guru: How I Took My Life Back after Thirty Years*. United States: Babbling Brook, 2009. Print.

Fontes, Lisa Aronson. *Child Abuse and Culture: Working with Diverse Families*. New York: Guilford, 2008. Print.

Hamilton, Marci A. *God Vs: The Perils of Extreme Religious Liberty*. Cambridge: Cambridge UP, 2014. Print.

Hawkins, Jefferson. *Counterfeit Dreams: One Man's Journey into and out of the World of Scientology*. Porland, OR.: Hawkeye, 2010. Print.

Heilman, Samuel C., and Friedman, Menachem. *The Rebbe: The Life and Afterlife of Menachem Mendel Schneerson*. Princeton, NJ: Princeton UP, 2010. Print.

Hill, Miscavige, Jenna and Pulitzer, Lisa. *Beyond Belief: My Secret Life Inside Scientology and My Harrowing Escape*. NY: HarperCollins, 2013. Print.

Jones, Celeste, Jones, Kristina, and Buhring, Juliana, *Not without My Sister*. London: HarperElement, 2008. Print.

Kelly, Richard E. *Growing up in Mama's Club: A Childhood Perspective of Jehovah's Witnesses*. Tucson, AZ: Parker Ridge Publications, 2008. Print.

Kelly, Richard E. *The Ghosts from Mama's Club*. Tucson, AZ.: Richard Kelly, 2012. Print.

Koch, Molly Brown. *27 Secrets to Raising Amazing Children*. Baltimore, MD: Sidran Institute, 2007. Print.

Kramer, Joel, and Alstad, Diana. *The Guru Papers: Masks of Authoritarian Power*. Berkeley, CA: North Atlantic /Frog, 1993. Print.

Lalich, Janja, and Tobias, Madeleine. *Take Back Your Life: Recovering from Cults and Abusive Relationships*. Berkeley, CA: Bay Tree Pub., 2006. Print.

Lehrer, Jonah. *How We Decide*. Boston: Mariner, 2010. Print.

Lloyd, Rachel. *Girls like Us: Fighting for a World Where Girls Are Not for Sale: A Memoir*. New York: HarperPerennial, 2012. Print.

Muster, Nori J. *Betrayal of the Spirit: My Life behind the Headlines of the Hare Krishna Movement*. Urbana: U of Illinois, 1997. Print.

O'Reilly, Patrick, and Rosen, Phyllis. *Undue Influence: Cons, Scams and Mind Control*. Point Richmond, CA: Bay Tree, 2013. Print.

Payson, Eleanor D. *The Wizard of Oz and Other Narcissists: Coping with the One-way Relationship in Work, Love, and Family*. Royal Oak, MI: Julian Day Publications, 2002. Print.

Phelps, Carissa, and Larkin, Warren. *Runaway Girl: Escaping Life on the Streets, One Helping Hand at a Time*. New York: Viking, 2012. Print.

Pratkanis, Anthony R. *The Science of Social Influence: Advances and Future Progress*. New York: Psychology, 2007. Print.

Schwartz, Harvey L. *Dialogues with Forgotten Voices: Relational Perspectives on Child Abuse Trauma and Treatment of Dissociative Disorders*. New York: Basic, 2000. Print.

Shaw, Daniel. *Traumatic Narcissism: Relational Systems of Subjugation*. S.l.: Routledge, 2013. Print.

Shermer, Michael. *The Believing Brain: From Ghosts and Gods to Politics and Conspiracies—How We Construct Beliefs and Reinforce Them as Truths*. New York: Times, 2011. Print.

Stein, Alexandra. *Inside Out: A Memoir of Entering and Breaking out of a Minneapolis Political Cult*. St. Cloud, MN: North Star of St. Cloud, 2002. Print.

Tavris, Carol, and Aronson, Elliot. *Mistakes Were Made (But Not by Me): Why We Justify Foolish Beliefs, Bad Decisions, and Hurtful Acts*. Orlando, FL: Harcourt, 2008. Print.

Taylor, Kathleen E. *Brainwashing the Science of Thought Control*. Oxford: Oxford UP, 2004. Print.

Wright, Lawrence. *Going Clear: Scientology, Hollywood, and the Prison of Belief*. New York: Alfred A. Knopf, 2013. Print.

Yapko, Michael D. *Trancework: An Introduction to the Practice of Clinical Hypnosis*. New York: Brunner-Routledge, 2003. Print.

Young, Jeffrey E., and Klosko, Janet S.. *Reinventing Your Life: The Breakthrough Program to End Negative Behavior ... and Feel Great Again*. New York: Plume, 1994. Print.

Zimbardo, Philip G., Pilkonis, Paul, Anthony and Marnell, Margaret Esther. *Shyness: What It Is, What to Do about It*. Reading, MA: Addison-Wesley Pub., 1990. Print.

Zimbardo, Philip G. *The Lucifer Effect: Understanding How Good People Turn Evil*. New York: Random House, 2007. Print.

Zimbardo, Philip G., and Boyd, John. *The Time Paradox: The New Psychology of Time That Will Change Your Life*. New York: Free, 2009. Print.

Puedes encontrar una bibliografía más extensa en nuestro sitio web: Busca en freedomofmind.com/Bibliography/

www.ingramcontent.com/pod-product-compliance
Lightning Source LLC
Chambersburg PA
CBHW072041020426
42334CB00017B/1347